二十四史研究資料叢刊

# 史記志疑

一

〔清〕梁玉繩撰

中華書局

圖書在版編目(CIP)數據

史記志疑/(清)梁玉繩撰;賀次君點校.—北京:中華書局,1981.4(2022.5 重印)
(二十四史研究資料叢刊)
ISBN 978-7-101-05109-4

Ⅰ.史… Ⅱ.①梁…②賀… Ⅲ.①中國-古代史-紀傳體②史記-研究 Ⅳ.K204.2

中國版本圖書館 CIP 數據核字(2006)第 035661 號

二十四史研究資料叢刊

史記志疑

(全三册)

〔清〕梁玉繩 撰

*

中華書局出版發行

(北京市豐臺區太平橋西里 38 號 100073)

http://www.zhbc.com.cn

E-mail:zhbc@zhbc.com.cn

三河市博文印刷有限公司印刷

*

850×1168 毫米 1/32 · 47¾印張 · 6 插頁 · 1038 千字

1981 年 4 月第 1 版 2022 年 5 月第 6 次印刷

印數:18501-19400 册 定價:168.00 元

ISBN 978-7-101-05109-4

# 點校説明

司馬遷自言，他「厥協六經異傳，整齊百家雜説」，以成史記。他把我國從傳説時代到西漢中葉，上下幾千年的大量歷史資料，融會貫通，創造性地編寫了我國第一部紀傳體通史。單就史料整理來説就是非常艱巨的工作，遺誤和矛盾在所難免。又史記成書在漢武帝劉徹征和二年（公元前九一），到了漢宣帝本始初年（公元前七三）才開始流布。當時手自鈔録，個别字句很可能和原著有出入。歷時既久，也有原稿部分遺失，後人又加以補綴，甚至有目的地加以删改，以致在東漢時就已不是司馬遷原稿的面貌了。

從漢歷魏、晉到六朝，由於輾轉鈔寫的緣故，字句之間頗有差異。晉末徐廣作史記音義一書，就曾把他當時所見的傳本異文記録下來，其間差别往往很大。六朝宋裴駰作史記集解時，十分感歎的説：「考較此書，文句不同，有多有少，莫辨其實。而世之惑者，定彼從此，是非相貿，真僞舛雜！」那是四世紀時史記流傳的情況。到唐朝劉伯莊、鄒誕生、司馬貞、張守節等人爲史記作注解，各人所據的本子不同，解釋就不一樣。史記有刻本大概始於北宋淳化五年（公元九九四）。時間既晚，錯誤越多，一經刊印，便成定本，遂習非成是，真假莫辨了。至於南宋以後的刻本，其錯脱譌衍，增改竄亂的情況，比北宋及南宋初刻又更加嚴重。這就直接牽涉到司馬遷原著的是非問題，有時一句一字的不同，含義就完全兩樣，史實也有了出入。因此明、清學者曾做過許多校勘攷訂的工作，解決了一些問題。但一部史記，疑難很多，必須澄本清源，才能規復舊觀，清梁玉繩史記志疑，在這方面是作出了貢獻的。

梁玉繩，字曜北，仁和人，乾隆時貢生。對尚書及春秋三傳下過功夫。他和當時著名學者錢大昕兄弟友好，受他們的影響，又從事史學研究。

梁玉繩花了二十年的時間才完成了史記志疑一書，于匡謬正疵，探本溯源方面，有一定的功績。前人說「司馬氏之學，優于漢而絀于古」。我們讀史記也會感到司馬遷敍述秦以前的史事，時見牴牾，叫人疑惑，不知所從。這也是明、清學者指摘史記和攷訂的重點。梁玉繩將司馬遷作史記時援引的詩、書、左傳、國語、國策、呂氏春秋、楚漢春秋等書，與史文對照，又據先秦諸子及風俗通、白虎通、越絕書、說苑、新序、論衡、韓詩外傳等與史相證，從而得出結論。不過指摘史文是一事，古史的真象又是一事，如以現傳古籍來校史記，固然可以證明史記的錯誤，但是又有什麼證據足以證明現傳古籍的必定正確呢？所以不能够得到一點印證，就算是揭發出史實真象了。乾、嘉攷據學家大多持此方法以論經史，梁氏攷訂史記也是這種態度。如史記周本紀「得衞巫，使監謗者，以告則殺之。其謗鮮矣，諸侯不朝。三十四年，王益嚴，國人莫敢言，道路以目」。這是司馬遷對周厲王殘酷壓制人民言論的揭露，諸侯也不以爲然。正是司馬遷不隱惡的描寫，而梁玉繩却以爲「國語無『其謗鮮』矣十五字，當是誤增」。像這類論斷，卽不能令人信服，所以前人對他有「疑所不當疑」的批評。

梁玉繩史記志疑企圖對史記作全面整理，這是審核史料不可少的工作。他確是提出了許多問題，也解決了一些問題。他於史記裴駰、司馬貞、張守節三家舊注關於音義、銓釋的錯誤，多所糾正。三家舊注於史記文字疑難處闕而不解的甚多，他加了不少補注，在今天史記還沒有新注解的情況下，此書對於研讀史記還是有參考價值的。

還有一點應該指出，即梁玉繩作志疑所依據的是明萬曆四年（公元一五七六）吳興淩稚隆史記評林，即所稱湖本。這個本子重在評論，於史文却不甚注意，刊刻時校讎不精，錯誤較多，其中許多錯誤並無版本的因襲關係。梁氏少有用其他版本與湖本比較，凡是湖本自誤的，大都歸咎於史記本身，一一疑而辨之。我們今將湖本與金陵本（即中華書局二十四史點校本史記的底本）的異文附注在他所出的史文各條下面，就可看出他所欲改正的字句，和金陵本正相同。他當時如果依據另外一種較好的本子，就能省却不少篇幅。

我們根據他自編的清白士集中史記志疑標點，三十六卷的目次和文章的編排格式，一仍其舊。他所徵引的書籍，我們盡可能與原書查對過，改正了一些錯脫。附録三卷，據史學叢書本標點。

點校者　賀次君

# 跋

太史公修史記以繼春秋，其述作依乎經，其議論兼乎子，班氏父子因其例而損益之，遂爲史家之宗。後人因踵事之密，而議草創之疏，此固不足以爲史公病。或又以謗書短之，不知史公著述，意主尊漢，近黜暴秦，遠承三代，於諸表微見其恉。秦雖并天下，無德以延其祚，不過與楚、項等，表不稱秦、漢之際，而稱秦、楚之際，不以漢承秦也。史家以不虛美不隱惡爲良，美惡不揜，各從其實，何名爲謗？且使遷而誠謗，則光武賢主，賈、鄭名儒，何不聞議廢其書，故知王允褊心，元非通論。但去聖浸遠，百家雜出，博采兼收，未免雜而不醇。又一人之身，更涉仕宦，整齊畫一，力有未暇，此又不必曲爲之諱也。自少孫補綴，正文漸淆。厥後元后之詔，揚雄、班固之語，代有竄入。或又易今上爲孝武，彌失本真。今所傳裴、張、司馬三家，不無互異。轉寫鋟刻，譌踳滋多，校讎之家，迄無善本，私心病之久矣。仁和梁君曜北，生於名門，擩染家學，下帷鍵户，默而湛思，尤於是書，專精畢力，據經、傳以駮乖違，參班、荀以究同異，凡文字之傳譌，注解之傅會，一一析而辯之。從事幾二十年，爲書三十六卷。名曰志疑，謙也。河間之實事求是，北海之釋廢箴肓，兼而有之，其在斯乎？至於斟酌羣言，不没人善，臣瓚注史，廣搜李、應、如、蘇，范甯解經，兼取江、徐、泰、邵，分之未足爲珍，合之乃成其美，洵足爲龍門之功臣，襲集解索隱正義而四之者矣！丁未歲冬十月，嘉定錢大昕序。

# 自序

余自少好太史公書，綴學之暇，常所鑽仰。然百三十篇中，愆違疎略，觸處滋疑，加以非才刪續，使金鍮罔別，鏡璞不完，良可閔歎。解家匡謬甄疵，豈無裨益，第文繁事博，舛漏尚多。因思策勵駑蹇，澄廓波源，采裴、張、司馬之舊言，搜今昔名儒之高論，兼下愚管，聊比取芻，作史記志疑三十六卷，凡五易稾乃成。在宋劉氏撰兩漢刊誤，翼贊顔注，吴斗南復著刊誤補遺。深慚鄙淺，何敢繼組前修，祇緣勤苦研席，星歷一終，享帚徒矜，惜肋莫棄，則剟其瑕而縫其闕，實有望於後之爲斗南者。乾隆四十八年龍集癸卯初月九日，仁和梁曜北玉繩自序。史記刻本甚衆，頗有異同，世盛行明吴興淩稚隆評林，所謂湖本也，故據以爲説。

凡引注疏、正史與漢以前書，皆不出姓名。本朝先哲稱里及氏，並時師友稱爵、里。

# 史記志疑目録

卷一

五帝本紀第一……一

案：此古本篇題例也，以下倣此。各本惟明震澤王鏊所刻史記與古合，其餘皆分行倒書。而湖本首行書史記評林卷之一，尤非。

卷二

夏本紀第二……二八

殷本紀第三……四四

卷三

周本紀第四……七三

卷四

秦本紀第五……一一九

卷五

始皇本紀第六……一六七

卷六

項羽本紀第七……一九八

高祖本紀第八……二一三

卷七

呂后本紀第九……二三八

孝文本紀第十……二五一

孝景本紀第十一……二六五

今上本紀第十二……二七七

卷八

三代世表第一……二八一

十二諸侯年表第二……二九八

卷九

六國年表第三……三八七

卷十

秦楚之際月表第四……四五五

漢諸侯王年表第五……四七三

卷十一

高祖功臣侯者年表第六……五〇一

卷十二

惠景閒侯者年表第七……六一一

卷十三

建元以來侯者年表第八……六五三

卷十四

王子侯者年表第九……六九五

漢興以來將相名臣年表第十……七四〇

卷十五

禮書第一……七五七

樂書第二……七五八

律書第三……七五九

曆書第四……七六四

天官書第五……七六七

卷十六

封禪書第六……七九三

河渠書第七……八二〇

平準書第八……八二六

卷十七

吳太伯世家第一……八三四

齊太公世家第二……八四六

卷十八

魯周公世家第三……八六八

卷十九

燕召公世家第四……八九二

管蔡世家第五……九〇三

陳杞世家第六……九一四

卷二十

衞康叔世家第七……九三〇

宋微子世家第八……九四七

卷二十一

晉世家第九……九六九

卷二十二

楚世家第十……一〇〇四

越句踐世家第十一……一〇二八

卷二十三

鄭世家第十二……一〇三五

趙世家第十三……一〇四七

卷二十四

魏世家第十四……一〇七五

韓世家第十五……一〇九〇

田完世家第十六……一〇九八

卷二十五

孔子世家第十七……一一一一

卷二十六

陳涉世家第十八……一一四三

外戚世家第十九……一一四六

楚元王世家第二十……一一五〇

荆燕王世家第二十一……一一五三

齊悼惠王世家第二十二……一一五四

蕭相國世家第二十三……一一五八

曹相國世家第二十四……一一六〇

留侯世家第二十五……一一六四

陳丞相世家第二十六……一一七〇

絳侯世家第二十七……一一七二

梁孝王世家第二十八……一一七六

五宗世家第二十九……一一七八

三王世家第三十……一一八〇

**卷二十七**
伯夷列傳第一……一一八二
管晏列傳第二……一一八四
老子韓非列傳第三……一一八五
司馬穰苴列傳第四……一一九二
孫子吳起列傳第五……一一九三
伍子胥列傳第六……一一九七
**卷二十八**
仲尼弟子列傳第七……一二〇五
**卷二十九**
商君列傳第八……一二三九
蘇秦列傳第九……一二四二
張儀列傳第十……一二四九
樗里甘茂列傳第十一……一二五七
穰侯列傳第十二……一二六一
白起王翦列傳第十三……一二六五
孟子荀卿列傳第十四……一二六八
**卷三十**
孟嘗君列傳第十五……一二七四
平原君虞卿列傳第十六……一二七九
魏公子列傳第十七……一二八一
春申君列傳第十八……一二八三
范雎蔡澤列傳第十九……一二八六
樂毅列傳第二十……一二九一
廉頗藺相如列傳第二十一……一二九三
田單列傳第二十二……一二九六
魯仲連列傳第二十三……一二九七
**卷三十一**
屈原賈誼列傳第二十四……一三〇三
呂不韋列傳第二十五……一三〇七
刺客列傳第二十六……一三一一
李斯列傳第二十七……一三一七

蒙恬列傳第二十八……一三二二

卷三十二

張耳陳餘列傳第二十九……一三二四
魏豹彭越列傳第三十……一三二六
黥布列傳第三十一……一三二七
淮陰侯列傳第三十二……一三三〇
韓信盧綰列傳第三十三……一三三三
田儋列傳第三十四……一三三七
樊酈滕灌列傳第三十五……一三三八
張丞相列傳第三十六……一三四五
酈生陸賈列傳第三十七……一三四七
傅靳蒯成列傳第三十八……一三五一
劉敬叔孫通列傳第三十九……一三五三

卷三十三

季布欒布列傳第四十……一三五六
袁盎鼂錯列傳第四十一……一三五八
張釋之馮唐列傳第四十二……一三五九
萬石張叔列傳第四十三……一三六二
田叔列傳第四十四……一三六五
扁鵲倉公列傳第四十五……一三六六
吳王濞列傳第四十六……一三七〇
魏其武安列傳第四十七……一三七三
韓長孺列傳第四十八……一三七五
李將軍列傳第四十九……一三七七

卷三十四

匈奴列傳第五十……一三八〇
衞將軍驃騎列傳第五十一……一三九〇
平津侯主父列傳第五十二……一四〇〇
南越列傳第五十三……一四〇五
閩越列傳第五十四……一四〇七
朝鮮列傳第五十五……一四〇九
西南夷列傳第五十六……一四一一

司馬相如列傳第五十七……一四一三
淮南衡山列傳第五十八……一四二五
卷三十五
循吏列傳第五十九……一四三一
汲鄭列傳第六十……一四三三
儒林列傳第六十一……一四三五
酷吏列傳第六十二……一四四〇
大宛列傳第六十三……一四四五
游俠列傳第六十四……一四五〇
佞幸列傳第六十五……一四五三
滑稽列傳第六十六……一四五四
日者列傳第六十七……一四五七
龜策列傳第六十八……一四五七
貨殖列傳第六十九……一四五八
卷三十六
太史公自序傳第七十……一四六三

案：古書目録，多置於末，太史公自序傳卽史記之目録也。此篇目必後人所條列，非作者自定，然傳刻各有不同。或於篇目之閒加删字句，或於篇目之下增設姓名。甚且變原目而別爲標題，并續篇而混相參廁。尋義驗文，固當以自序傳爲主，但序傳亦不免後人損益，漢書司馬遷傳所載復多殊異。余詳悉校讎，俾還其舊，閒有不合者，仍於序傳中辨之，弗敢妄易。又尚書堯典疏謂篇卽卷，是也，但史公本書不以卷數，漢藝文志稱太史公百三十篇，可證。隋志始以一篇爲一卷，今並削焉。

本紀十二

表十

書八

世家三十

列傳七十　凡百三十篇

案：總目在篇目之後，舊本如是，與自序傳及司馬遷傳合。各本多謬刻總目于前，而踳駁雜出，有作帝紀、年表者，秦紀、項紀未嘗爲帝，世表、月表不盡以年也。有作卷十二、卷十之類者，則是第十二卷、第十卷也。卽作十二卷、十卷亦非，蓋史記無卷數，安得犂一篇爲一卷，稱百三十卷耶？凡百三十篇，湖本作「以上共一百三十篇」，俚甚。

# 史記志疑卷一

## 五帝本紀第一

### 黃帝者

案：孔子刪書肇於唐、虞，繫易起於包、炎。史公作史，每祖述仲尼，則本紀稱首不從尚書之昉二帝，卽從易辭之敍五帝，庶爲允當，而以黃帝、顓、嚳、堯、舜爲五，何耶？于是謂其略三皇者有之，謂其遺羲、農者有之，謂其缺少昊者有之。夫略三皇可也，缺少昊可也，而遺羲、農不可也。蓋先儒舉三皇之名不一，或以天皇、地皇、泰皇卽人皇。爲三，或以羲、農、黃帝爲三，或以女媧、或燧人、或祝融、或共工合羲、農爲三，或以盤古至燧人統爲三皇，或以羲、農、黃帝爲天皇、地皇、人皇，而宋羅泌路史前紀復有初三皇、中三皇。凡斯衆說，半歸誣誕，總以年代悠遠，莫由詳定，自應削而不記，故曰略三皇可也。少昊、顓、嚳三君，僅持其世，未有製作，觀顓、嚳兩紀皆稱頌語，非有行事可攷，則少昊類是矣。余方議史公之以顓、嚳入五帝，更何論少昊；且繫詞孔氏之言，而不及少昊、顓、嚳，尚奚譏史之無少昊哉，故曰缺少昊可也。若羲、農，實與黃帝、堯、舜爲五帝，安得遺之。繫詞而外，如左傳、國語、禮記月令、漢書律歷志均號羲、農爲帝，封禪書泰帝，卽伏羲。正足以表先秦未嘗以羲、農、黃帝爲三皇，而實與黃帝、堯、舜爲五帝。有疑繫詞統皇與帝言之者，殊未確。後漢書張衡傳，衡表奏司馬遷所敍不合事，請專據繫詞，並録羲、農。潛夫論五帝志依易繫記伏羲以來，共求厥真。宋胡宏皇王大紀從之，誠卓識也。畫卦，名官，教耕，嘗藥，卽此四端，德業夐絶，非少昊、顓、嚳之能幾矣。問：史據大戴禮、孔子家語五帝德篇，是亦從孔氏之言，豈俱謬歟？曰：家語乃魏王肅僞造以難康成，非古家語。其所載孔子答宰我五帝德襲大戴禮，而大戴禮是漢儒采集，非出孔氏，烏足盡憑。不然，家語五帝篇又載孔子答季康子，以羲、農、黃帝、少昊、顓頊爲五，與答宰我迥異，寧有孔子告人，歧頭別論，史公更何所見而舍此取彼乎？蓋五帝之名，先儒所舉不一，或以少昊、顓、嚳同堯、舜爲五，或同農、黃爲五，或同黃帝、堯、舜六帝爲五，或同羲、農、黃帝、堯、舜八帝爲五，或同黃帝、堯爲五，而舜共三王爲四代，紛紜乖剌，其失均耳。問：後代氏姓無不出黃帝，是以首宗之。又明柯維騏史記考要謂「黃帝鼎成升天，本方士說，太史公紀之封禪書，見武帝之惑；此云崩且葬，所以袪後世之疑。因知黃帝一紀，專爲漢武好神仙寫照」。豈亦非歟？曰：否。帝王之上世不能悉詳，斷以姓氏盡出黃帝，未敢爲信，余有辨在下文。至若史之首黃帝，不過誤仍大戴禮，將謂大戴禮爲漢武寫照耶？書黃帝葬橋山，而不書顓頊、嚳葬頓丘，堯葬成陽，史偶不書，非關意義。使以書葬橋山爲喚醒求仙之惑，則舜紀書葬零陵當作何解？唐司馬貞補史記，云「宜上自開闢，下迄當代，不合全闕」。殊不知三皇之事若存若亡，五帝之事若覺若夢，況皇、帝以前之荒邈乎？列子楊朱篇曰：「太古滅矣，孰志之哉？」楚辭屈平天問曰：「遂古之初，誰傳道之？」小司馬補三皇本紀，雖不補亦可也。

姓公孫名曰軒轅

案：公孫非姓也，黃帝乃少典國君之後，故稱公孫。軒轅是其號，漢律歷志「黃帝始垂衣裳，有軒冕之服，故天下號軒轅氏」。司馬貞史記索隱引皇甫謐帝王世紀，言「黃帝居軒轅之丘，因以爲名」。殊妄。蓋茲丘緣黃帝得名耳。然則黃帝何姓？曰：姓姬。國語晉胥臣云「黃帝以姬水成」，蓋炎帝之所賜也。黃帝何名？曰：不可考已。路史後紀載帝名字，皆讖緯雜説，不足信耳。

軒轅之時，神農氏世衰。諸侯相侵伐，暴虐百姓，而神農氏弗能征。於是軒轅乃習用干戈，以征不享，諸侯咸來賓從。而蚩尤最爲暴，莫能伐。炎帝欲侵陵諸侯，諸侯咸歸軒轅。軒轅乃修德振兵，治五氣，藝五種，撫萬民，度四方，教熊羆貔貅貙虎，以與炎帝戰於阪泉之野。三戰，然後得其志。蚩尤作亂，不用帝命。於是黃帝乃徵師諸侯，與蚩尤戰於涿鹿之野，遂禽殺蚩尤。而諸侯咸尊軒轅爲天子。

案：唐劉知幾史通敍事篇，謂「五帝本紀無所取」，非妄詆也。即如此段，由前言之，帝室衰而藩國暴；由後言之，共主虐而列辟離。半幅之内，遽相牴牾。同茲炎帝，而或僅守府，或輒耀兵；同茲黃帝，而忽則翼君，忽又犯上。頓成矛盾，莫識所從。炎帝其榆罔乎？易下繫疏引世紀「八世爲榆罔」。雖典籍無徵，未必若桀、紂，安得侵陵羣后而制之。軒轅固聖帝也，何至日尋干戈，習用軍旅？孔子繫易，稱黃帝、堯、舜垂衣裳而天下治，倘依史所載，則征伐而得天下，當自黃帝始矣。考逸周書嘗麥解「赤帝命蚩尤宇少昊以臨四方。蚩尤攻逐帝於涿鹿，黃帝乃執蚩尤殺之」。左傳僖二十五年「黃帝戰阪泉之兆」，亦指蚩尤。然則阪泉之戰即涿鹿之戰，是軒轅勤王之師，而非有兩事，故逸周書史記解稱蚩尤曰阪泉氏，斯爲確證。始緣炎帝世衰，諸侯不享，軒轅征之而來賓，爲炎帝征也。既因蚩尤蒙塵，軒轅徵師以誅之，爲炎帝誅也。而天與人歸，尊爲天子，烏知非炎帝讓德遜位哉。蓋記中兩「炎帝」字，俱「蚩尤」之誤。路史後紀云「蚩尤姜姓，炎帝之裔，逐帝自立，僭號炎帝」，當是因此致誤。其初三戰于阪泉而後勝之，猶作亂不用命，繼戰于涿鹿而乃殺之耳。或問：國語胥臣言「炎帝、黄帝異德，用師相濟」。大戴禮孔子言「黄帝與赤帝戰」。二書乃史公所本，故論云「春秋、國語發明五帝德及帝繫姓」，此類是也。如子所說，豈不足據歟？曰：國語多舛，未可全憑。大戴禮更雜，不免僞託。而所謂炎帝、赤帝者，疑即指蚩尤。宋羅苹路史後紀注，曾引大戴禮諸書辨之。

**蚩尤作亂，不用帝命。於是黄帝乃徵師諸侯，與蚩尤戰於涿鹿之野，遂禽殺蚩尤。**

附案：宋李昉太平御覽卷九引史記曰：「蚩尤氏能徵風召雨，與黄帝争强，帝滅之於冀。」路史後紀注云「史記言尤能徵召風雨」。今本史記無之，豈事見他書，誤以爲史記歟？抑史文舊有，經後人妄删也。後漢書楊終傳，終受詔删太史公書爲十餘萬言，是以漢人書中引史記，往往爲今本所無，疑皆楊終删之。但唐、宋以來諸書多引史記，其間雖不免裁易譌舛，而參校異同，每有出於今本之外者，詳自序傳。得毋楊終既删之後，轉相傳寫，復被妄人改削乎？前賢均未論及，故執不知問。凡他書引史與今本異者爲附案。

**登丸山**

附案：封禪書及漢郊祀志、路史俱作「凡山」。唐徐堅初學記卷九引史作「桓山」，疑訛。宋裴駰史記集解引徐廣曰：「丸一作『凡』。」即指封禪書爲説。而不知「凡」乃古「丸」字也，凡字中從一，唐張守節史記正義殊欠分明。集解徐説及索隱、正義所載别本，有義勝本文者，有字相通借者，有字異義同者，有字義乖訛者，兹但舉義勝之條，餘偶及焉，並爲附案。又史注與他書謬解甚多，不能徧摘，閒有所辨，亦以附案别之。史注所引人名，皆不著代。

**登雞頭**

附案：御覽四十四及七十九卷兩引史記此文皆有「山」字，則「雞頭」下今本缺「山」也。

**萬國和，而鬼神山川封禪與爲多焉。獲寶鼎，迎日推筴。**

案：上言黄帝習用干戈，以師爲衞，乃戰國時談兵者所附會，而史公書之。此言封禪山川，獲寶鼎神策，乃秦、漢方士語，具載封禪書中，蓋以嗤其妄，而紀獨信之，豈得謂「擇言尤雅者著于篇」乎？

**力牧**

附案：晉陶潛四八目作「力墨」，當是古字通借。而路史後紀作「刀牧」，音彫，以世紀千鈞異力，驅羊牧民之夢爲妄，恐不可信。凡他書之異者爲附案。

**黄帝二十五子，其得姓者十四人。**

案：國語胥臣言「得姓者十四人，爲十二姓」，二人同姓己，二人同姓姬故也。而其敍己、姬二姓之子兩舉青陽，明是國語誤文，以青陽爲姬姓者非。史公仍而不改，故索隱述舊解云「破四爲三，言得姓十三人耳」。但青陽、夷鼓二己姓，路史作「夷彭」，以「鼓」爲非。加以酉、祁、滕、葴、任、荀、路史作「苟」，以「荀」爲非。僖、姞、儇、依十姓，纔得十二，餘皆與黄帝同姓姬，豈惟二人，則路史後紀言「别姓者十二，餘循姬姓」，良是。

嫘祖爲黄帝正妃，生二子，其後皆有天下：其一曰玄囂，是爲青陽，青陽降居江水；其二曰昌意，降居若水。

案：路史言嫘祖生昌意、玄囂，則昌意乃玄囂之兄，未知孰是。至青陽固别一子，國語謂帝妃方雷氏所生，大戴禮帝繫謂嫘祖所生，吴韋昭國語注以方雷卽嫘祖之姓，恐非。則玄囂、青陽實是二人，史公合而一之，亦猶漢志并昌意、蒼林爲一人，史注皇甫謐認夷鼓、蒼林爲一人也。帝繫曰「黄帝産青陽及昌意，青陽降居泜水，卽江水。昌意降居泜水」。大戴禮蓋以玄囂爲青陽，史仍其誤，當衍「是爲青陽青陽」六字耳。或問：先儒皆以少昊帝爲黄帝子，而少昊卽青陽，詎不然歟？曰：否。此皇甫謐之徒妄論也，而其誤實自潛夫論五德志來。史不紀少昊，固屬脱漏，然史之失在以玄囂、青陽爲一人，未嘗以玄囂、青陽爲少昊帝摯也。考逸周書嘗麥解云「赤帝命蚩尤宇少昊以臨四方」，又云「黄帝執蚩尤殺之于中冀，命少昊清司馬鳥師，以正五帝之官」。漢志引考德云「少昊曰清，黄帝之子清陽，其子孫名摯立，爲金德，天下號金天氏」。國語云「少昊氏之衰，九黎亂德，顓頊受之」，魏曹植陳思王集少昊贊云「祖自軒轅，青陽之裔」。則少昊乃清陽之胄。而少昊疑是當時顯職，青陽繼蚩尤居之，故與司馬對稱，至摯有天下，仍其舊號，奈何以帝少昊爲黄帝之親子哉。路史以青陽爲少昊之父，亦非。晉郭璞山海經海内經注引世本云「槼祖産青陽」，與帝繫同誤。

## 昌意娶蜀山氏女曰昌僕

案：大戴禮作「昌濮」，路史作「嫫」，蓋古字通用。然路史昌作「景」，注引搜神記及世紀並作「景僕」，豈「昌」字誤耶？

## 帝顓頊高陽者，黄帝之孫，而昌意之子也。

案：史之難信，未有帝王統系者也。其所作五帝、夏、殷、周等紀及世表楚世家，多取大戴禮、世本諸書。然大戴禮漢儒采録，不皆可據。世本出于周末，復經秦殘滅之餘，烏足盡憑？夫馬、班以漢人作漢史，尚不識高帝先代，但記其爲豐公、太公而已，矧欲明二千年以前之譜牒耶？乃襲訛仍舛，謂顓頊爲黄帝之孫，帝嚳爲黄帝曾孫，舜爲黄帝九世孫，堯、禹、契、稷並爲黄帝元孫。是黄帝者五帝、三王大祖也，此與兵法、神仙、醫術家託附軒轅何異。今依其説稽之，黄帝之崩，傳次子昌意之子顓頊；顓頊之崩，傳伯父元囂之孫嚳；嚳崩，傳第四妃之子摯及第三妃之子堯；堯崩，下傳族元孫舜；舜崩，上傳四世祖禹。未免紜乖。試思黄帝何以不傳儲嫡元囂？顓頊何以不傳冢嗣窮蟬？嚳稱聖帝，稷、契、堯又四子中之長且聖者，明聰如嚳，寧有不傳元妃所生之稷，反越班而立下妃所生不善之摯。摯死而以次當立者莫如稷，乃稷不得立，并次妃所生之契亦不得立，而堯爲天子，何哉？然猶可諉曰「唐侯盛德」也。稷、契爲堯兄，則知稷、契者宜莫如堯，吾以爲不待疇咨而早登庸矣，乃以欽明文思之聖弟，在位七十載，久不能用，必俟舜始舉之，有是理乎？堯既倦勤，則陟位之命固宜非稷即契，胡當日巽四岳，禪重華，而兩聖兄獨弗之及，得毋親疎倒置耶？且玄囂、昌意，黄帝之二子，玄囂三傳生堯，昌意七傳生舜，豈玄囂之後俱年長，而昌意之後多不永？堯與禹爲同高祖兄弟，堯既舍稷、契則應禪於禹，無假乎詢訪決者，而反遥授不相屬之舜，已有可議。況舜爲堯族玄孫，安得當身接禪？即云相及，自其一家，安得謂其以天下予人？大聖如舜，又在戚屬，堯寧不聞，而必由岳牧咸薦，歷試乃用。其初爲父母所惡，屢瀕于死，則堯安得稱欽明文思，九族既睦？二女釐降，是以族曾孫娶曾祖姑，不更瀆倫亂序乎？顓頊至舜，歷年甚久，而鯀、禹遂仕盡四朝，何如此其壽？堯、舜在位，幾百五十年，然後傳禹，何禹之生又如此其晚？舜傳位于四世祖，亦一家人，何乃與堯之傳舜並號予賢？契十三傳爲湯，稷十三傳爲王季，則湯與王季爲兄弟矣，而禹、契、稷三聖共事堯、舜。禹十七傳至桀，湯三十傳至紂，二代凡千餘年，而稷至武王纔十六傳，歷盡夏、商之世，武王竟以十四世祖伐十四世孫，其誰信之？此牽于國語之説也。簡狄爲帝妃，豈有帝妃而浴于川者？稷爲嚳元子，豈有帝子而見棄者？凡此皆不足依據。余旁搜典籍，廣覽先儒之論，然後知五帝、三皇之世次多有遺錯，而顓頊、舜、禹均不祖黄帝。曷以斷之？古者一代之興必建立氏號，其後嗣卽因而不改。禮祭法疏引春秋命歷序云黄帝傳十世，少昊傳八世，顓頊傳二十世，帝嚳傳十世，並紀其年，宋劉恕通鑑外紀據之。雖緯書未盡可憑，而此條足補史缺，以濟諸説之窮。然則黄帝有天下閲三千餘年而後顓頊興，是嚳之上世莫考，史有疎脱矣。山海經海内經言顓頊是昌意子韓流所生，路史後紀言韓流是乾荒之誤，以顓頊爲黄帝曾孫。鬻子數始篇言顓頊佐黄帝。並妄。顓頊有天下閲三百餘年而後嚳興，是嚳之上世莫考，史有疎脱矣。鬻子言嚳佐顓頊，妄。嚳有天下閲四百年及摯而衰，堯始興，是堯之上世莫考矣。路史餘論載呂梁碑云「舜祖幕，幕生窮蟬，窮蟬生敬康，敬康生喬牛，喬牛生瞽瞍，瞽瞍生舜」。其世次無句望一代，而窮蟬實非顓頊子，是史于舜之上世有差繆矣。漢志引帝系云「顓頊五世而生鯀」，則鯀亦非顓頊子，是史于禹之上世有紕漏矣。墨子尚賢中篇言「伯鯀帝之元子」，山海經言「黄帝生駱明，駱明生鯀」，路史後紀本海内朝鮮記言「高陽子駱明生鯀」，皆岐説難據。索隱引譙周古史考云「契必非嚳子，其父微，不著名。棄，帝嚳之胄，其父亦不著」。鄭康成箋生民詩云「姜嫄當堯之時爲高辛氏世妃」。注周禮大司樂云「姜嫄無所妃，是以特立廟祭之」。賈、孔謂嚳後世子孫之妃，又引曹魏時博士張融曰「稷、契年稚于堯，堯不與嚳並處帝位」。則稷、契焉得爲嚳子。若使嚳爲稷、契父，帝嚳聖夫，姜嫄正妃，詩何故但歎其母，不美其父？則知堯與稷、契非兄弟，嚳非堯、稷、契之父。摯母娵訾，堯母陳豐，契母簡狄，稷母姜嫄，皆非嚳妃，而史于契、稷之上世有誣戾矣。至吾謂顓頊、舜、禹不祖黄帝者，路史後紀據國語、呂梁碑以爲舜之系出虞幕，非出黄帝。夫國語史伯舉四代之祖稱虞幕與禹、契、棄並列居先。更徵左傳昭八年史趙曰「自幕至瞽瞍無違命」。舜之祖幕，決無可疑。而左傳又云「陳顓頊之族」，國語又云「幕能帥顓頊者」，則幕之祖顓嚳尤審。是不止舜不祖黄帝，並顓頊亦不祖黄帝，既顓頊不祖黄帝，而鯀爲顓頊五世孫，禹亦不當祖黄帝。蓋幕國于虞，故爲虞氏，特幕之上世略而莫考，未知幕爲顓頊之子歟？抑非顓頊之子歟？窮蟬既爲幕子，未知窮蟬去顓頊中隔幾世，而顓頊之祖父與顓頊之子孫俱未知誰何。往牒敗亡，莫從勘檢矣。賈逵、韋昭認幕爲舜之後虞思，漢志謂顓頊是蒼林昌意之子，俱非。由此觀之，堯、契、稷出帝嚳同祖黄帝爲一族，舜、禹出顓頊爲一族。此二族者，輩行之尊卑莫問，年歲之遠近無稽，祇認爲遥遥華胄焉耳。若依史謂皆出黄帝，將何異王莽之以舜出嚳，堯出於顓頊乎？王莽傳曰「王氏虞帝之後，出自帝嚳。劉氏堯之後，出自顓頊」。妄極矣。卽或謂黄帝、顓頊亦一族，固已異姓別宗，懸曠疎絶，譬若魯之與宋，秦之與趙也。魯未嘗不娶宋子，趙未嘗不娶秦嬴，而尚奚疑于嬪虞二女哉。蜀秦宓辨五帝非一族，譙周嘗從諮訪，見三國志，則古史考本于宓説，而濟南馬氏驌作繹史更暢厥旨，余頗宗其説。它如禘郊祖宗之制，禮有明文，受其位必承其祀，報本繼統，兩不相違，斯又古今之通義也。先儒論帝王之世系，人人異端，無所折衷，而史于紀、表、世家簡略牴牾，故綜其梗概而著之於此。潛夫論五德志謂嚳爲伏羲後，堯爲神農後，舜爲黄帝後，禹爲少昊後，湯爲顓頊後，皆不同祖，其説又別，未知所本。

依鬼神以剬義，（剬，金陵本作「制」。）

附案：正義謂「剬，古『制』字」，則它本作「制」字者非也然古制字作「剬」，若剬音端，與剸同，則「剬」乃「制」之訛矣。凡湖本有傳寫舛誤及句讀錯者爲附案，它本概不及焉。

帝嚳娶陳鋒氏女

附案：漢律曆志、人表及路史等書皆作「陳豐」，此及大戴禮作「鋒」，豈古假借用字歟？疑是誤文，故正義曰「鋒又作『豐』」。今本大戴禮訛作「陳隆」，詩生民疏引帝系篇作「陳鋒」可證。凡傳寫訛錯而非史文元誤者爲附案。

帝摯立，不善崩

案：少昊帝名摯，此嚳之胄亦名摯，蓋族遠不嫌同名也。周書嘗麥解以青陽名質，即帝少昊，非也。質，摯古通。路史後紀卷十注謂世紀本衞宏云「唐侯德盛，摯微弱而致禪焉」。皇王大紀謂「襲位未久而殂」。通鑑外紀謂「荒淫無度而廢之」。諸說各異，疑莫能明。據人表在上中，則不得如後世所言。

能明馴德

附案：漢書儒林傳言史公從孔安國問古文尚書，故史記載堯典、禹貢、洪範、微子、金縢諸篇多古文說，則是壁中真古文，而非史公之不循經典，自任胸懷矣。然字句之間，每與今所傳迥異，何歟？蓋古字多通借，又漢儒各習其師，不能盡同。許慎生于東漢和、安間，從賈逵受古學，而其所撰說文解字引經甚別，亦以雜舉衆家之本也。宋洪适隸釋所録諸碑，俱後漢人，其引經亦殊，況當西漢之世乎？因知史公之于尚書，兼用今古文，復旁搜各本，薈萃成一家言，索隱所謂「博采經記而爲此史，不必皆依尚書」，是也。而古人引用舊籍，不拘定本文，則增損竄易，誠所不免。且今之尚書，自東晉元帝時汝南梅賾奏上古文，遂至真僞雜厠，非安國之舊。書傳亦晉人所作，託諸孔氏者。又字體數更，迨唐開元時詔學士衞包改從俗書，不但科斗古文廢絕，即兩漢以來之隸書亦多浸失，安得無訛。此經文之所由異也，茲不具論，惟舉史之誤者辨之。宋馬端臨文獻通考稱宋倪思撰遷史删改古書異辭十二卷，惜佚不見。或謂史于諸經但書其事目足矣，不必全寫其文。蓋經典昭垂，不待表出，史通譏漢地理志載禹貢，正是此意，況仍不能盡録乎？然因史所載，後人得以校其異同；且逸書亦有賴史而後人始得見者，則于經大有補焉。凡非史誤而有所辨者，爲附案。

居郁夷曰暘谷

附案：唐陸德明經典釋文引史作「禺銕」，堯典疏引夏侯勝等書作「禺鐵」，依今文也，不知何以改作「郁」？考嵎夷乃東表之地，漢地理志膠東國有郁秩縣，王莽改膠東爲郁秩，疑後人因此易之，非陸氏所見本，而不知嵎夷不在郁秩也，其地詳德清胡氏渭禹貢錐指卷四。蓋古史記本多不同，郁聲近隅，今西北音猶然，故轉爲郁。卽如暘谷，索隱謂史舊本作「湯谷」，正義謂「陽或作『暘』」，則本又作「陽谷」。同是唐人而所見本各異，亦是音近通借，可以知隅之爲郁矣，故正義音郁爲隅。此紀舊既作「禺銕」，而夏紀仍作「嵎夷」，未嘗作「禺銕」。索隱云「今文尚書及帝命驗並作『禺鐵』，在遼西，古夷字也」。「鐵」字蓋傳寫之誤，說文土部作「堣夷」。

便程南譌（譌，金陵本作「爲」。）

附案：索隱云「爲，依字讀」，以集解讀訛、訓化爲非，則當作「爲」字也。而今史記作「訛」，蓋傳寫之誤。宋王應麟困學紀聞二引作「爲」字。正義音于僞反。

堯曰：「誰可順此事？」放齊曰：「嗣子丹朱開明。」堯曰：「吁，凶頑，不用。」堯又曰：「誰可者？」

金王若虛滹南集史記辨惑曰：「堯典『疇咨若時登庸，疇咨若予采』，帝所謂若時、若予采者，其義雖不甚明，要之是兩事。而本紀于後節但云『堯又曰誰可者』，卻只是申前事也。」凡直録舊說者無案字。

九歲，功用不成。

附案：本作「九載」，明程一枝史詮云「載作『歲』，非也」。觀正義詳釋「載」字，則自不得作「歲」，蓋唐以後本傳譌，史詮是也。

盲者子

附案：僞孔傳言「瞽瞍非真瞽」，與史異。路史後紀謂「瞽瞍天瞢」，注云「史記是也，二孔以爲有目但不分善惡者妄」。以經文考之，孔説似紆曲，然因有此二解，而類林真元賦遂謂「瞍掩井後，兩目乃瞽，舜舐父目，尋以光明」，見路史後紀卷十二注。斯羅苹所斥爲齊東之語也。

堯使舜入山林川澤，暴風雷雨，舜行不迷。堯以爲聖。

附案：此卽舜紀所稱「入于大麓，烈風雷雨不迷」也，與尚書及尚書大傳同。蓋大麓有二解，孔叢子僞書也，宋黎靖德朱子語録云出東漢，其論書篇載孔子答宰我語，以爲「大録萬幾之政」。僞孔傳襲孔叢子，他若漢書于定國傳、王莽傳、後書竇憲傳、鄭康成大傳注、宋書禮志、百官志、唐歐陽詢藝文類聚與路史發揮引桓譚新論及皇王大紀之類，並同斯釋，宋程子遺書亦從之。東漢以來置官有録尚書事，實肇于此。史公去伏生未遠，又親授經孔安國，故有山林之説，伏、孔必别有所據。高誘注淮南子泰族訓、唐章懷太子李賢注後書劉愷傳、宋蘇轍古史、蔡沈書集傳之類，皆從史記，朱子亦從之。二解均通，不妨並存。後儒妄生異端，增爲怪僻，發揮謂大麓乃鉅鹿縣罐婺山，又謂納麓乃告禪代于泰山，又謂主祭薦天之事。論衡正説篇同孔叢，而吉驗篇復從史記，又衍之曰「舜入大麓之野，虎狼不搏，蝮蛇不噬。」列女傳别云「堯試舜百方，每謀于二女」，乖妄之甚，幾失其本。故皇王大紀斥史記爲齊東野語，明楊慎丹鉛録比之茅山闕法，豈非誤沿飾之詞，而未加深考耶？

舜讓于德不懌

附案：不懌，自序作「不台」，蓋怡省作「台」，而懌即怡也，徐廣謂今文作「不怡」，可證。然古文作「不嗣」，嗣與怡音義逈殊，不應通用。東吴惠氏棟九經古義曰「古怡字省作『台』，古嗣字省作『司』」。高宗肜日「王司敬民」，史作「王嗣」，吕大臨考古圖晉姜鼎云「余惟司朕先姑」或古「司」、「台」字相似，因亂之也。

五玉

附案：下有「五器」句，自包侯贊在內，疑「玉」字訛也。宋史繩祖學齋佔畢曰「徐子儀試宏詞舜五樂頌，是班志郊祀。舜修五禮、五樂」。余謂書云五玉，「玉」字當爲「樂」，蓋已有五瑞，即玉也，故注列五樂之目于下。

於是舜歸而言於帝，請流共工於幽陵，以變北狄；放驩兜於崇山，以變南蠻；遷三苗於三危，以變西戎；殛鯀於羽山，以變東夷。

案：罪四凶見于尚書，述于孟子，至大戴禮五帝德始有變四夷之説，豈真孔氏語哉。舍經文而從別記，史公之好異也，乃又謂舜巡狩歸而言于堯以罪之，蓋與夏紀同誤。流、放、遷、殛，不同一時，特尚書總記于舜攝位巡狩之後，見天下咸服帝堯，以起下如喪考妣耳。有謂天下服舜者非。陸德明莊子釋文云「堯六十年放驩兜，六十四年流共工，六十六年竄三苗」。元金履祥通鑑前編。陸氏必有案據，吾然其言。而鯀獨未及。考竹書紀年云「堯六十一年命崇伯鯀治河，六十九年黜崇伯鯀」，正合「九載績用弗成」之文。其事出堯不出舜，故國語太子晉曰「有崇伯鯀，堯用殛之」，左傳子産曰「堯殛鯀羽山」，漢書鮑宣曰「堯放四罪而天下服」，後書樊儵曰「唐堯大聖，尚優游四凶之獄，使天下咸知，然後殛罰」，並以放四罪爲堯。惟萬章從戰國流俗之言，稱此事屬舜，蓋與左傳僖三十三年胥臣言「舜殛鯀興禹」同誤，史公謬仍之。荀子議兵篇云「堯伐驩兜，舜伐有苗，禹伐共工」，此又歧論也。後儒解經，未曾參檢，而復以舜所去之四不才子并爲一科，不亦舛乎？若以放四罪之事非出于堯，則堯豈能稽誅至舜攝位日耶？韓子外儲説右上、呂氏春秋行論篇、晉張華博物志俱謂鯀、共工、三苗因謗堯讓舜得罪，則誣妄甚矣。

堯立七十年得舜，二十年而老，命舜攝行天子之政，薦之於天。堯辟位凡二十八年而崩。

案：書言「堯七十載得舜」，又言「二十八載堯崩」，史與經合，竹書謂「百年陟」，非也。故論衡氣壽篇云「堯七十載得舜，舜徵二十歲在位，堯退而老，八歲而終，至殂落八十九歲」，未在位之時必已成人，今計數百有餘矣。而集解引世紀云「堯以甲辰即位，甲午徵舜，甲寅舜代行天子事，辛巳崩，年百十八，在位九十八年」，思以求合于史記，則堯五十一歲得舜，七十一歲攝位矣，豈不妄哉。列子仲尼篇謂「堯治天下五十年禪舜」，漢律歷志謂「堯在位七十載」，尤妄。唐韓愈昌黎集論佛骨表從之，亦未深考耳。蓋堯之年無徵，僞孔傳言堯十六爲天子，世紀謂二十爲天子，不知何據？若依孔傳是百十六歲，書傳十六誤「十七」。世紀增二歲，疑莫能明。至史以堯爲辟位，未免歧誤。舜之爲帝，孟子辨之甚詳，史公取入紀中，如下文三年喪畢然後踐位是也，辟位之言，不幾矛盾兩傷歟？史通疑古篇引汲冢瑣語曰「舜放堯于平陽」。正義引竹書云「昔堯德衰，舜囚堯。復偃塞丹朱，使不得與父相見」。又引括地志「囚堯城在濮州鄄城縣東北，偃朱城在縣西北」，即其所以誣聖人者，至莽、丕之不若，而皆自戰國時來。

舜曰「天也」

案：孟子自言舜爲天子，是天也，史誤以爲舜之言。

名曰重華

附案：史公本五帝德，以放勳、重華、文命爲名。此所謂名者，號也。因尚書篇首有此二字，後世遂以爲號，非名字之名也。孔穎達有云「人有號謚之名」，是已。以號爲名者，如史記名曰軒轅、名曰重華、名曰文命之類，以謚爲名者，如孟子名之曰幽、厲之類，皆得謂之名。故孟子之稱放勳，楚辭之稱重華，大戴禮五帝德帝繫稱文命，俱後世號之焉耳。宋鄭樵通志氏族略云「唐、虞、夏、商雖有國號，天子世世稱名，至周而後，諱名用謚」。諒哉斯語。乃又有以堯、舜、禹是謚非名者，妄也。謚起于周，檀弓有「死謚周道」之文，逸周書有謚法解一篇，殷以前寧有謚乎？白虎通謚章謂謚出黄帝，論衡道虚篇以黄帝爲謚，引謚法「静民則法曰黄」，殊誕。且即以謚法解考之，亦無黄、堯、舜、禹之謚。蓋後之好事者追附續撰，不足依憑，猶謂湯爲謚，桀、紂爲謚也。而三代以降，從未聞有謚黄、堯、舜、禹、湯及桀、紂者。若以爲謚，則尚書「帝曰格汝舜」、「格汝禹」、「四岳曰虞舜伯禹」，豈生而稱謚耶？戰國魏策，宋人有學者名其母，曰「吾所賢者無過堯、舜，堯、舜名」，亦名之一證。路史發揮有堯舜禹非謚辨，可參觀之，總緣未明乎名與號之一説，無怪其言無準的，全違故實矣。索隱譏史公以放勳、重華、文命爲名未必爲得，小司馬未考耳。

橋牛父曰句望，句望父曰敬康

案：呂梁碑敍舜上世無句望一代，甚是，蓋史仍大戴禮之誤也。句望卽句芒，乃少昊之子重，安得指爲敬康之子，橋牛之父耶？

自從窮蟬以至帝舜，皆微爲庶人。

案：自幕有虞國，遞傳至舜，猶然諸侯。耕、漁、陶、販，乃其初不得于親之故，若伯奇、重耳矣。左傳稱「自幕至瞽瞍無違命」，書之師錫，號爲虞舜，二女之降，亦名嬪虞，孟子述象呼舜都君，索隱引世紀以都君爲舜字，非也。路史發揮以爲都鄙之君，亦非。何言微爲庶人，此與陳世家並誤。所謂匹夫而有天下者，亦以其家庭多難，厠身側陋，不啻匹夫。況古之天子，常不若後世之尊，觀武丁、祖甲可見也。宋魏了翁古今考本左傳疏又謂「自瞽瞍失國」，不足據。

兄弟孝慈

案：此句與上下文義不相接貫，疑是衍文。

舜耕歷山，歷山之人皆讓畔；漁雷澤，雷澤上人皆讓居；陶河濱，河濱器皆不苦窳。一年而所居成聚，二年成邑，三年成都。

案：耕稼、陶、漁，乃舜微時事，在堯妻舜前，上文已載之矣，則讓畔、讓居以及成聚、成都，宜并入上文，何又重見于釐降後耶？疑當移「舜耕歷山」至「苦窳」三十一字置上文「舜冀州之人也」下，而衍上文「舜耕歷山漁雷澤陶河濱」十字，再移「一年」至「成都」十五字置上文「就時于負夏」之下，蓋史文之複出錯見者也。

瞽叟尚復欲殺之，使舜上塗廩，後瞽叟又使舜穿井

案：焚廩、揜井之事，有無未可知，疑戰國人妄造也。即果有之，亦非在妻二女之後。新序雜事第一篇以耕稼、陶、漁及井、廩事未爲天子時，論衡吉驗篇謂事在舜未逢堯時，蓋近之矣。不然，四岳薦舜何以言「格乂」，伯益贊禹何以稱「允若」乎？此萬章隨俗之誤，孟子未及辨，而史公相承不察耳。宋司馬光史剡、程子遺書、宋洪邁容齋三筆及古史、大紀、路史發揮、通鑑前編俱糾其謬，獨太原閻氏若璩著尚書古文疏證與四書釋地又續，力主孟子、史記，以爲萬章斷非傳聞，馬遷斷非無據，實係瞽、象頑傲，舜既娶之後，猶欲殺之而分其室，甚且以父母使舜完廩七十九字爲古舜典之文，豈非妄排衆論，好逞胸懷者乎？

爲匿空旁出

案：史通暗惑、鑒識兩篇，譏史公此言「鄙俚不雅，甚于褚生，直以舜爲左慈、劉根」，所譏良是。至列女傳及正義引通史，謂焚、坑不死，實二女教之，梁沈約紀年注、宋書符瑞志亦云。則尤妄也。

象乃止舜宮居，鼓其琴，舜往見之

案：象居宮、鼓琴，二女何以自安？且是時舜在何處而反往見象耶？訛之中又訛焉。明何孟春餘

冬敍録云「萬章所言，事猶近理」。

舜曰：「然，爾其庶矣！」

案：此改治臣庶語以爲爾庶，于義亦通，蓋事屬子虛，故所傳異詞也。

世得其利，謂之「八愷」

案：左傳無「得利」語，且時未舉用，何利之有？以下文「世謂之八元」例觀，疑「得其利」三字當衍。

乃流四凶族

案：堯之放四罪，共、驩、苗、鯀也，事出尚書。舜之流四凶族，不才子也，事出左傳太史克語。事既各出，時亦相懸，史公分載堯、舜兩紀，未嘗謂四罪卽四凶族，後儒罔察，見人數之同，遂并八慜爲一案，豈非賈、服、杜、孔之謬哉。仁和杭太史世駿史記疏證引吳廷華云，「驩兜薦共工于堯者，紀稱混沌掩義隱賊，好行凶慝，帝臣雖不善，未必至于斯極。左傳文十八年疏曰「四凶才實中品，雖行有不善，未爲大惡，故能仕于聖世，致位大官」，吳說本此。鯀則四岳薦之，堯試之，績在太原，將『不可教訓，不可話言』者能如是乎？以窮奇爲共工，蓋『毁信惡忠，崇飾惡言』，與虞書象、共相似。然考左傳『共工氏有子曰勾龍』，杜注『共工在太皞後，神農前』。夫少昊固黃帝之後，則共工非少昊之裔，安得便以爲窮奇也。書言『有苗昏迷不恭，侮慢自賢』，亦與貪食冒賄不符。」三苗是國名，舜所伐之三苗，與堯所罪者非一人，此條有誤。斯辨甚覈。若强而合之，得毋雉代兔死，李代桃僵歟？自諸儒强合一事，于是紛紜乖戾。或謂治水事畢，乃流四凶，致舜失五典克從之義，禹陷三千莫大之辜。或謂舜、禹成功，此徒多罪，勳業既謝，愆舉自生。甚且謂堯養育凶人，歷世無誅，竟若唐堯之世，善惡莫別，愚賢共貫者，何其誕耶！並見舜典及左傳文十八、襄二十一年疏。雖然，史克之語亦不足全信，舜命羣臣自伯禹而下二十二人，姓名職掌，見于虞書，班班可考，而元愷獨未一及，何也？舜之舉元愷、流凶族在攝位前，則進賢退邪仍在唐朝，舜亦奉堯命行之，而其先之所以未舉未去者，或因年事之差，或待僉謀之允，俱不可知，奚言堯未能耶？何休謂「堯久抑元愷而不能舉，養育凶人而不能去」，路史發揮折之云「久抑元愷，則『克明俊德』爲虛言；長茈四凶，則『百姓昭明』爲妄說。何休殆過信史克耳」。左傳疏曰：「史克以宣公比堯，行父比舜，故言堯朝有四凶不能去，須賢臣而除之，所以雪宣公不去之恥，解行父專擅之失。詞各有爲，情頗增甚，學者當以意逆文，不可即以爲實。」此疏是也。余獨怪史克謂「世濟其惡」，史公知其語病而改之曰「世憂之」，至所稱堯不能去，堯不能舉者，何以不改乎？杜注尤非，滹南集雜辨曰：「杜以八愷爲垂、益、禹、皋陶之倫，八元爲稷、契、朱虎、熊羆之屬，秦王嘉拾遺記帝妃鄒屠氏生八英，即八元，以爲嚳之親子，妄也。蓋妄相配合耳。書言禹作司空宅百揆，契爲司徒敷五教，而文子則云「使八愷主后土揆百事，使八元敷五教于四方」，是八愷同任禹之職，八元並預契之政也，無乃戾乎？當是爲之佐耳。其言四凶，亦與書不合。

## 彭祖

案：此總敍禹、皋諸聖并彭祖爲十人，然下文不及彭祖，豈亦如論語敍逸民不及朱、張之比乎？彭祖最壽，爲神仙家所託，史略其事，蓋不信之也，而獨侈言老子，何哉？

自堯時而舉用，未有分職。

案：既曰「舉用」，又曰「未分職」，語意戾矣。若謂遇事共理，不分職守，豈堯朝如是之無紀律乎？

正義「封疆爵土」之説，非。

命十二牧論帝德

案：舜命十二牧，無「論帝德」之語，此三字疑衍。

五流有度

附案：史詮云「古本度作『庀』。尚書作『宅』，蓋『庀』之訛也，夏紀『三危既度』同」。史詮以「度」爲訛，甚是，而「庀」之所以訛爲「度」者，因古文「宅」與「度」皆作「庀」，故訛宅爲度耳。

於是以垂爲共工

附案：集解于堯紀引康成云「共工水官名」，于此引馬融曰「爲司空，共理百工之事」。唐賈公彦周禮序謂「冬官水正爲共工，卽司空也。堯改名司空以寵異禹，至禹登百揆，捨司空之職仍爲共工」。理或然歟？但史依尚書並載禹、益諸臣之讓，而垂獨缺，疑有脱文。賈序亦康成説，又見考工記疏。

於是以益爲朕虞

案：書所云朕虞，舜自言之也，此連文爲官名，非。王莽改水衡都尉曰予虞，漢書百官公卿表亦曰「益作朕虞」，地理志曰「爲舜朕虞」，豈皆誤讀尚書耶？

教穉子

附案：集解引孔安國曰「稺胄聲相近」。今孔傳無此語，豈裴氏見真孔傳乎？東晉李顒于真古文泰誓引安國注，見泰誓疏，是顒亦曾見真孔傳也。（金陵本集解引鄭玄曰「國子也」。裴駰案云「尚書作『胄子』，稺胄聲相近」。非引孔安國說。）

### 詩言意

附案：長洲何氏焯義門讀書記曰：「『詩言志』，此獨作『意』。案趙明誠書孔子廟置卒史碑云，『華陽國志後漢書注皆云趙戒字志伯，而此碑作「意伯」，疑其避桓帝諱故改焉』」。此志字其亦後漢人所改歟？

### 殄僞

附案：正義言此「僞」字是太史公變尚書文，然徐廣曰「一云『殄行』」，則疑傳寫之訛，非史公所變也。嘉定錢宮詹大昕史記考異曰「僞讀如『平秩南僞』之僞」，南僞見漢書王莽傳，僞卽「爲」字，行爲聲相近。

### 南撫交阯、北發，西戎、析枝、渠廋、氐、羌，北山戎、發、息愼，東長、鳥夷。

附案：大戴禮五帝德「北發」作「大教」，二字不可解。大，一作「放」。「析支」作「鮮支」，索隱曰「鮮析音相近」。索隱言「北發當云『北户』，南方地名。漢書北發是北方國名，今以爲南方之國，誤。『西戎』上少一『西』字，『山戎』下少『北』字，『長』下少『夷』字。」明凌稚隆史記評林引明王鏊曰：「史文簡古，索隱不必依，但北發當作『北户』。」桐城方氏苞史記注補正曰，「索隱謂字缺少，非也。首以『撫』字該之，下三方則直序其地，而西戎上不復重言其方耳」。仁和趙太常佑曰：「北發卽北户，言其户向北開。下山戎發，則又別有國名發者耳。長，即春秋長狄是也。」

於是禹乃興九招之樂

案：禹無興樂之事，而史謂招樂是禹興之，夏紀亦云「禹明度數聲樂」，未知何據？豈因大戴禮「身度聲律」之語而誤歟？呂氏春秋古樂篇言「嚳作九招，舜令質修之」，又言「皋陶爲禹作夏籥九成以招其功」。山海大荒西經言「啟始歌九招」，謂禹興九招，亦猶斯説，則不必一夔而足矣。殿本史記考證滿洲德齡氏曰，禹字疑當作『夔』，蓋夔爲典樂之官，不歸其功於夔不可。敍二十二人之成功，而獨遺典樂之夔亦不可。且敍禹于諸臣後者，以禹功爲最大也，而大樂之作，所以告成功，故又敍夔于禹之後，其次序固秩然不紊也。夏本紀「舜德大明，于是夔行樂」一段，尤可爲「夔」字明證。

年五十堯舉之，年五十攝行天子事，年五十八堯崩，年六十一代堯踐帝位三十九年

附案：尚書曰「舜生三十徵庸，三十在位，五十載陟方乃死」。僞孔傳以爲「舜生三十年堯方召用，歷試三載，其一年即在三十之數。年三十一，攝位二十八載，其一亦在三十之數。年六十，服堯喪三年，其實二十七月，惟有二年，喪畢即位，年六十三。至五十載崩，年百十二」。此説甚謬。三載乃考績之法，非歷試僅止三載，下「三十」字元作「二十」，書疏引鄭注可據，作僞者改爲「三十」，而易其句讀耳。疏引康成讀經，云「舜生三十，謂生三十年，登庸二十，謂歷試二十年；在位五十載，謂攝位至死爲五十年。舜一百歲」。與史正合。史公親問安國，鄭傳孔業，先後符同，是以論衡氣壽篇亦謂舜百歲，集解引世紀云「舜以堯之二十一年甲子生，五十一年甲午徵用，各本訛刻「三十一」。九十九年壬午即真，

各本訛刻「七十九」。百歲癸卯崩」。昌黎佛骨表並云百歲，灼然無疑也，故有以舜年百十三歲者，有作百十一歲者，有作百十歲者，有作百五歲者，與孔傳言百十二歲，俱妄。

南巡狩，崩於蒼梧之野。葬于江南九疑，是爲零陵。

案：舜葬蒼梧之言，著于經，見于史、雜述于諸子，國語、祭法並傳勤事野死之文，竟若確有可徵者，然俱妄也。史記謂因巡狩而崩，鄭康成、韋昭本淮南修務訓謂征三苗而死。論衡書虛篇辨之曰：「舜與堯共五千里之境，同四海之內，堯典舜巡狩至四岳，四方之中，諸侯來會，遠近無不見。聖人舉事，求其宜適，蒼梧非其實也。」史通疑古篇辨之曰「蒼梧者，於楚則川號汨羅，在漢則邑稱零桂，地總百越，山連五嶺，人風婐劃，地氣歊瘴。雖使百金之子，猶憚經履其途；況以萬乘之君，而堪巡幸其國。且舜必以精華既竭，形神告勞，舍茲寶位，如釋重負，何得以垂歿之年，更踐不毛之地乎？」路史發揮舜冢篇辨之曰「孟子舜卒于鳴條，今帝墓在安邑；而安邑有鳴條陌，信矣。鳴條在安邑西，卽湯敗桀處，爲今山西解州，非陳留平丘之鳴條亭。康成以鳴條爲南夷之地，亦非。舜都蒲坂，去鳴條不甚遠也。墨子節葬下篇、呂覽安死篇言舜葬紀市，紀與冀同，卽指鳴條。高誘注云「九疑山下有紀邑」。困學紀聞五引薛氏云「舜葬海州蒼梧山，近莒之紀城」，俱謬。言帝葬蒼梧，則自漢失之。蒼梧非五服，在虞、夏乃無人之境，豈巡狩所至耶？舜已耄期倦劇，釋負而傳禹，則巡狩之事禹爲之矣，復躬巡狩于要、荒之外哉！山海經海內及大荒南經言舜及丹朱、商均並葬蒼梧，不足據。困學紀聞十二載司馬溫公詩云「虞舜在倦勤，薦禹爲天子。豈有復南巡，迢迢渡湘水」。然虞帝之墳，在在有之，蓋古聖王久于其位，恩霑婐隅，澤及牛馬，赴格之日，殊方異域無不墳土以致其哀敬。顓、嚳、堯、湯之墓傳皆數出，漢郡國皆起園廟，亦若是也。此本山海經海外南經注。羅苹堯冢篇注曰：「儀墓如漢世遠郡園陵，與蒼梧舜墓之類，非實葬所」。又舜冢篇注曰「傳謂伐苗民而崩蒼梧，伐苗乃禹也」。凡兹衆論，真足祛千古之惑。其所以造爲蒼梧野死之説者，緣誤解尚書陟方之句耳。鄭樵大經奥論亦謂舜葬梧是流俗妄語。真靈位業圖，世傳梁陶宏景造，稱舜以服九轉神丹，入九疑山得道。荒唐謬悠，大率類此，斷非貞白先生所作，然其附會，實始于葬蒼梧之言也。

### 自黄帝至舜、禹皆同姓

案：黄帝至禹諸帝王並非一族，安得同姓。史于五帝之姓多缺不具，而夏之姓姒，下文已明書之，何云同姓哉，此史通所謂「連行接句，頓成乖角」者也。宋史藝文志有趙瞻史記牴牾論五卷，惜佚不見。

### 帝禹爲夏后

案：夏代稱后，故云夏后氏。王則間稱之，何論帝也，帝禹之稱非，有説在殷紀中。且此以帝與后連書，亦複。

### 姓姒氏

案：三代以前，必著功德然後賜姓命氏，故人不皆有姓。三代以降，族類繁亂，皆無所謂姓，但有氏而已。姓一定而不易，雖百世弗改。氏遞出而不窮，卽再傳可變。史公承秦、項焚爇之餘，譜學已紊，姓氏遂混，有以姓爲氏者，如夏之姒，商之子，姓也，非氏也，而連氏于其下，曰姒氏、子氏。有以氏爲姓者，如秦之趙，漢之劉，氏也，非姓也，而加姓于其上，曰姓趙、姓劉。然其謬非始于史公，穀梁隱九年「南季來聘」，傳云「南氏姓也」，則已混稱之矣。或問：春秋書姜氏、子氏，姜與子俱姓，而書氏何居？曰：古者男子稱氏，婦人稱姓，而姓之與氏，散亦得通，是以通志氏族序云「姓可呼爲氏，氏不可呼爲姓，此句非也，禮大傳「庶姓别于上」，是氏可呼姓。從未有姓氏并稱之者」。易言黄帝、堯、舜氏作，則又以號爲氏。以名爲氏，亦稱姓爲氏之比矣。

## 太史公曰

附案：太史公之稱，補今上紀及自序傳注引桓譚新論云「東方朔所署」。又引韋昭云「遷外孫楊惲所加」。又引衛宏漢儀注，謂「太史公，武帝置，位在丞相上。遷死後，宣帝以其官爲令，行文書而已」。又引虞喜志林，謂「古主天官者皆上公，自周至漢，其職轉卑，然朝會坐位猶居公上，其官屬仍以舊名尊之」。考史記遷死後稍出，至宣帝時始宣布，東方朔安得見之，索隱非之矣。遷傳有楊惲祖述其書之語，韋昭所本，索隱亦從之。但一部史記均稱太史公，惟自序中「遷爲太史令」一句稱令，然正義引史作「公」，疑今本傳譌，或依漢書改，豈盡惲增之耶？索隱以爲姚察非之矣。蓋太史公是官名，衛宏漢人，其言可信，西京雜記、隋書經籍志、史通史官建置篇、宋三劉敞、攽、奉世。兩漢刊誤並同衛宏也。或問：晉晉灼漢書司馬遷傳注曰，「百官表無太史公在丞相上，衛宏不實」。索隱亦言宏謬。又宋宋祁筆記曰「遷與任安書，自言『僕之先人，文史星歷近乎卜祝之間，固主上所戲弄，倡優所畜，流俗之所輕』。若其位在丞相上，安得此言」？唐顔師古遷傳注，謂「遷尊其父，以公爲家公之公」。宋吴仁傑兩漢刊誤補遺，謂「遷父子官令而云公者，邑令稱公之比」。諸説然否？曰：非也。漢官之不見于表者甚多，不獨太史公。況宣帝已改爲令，屬于太常，表固宜無之，奈何據以駁衛宏乎？史記中太史公，大半遷自稱之，不皆指其父，何尊之有？後漢書鄭康成傳載孔融告高密縣立鄭公鄉云，「太史公者仁德之正號，不必三事大夫」。此尊之説也，而東吴顧氏炎武日知録二十卷譏之，梁昭明太子蕭統文選載報任少卿書「太史公牛馬走司馬遷」亦是自稱其官。縣公僭稱，他人呼之猶可，自號則不可。明于愼行讀史漫録以爲「朝會立處，在人主左右，以記言動，如唐、宋螭頭記注之制，非爵秩之位，乃朝著之位。前人多誤釋。惟正義以虞喜爲長，而志林實與漢儀注相通明，戲弄而倡優畜之，正以其在人主左右耳」。補遺謂位在丞相上，但可施于張蒼，亦非。至宋蘇洵嘉祐集史論，譏遷與父無異稱爲失，更不然。史記祇天官書「太史公推古天變」及封禪書兩稱太史公，自序前篇六稱太史公，指司馬談，文義顯白，餘皆自謂，蘇氏何所疑而譏其失哉！今本西京雜記作「位在丞相下」，恐訛。

# 史記志疑卷二

## 夏本紀第二

舜登用，攝行天子之政，巡狩。行視鯀之治水無狀，乃殛鯀於羽山以死，天下皆以舜之誅爲是。

案：殛鯀者堯也，非舜也，説在五帝紀中。

居外十三年

案：此及河渠書、漢書溝洫志皆言禹在外十三年，與孟子言八年異。御覽八十二卷引尸子作「十年不闚其家」，吴越春秋越王無余外傳又作「七年」，當以孟子爲定。但史、漢皆謂出夏書，而夏書無此文，何歟？前編謂因兖州貢賦十三載之言，殆非也。路史後紀作「三十年」，尤非。

薄衣食，致孝于鬼神。卑宫室，致費於溝減。

附案：此乃史公節録論語文，但前後皆敍禹治水事，何緣插入此四句，疑有錯簡。

泥行乘橇，山行乘檋

附案：四載之名，惟陸車、水舟無異，只此作「船」。若泥橇山檋，多有不合。以史記言之，河渠書「泥行蹈毳，山行即橋」，徐廣於此云「橋一作『欋』」。已與本紀異矣。河渠書謂出夏書，說文「欙」字注引虞書作「山行乘欙，澤行乘輴」，當即史所稱夏書，乃復有此異同。溝洫志仍河渠書者也，而所引夏書更作「泥行乘毳，山行則梮」，深所未曉。其它如僞孔傳云「泥乘輴，山乘樏」。書疏引尸子云「山行乘樏，泥行乘蕝」。史集解又引尸子云「行塗以楯，行險以撮，行沙以軌」。路史引作「軓」。文子自然篇云「沙用肆，乃鳥切。泥用楯，山用樏」。呂覽慎勢篇云「塗用輴，沙用鳩，山用樏」。淮南子齊俗訓云「譬若舟車楯肆」。道藏本許慎注作「肆」，近本訛作「肆」。修務訓云「沙之用鳩，泥之用輴，山之用蔂」。僞孔傳所本。路史論四載，引許慎淮南齊俗注云「沙地宜肆，泥地宜楯」。書疏引慎子，今慎子不全，無考。何參錯若此？孔仲達所謂古篆變形，字體改易，說者不同，未知孰是也。

令益予衆庶稻，可種卑濕。命后稷予衆庶難得之食。

案：尚書曰「曁益奏庶鮮食，曁稷播奏庶艱食鮮食」。此不言鮮食，而以益、稷皆奏庶艱食者，誤也。下文言「與益予衆庶稻」，亦非。

夾右碣石入于海

附案：「海」字誤，徐廣曰「一作『河』」，是也，禹貢及漢地理志是「河」。

浮于淮、泗通于河

附案：淮、泗入河，必道於汴，鬬始於吳夫差，歷漢、晉至隋大業初更開廣之，禹時未有。孟子言排淮入江，乃誤也。吳之通水有二：左傳哀九年「吳城邗溝，通江、淮」，此自江入淮之道；國語「夫差起師北征，闕爲深溝於商、魯之間，北屬之沂，西屬之濟」，此自淮入汴之道。則創之者夫差也。河渠書「禹功施於三代，自是之後，滎陽下引河東爲鴻溝，以通宋、鄭、陳、蔡、曹、衞，與濟、汝、淮、泗會。」晉書王濬傳載杜預書云，「自江入淮，逾于泗、汴，泝河而上，振旅還都。」則此道漢、晉常通也，世謂創于隋煬帝者固妄，而謂禹之舊迹尤妄矣。因以知「達于河」卽是「達于菏」，說文引書政作「菏」，可爲的據，故通鑑前編從之。釋文以「河，音如字」，復云「說文作『菏』，水出山陽湖陵南」，則非九河之河明甚。如字之音，陸氏謬耳。又禹貢錐指曰「漢志山陽郡湖陵縣下云『禹貢「浮于淮泗，達于河」，今本漢志注「淮、泗」作「泗、淮」，「達」作「通」。水在南』。漢時湖陵縣安得有黃河，此『河』字明係『菏』字之誤。『水在南』，謂菏水在縣南。魏酈道元水經泗水注引此文云『菏水在南』，水經亦作「荷」。水經濟水篇言『菏水過湖陸縣南，東入泗』，皆確證，不獨許愼作『菏』也。蓋徐州貢道，自淮而泗，自泗入菏，然後由菏入濟，以達于河；若直言達河，不識何途之從？惟言達菏，而水道瞭然在目。今本禹貢作『河』，二孔無傳、疏，蔡傳徒執今本爲『河』，求其說而不得，曲爲之解，未免支離。」閻氏疏證考之最詳。余嘗謂「河」字乃「菏」之省文，未定是誤，注家自誤爾。不然，淮、泗于河既無可達之理，自不得指後代所開者蒙以禹跡。而史公親受古文于孔安國，何以不與說文同，而反同今本禹貢改「菏」爲「河」耶？說文「菏」字注兼引漢志作「菏」，而今漢志作「河」字，義門讀書記謂「寡學者因經文之訛而妄改」。果如義門所論，豈班、馬之載禹貢作「河」，亦寡學所改哉。則水經之以「菏」爲「荷」，道元引漢志亦作「荷」，而史、漢于「導菏澤」及「東至于菏」並寫作「荷」，又當何說？是知「河」乃「菏」之省，而「荷」乃「菏」之變也。古字省變甚多，往往爲後人錯認，卽以漢志一端言之，青州「濰、淄其道」，序中作「惟」，琅邪郡朱虛縣、箕縣下俱作「維」，而靈門縣、横縣，折泉縣下又作「淮」字，雜然減換，遂失其真。且一卷之中，異文三見，音義各殊，幾何其不誤讀乎？菏之爲「河」爲「荷」，亦猶是已。至菏在定陶東北，而云在山陽湖陵南者，宋傅寅禹貢集解曰「在定陶者其澤也，在胡陵者其流也」。菏當音柯。

齒革羽毛（金陵本「毛」作「旄」。）

案：禹貢「毛」下有「惟木」二字，似此缺，然漢志亦無，疑。

雲土夢爲治

附案：宋沈括夢溪筆談言，唐太宗得古本尚書，改「雲夢土」作「雲土夢」。所謂古本，豈真禹貢之舊乎？當依漢志作「雲夢土」。今惟王鏊史記本作「雲夢土」，他本史記與水經注已爲後人所改矣。於是有江北爲雲，江南爲夢之説，其辨見閻氏疏證、胡氏錐指。而南匯吴京尹省欽白華前稿書程拳時雲夢考後，又謂雲土卽雲杜，古土與杜通，爲漢江夏雲夢縣地也。

浮於江、沱、涔於漢

附案：史詮曰「涔，古潛字。諸本『涔』下有『於』字，羨文也」。

踰于雒

附案：漢地理志引魚豢魏略云「漢火行忌水，故『洛』去『水』而加『隹』」。博物志云「舊洛陽字作『水』邊『各』，火行忌水，故去『水』加『隹』。又魏于行次爲土，水得土而流，土得水而柔，故復變雒爲洛陽」。周禮天官釋文亦謂「後漢改『雒』」，則知史記中「雒」字並東漢人所易，後遂相仍不改爾。是以唐李涪刊誤曰「文字者致理之本，豈以漢朝不經之忌而可法哉。今宜依古去『隹』」。乃宋王觀國學林云「史記已用『雒』字，非光武以後改。漢雖火行，然『漢』字從『水』，豈『洛』字獨改之哉。馬、班多假借用字，魚豢説非也」。于是楊慎升菴外集及明周嬰巵林歷舉周禮、春秋左傳、山海經「雒」字，以爲非始于東漢。殊不知古本周禮諸書亦作「洛」字，其它若「洛」之通「駱」與「絡」尚改作「雒」，何況本字，未可據今本以駁之也。漢是國號，非地名可比，且蕭何有「天漢」美稱之語，奈何改之？

滎播既都

附案：史與馬、鄭、王本俱作「滎播」，伏生今文亦然，是也。古文尚書與漢志誤作「波」。滎爲濟之溢流，波乃洛之支水，此專主導濟，安得合而言之。自「播」誤爲「波」，顔師古以爲二水名，宋儒仍之，直錯到今，或者反欲改史文從「波」，何妄也。

浮于潛，踰于沔，入于渭，亂于河，

附案：史詮曰，「金履祥云『潛、沔于渭無水道可通，必踰山而後入渭。史文當是「入于沔，踰于渭」，如荆州「踰于洛」之例，今本傳寫誤也』。金説得之」。

三危既度

附案：「度」當作「厇」，即「宅」也，説在五帝紀。

道九山

附案：此及下道九山九川之文皆史公所增，本「九山刊旅，九川滌原」而立言也。索隱以汧、壺口、底柱、太行、西傾、熊耳、嶓冢、內方、汶爲九山，未知何據。夫禹之所導，自汧至敷淺原凡二十六，奚取于此九山。若謂舉其大者，則雷首、太岳、太華、外方、衡山豈小阜乎？且蔡、蒙、荆、岐、終南、惇物、鳥鼠之旅，奚又不在此數，有以知其說之難通矣。左傳以四嶽、三塗、陽城、太室、荆山、中南爲九，呂覽有始及淮南地形以會稽、太山、王屋、首山、太華、岐山、太行、羊腸、孟門爲九，並與禹貢不合。至以黑、弱、河、瀁、江、沇、淮、渭、洛爲九川，則據經立義，未可厚非。獨九澤缺而不注，余依禹貢采舊說以補之曰：兗有雷夏，徐有大野，揚有彭蠡、震澤，荆有雲夢，豫有滎播、荷澤、孟諸，雍有豬野，是謂九澤。周禮九藪，爾雅十藪，與呂覽、淮南之九藪各不同。惟九山莫定主名耳。

於是帝錫禹玄圭，以告成功於天下。

附案：史公所録尚書次第與書序異，如置禹貢于皋陶謨之前，置夏社于典寶之後，蓋行文敍事，不盡依書之次第，況今所傳者是晉梅頤本，並非賈、鄭之舊，則安知史之次第非元本乎？禹告成功在堯時，陳謨在舜世，至于成湯因伐桀而作湯誓，因敗桀而伐三朡，既勝夏而作夏社，于義爲順。或以爲誤，非也。至大紀、前編置多方在多士之前，移無逸于後，余未敢以爲然。

禹、伯夷、皋陶相與語帝前

繹史曰：「伯夷當作『伯益』。」

百吏肅謹，毋教邪淫奇謀。非其人居其官，是謂亂天事。天討有罪，五刑五用哉。吾言底可行乎？

案索隱曰：「此取尚書皋陶謨爲文，斷絶殊無次序，卽班固所謂『疎略抵捂』是也，今亦不能深考。」正義曰：「略其經，不全備也。」

來始滑

附案：索隱曰「古文尚書作『在治忽』，今文作『采政忽』，先儒各隨字解之。此云『來始滑』，於義無所通。蓋來、采字相近，滑、忽聲相亂，始又與治相似，因誤爲『來始滑』，今依今文音『采政忽』三字」。索隱是也。但漢書律歷志作「七始詠」，與此又別，詮釋亦殊，魏孟康注曰「七者，天、地、人、四時之始也」。未知孟堅更據何本？而丹鉛録謂「來」是「桼」字之訛，卽「七」字也，豈「滑」又爲「詠」之訛乎？然謂「七始詠」是切韻之法，以孟康注爲意料之言，殊非。裴駰引鄭注作「在治曶」，曶者笏也，亦非。

帝曰

附案：正義曰：「此二字及下『禹曰』尚書並無，太史公有四字，帝及禹相答極爲次序，當應別見書。」仁和孫侍御志祖曰：「劉向上封事有『帝舜戒伯禹毋若丹朱傲』語，則知古本有『帝曰』二字。論衡問孔篇引書『予娶若時辛壬癸甲』上亦有『禹曰』二字。」

禹曰：予辛壬娶塗山，癸甲生啓予不子。

附案：此文傳寫誤倒，乃是「予娶塗山，辛壬癸甲生啓」也，索隱不察，妄譏史公，言娶妻二日生子爲不經。正義但云「生啓予不子」五字爲一句，而不言上文，義亦不全。王逸楚辭天問注云「禹以辛酉日娶，甲子日去而有啓也」。或以辛壬癸甲爲年，亦非，路史後紀注引呂覽、列女傳辨其失矣。

舜又歌曰：元首叢脞哉

附案：一本無「舜」字，是也，當衍之。若以此歌爲舜，則下「帝拜」，將自拜其戒勉乎？

於是天下皆宗禹之明度數聲樂

案：此因身度之言而誤也。說見五帝紀。

國號曰夏后，姓姒氏，帝禹立

案：既云「國號夏后」，又云「帝禹」，下文又云「夏后帝啓」，此與五帝紀言「帝禹爲夏后」同一語病，國語「商王帝辛」亦同，蓋史公謂夏、殷亦稱帝，故硬加之。有說在殷紀中。

或在許

案：許太岳之後也，姜姓，安得以爲皋陶後哉，史誤。

十年

案：禹在位之年，竹書及吴越春秋無余外傳皆作「八年」，前編因之，據孟子「禹薦益七年禹崩」之文，則八年似得其實。通志依史作「十年」，外紀作「九年」，路史後紀作「十五年」，宋邵雍皇極經世作「二十七年」，俱非。而路史發揮謂益前禹死，無薦益避啓事，謬也。

帝禹東巡狩，至于會稽而崩。

案：禹巡狩葬會稽之事，起春秋後諸子雜說，不足依據。史公于論云，「或言禹會諸侯江南，計功而崩，因葬焉，命曰會稽」。或之者，疑之也，而于此直書其事以實之，何歟？禹會萬國諸侯，定擇四方道里之中，其時建國多在西北，不宜獨偏江南。若果巡狩所至，總會東南諸侯，亦不應遠來於越。蓋虞、夏之世，會稽不在中國，故會稽之山不書于禹貢，而揚域止於震澤也。試觀仲雍逃吳，猶然贏飾，則夏后之敷天裒對，胡爲直抵蠻鄉？會既不到，奚論于葬。論衡書虚篇辨之曰，「儒書言舜葬蒼梧，禹葬會稽，虚也。堯典舜巡狩至四嶽，四方之中，諸侯來會。禹王如舜，事無所改。巡狩本不至會稽，安得會計于此。誠會稽爲會計，禹到南方，何所會計？出巡則輒會計，是四方之山皆會計也，獨爲會稽立歟？巡狩考正法度，禹時吳爲裸國，斷髮文身，考之無用，會稽如何」。充之論甚允。或問：國語載仲尼言「禹致羣神于會稽」，史公取入孔子世家，是以始皇紀言「上會稽，祭大禹」，越世家言「少康封庶子會稽，以奉禹祀」，閩越傳及序傳俱仍之。二世責問李斯有禹葬會稽之言，見李斯傳，會稽有禹穴，見自序，豈皆非歟？曰：非也。國語浮夸，斷非出自仲尼。縱使禹曾至會稽之地，必是治水時事。論衡道虚編云，「禹至會稽治水，不巡狩，無會計之事」，當是已，詎朝會羣侯，遂埋斯土乎？勾踐非禹苗裔，閩越非勾踐種族，安得强合。二世所問，亦因當世謬談耳。墨子節葬下篇云「堯北教乎八狄，道死葬蛩山之陰。舜西教乎七戎，道死葬南巳之市。禹東教乎九夷，道死葬會稽之山」。夫堯寧有道死之事，堯之道死爲妄，則舜、禹道死之妄可知。禹穴、神符，更屬附會。宋姚鉉唐文粹鄭魴禹穴碑亦疑夏與秦俱不載，而始載于子長。丹鉛録謂禹穴在蜀之石泉，是禹生處，尤爲誕而不經。然則禹會于何所？葬于何處？曰：左傳哀七年禹合諸侯于塗山，非會稽也。禹在位八年，不及再巡，則惟塗山一會而已。梁任昉述異記「禹會塗山，防風氏後至，禹誅之」，可與左傳證國語會稽之誣。禹都安邑，葬必相近，而絕無可考，豈非儉葬之故哉？劉向尚未識殷湯葬處，至漢哀帝時按行水災，始知湯冢在徵陌，而水經注二十三卷疑之，路史前紀八辨之，更何論禹也。越絕書、吳越春秋言塗山在會稽。唐蘇鶚演義云塗山有四：一會稽，二渝州，三濠州，四當塗。然以濠州爲是，在今安徽鳳陽府。杜注左傳謂塗山在壽春東北，壽春卽濠州，山有鯀、禹兩廟，又有禹會村，唐柳宗元柳州集塗山銘、宋蘇軾東坡集塗山詩俱在濠州，確然可信，烏知夏禹眞墓不在濠州之塗山耶？水經注三十卷據國語以禹會在會稽，謂杜注壽春爲非，未免違戾。然則會稽之訛何由？曰：管子封禪篇乃漢人羼竄，其稱禹禪會稽本屬妄談，而世俗以封禪爲帝王盛事，有封禪必有朝會，好事者遂假其說以神之，並僞造少康封無余一節事。而塗山之會不能没，禹又無二會，于是謂會稽亦有塗山之名。酈道元竟以塗山之會是周穆而非夏禹，穆會塗山在當塗，與禹異處，杜注昭四年左傳亦云在壽春，誤也。舉無足徵也。必欲求其說以通之，則論衡謂「四方之山，皆可會計」，不定是越之茅山，故路史後紀注言塗山亦有會稽之名，將所謂會于會稽者，安知非卽指塗山之會耶？然則會稽之墓爲誰？曰：古墓之不知者衆矣，卽或是大禹古蹟，亦必因德被六合，殂落之後，雖異域殊方，無不起墳土以致其哀敬，羅泌所稱「儀墓」，非實葬所也。後書陳蕃傳言「禹巡蒼梧」，吳越春秋無余外傳言「禹南到計于蒼梧」，今亦可曰禹致羣神于蒼梧乎？述異記又言「會稽山有虞舜巡狩臺，臺下有望陵祠，民思之故立祠」。禹陵亦猶是耳，其可曰舜巡狩而崩，葬于會稽乎？舜、禹葬處，誣瀆最甚，不可以不辨。竹書禹五年會塗山，八年會會稽，不足信。

## 有扈氏不服

附案：扈爲夏同姓之國，尚書疏云「有扈見堯、舜受禪，啓獨繼父，故不服」。又云「有扈爲啓之兄弟」。此本于淮南子注。淮南齊俗訓曰「有扈氏爲義而亡」，高誘注「有扈，啓之庶兄，以堯、舜舉賢，禹獨與子，故伐啓」，不知出何傳記。左傳昭元年，晉趙孟以觀、扈與三苗、姺、邳、徐、奄並稱，又將何說？恐只是與夏同姓耳。論中言夏之後有扈氏。或問墨子明鬼篇引甘誓全文以爲禹誓，何歟？曰：禹先有伐扈事，莊子人間世及呂覽召類、說苑政理皆言之，而甘誓一篇與禹貢相接，遂謬以爲禹矣。至楚辭天問謂「扈本牧豎，得爲諸侯，啓擊殺于牀」，乃不經之談，不足信也。呂氏春秋先己篇言「夏后相與有扈戰甘澤」，非也。孫侍御云，「御覽卷八十二引呂子作『夏后伯啓』，乃知今本之誤。然困學紀聞引呂子亦作『夏后相』，則南宋時厚齋所據本已誤」。

## 予則帑僇汝

附案：帑與孥通用。然古之用刑，父子兄弟不相及，寧有三代盛時，罪及妻子之事乎？考漢書王莽傳引甘誓此語作「奴戮」，師古曰「戮之以爲奴也」。疑古奴、孥亦通借，此可證經、史之異文，諸儒之誤解。湯誓「孥戮」，孟子「不孥」，並同斯義，而刊誤補遺反以顏注爲非，以孔注爲是，舛矣。竹書「隱王十三年邯鄲命吏大夫奴遷于九原」，奴與孥同。

## 帝太康失國，昆弟五人須于洛汭，作五子之歌。

附案：左傳「夏有觀、扈」，比觀于三苗、有扈、姺、邳、徐、奄。楚語「啓有五觀」，與丹朱、商均、太甲、管、蔡並號姦子，韓非説疑同。周書嘗麥解「五子忘伯禹之命，興亂凶國」，亦與蚩尤類舉。然皆莫識所出，故左氏疏謂史傳無文，斯先儒蓋闕之義焉。自漢書人表云太康兄弟五人號五觀，置之下中等，地理志東郡縣，名其處爲畔觀，而韋昭因取以注國語，道元水經巨洋水注同，路史後紀及國名紀仍之，云「后啓五庶子封於衞，是爲五觀」。夫古未有五人而合封一國者，且既據國以叛，又奚須于洛汭之悽悽乎？倘依僞古文之述戒作歌，方將爲啓之賢胄，奈何夷于叛人姦子也。攷竹書「帝啓十一年放王季子武觀于西河。十五年，武觀叛，彭伯壽征之，乃來歸」。與國語稱姦子，周書稱五子合，沈約注武觀卽五觀，墨子非樂下篇有引武觀語，蓋武、五音近，或相通借，其實一人，非五人也。然晉司馬彪續漢書郡國志云「衞本觀國，姚姓」，則不得爲夏之宗室，而況爲啓子耶？是可疑者。若更以此五子適有五而牽配之，則誣矣。後人又嘗以斟灌爲五觀，而斟灌乃帝相之忠臣，爲夏宗室，其國在北海平壽，非東郡之畔觀，鄞縣全氏祖望經史問答論之甚審。然此五子爲誰？曰：五子非五觀，亦非太康昆弟也。以五子爲太康昆弟者始于人表，僞孔傳襲之，而改之云「太康五弟」，欲與「厥弟五人」一語相合，孔疏復申之曰「五人自有長幼」。稱昆弟嫌是太康之昆，故云「太康五弟」，而不知書序與史記並作「昆弟」也。如以爲太康之昆弟乎，則連太康在內，不得言五人；如以爲太康之弟乎，則仲康又在內矣。何以篇名不曰「五弟之歌」而題曰「五子」，錢唐馮氏景解舂集辨之曰，「子者有親之稱，五子者太康之子。離騷『啓九辯與九歌兮，夏康娛以自縱。不顧難以圖後兮，五子用失乎家巷』。王注謂「太康失國，兄弟五人居于閭巷」，亦非。五子明是太康子，故曰『圖後』。後果太康之弟仲康立，五子用失家巷。確然可證」。此辨精覈，一掃疑障，余深韙之。至潛夫論五德志謂「太康、仲康更立，兄弟五人，皆有昏德，不堪帝事，降須疑作「須」。洛汭，是謂五觀」，尤屬妄談。或問書有「御母以從」之語，安知子者非對母言之歟？曰：否。此晚出僞古文，不足信也。無論太康出畋，不合其母亦從子盤游，而太康在位時，固已無復母存，閻氏疏證卷七答馮山公語辨之明矣。

子帝少康立

案：左傳、楚辭、竹書、夏自太康失河北國都，爲羿所據，仲康雖克自立，而越在河南，未能除羿。帝相更孱，遷于商邱，先經羿篡，繼被浞弒，夏統中絶。其後少康滅浞中興，亂幾百年而始定，故魏高貴鄉公推尊少康優于漢高祖。見宋裴松之三國志魏紀注。則歷代中興之主，當以少康爲冠，乃紀、表全逸不言，直敍世次，若守成無事者然，深所未曉。索隱、正義及左傳疏皆譏史公疏略，信矣。而宋黄震日抄謂「少康之事遷時已無可考」，殊非，豈未檢吴世家乎？不載紀、表而別出于世家，亦失作史之體。

子帝予立

附案：春秋内外傳及竹書、世表皆作「杼」是也，而此作「予」字，當是省文。然索隱本引紀作「宁」，引表作「予」，今本世表亦有作「予」者。復引世本作「佇」，墨子非儒篇作「伃」，恐俱因形聲相近而訛耳。

子帝槐立

附案：左傳昭二十九年疏引世紀作「芬」，竹書及索隱引世本同，而史則作「槐」，蓋有二名，故路史後紀云「槐一曰『芬』也」。人表分槐、芬爲二人固誤，竹書注、外紀、路史又謂或名芬發，名祖武，名魁，皆不可信。

子帝芒立

附案：索隱于紀云「音荒」，于表云「一作『荒』」，竹書亦云「帝芒或曰『帝荒』」，疑「荒」字非。左傳疏引世紀作「芒也」，而路史作「芒如」，一名「和」，亦不可信。

子帝泄立

附案：左傳疏引世紀作「世」，蓋傳寫脱「水」旁，路史作「洩」可證也。外紀或作「宗」，非。

子帝不降立。帝不降崩，弟帝扃立。

案：索隱引世本作「帝降」，與史記、竹書異，蓋脱去「不」字。他若外紀、路史所載不降與扃之名甚衆，或爲僞撰，或爲字訛，俱未可信。又竹書謂「三代之世，内禪惟不降」，實有聖德，故不降五十九年遜位于扃，至扃十年始陟」，與史不同，莫知誰是。

子帝廑立

附案：世紀作「廣」，誤。外紀、路史載帝名甚多，皆妄。

帝孔甲立，好方鬼神，事淫亂。夏后氏德衰，諸侯畔之，天降龍二

案：孔甲見左傳，路史依竹書作「胤甲」，以「孔甲」爲非，乃羅氏之謬也。史公取左傳晉蔡墨所説

豢龍事，其有無不可知，但傳曰「有夏孔甲擾于有帝，帝賜之乘龍河、漢各二」。是龍降于天，德之所致也，何言淫亂德衰乎？杜注乘龍各二云「合爲四」，此言「二龍」亦錯。所謂淫亂德衰者，蓋誤解左傳擾字耳，然其誤實從周語來。國語不可盡信，其言孔甲亂夏四世而殞，猶言帝甲亂商七世而殞，夫祖甲豈亂商者哉。

受豕韋之後

附案：徐廣謂「受一作『更』」，與左傳合。蓋古字通用，周紀「膺更大命」，一本作「受」。惠氏棟左傳補注曰「周禮『巾車歲時受讀』，杜子春云『受當爲「更」』。儀禮燕禮及大射儀注皆云古文『更』爲『受』，是古今字也」。

子帝皐立。帝皐崩，子帝發立。帝發崩，子帝履癸立，是爲桀。（金陵本作「帝皋」。）

案：皐與發之名，竹書、路史所載不同，皆未可信。惟竹書言「帝癸一名桀」，甚是，史誤多一「履」字，不然，湯並時名履，豈有君臣同名之理乎？外紀、路史反從史記作「履癸」，謬也。至索隱引世本謂「皐生發及桀」，疑非。杜注僖三十二年左傳云「皐，桀之祖父」，是杜不從世本矣。高誘注呂氏春秋初音篇云「孔甲，皐之父，發之祖，桀之宗」。注當染、不侵篇云「桀，皐之孫，發之子」，亦不從世本。

夏桀不務德而武傷百姓

案：桀之無道多矣，而實以末喜亡，紀中不及，疎矣。

迺召湯而囚之夏臺

案：外紀本世紀言「桀殺關龍逢，湯使人哭之，乃囚于夏臺」。又路史本太公金匱言「桀以諛臣趙梁計，召湯囚之鈞臺」，故褚先生補龜策傳云「桀有諛臣，名曰趙梁，教爲無道，繫湯夏臺」，此可補史缺。

湯封夏之後，至周封於杞也。

案：禹後封杞，卽湯封之，武王特因其舊封重命之耳，故路史注據大戴禮少問篇云「湯放移桀，遷姒姓于杞」。它如漢書梅福傳云「武王克殷，封殷于宋，紹夏于杞」。文選晉張士然求爲諸孫置守冢人表云「成湯革夏而封杞」。卽史公于留侯世家亦述酈生之言云，「湯伐桀封其後于杞」，而此乃謂周封夏後于杞，何哉？

用國爲姓

案：「姓」當作「氏」。

有扈氏

附案：路史國名紀以扈與斟尋、斟、戈四氏出己姓高陽後，謂史爲誤。但扈爲夏同姓，卽甘誓所稱者，與己姓之扈別，至斟尋等氏，索隱引世本及潛夫論五德志並稱是夏後，杜注左傳從之，應劭漢書注從之，見地理志北海平壽下。恐非史之誤也。潛夫論及路史載禹後諸氏增多于史，而字亦各異，譜牒茫昧，莫知孰是，姑從略焉

有男氏

附案：小司馬引世本「男」作「南」，周書史記解及潛夫論並作「有南」。攷昭十三年左傳「鄭伯男也」，周語作「南」，蓋古字通，故周子南君亦作「男君」。

形城氏

附案：宋陳彭年重修廣韻注於「成」字下云「史記有形成氏」，古成與城雖通用，而形與彤甚殊，豈以形近致訛歟？當考。

斟氏、戈氏

附案：史記攷異曰：「索隱本作『斟戈氏』，卽斟灌也，戈、灌聲相近，上『氏』字衍」。

## 殷本紀第三

殷契

案：竹書「夏帝芒三十三年，商侯子亥遷于殷，乃始稱殷」。子亥卽契七世孫振，其後仍稱商。湯以商爲代號，至盤庚復改稱殷。是以殷、商可兼稱之，然不得以子孫所改之號，易始祖受封之名，故孔子言語嘗曰殷禮、殷人，而序詩書則曰商書、商頌。國號之所定也，奈何稱「殷契」乎？攷其地則異，揆于理則乖，當書曰「商契」。

三人行浴，見玄鳥墮其卵，簡狄取吞之，因孕生契。

案：詩曰「天命玄鳥，降而生商，履帝武敏歆，攸介攸止」。毛傳以元鳥降爲祀高禖之候，履帝武爲從高辛之行。當毛公作傳時未有遷史也，遷史出而乃有吞、踐之説。其説起于周、秦間好事者，是以屈原天問言「簡狄在臺，元鳥致貽」，列子天瑞言「后稷生于巨跡」。夫毛公豈不知吞踐之説哉，亦鄙弗道耳。至史公信其説，而漢儒如康成，宋儒如朱子，並援以爲據，遂有謂稷、契無父而生者，毋乃誕歟？行浴、出野，滛佚孰甚，稷、契之母，不宜若此；鳥卵、巨跡，驚避不遑，吞之踐之，殊非情事。聖人生，雖異于衆庶，然不外氣化形化之常，寧妖僻如是耶？前賢闢之詳矣。甚至轉相傳述，呂氏春秋音初篇以燕遺卵在簡狄爲處女時，詩疏引王肅解以姜嫄寡居生子，尤屬乖妄。蓋史公作史，每採世俗不經之語，故于殷紀曰吞卵生契，于周紀曰踐跡生（契）〔弃〕，于秦紀又曰吞卵生大業，于高紀則曰夢神生季，一似帝王豪傑俱産于鬼神異類，有是理乎？蛟龍見于澤上，雷電晦冥，而劉媪猶夢卧不覺，將與土木何殊？即史所載，其誣已顯，論衡奇怪篇嘗辨之。元方回續古今攷云「好事之人，見劉邦起于亭長爲王爲帝，相與扶合附會，以詑其奇。司馬遷採以成史，班固不能改，知道君子，掃除而弗信可也」。余因以考讖緯雜説，稱伏犧、帝嚳感履跡而生，神農、堯、湯感龍神而生，黄帝感大電生，少昊感白帝生，顓頊感瑶光生，舜感大虹生，禹感流星貫昴又吞神珠薏苡生，文王母夢天人生，孔子母與黑帝交生。御覽八十七卷引世紀「豐公妻夢赤馬若龍戲已而生太公」，則卯金兩世俱龍種。而薄太后生文帝復有蒼龍據腹之祥，王太后生武帝亦有夢日入懷之兆，嗣後生天子者，往往藉怪徵以誇之，傳諸史册，播諸道路，皆此類也。北齊劉晝新論命相篇反津津道之，謂聖賢受天瑞相而生者，不亦惑之甚哉。

契長而佐禹治水有功

案：契佐治水，未見所出，豈因禹讓契故耶？

封于商，賜姓子氏。

案：禹、契、稷之封國賜姓，皆出于堯，注疏言之甚明，它若白虎通、潛夫論諸書亦然。史俱以爲舜，非也。

契卒

史通因習篇曰「古者諸侯曰薨，卿大夫曰卒，夫子修春秋，實用斯義，而諸國皆卒，魯獨稱薨者，此略外别内之旨也。史記凡有薨者同加卒稱，此豈略外别内耶，何貶薨而書卒也」？

子曹圉立

案：索隱引世本作「粮圉」，禮祭法疏引世本作「遭圉」，漢書人表又作「根圉」。考禮疏引世本曰「遭圉生根國，根國生冥」，是知史敍世次缺根國一代，而人表誤合二人爲一也。外紀云「曹圉卒，子根國立」。「曹」乃「遭」之省，「粮」乃「根」之訛。

子振立

案索隱引世本作「核」，人表作「垓」，竹書又作「子亥」，未知孰是。

子微立

案：魯語展禽曰「上甲微能帥契者」，孔叢子引書曰「高宗報上甲微」，則商家以日爲名自微始，而史缺之，不始于報丁也。然竊疑商人自契至振，並別製名，何以上甲至帝辛改名十日？而以日爲名之外又未嘗無名，如上甲名微，天乙名履，帝辛名受。竹書諸君皆有名。疑諸君俱有二名，今缺不具。蓋名以日者殷之質，生之與死皆以是，臣民之所稱亦以是。別立名者殷之文，非有大典禮不用，故成湯告天始名曰「予小子履」，而微子庶不爲嗣，遂衹傳其名啓而已。

子報丁立。報丁卒，子報乙立。報乙卒，子報丙立。報丙卒，子主壬立。主壬卒，子主癸立。

案：商以生日名子，故不嫌于複，獨此三世名報，兩世名主何也？通志曰「報丁、報乙、報丙與主壬、主癸皆兄弟之名」，史指爲父子，過矣。人表于報乙、報丙、主壬、主癸之下俱不言誰子，蓋亦疑而缺之也。

子天乙立，是爲成湯

案：湯非名也，有謂湯是字及謚者，並非。以地爲號，故稱成湯、武湯。路史發揮注云「湯特商國中一邑名，今相之湯陰。成湯者，猶成周然。其名有二：曰天乙者，商例以生日名子，質也；曰履者，別製嘉名，文也」。堯典疏及白虎通姓名章謂湯爲王後改名，恐非。

成湯，自契至湯八遷

附案：此仍書序元文，「成湯」二字，傳寫誤增，故史詮謂「洞本無此二字，當衍之」。而所云「八遷」者，本紀止言湯一遷，餘皆不載。攷書疏曰「世本昭明居砥石」，荀子成相曰「昭明居砥石，遷于商」，左傳「相土居商邱」，是三遷也。商與商邱不同，見左襄九年疏。竹書「帝芒三十三年商侯遷于殷」，冥之子振也。帝孔甲九年，殷侯復歸商邱」，是五遷也。路史國名紀云「上甲居鄴」，是六遷也。而水經注十九又引世本云「契居蕃」，是七遷也。並湯爲八。經典釋文謂八遷惟見四，孔仲達數砥石、商邱及亳爲三，而連契之居商爲四遷，非也。

## 作帝誥

案：此是逸書篇名，書凡百篇，幾逸其半，而名目見于書序。漢儒並以書序爲孔子作，蓋據孔子世家及漢藝文志也。堯典疏謂依緯文而知者，妄。然獨怪史公作史，既兼采逸書，而百篇之名目有不盡録者，未知其去取何在？信書序不得不議史記之疎，信史記不得不疑書序之僞。余嘗反覆參究，知史所載書之篇名原有漏略，故五帝紀無汨作、九共、稾飫、大禹謨，殷紀無釐沃、疑至、臣扈、伊陟、仲丁、河亶甲、祖乙，周紀及世家無旅獒、旅巢、命君陳君牙，而尚書實不止百篇。宋儒力排書序非出自孔氏，朱子謂周、秦間低手人所作，雖執不知問，要是先秦古書。竊意尚書原序漢初已不全，後人傳寫又不免脱失耳。奚以明之？如左傳定四年有伯禽唐誥二篇乃孔子所斷不删者，而序無之，此殘缺不全之證也。殷紀有太戊一篇必書序之所載者，而不列其目，此漢以後脱失之證也。然則書豈止百篇哉。趙岐注孟子宋小國章云古尚書百二十篇。

## 湯征諸侯

附案：湯征亡矣，而紀有其詞，豈非史公所見壁中真古文乎？唐白居易長慶集有湯征補亡，未免妄作，何忘檢史記也。前編言此所載其詞不類，非湯征之舊，不然。

**伊尹名阿衡**

案：索隱言伊尹名贄。阿衡是官，非名也。其説良是，但所謂名者非姓名之名，乃名號之名，後世因伊尹官阿衡，遂以爲號，史隨稱之耳。然不書伊尹名亦疎。伊尹名摯，見孫子用閒篇、墨子尚賢中篇、楚辭離騷天問。

**阿衡欲干湯而無由，乃爲有莘氏媵臣，負鼎俎，以滋味説湯，致于王道。或曰，伊尹處士，湯使人聘迎之，五反然後肯從湯，言素王及九主之事。**湖本「干湯」訛「于」，「致于」訛「干」字。

案：伊尹之事，孟子已詳言之，乃史公猶信割烹爲真，而反疑聘迎非實，復取世俗誣百里奚是媵臣之説嫁附伊尹，本于楚辭天問、呂氏春秋本味、墨子尚賢中下篇，殆史通所謂「多雜舊聞，時采異論，或違經傳，與理不符」者也。鶡冠子稱伊尹酒保，愈演愈怪，何人之敢于誣聖賢哉。「五反」與孟子「三聘」異，疑因「五就」之文而誤。「素王九主」亦不可據，與韓子難言及後漢書馮衍傳謂「伊尹干湯七十説」同妄。仁和翟教授灝四書攷異謂「割烹出伊尹説」，漢藝文志小説家有伊尹二十七篇。

**湯舉任以國政。伊尹去湯適夏，既醜有夏，復歸于亳。**

案：孟子言「伊尹五就湯，五就桀」。尚書大傳言「伊尹仕桀聞日亡吾亦亡之言，遂去夏適湯」。鬼谷子午合云「伊尹五就湯，五就桀，然後合于湯。呂望三就文王，三入殷，然後合于文王」。是伊尹有適夏之事也。然湯既任尹國政，何爲復適夏都？或者湯初得尹，薦之于桀，在未任國政時矣。而伊尹之所以適夏，其心必以爲從湯伐桀以濟世，不若事桀以止亂，故五就五去，不憚其煩，及不可復輔，乃舍而歸耳。此本古史說。若呂氏春秋愼大篇言「湯欲令伊尹往視曠夏，曠，空也。或云是「獷」之訛，惡也，猶漢書敘傳之「獷秦」，後書段熲傳之「獷敵」。恐其不信，湯親射之。伊尹奔夏，三年歸亳」以權詐誣聖人，豈足道哉。

於是湯曰「吾甚武」，號曰武王。

滹南集辨惑曰：「詩頌言『古帝命武湯』，『武王載旆』，武者，詩人之所加也，紀乃云『湯曰吾甚武，號曰武王』，聖人決無此語。」

於是諸侯畢服

附案：它本或作「諸侯心服」，或作「諸侯服」連下「湯」字爲句，並非。後書王暢傳注引史云「于是諸侯畢服」。

湯歸至於泰卷陶

附案：徐廣曰「一無此『陶』字」。索隱曰「卷當爲『坰』，與尚書同。『陶』字衍。大坰今定陶是，楊慎云「泰坰卽太行」。舊本或傍記其地名，後人轉寫遂衍斯字」。正義曰「陶，古銘反」。是泰卷卽大坰，衍去「陶」字，正義以陶爲古銘反者，音坰也，則又以泰陶爲太行而衍「卷」字，未知孰是？（凌本正義作「陶古銘反」，「陶」字爲「坰」之譌，金陵本及殿本作「坰」，梁玉繩據誤字爲說。）太行，列子湯問作「太形」，淮南氾論作「五行之山」，原不音杭，自經典釋文於太行兩列其音，云「户剛反，又如字」，讀者惟取前音，唐人詩賦皆押七陽韻，相沿至今，遂不知大行當如字讀也。

作湯誥

附案：滹南集辨惑云「此皆不成文理，今湯誥具在，曷嘗有此，遷何所據而載之」？余以上文湯征例觀，知史公曾見孔壁真古文，決非無據。今之湯誥僞作也，故閻氏疏證卷二曰：「遷親從安國問古文，所見必孔壁中物，其爲真古文湯誥無疑。」然則此湯誥可與湯征補伏生今文書，滹南誤以真爲僞耳。明董斯張吹景集曾録史記中湯誥注之。

告諸侯羣后：「毋不有功於民，勤力迺事，予乃大罰殛女，毋予怨。」曰：「古禹、皐陶久勞于外，其有功乎民，民乃有安。東爲江，北爲濟，西爲河，南爲淮，四瀆已修，萬民乃有居。后稷降播，農殖百穀。三公咸有功于民，故后有立。

案：皇王大紀引此誥，以「羣后毋不有功於民」至「毋予怨」置于「故后有立」之下，當是也。久勞于外，兼皐陶言之者，猶論語「禹、稷躬稼」，孟子「禹、稷三過其門」云耳。禹自言「曁稷播奏庶艱食」，則二人共事偕行可知，皐陶當亦如是。禹貢錐指一據此誥，謂皐陶亦佐禹治水，偕行天下。又史詮謂「東爲江，南爲淮」，乃「東爲淮，南爲江」之誤。蓋壁中初出，不免錯簡，惜今不傳，無從參驗矣。初學記卷六引史又作「北爲河，西爲濟」。

伊尹作咸有一德

附案：康成序書以咸有一德篇在湯誥後，咎單作明居前，與本紀同，史公親受壁中古文者，則其繫此篇于成湯紀内，必古書次序如是，本于太甲無涉也。自僞書以伊尹歸政所陳，輒移于太甲三篇之下，索隱不察，反援變易之本，咎史公序書失次，豈不悖哉。閻氏疏證二曰「諸經傳記伊尹並無告歸致政之事，作僞者見書序茫無可據，遂鑿空撰出。夫贊襄于湯而曰咸有一德，喜君臣同德之助，慶明良交泰之休，于義可也；若陳戒于太甲而曰咸有一德，是伊尹以己德告太甲，非人臣對君之言。且事其孫而追述與其祖一德，得毋鞅鞅非少主臣乎？此是非之至明而易曉者」。斯論甚確。攷禮緇衣兩引尹告，今一在太甲篇，一在咸有一德，詳其語意，必史臣中間敍述之詞，故稱其字，決非伊尹自言，乃僞書既妄分兩處用之，而又盡竄入伊尹口中，真覺言大而夸也。緇衣「惟尹躬天見于西邑夏」，鄭改「天」爲「先」，今正作「先」，此又僞書用鄭注之驗。

**於是迺立太丁之弟外丙，是爲帝外丙。帝外丙即位三年崩，立外丙之弟中壬，是爲帝中壬。帝中壬即位四年崩。**

案：外丙、仲壬之立，孔疏謂「傳記小説不可用」，然孟子已明著之，又見于竹書、世本，豈傳記小説乎？唐、宋諸儒多斥史記爲妄，而無奈明著于孟子，遂復撰出外丙方二歲，仲壬方四歲之説。相傳湯年百歲，豈九十七生仲壬，九十九生外丙乎？於是從史記者除書疏所稱劉歆、班固、皇甫謐與趙岐、孫奭孟子注疏外，惟古史、通志、外紀及蔡傳而已。又閲唐僧道宣廣宏明集有沙門法琳破邪論，間引陶宏景年紀，所紀帝王之年多異，然亦列外丙、仲壬。又宋張衡有編年通載十五卷，宋陳振孫書録解題曰「張衡云外丙、仲壬，合于歲次，尚書殘缺，孔氏誤」。陶、張之書雖不傳，固信孟子、史記、竹書、世本也。若不從史記者則始于孔疏，嗣後宋張栻經世紀年見通考。及皇極經世、大紀、前編、明薛應旂甲子會紀、宋濂凝道記並仍孔義，不數外丙、仲壬。而其所以不數之者，一因「桐宮居憂」之語，一因書序「成湯既殁，太甲元年」之文。坐此二疑，便硬删殷之兩王並經史皆不信，毋乃悍乎。殊不知「桐宮居憂」晚出之僞古文也。即以爲真，安見非居仲壬之憂，蔡傳謂太甲服仲壬喪，頗覺真捷。漢律曆志言太甲有成湯、太丁、外丙服，誤。湯殁而太甲立，僞孔傳之言也，蓋緣誤讀書序來，宋沈括、馬永卿辨之矣。沈補筆談曰「湯誓、仲虺之誥皆湯時誥命，湯殁至太甲元年始復有伊訓著于書，自是孔安國離其文于太甲元年不注之，遂若有疑，若通下文讀之，曰成湯既殁，太甲元年伊尹作伊訓，則文自足，亦非缺落。義理所繫，章句亦不可不謹」。永卿嬾真子曰「書爲伊尹欲明言成湯之德以訓嗣王，故須先言成湯既殁，非謂中間無二君也，而注誤認此語，遂失之，當以孟子、史記爲定」。雖然史記亦不能無錯，孟子、竹書俱稱「外丙二年」，而此作「三年」。古史亦仍史誤。孫奭謂「史記不稽孟子之過」是也。至陶公紀年云「外丁三年」，既仍史三年之謬，而又以外丙爲外丁，豈別有所本耶？成湯既殁，既者追溯之詞。太甲元年，乃仲壬崩之明年也。

**是爲帝外丙**

案：殷王自當別有名，史缺不書。竹書外丙以下皆有名，史並不著之，惟河亶甲名整，呂氏春秋音初篇有「殷整甲徙宅西河」語，餘俱無徵，恐是後人僞加，故不采。又殷未嘗稱帝，説見後。

**帝太甲既立三年，不明**

案：書咸有一德疏曰「殷本紀太甲歸亳之歲已爲即位六年，與經相違，馬遷之妄也」。繹史曰「太甲居桐即在元年，史『三年』字誤耳」。而閻氏疏證四力主六年之論，謂「太甲被放後三年始悔過，又三年惟伊尹訓是聽，援孟子述此事兩用『三年』字爲據，以見古大臣格君非之難。殷本紀首『三年』字指初即位後，不指被放之後，與孟子少異，要爲六年之久復辟親政，則與孟子無異。僞作古文者依傍書序，遂將放桐之事撰于上篇，三年復歸事撰于中篇，以合書序，而不知不合孟子也」。孫侍御駁之曰「伊尹放太甲必在卽位之初，若遲至三年之久始放于桐，恐無此理。史『太甲旣立三年不明』，『三年』二字誤衍也。至孟子兩『三年』字，上云『伊尹放之於桐三年』，下云『太甲於桐處仁遷義三年』，處仁遷義卽放桐之時，並非前後六年。倘如閻氏說，則史記下云『三年伊尹攝行政當國』，又云『帝太甲居桐宮三年』，將謂前後統計九年乎」？又桐宮，孔安國曰「湯葬地」。疏證謂「殷紀注引康成曰『桐地名，有王離宮焉』。初不指桐爲湯葬地，魏、晉間孔傳出始有是說。此說果眞，漢武帝時已知湯葬處矣，奈何博極羣書如劉向，告成帝猶曰『殷湯無葬處』乎？趙岐注桐爲邑，亦不云葬地。後漢郡國志梁國有虞縣，有薄縣，虞則有空桐地、有桐地、有桐亭，薄下注有湯冢非成湯也，辨見水經注二十三卷。（「有湯冢」爲劉昭補注引杜預說，非郡國志本注。）雖相去未遠，判然各爲一縣所有，豈得指桐爲湯陵墓地耶？緣孔傳欲附會太甲居近先王，致生此說。後儒見有『居憂』字，並謂桐宮乃諒陰三年之制，非關放廢，顯悖孟子，尤爲怪矣」。閻氏之言甚覈。至路史發揮謂伊尹無廢立事，宋孫奕示兒編復以「放」爲「教」字之訛，謂書序是「教諸桐」，皆妄欲回護伊尹，而反昧于事情也。

伊尹攝行政當國，以朝諸侯。

案：攝政當國是也，朝諸侯則妄矣，此必仍戰國好事者之言。至紀年謂「伊尹放太甲，自立七年，太甲潛出自桐殺之」，尤爲乖誕，咸有一德疏已斥之矣。文選陸機豪士賦序云「伊生抱明允而嬰戮」，亦謬。

伊尹嘉之，迺作太甲訓三篇，襃帝太甲

滹南集辨惑曰：「三篇之書雖伊尹作，然皆史氏所録，豈獨伊尹襃嘉而作乎？」

弟太庚立

附案：竹書作「小庚」，疑非。

亳有祥桑穀共生於朝，一暮大拱，帝太戊懼。

案：桑穀之祥，記載各異。史本書序，漢藝文志、家語五儀篇及孔疏引皇甫謐同，古史、大紀因之，則爲太戊時事審矣。乃呂氏春秋、韓詩外傳皆云湯時生之，書大傳謂生于武丁時。論衡屢云武丁時生之，而順鼓、感類二篇又以爲太戊時。説苑于君道篇一以爲太戊時事，一以爲武丁時事，敬慎篇及漢五行志並以爲武丁時。劉晝新論禍福篇亦云「昔武丁之時，亳有祥桑穀拱生于朝，修德自枯。」高誘呂注、師古漢書注、史通書志、困學紀聞二、繹史俱以成湯、武丁是傳述之訛。卮林謂「桑穀生于商朝者三，而均爲興商之禎，未必盡非也」。凡此諸説，疑没能明。惟稱「一暮大拱」，則近于怪，理所難信，與呂之制樂、説苑君道言「昏生旦拱」何殊？考大傳、漢五行志、説苑敬慎、論衡異虚、僞孔傳、家語、古史並作「七日大拱」，韓詩外傳三作「三日」，當以「七日」爲是。

帝仲丁遷于隞。河亶甲居相。祖乙遷于邢。

附案：先敍遷居之事，而後敍崩立，亦是一體。然商自仲丁遷隞以來，隞亦作「囂」，同。凡五徙國都，然後盤庚居于亳殷，下文所云「五遷無定處」是也，史公不應止書此三遷，疑是錯簡。遷相、遷邢，當在「是爲帝河亶甲」、「子帝祖乙立」之上。書序邢作「耿」，索隱曰「邢音耿。近代本亦作『耿』。」考御覽八十三卷引史是「耿」，則「邢」字爲傳寫之訛。而皇極經世及通志三王紀謂「祖乙圮耿遷邢」，誤分作二地。前編反依之。東吴顧氏讀史方輿紀要實指耿爲今山西河津縣，邢爲直隸邢臺縣，本於通志，恐未可信也。又路史國名紀謂「耿卽邢，故通典曰祖乙遷邢。佳韻邢音耿通。史記云『先耿後邢』，失之」。而史記並無「先耿後邢」之文，蓋羅泌誤。

仲丁書闕不具

附案：逸書有仲丁篇，故云然。此句當在前文「帝仲丁崩」之上，不應置外壬時也，必是錯簡。

河亶甲崩，子帝祖乙立。

案：史及書疏引世本皆以祖乙爲河亶甲子，而人表謂是弟，未知孰是。

巫咸任職（金陵本作「巫賢」。）

附案：他本皆作「巫賢」是也，湖本訛刻「咸」字。巫賢乃咸之子。

帝祖辛崩，弟沃甲立。

附案：書盤庚疏引史、索隱引世本均作「開甲」，紀年亦作「開」，疑「沃」字非。又書疏以開甲爲祖辛子，未知誰誤。

立沃甲兄祖辛之子祖丁，

附案：書疏引史以祖丁爲開甲之弟，與今史記本異，惜無從參考。

## 立帝祖丁之子陽甲

附案：紀年注云「一名和甲」，本山海大荒北經，蓋有二名。

## 自中丁以來，廢適而更立諸弟子，弟子或爭相代立，比九世亂。

案：大紀云「以其世考之，自沃丁至陽甲，立弟九世，中丁之名誤也」。史銓非之云，「仲丁至陽甲，正合九世之數，若沃丁以來則不止九世矣」。大紀專就立弟及立兄弟子數之，故以仲丁爲誤，史詮數一帝是一世，故仍依史作「中丁」，而皆不攷史公斯言之失。夫沃丁之後有大戊中興，仲丁之後有祖乙復興，豈得言九世亂乎？況沃丁而上有外丙、仲壬，陽甲而降有盤庚、小辛、小乙、祖甲、庚丁，所謂廢適更立者，何獨咎沃丁、仲丁哉。蓋一代有一代之禮，殷道親親立弟，周道尊尊立子，周道太子死立適孫，殷道太子死立其弟。此褚先生續梁孝王世家袁盎語也。若殷亦立子，周亦立弟者，權耳。此殷、周殊禮也，故文王當伯邑考死，雖有伯邑考之子在，舍之而立武王，先儒以爲殷禮，孔子曰立孫，自爲周言之耳。

## 盤庚渡河南，復居成湯之故居

案：湯都南亳，盤庚都西亳，判然兩地。自史公有復故居之說，而班固作地理志，遂于河南偃師縣注云「殷湯所都」，康成注經亦仍之云「湯居偃師」，而張守節引括地志言湯先居南亳，後遷西亳。晉臣瓚又云「湯居濟陰薄縣」，孔仲達于商書、商頌並載其說，而云「經無正文，未知孰是」。竊謂仲達所述皇甫謐之辨極爲精覈，謐曰「孟子稱湯居亳與葛爲鄰，今梁國寧陵之葛鄉。湯地七十里耳，若湯居偃師，計寧陵去偃師八百餘里，豈當使亳衆爲之耕乎？梁國自有二亳，南亳在穀熟之地，北亳在蒙地，非偃師也，盤庚遷偃師。然則殷有三亳，穀熟爲南亳，卽湯都；蒙爲北亳，卽景亳，湯所受命；偃師爲西亳，卽盤庚所徙者。」竹書謂盤庚遷北蒙，非也。閻氏疏證復申之曰：「南亳是湯所都，皇甫謐據孟子以正之。史記注謂湯於後徙西亳，予卽如謐以正之曰：放太甲于桐，桐在今虞城縣，去偃師八百餘里，伊尹既以身當國于偃師，又焉能時時于桐訓太甲乎？仍屬穀孰方近。自史云復故居，注遂謂湯亦曾都偃師，不知盤庚三篇，一則曰新邑，再則曰新邑，曷嘗有復故居字面，止下篇云『古我先王將多于前功適于山』，本泛言先王徙都山險之處，如上所遷五邦多是，非必定指湯。或湯曾有意亳殷山險往視之，如武王告周公營洛邑，仍都豐、鎬，商或類此。故當日三亳鼎稱，不出邦畿千里之外，非必湯親身徙西亳。凡此皆商有天下規模形勝之大者，不可不論」。閻氏之辨亦確，余因考書序「盤庚將治亳殷」，疏引束晳據孔壁中尚書作「將始宅殷」。夫謂之始宅，則非復故明甚，可補前賢所未及。臣瓚之說最謬，不足辨也。

迺五遷，無定處。

案：僞孔傳以湯徙亳、仲丁囂、卽隞。河亶甲相、祖乙耿、並盤庚居殷爲五，馬、鄭、王肅以商、亳、囂、相、耿爲五，兩者皆非。上文云「自契至湯八遷」，則不應通數成湯明甚。而盤庚當作誥之時尚未徙殷，尤不應列于五遷内矣。考竹書仲丁元年遷囂，河亶甲元年遷相，祖乙元年遷耿，二年圮于耿遷庇，南庚三年遷奄，是之謂五遷。紀于前之八遷書其一而遺其七，于後之五遷書其三而失其二，豈非疏乎？盤庚至紂，都復數徙，史亦不盡書。又祖乙自相徙耿，自耿徙庇，書序專言篇名，故但云「祖乙圮于耿，作祖乙」，而不及相圮遷耿事。祖乙之篇正作于遷庇時，故云「圮于耿」，不云「遷于耿」也。僞孔傳誤連上文，遂改爲「圮于相遷于耿」。孔疏謂「孔傳與經言大不辭」，亦頗糾僞傳之失，乃復引康成說「祖乙去相居耿爲水所毁，於是修德以禦之，因不再徙」，而又誤讀竹書，以爲祖乙圮耿遷奄，並非。

帝盤庚崩，弟小辛立

案：人表以小辛爲盤庚子，而史不同，未知孰是。

百姓思盤庚，迺作盤庚三篇。

案：三篇乃盤庚告民之詞，史臣所録，安得謂百姓思盤庚而作于小辛之世乎？書疏非之是也。至康成謂盤庚爲陽甲之臣，謀徙都殷，以上篇盤庚爲臣時事。一先一後，其妄正同。

殷國大治

案：殷不當稱「國」，疑是羨文。

帝武丁崩，子帝祖庚立。祖己嘉武丁之以祥雉爲德，立其廟爲高宗，遂作高宗肜日及訓。

案：滹南集辨惑云「此篇卽祖己訓王之詞，其曰『高宗』者，史臣追稱耳，諸篇之體皆然，而云武丁既殁，祖己嘉之而作，謬矣。高宗之訓乃書篇名，自當全著，但云『及訓』，復失之太簡」。所辨是，困學紀聞亦譏史與書序相違也。余因攷書序及大傳，言高宗祭湯有雉雊鼎耳，祖己訓諸王，史公取入本紀，本無疑義。論衡指瑞篇據大傳同。只因書中有「典祀無豐于昵」一語，馬融、王肅輒顯背經文，創爲祭禰廟之説，以祭湯爲非，蔡傳因之。至前編直謂祖庚繹于高宗之廟，有雉雊之異，祖己作二書以訓祖庚，反據此紀誤繫斯事于祖庚之世爲證，竊所未安。而日知録十八及閻氏疏證並以前編爲不易之論，何歟？僞作古文者，亦緣豐昵之文，故于説命中篇曰「黷于祭祀，時謂弗欽，禮煩則亂，事神則難」，若與此篇實相表裏者。大紀不知其僞，謬指黷神爲高宗初年時事，遂移肜日之訓于説命前，豈不異哉。經文「昵」字，蓋指宗廟，對山川社稷七祀而言，況史引經文作「常祀毋禮于棄道」，則古本亦不盡作豐昵也。疏證卷四引閩陳第尚書評，謂史所稱義不可通，未免迂拘之見。竹書「祖庚元年作高宗之訓」，不可信。

帝甲淫亂，殷復衰。

案：周公以祖甲與中宗、高宗、文王並稱迪哲，安得以爲淫亂衰殷，紀及世表同誤。然其誤從國語來，周語曰「帝甲亂之，七世而殞」，猶云孔甲亂夏也。此衞彪傒之謬談，何史公不信周旦之語而反信衞傒耶？滹南集五辨惑曰，「書，聖經也；史傳，出于雜説者也。周公去殷爲近，知其事訓，左氏、馬遷爲遠，其傳聞容有妄焉，與其變易遷就，寧舍史傳而從經可也」。惠氏左傳補注曰「汲郡古文云『祖甲二十四年重作湯刑』，昭六年傳『商有亂政而作湯刑』，外傳『帝甲亂之』。祖甲賢君，事見尚書止以改作湯刑，故云亂也」。此説甚通。而滹南所謂「變易遷就」者，蓋指僞孔傳及王肅邪解，以祖甲爲太甲耳。

乃孔疏力主之，以康成言武丁子帝甲事爲妄造。試問太甲稱祖，誰所傳説？出何典籍耶？若謂無逸以德優劣、年多少爲先後，豈太甲之德遜于後嗣，文王之聖遜于三代，而武丁五十九年之後胡以不即數文王之五十年乎？于是祖甲一人忽上冒太甲之賢，忽變而爲亂殷之主，歧頭詭見，坐令矛盾兩傷，蔡傳辨之極明。

子帝廩辛立

案：世本作「祖辛」，索隱已于世表言其誤矣。而竹書、人表並作「馮辛」，與索隱引世紀作「憑」同，（金陵本索隱引帝王世紀作「馮辛」，不作「憑」。）然則史于紀、表作「廩」亦誤。

子帝太丁立

案：太丁不應重見，此與世表同誤，人表及漢書西羌傳亦誤從史。竹書、世紀作「文丁」是也。史詮謂「太字羨文，當是『帝丁』，猶帝乙、帝辛之稱」，恐未然。

帝乙立，殷益衰。

案：書酒誥曰「自成湯咸至于帝乙，成王畏相，多士曰：自成湯至于帝乙，罔不明德恤祀」。易亦屢稱帝乙，非湯也。是固殷之賢君也，奈何以爲殷由之益衰乎？此紀及世表同誤。然其誤必因錯會左傳文二年傳曰，「子雖齊聖，不先父食。故禹不先鯀，湯不先契，文武不先不窋。宋祖帝乙，鄭祖厲王，猶上祖也」。傳不過雜舉以明不先祖父之義，乃史公見其與厲王並言，遂以爲衰殷之主。杜預仍其誤而甚其詞云，「二國不以帝乙、厲王不肖，猶尊尚之」。未知帝乙不肖何在？上文鯀、契亦並言，可謂契是不肖乎？人表置帝乙于下中，亦是沿誤也。

帝乙長子曰微子啓，啓母賤，不得嗣。少子辛，帝母正后，辛爲嗣。

附案：馬融注論語云「微子紂之庶兄」，此本于史宋世家，與紀言微子及紂異母同。自康成注尚書據呂氏春秋仲冬紀，言「微子生時母猶爲妾，及爲后生紂」，遂以微子爲紂同母庶兄。孔、邢經疏及索隱並宗其說。夫帝乙賢君，不應廢子之長且賢者，而立晚生不肖之子。如謂先妾後后，遂分嫡庶，則當立后時，何以不卽立太子，必待紂之生乎？況其爲母一耳，庶不可爲嗣，妾乃可爲后歟？太史之爭，宜在立后時，不宜在欲立太子時也。準情揆理，呂子殊不足據。餘冬敍録云「妾既得爲后矣，而所生之子不得從親稱嫡長子乎」？此語真足破疑。然則帝乙之欲立微子者，知紂之不肖，思廢之而立賢子也。太史爭之者，執嫡庶子分，泥于經而不達于權也。若公都子引當時人言，以微子與比干爲紂之叔父，則誤矣。至啓當時諱「開」，史例也，說在周紀中。

天下謂之紂

附案：紂有二名，曰辛者，殷以生日名子也；曰受者，別立嘉名也。猶天乙又名履，上甲又名微也。史不書名受，偶不及也。竹書云名辛受。而紂、受音近，故天下共稱之，蓋卽以爲號矣。先儒謂「紂」爲謚，非。至康成謂「紂字受德」，則不足信。蓋德爲虛位，有凶有吉，受德云者，猶湯誓言「夏德」，立政言「桀德」，非字之謂也。然其所以致誤之由，固自有說。立政曰「其在受德暋」，周書克殷篇曰「殷末孫受德」，呂不韋作書誤解，遂于仲冬紀著之曰「其次受德」。康成過信呂書，取以釋經，後儒又過信康成，故晉孔晁注周書，張守節周本紀正義並云「紂字受德」。僞孔傳于戡黎篇從馬融讀受爲紂，謂「聲轉相亂」，于立政篇依康成作「受德」，謂「帝乙愛焉」，爲作善字，更屬歧說。而仲達曲爲之疏曰，「或言『受』，或言『受德』，呼有單複耳」。豈其然哉？周本紀録克殷篇改「末孫受德」爲「季受」。季者少子也，豈史公有意更之歟？立政「受德」，釋文引馬云「受所爲德也」。（金陵本周本紀作「殷之末孫季紂」，不作「季受」。）

於是使師涓作新淫聲

案：韓子十過、釋名、水經注八、拾遺記皆作「師延」，是也，此與人表並誤作「涓」。師涓出于晉平公、衞靈公之世，亦見韓子十過及吕子長見，補樂書者曾引之。淮南泰族訓又誤以師延爲師曠時。

而盈鉅橋之粟

案：「盈」字當諱，說在周紀。

九侯、鄂侯

附案：九侯卽鬼侯，故徐廣曰「一作『鬼侯』」。九與鬼音近，如宄、軌皆從九得聲。而徐廣謂鄂一作「邗」者，非也。路史國名紀云「邢侯亦紂三公」，世紀「邢侯事紂以忠諫死」，而邗爲文王所伐，文王豈伐賢者哉，則知史記異本是「邢」字，徐誤爲「邗」，而鄂卽邢也。故人表有邢侯無鄂侯。評林見韓子難言、吕氏春秋行論有「醢梅伯」語，又淮南子俶真訓云「醢鬼侯之女，葅梅伯之骸」，遂謂梅伯卽鄂侯，大謬。國名紀有思國，或疑思卽「鬼」之誤，非。引康成云「商有思侯、梅伯」，則與鄂爲二國矣。韓子難言云「翼侯炙」，疑卽鄂侯。左傳隱五年「邢人伐翼，翼侯奔隨。六年納諸鄂，謂之鄂侯」。地皆相近。

九侯女不憙淫，紂怒殺之，而醢九侯。鄂侯争之彊，辨之疾，并脯鄂侯。西伯昌聞之，竊歎。崇侯虎知之，以告紂，紂囚西伯羑里。

案：西伯之囚，因歎醢鬼侯、脯鄂侯也，殺梅伯另一事，當在後。楚辭注「箕子見紂醢梅伯而被髮佯狂」，則與剖比干心同時，已屬武王之世矣。戰國趙策、吕子行論及魯仲連傳可證，此紀是已。然此與周紀謂崇侯虎譖西伯乃囚羑里，殊非事實。何者？文王嘗伐崇侯矣，因其譖而囚之，甫脱囚而伐之，豈不跡類修怨，情嫌投鼠乎？則知西伯之囚不關崇侯虎也。明方孝儒遜志齋集有西伯伐崇論，云妄言者見詩歌伐崇，求其罪而不得，遂誣其譖西伯以爲伐崇之端，而不自知其謬耳。惟西伯之囚不關崇侯虎，故敷衍多端，言無準的。在此紀以爲譖西伯歎二侯，在周紀則謂譖其積善累德不利于紂。此紀本于國策、吕子而增入崇侯，若周紀所説必當時雜書有此謬傳，所以淮南子道應訓稱「崇侯謂紂曰：『周伯昌行仁義而善謀，太子發勇敢而不疑，中子旦恭儉而知時，請圖之。』乃拘于羑里」。桓譚新論稱虎之譖曰：「西伯昌聖人也，長子發、中子旦皆聖人也，三聖合謀，君其圖之。」乃囚文王羑里。斯語烏足信哉。然則文王之歎，紂無從知之，必有告者。其人爲誰？曰：褚先生補龜策傳言「紂聽諛臣左彊囚文王」，或者是其人歟？左彊亦見淮南覽冥訓。他若韓子難言謂文王説紂而紂囚之，書大傳謂牖里之囚由于伐耆，而詩文王篇及左傳襄三十一年疏又謂大傳稱紂見虞、芮質成及伐邘、密須、犬戎，故囚文王，俱非也。

西伯之臣閎夭之徒，求美女奇物善馬以獻紂，紂乃赦西伯。西伯出而獻洛西之地，以請除炮烙之刑。紂乃許之，賜弓矢斧鉞，使得征伐，爲西伯。

案：史公說文王出羑里及專征二事，殷、周紀及齊世家所載雖有詳略，而大概相同，蓋本伏生大傳而增損之，然皆戰國好事者意搆之詞，非其事之實也。太公、閎夭、散宜生並周公所稱修和迪教之臣，孟子所稱見而知之者，則欲脫君于難，必有道矣，何至籍美女等物如勾踐之豢吳耶？除去炮烙，是太師、少師從容燕語之所不得于紂者，乃以羑里之囚一請而卽許之，決無此理。況洛西本紂地，文王烏從獻之耶？美女奇物僅足贖竊歎之罪，請去炮烙方抱有善歸之疑，安能緣茲兩端，便賜征伐耶？後漢書史弼傳陶丘洪云「文王牖里，閎、散懷金」，韓子難二篇云「文王請入洛西之地千里以解炮烙之刑」，洛西寧有千里？並承訛襲妄而敷衍之耳。路史發揮論大公篇亦辨之。然則文王何以出羑里？曰：左傳襄三十一年衞北宮文子曰，「紂囚文王七年，諸侯皆從之囚，紂懼而歸之」。呂氏春秋行論篇云，「紂欲殺文王而滅周。文王曰：『父雖無道，子敢不事父乎？君雖不惠，臣敢不事君乎？孰王而可畔也。』紂乃赦之」。此文王出獄之故也。然則何以得專征伐？曰：文王之爲西伯，因于王季，紂加賜文王弓矢斧鉞得專征伐耳，竹書可證已。竹書謂文王降密而得賜專征，則非也。因得專征，故可以伐密。然則何以請除刑？曰：亦見呂氏春秋，其順民篇云，「文王處岐事紂，冤侮雅遜，朝夕必時，上貢必適，祭祀必敬。紂喜，賜之千里之地。文王再拜稽首而辭，願爲民請炮烙之刑」。是地爲紂賜之，非文王獻之，亦不言洛西也。而炮烙之刑，許不許未可知也。後書王暢傳言「武王入殷，先去炮烙之刑」，是未許矣。呂子必有所據，似得其實，惟言賜地千里太過。淮南道應訓亦言獻紂事，以紂爲炮烙在出羑里之後，以剖比干、剔孕婦、殺諫者在文王之時，皆謬也。宋李覯盱江集謂諸侯從囚與請除炮烙，是得衆賣恩，適足以起紂之疑而激之怒，蓋未知文明柔順之道，自有不可得而害者。

西伯歸，乃陰修德行善，

案：殷、周兩紀及齊世家皆言西伯、吕尚陰謀修德行善以傾商。夫德非傾人之事，亦非陰謀所能爲，若果如是，又何以爲文王、大公？古史削去陰行，止稱修德，足明聖人之心，其見卓矣。僞孔傳于戡黎云「文王事紂，内秉王心」，孔疏遂有「貌雖事紂，心有將王」之語。困學紀聞卷二折之曰，「文王之德之純，豈心與貌異乎？蓋見遷史説文、武志在傾商，累年伺閒，虚言成實，遂發此謬談耳。

及西伯伐飢國，滅之，紂之臣祖伊聞之而咎周

案：飢國周紀作「耆」，宋世家作「阢」，蓋古今字異，其實一耳。耆與黎爲二國，故竹書「紂三十三年，王錫命西伯得專征伐。三十四年，周師取耆。四十一年，西伯昌薨。四十二年，西伯發受丹書于吕尚。四十四年，西伯發伐黎。」灼然兩事。路史國名紀云「黄帝後姜姓有耆國，侯爵，自伊徙耆，爰曰伊耆，堯之母家。商後子孫有黎國，侯爵，與紂都接」。判然兩地。黎在上黨壺關，非東郡之黎也，辨見經史問答卷九。史公誤以西伯戡黎之篇載于伐耆下，并爲一案，千古傳疑，迨宋儒始發其誤，至前編出而論乃益暢。其略曰：黎者商畿内諸侯也。西伯伐黎，武王也。自史遷以文王伐耆爲戡黎，于是傳注皆以爲文王，失之矣。文王專征，若崇若密須，率西諸侯自關、河以東，非文王之所得討，況畿内乎？三分有二，特江、漢以南風化所感皆歸之，文王固未嘗有南國之師，而豈有畿甸之師乎？孔子稱文王至德，如戡黎之事，亦已爲之，則觀兵王疆，文王有無商之心矣，烏在其爲至德。紂殺九侯醢鄂侯，文

王竊歎，遂執而囚之，況稱兵王畿之內。祖伊之告，如是其急，以紂之悍，而於此反遲遲十有餘年不一忌周乎？胡五峯、呂成公、陳少南、薛季龍皆以爲武王也。昔商紂爲黎之蒐，則黎濟惡之國，武王戡黎，或者以警紂，而終莫之悛，所以有孟津之師歟？故吳才老以戡黎在伐紂時，其非文王明矣。武王而謂之西伯，襲爵猶故也。左傳定四年分衛殷民有飢氏，蓋饑國之後。

周武王之東伐，至孟津，諸侯叛殷會周者八百。諸侯皆曰：「紂可伐矣。」武王曰：「爾未知天命。」乃復歸。

案：殷、周兩紀、月表、齊世家、漢律歷志、竹書俱稱武王觀兵孟津而歸，居二年乃伐紂，故禮樂記云「武始而北出，再成而滅商」，蓋本于漢初僞泰誓也，而晚出之泰誓遂撰爲「觀政于商」之語。然中庸稱「一戎衣而有天下」，卽史載劉敬說高帝亦云「武王伐紂不期而會孟津之上八百諸侯，皆曰『紂可伐矣』，遂滅殷」。故宋儒均言武王無還師再舉之事。

殷之太師、少師乃持其祭樂器奔周。

案：周紀作「太師疵、少師彊」，殷之樂官也，此似缺「疵、彊」二字，不然則與上文稱箕子、比干爲太師、少師相混矣。「祭」字衍，周紀無「祭」字。

赴火而死。

案：紂死無定說，史與周書克殷解言自焚于火，而尸子言武王殺紂于鄗宮，見御覽八十二卷。賈子連語言紂鬬死，其言死固已殊矣。竹書稱「武王親禽受于南單之臺」，南單疑鹿臺之異名，猶周書廪臺。淮南氾論訓稱「紂拘于宣室，不自反其過，而悔不誅文王于羑里」。又似紂但見拘禽，未嘗卽死。諸說不同，莫知其實。

周武王遂斬紂頭，縣之白旗。

案：此乃史公輕信逸書之語也。說見周紀。

封紂子武庚祿父以續殷祀，令修行盤庚之政。

附案：武庚之封，何以不告其遵成湯之法，三宗之道，而云盤庚之政乎？呂子愼大篇「武王命周公旦進殷之遺老，問衆之所說，民之所欲。殷遺老曰：『欲復盤庚之政。』武王于是復盤庚之政。」史蓋本此。

其後世貶帝號爲王

案：夏、殷、周三代本皆稱王，閒亦雜稱后，從未聞有帝稱，史謂夏、殷稱帝，故以爲貶號爲王耳。夫皇帝皇后者，俱有天下之通號，本無甚分別，爾雅云「天、帝、皇、王、后、辟、君也」，安得有昇降褒貶之說哉。禮運曰「先王未有宮室」，是皇亦稱王。大禹謨曰「四夷來王」，呂刑曰「皇帝哀矜」，「皇帝清問」，是帝亦稱皇王。洪範曰「五皇極」，文王有聲之詩曰「皇王烝哉」，是王亦稱皇。詩玄鳥曰「商之先后」，盤庚曰前后、古后、先后、神后，禮內則曰「后王命冢宰」，是商、周亦稱后，不獨夏稱之，其義一也。然自三皇、五帝、三王之遞嬗異稱，遂若因世會而有高下之殊，于是皇與帝之號容或互稱，而三代之稱王一定不易。稽之經傳，無稱三王爲帝者。司馬光稽古録稱夏、殷爲王，是也。既不稱帝，尚何貶號，史公之說奚據乎？索隱乃順非而爲之詞云「夏、殷天子皆稱帝，代以德薄不及五帝，始貶號爲王，故本紀皆帝，而後總曰『三王』」。何其誕也。若以周初貶之，則武王不過卑以自牧，如夏稱后之比，改帝爲王而已，安得貶及夏、殷。若以周末貶之，則戰國齊、秦猶稱帝，更不應貶及先代。且卽云後世貶之，則如甘誓「王曰六事之人」，此真夏書也，其誰貶之？湯誓「王曰格爾衆」，「夏王率遏衆力」，盤庚三篇「王」凡十一見，高宗肜日篇「王」三見，戡黎篇「王」五見，微子一舉「先王」，三呼「王子」，此真商書也；玄鳥之詩曰「武王靡不勝」，長發曰「玄王桓撥」，「武王載旆」，「實左右商王」，殷武曰「莫敢不來王」，此商頌也，又誰貶之？況史公于夏紀特著之曰「國號夏后」，卽湯爲創業之祖亦未嘗書曰「帝」，則與稱帝貶號之說自相矛盾。而既云貶號，何以夏、殷二代無不號之爲帝耶？可知其妄加之矣。或曰：遷見周易、尚書屢稱「帝乙」，故謂夏、殷稱帝，非鑿空傅會也。曰：不然。帝乙乃其名，不得錯認爲號，哀九年左傳注「立爲天子，故稱帝乙」，而人表但書曰「乙」，去「帝」字，並誤以爲號也。魏崔鴻十六國春秋西秦乞伏熾磐有折衝將軍信帝，後世人臣猶有以帝爲名者。尤不得因一帝乙概商之諸王，並上概夏氏。蓋史之誤由國語來，周語衞彪傒以祖甲爲帝甲，祭公謀父以紂爲帝辛，人表書曰「辛」，去「帝」字，史亦曰「子辛立」，韋注「帝辛紂名」，非。並屬載筆之失，不可爲訓。倘欲援作典據，則左傳辛甲虞箴曰「在帝夷羿」，以篡亂僭竊之賊而號之爲帝，亦將信之耶？穆天子傳「河伯號帝曰穆滿」，又將謂周亦稱帝耶？他若唐劉長卿隨州集送荀八過山陰詩「空山禹帝祠」，宋歐陽修文忠集應天以實不以文賦「雉鳴于鼎，成商帝之功勳」，雖行文趁筆，然固本于史記，未曾細考耳。後世僭稱王者自徐偃始，僭稱帝者自秦昭、齊閔始，合稱皇帝則自秦始。漢以下封王爲臣位之極，而王之名替矣。或又曰：曲禮「措之廟立之主曰帝」，故譙周有夏、殷廟號爲帝之論，未知是否？曰：非也。孔仲達引崔靈恩云，「古者帝王生死同稱，生稱帝死亦稱帝，生稱王死亦稱王」。斯言極爲精覈，觀盤庚三篇可見。若果祔廟稱帝，則盤庚何以稱先王、先后，而不稱先帝乎？曲禮漢儒所記，必周末變禮，如秦昭、齊閔輩忽王忽帝，或追尊其祖考而題帝于木主，或卒哭祔廟而子孫題稱爲帝，違經背制，何所不有，記者特以著禮之變，烏得例諸夏、殷哉。戰國策稱趙襄子爲「王」，稱秦、趙之先王爲「先帝」，說在六國表。夫大夫也而謂之王，諸侯也而謂之帝，豈非衰周亂禮，入廟稱帝之的證歟？竹書于夏俱稱帝，于商或帝或王。左傳襄四年疏云「後人之稱先代，或以王言帝」。春秋繁露三代改制篇言「春秋作新王之事，黜夏改號禹謂之帝」，並不足信。

## 武庚與管叔、蔡叔作亂

附案：監殷者爲管、蔡、霍，所謂三監也。史記諸處但言管、蔡而不及霍叔，書序、左傳亦然，以管、蔡爲主，遂略之耳。蓋叔處以罪輕不廢，仍國于霍，竹書及穆天子傳有霍侯舊，後爲晉獻公所滅，故康成謂書序不言霍叔，是赦之也。見衛詩譜疏。若孔仲達謂其時霍叔在京邑，見蔡仲之命疏。路史後紀十謂與管叔同經死，皆臆造之詞，而僞古文復有「降爲庶人，三年不齒」之說，不足信也。商子賞刑篇云「周公流霍叔」，亦未可據。

## 而立微子於宋

案：書序云「成王既黜殷命殺武庚，命微子啓代殷後」，蓋謂成王命微子代殷後爲上公，非謂成王始封微子于宋也。樂記曰「武王下車，投殷之後于宋」，韓詩外傳三同。越絶書謂「未下車封宋」。荀子成相篇曰「紂卒易鄉啓乃下，武王善之，封之于宋」。留侯世家酈生曰「武王伐紂，封其後于宋」。漢書梅福傳曰「武王克殷，封殷于宋」。文選張士然表曰「武王入殷而建宋」。潛夫論氏姓篇曰「微子開，武王封于宋」。又呂氏春秋慎大篇曰「武王下轝，命立成湯之後于宋以奉桑林」。而誠廉篇載武王使召公盟微子曰：「世爲長侯，守殷常祀，相奉桑林，宜私孟豬。」俱可證武王已封微子，並知初封宋爲侯爵。自史公誤讀書序，以封微子在成王時，後儒多從其說，殊不知微子歸周即封于宋矣。鄭注樂記云「武王所徙者微子，後周公更封而大之」，想必以史記爲非，故不從耳。孔仲達于周書、周頌、禮記疏亦謂「微子歸周之時，暫復故位，卽徙封宋，爾時未爲殷後。至成王命爲殷後，因舊宋命爲公。史與樂記文乖，其說非也」。惟言微子初封于宋，不知何爵，是未檢呂子。然史于殷、周二紀及魯、宋、管蔡世家、自序傳，並以封宋在成王時，而陳杞世家云「殷破，周封其後于宋」，則以爲武王封之，又似不誤，誠史通所譏「隔卷異篇，遽相矛盾」者。又仲達謂微子「暫復故位」，是因左傳而誤，非事之實，說在宋世家中。

以國爲姓

案：「姓」字誤，當作「氏」。

有殷氏、來氏、宋氏、空桐氏、稚氏、北殷氏、目夷氏。

案：史所述子姓分氏，據潛夫論以較索隱所引世本，則史有缺略。而稚氏又世本、潛夫論所無，疑「稚氏」乃「時氏」之訛，音相近也。北殷氏，潛夫論作「北段」，世本作「髦氏」，索隱謂「秦寧公所伐亳王」，卽是北殷。路史國名紀四謂「庚丁徙河北號北殷」，疑莫能定矣。

孔子曰，殷路車爲善，而色尚白。

索隱曰：「論語孔子曰『乘殷之路』，禮記曰『殷人尚白』，太史公爲贊，不取成文，遂作此語，亦疏略也。」

# 史記志疑卷三

## 周本紀第四

### 居期而生子

附案：詩「誕彌厥月」疏曰「人十月而生，此言終月，必終人之常月。周本紀云『及期而生子』，則終一年矣，馬遷之言未可信也」。扈林駁之曰「人十月而生，往往有不然者。穎達詩白華疏曰『帝王世紀以爲幽王三年嬖褒姒，褒姒年十四。則其生在宣王三十六年。自宣王三十六年上距流彘之歲爲五十年，流彘時童妾七歲，則生女時母年五十六，凡在母腹五十年。其母共和九年而笄，年十五而孕，自孕後尚四十二年而生，作爲妖異，不與人道同，此婦人之最異者』。孔氏信五十年處胎之褒姒，而不信離裹之邰公，何歟」？所駁甚當。然余謂期宜讀如字，言及十月之期也，與詩彌月合，讀者誤爲期年耳。又疏引周紀作「及期」，疑此「居」字是傳寫之誤。

### 以爲不祥，棄之隘巷

案：踐跡之妄，已說在殷紀中。而稷之棄，實非以不祥也。蘇洵譽妃論曰：「稷之生無災無害，或者姜嫄疑而棄之乎？鄭莊公生寤生，姜氏惡之，事固有然者。吾非惡夫異也，惡夫遷之以不祥誣聖人也」。

馬牛過者皆辟不踐

案：詩言「牛羊腓字之」，此所說又異。

忔如巨人之志

附案：史詮曰「屹作『忔』，誤」。

封弃於邰，號曰后稷，別姓姬氏。

案：棄之封國賜姓與禹、契同時，皆出於堯，非舜也，已說見殷紀。而堯封稷於邰，劉敬傳明載之，何史公自相牴牾耶？又生民詩疏曰，「本紀以后稷之號亦起舜時，其言不可信」。

后稷卒，子不窋立。不窋末年，夏后氏政衰，去稷不務，不窋失其官而犇戎狄之間。

案：不窋之非稷親子，先儒歷辨之，詞繁語雜，不能悉載，竊取其精確者申而明之，曰國語祭公謀父云「昔我先王世后稷，以服事虞、夏。及夏之衰，不窋失官」。史亦本此。言世爲稷官，則非一代可知。不窋身當夏衰，則非弃所生可知。斯本譙周說也。劉敬傳云「周自后稷，積德累善十有餘世，公劉避桀遷豳」。言公劉去后稷十餘世，則本紀、世表書四世之誤可知。斯本羅泌說也。人表及韋昭國語注以不窋當太康時，鄭豳詩譜以公劉亦當太康時，非也。余因考竹書，「少康三年復田稷」。后稷之後不窋失官，至是而復」。以不窋爲后稷之後，亦一的證。又路史發揮言稷生斄壐，一作「璽」。斄壐生叔均。山海經於大荒西經言后稷弟台璽生叔均，與海內經言后稷之孫叔均異，西經誤也。雖譜牒散亡，叔均至不窋之世系無徵，而不窋之不得爲稷子，更有明驗矣。史公惑於國語十五王之說，直以不窋繼后稷，卽僅有可徵之斄璽、叔均亦省削弗録，而豈曉國語之不能無誤也。新安戴太史震東原集有周闕代系考，謂「史不曰弃卒而曰后稷卒，且上承『皆有令德』之文，則繼棄爲后稷之官不一人。及最後爲后稷者卒，其子不窋立。漢初咸知不窋已上代系中隔」。其說亦新。先儒俱就年之遠近代之修短置辨，都不論及國語。夫年代之懸殊何待辨哉，所可疑者太子晉、衞彪傒稱十五世耳。前編云「史謂周道之興始於公劉，自公劉數至文王爲十五。不然則以數有德者，猶殷言聖賢之君六七作，漢言七制之主」。此兩解又與國語元文不合。竊疑「十五」當是「廿五」，簡素屢易，篆隸遞更，遂致訛舛。二十爲廿音入，說文本字也，始皇石刻「廿有六年」足以證已。不窋，路史發揮引杜釋例作「僕窋」，恐非，餘說見世表。後有皇僕，故知非也。

子鞠立

附案：國語韋注、酒誥釋文及路史引世本皆作「鞠陶」，豳詩譜疏引此紀亦作「鞠陶」，則今本史記於紀、表並脱「陶」字。人表亦脱「陶」字。

子差弗立

附案：路史引世本作「弗差」，以「差弗」爲非，恐不足據。別本作「羌弗」，形近而訛。

子毁隃立

附案：人表及國語韋注與此紀同，而世表作「毁渝」，索隱引世本作「僞榆」，路史引作「僞隃」，它本集解又引世本作「揄」。宋宋庠國語補音云「或作『愉』，今有作『僞揄』者」。余考酒誥釋文云「毁揄爲昭。揄音投」。則隃、渝、榆、愉皆揄之誤，蓋因揄有踰音，且字相近故也。僞，亦當作「毀」。

公非卒，子高圉立。高圉卒，子亞圉立。亞圉卒，子公叔祖類立。

案：人表公非後有辟方，高圉後有夷竢。世本作「侯侔」。亞圉後有雲都，史注引世本同。史公不知國語十五王之誤，既以不窋爲后稷子，又刪縮辟方三世不書，以求合於國語，皇甫謐附會其詞，遂以辟方等爲公非諸君之字，路史發揮及前編俱糾其繆也。又路史謂侯侔是亞圉父，恐非。余疑亞圉乃高圉之弟，並未是高圉之子，不然，則父子同名「圉」矣。晉杜預春秋釋例世族譜雲都作「靈都」。公叔祖類，竹書作「組紺」，世本作「太公組紺諸盩」，國語韋注依人表作「公祖」，宋庠補音云「本或作『公組』」，稽古録作「公叔祖頼」，此處索隱引世表作「叔類」，而禮中庸疏引此紀作「太公叔穎」，路史後紀九以祖類生諸盩，爲二人，非也。以一人而有數名，增損改易，疑莫能定。蓋其中傳寫之訛，亦所不免，故索隱、禮疏引史記皆與今本異也。史記考異曰：「盩、類聲相近。盩緑色，紺青赤色，與緑相似，故又云組紺」。

遂去豳，渡漆、沮，踰梁山，止於岐下。

四書釋地曰：「程大昌雍録謂渭水實在梁山之南，循渭西上，可以達岐，與漆、沮無干。」

古公有長子曰太伯，次曰虞仲，太姜生少子季歷，

附案：左傳僖五年疏曰，「如史記之文，似王季與太伯別母，馬遷之言疏繆」。而評林引明張之象謂婦姑相繼皆賢婦，故曰「太姜生少子季歷」。張評所以著太姜係季歷之故，解頗明白，史公本不以季歷與太伯爲異母也，孔疏自誤耳。

乃二人亡如荆蠻，文身斷髮

案：斷髮文身，未知其事之有無，即有其事，亦何害爲泰伯、仲雍。但此及吴世家並謂二人，而左傳哀七年載子貢之言，以「泰伯端委，仲雍嬴飾」，孔疏謂史作二人謬。諸書或從史，或依傳，惟黄氏日抄卷二辨之曰，「泰伯、仲雍始入吴而斷髮文身者，隨其俗也。泰伯果端委於其先矣，仲雍繼之爲君而方斷髮文身，豈人情耶？且斷髮文身者，始入吴之事也，端委而治者，吴人尊信之後，泰伯君吴之事也。髮雖斷何妨復長，身雖文何妨被衣，兩義固不相害。其始隨俗，及得位則臨之以禮，理固然也；若謂泰伯端委，至仲雍繼位而復斷髮文身，是謂仲雍不肖也」。黄氏之辨如此，余謂仲雍在吴必早已斷髮文身，至其嗣位仍而不改耳。左傳乃子貢對吴之言，非如墨子公孟説越王勾踐翦髮文身可比，不得斥以爲妄。

季歷立是爲公季

案：竹書云「季歷作程邑，文王遷程」。周書大匡解所謂「周王宅程」也。而唐李吉甫元和郡縣志、宋宋敏求長安志皆謂王季遷都櫟陽，蓋誤以遷都爲王季，又誤以程爲櫟陽耳。程在咸陽東之安陵城，伯休父於此得姓，地屬右扶風。櫟陽屬左馮翊，非一地也。史不書文王先遷程，必是疎脱，而宋程大昌雍録不信宅程之事，謂「孟子明曰文王生於岐周，卒於畢郢，若王季既已去岐，則文王之生安得在岐周」。斯言殊失攷。畢郢即程，王季元未去岐，且文王固生於太王時，將不生岐而生程哉。

子昌立，是爲西伯。

案：文王之爲西伯，因於王季，竹書可證，非文王始爲之也。史不書季之爲伯，失之。

伯夷、叔齊在孤竹，聞西伯善養老，盍往歸之。

案：劉敬傳言伯夷歸周在斷訟後，當是也。此與竹書以爲在囚羑里前，似牴牾未確。而伯夷傳又依莊子讓王篇、吕氏春秋誠廉篇謂伯夷之歸在武王初年，尤非，蓋欲以實其「父死不葬」之説耳。至宋王安石臨川集伯夷論，疑夷、齊不及武王之世而死，則鑿空之言，不足信也。又「盍」字當衍。

崇侯虎譖西伯於殷紂曰：「西伯積善累德，諸侯皆嚮之，將不利於帝。」帝紂乃囚西伯於羑里。閎夭之徒患之，乃求有莘氏美女，驪戎之文馬，有熊九駟，他奇怪物，因殷嬖臣費仲而獻之紂。紂大説曰：「此一物足以釋西伯，況其多乎！」乃赦西伯，賜之弓矢斧鉞，使西伯得征伐。曰：「譖西伯者，崇侯虎也。」西伯乃獻洛西之地，以請紂去炮烙之刑。紂許之。西伯陰行善，諸侯皆來決平。（金陵本炮烙作「炮格」。）

案：崇侯之譖，羑里之賂，洛西之獻，陰行之詐，皆乖事實，已辨在殷紀中。而此又謂紂告西伯是崇侯譖之，蓋因大傳而誤也。文之伐崇，固奉紂命，豈有命之修怨乎？紂亦必無此語。又此處兩「帝」字及下文「以告帝紂」、「帝紂聞武王來」、「以大卒馳帝紂師」三「帝」字，史詮謂「皆當作『商』字之訛也」。據徐廣云「帝一作『商』」，則史詮是。

於是虞、芮之人有獄不能決，乃如周。入界，耕者皆讓畔，民俗皆讓長。虞、芮之人未見西伯，皆慙，相謂曰：「吾所争，周人所耻，何往爲，祇取辱耳。」遂還，俱讓而去。諸侯聞之，曰：「西伯蓋受命之君。」

案：虞、芮之事，當時必有成文，今無可考。然以大傳、毛傳及說苑君道篇較之，史所載頗缺略不全，復有異同之語，疑史公所增損也。

明年伐犬戎。明年伐密須。明年伐耆國。殷之祖伊聞之，懼，以告帝紂。紂曰：「不有天命乎？是何能爲！」明年伐邘。明年伐崇侯虎。

案：文王伐國先後之次本不可考，故大傳、竹書及古史、大紀諸書並與史異，未詳孰是。至以祖伊告紂事繫伐耆下，乃史之誤，說在殷紀。

自岐下而徙都豐

案：當作「自程徙」也

西伯崩

案：天子曰崩，古之制也，以西伯而僭稱爲崩，豈誤解受命之言乎？大傳稱崩不足據，竹書稱薨是已。

其囚羑里，蓋益易之八卦爲六十四卦。

案：此及世表皆言文王益卦，其實非也，蓋與世俗言文王作爻詞同謬。孔氏易正義論重卦之說有四：王弼以爲伏羲，本淮南要略。康成以爲神農，孫盛以爲夏禹，馬遷以爲文王。四說惟弼最當。以繫辭考之，十三卦體已具於羲、農、黃帝、堯、舜之世。以洪範考之，其七卜筮貞、悔已見於禹錫九疇之時。以周禮考之，太卜掌三易之法，其經卦皆八，其別皆六十四。注以別爲重，則不但可爲伏羲因重之驗，並知夏、殷之易亦有因重。先儒多以馬遷等爲臆説，故自唐陸德明以至宋程、朱，並依王輔嗣定爲伏羲重卦，路史餘論亦有伏羲重卦辨，至論衡齊世、對作兩篇既誤以爲文王益卦，而正説篇又云「伏羲得河圖，周人因曰周易。其經卦皆六十四，非伏羲作之，文王演之」。此王充之岐見也。又文王之演卦辭，因囚羑里而後作，非在羑里中作之，向來亦有誤解者。若大紀謂易爻辭乃周公居東時所作，未敢爲信矣。

詩人道西伯，蓋受命之年稱王而斷虞、芮之訟。後十年而崩，謚爲文王。改法度，制正朔矣。追尊古公爲大王，公季爲王季。

案：婁敬當漢初，其告高帝已有質成受命之説，蓋其説起於戰國好事之口，史公亦仍而載之。但受命二字，實本於詩、書，詩曰「文王受命，有此武功」，書曰「文王受命惟中身」。受命云者，一受殷天子之命而得專征，一受天西眷之命而興周室。凡經言文王，並後世追述之，曷嘗有改元稱王之説哉。自有此説，而改元稱王之論紛如聚訟，獨不思改元始於秦、魏兩惠王，稱王始於徐偃，皆衰周叛亂之事，奈何以誣至德之文王。逸書文傳言「受命九年」，大傳言「受命七年」，皆謂受命得專征伐之年也，今妄以文王爲改元，遂指諸經所追述之文王，概以爲生前之稱矣。既改元稱王，自應定法度，易正朔，追王先代，其歿也書崩，其謚也書王，儼然商、周之際有二天子焉，不亦乖誕之甚乎！風俗通皇霸篇論其謬，泰誓疏斥其非，史通疑古篇辨其舛，唐梁肅議其反經非聖，見唐文粹。李覯議其取緯亂經，追歐陽子泰誓論出，而文王之事方暢白。公羊傳曰「王者孰謂？謂文王也」。恐傳誤權輿于此，然公羊至景帝時始著竹帛，未可爲據，故泰誓疏曰「公羊傳漢初俗儒之言，不足取證也」。伯夷傳云「西伯卒，武王載木主號爲文王」，亦文王是追王之明驗。或問：仲達疏經，朱子評泰誓論，俱兩存其説，得毋文王於統内六州亦嘗建號歟？曰：否。竹書稱「周文公」，稱「西伯昌薨」，非不王之的證耶？唐人義疏之學最拘，故仲達於詩力主康成，以稱王當在六年伐崇之後。於尚書見僞孔傳不言稱王，便力以稱王爲無。所謂從孔則廢鄭，從鄭則廢孔，本不足憑。至朱子因晚出武成有「九年大統未集」及「周王發」等句爲難理會，是以兩存。見語録及困學紀聞卷十一。殊不知武成僞撰，其「有道曾孫周王」一節，乃襲墨子兼愛中篇，爲武王望祀岱宗之詞，非伐紂時事，閻氏疏證卷二已辨之。若「九年大統未集」，本逸書文傳「受命九年」之文也。因考此云「後十年」，乃「後七年」之訛。文王賜專征之年數，元不能確定，史從大傳作「七年」，詩文王與書泰誓、武成疏言「馬遷以爲『七年』」可據，傳寫訛爲「十」字。而張守節正義從文傳作「九年」，竹書及漢律曆志載三統歷亦作「九年」。故欲改史「十」字爲「九」，而未考史本文是「七」字，誤直其下耳。或曰：「謚爲文王」已下，似蒙上「太子發立，是爲武王」言之，皆武王克商以後事，非謂文王當身事。文王之薨，謚爲文公，猶古公、公季然。武王方追王三世，孔仲達周易論云「武王克殷之後，始追號文王爲王」。是以禮大傳曰「武王追王太王亶父、王季歷、文王昌」。而中庸言「周公追王」者，先儒謂周公追王是備其王禮，武王追王是加以王號，其不及文王者，孔子專論文王無憂，雖不言追王，義自得通，注疏以中庸追王爲改葬，非。此解亦得。

九年，武王上祭於畢。

附案：此以下疑卽漢時僞泰誓文，其曰「九年」，乃武王卽位爲西伯之九年，下文曰「十有一年」，乃武王之十一年，與書序合，甚爲明劃，其言亦必有所據，與文王不相涉。師行載主，亦古之制，見曾子問。無足異者。乃自改元稱王之説興，於是以武王之年爲文王之年，而反斥史記爲誤，真所謂不狂爲狂矣。夫泰誓僞書也，尚無武繼文年之語，奈何以之釋經乎？至祭畢之解有二：集解引馬融曰「畢，文王墓地名」，趙岐注孟子「畢郢」同。歐公泰誓論云「祭文王之墓」，從馬、趙説也。後漢蘇竟傳曰「畢爲天網，主網羅無道之君。武王將伐紂，上祭於畢，求天助也」。索隱謂「文云『上祭』，則畢天星之名」。從蘇説也。二者當以前爲是，古不墓祭之論殊未然。

武王渡河，中流，白魚躍入王舟中，武王俯取以祭。既渡，有火自上復于下，至于王屋，流爲烏，其色赤，其聲魄云。

案：白魚赤烏之説，乃漢初民閒所得僞泰誓文，詳見書序及詩思文兩疏中，西京諸儒信以爲真，董仲舒爲漢儒宗，其賢良策對猶言之，況史公之愛奇者乎？其書唐初尚存，故孔仲達、顔籀、小司馬、章懷太子皆見之，不知亡於何時也。吕氏春秋名類篇言「文王之時，赤烏銜丹書集於周社」，蓋戰國末有此妄談，何足信哉。

乃還師歸，居二年，

案：班師再伐，説在殷紀。

殷有重罪，不可以不畢伐。

附案：徐廣謂伐一作「滅」，恐非。而後書袁術傳引史曰「殷有重罪，不可不伐」，與今本異。

遂率戎車三百乘，虎賁三千人，甲士四萬五千人，以東伐紂。

案：孟子亦言「武王伐紂，革車三百兩，虎賁三千人」。蘇秦傳依國策言「武王卒三千人，革車三百乘」，韓子初見秦篇、吕氏春秋簡選、貴因二篇、淮南本經、主術、兵略訓，風俗通正失篇並同，然皆非也，當依書牧誓序以「虎賁三百人」爲斷。示兒編謂孟子引經之誤，是已。考周禮虎賁氏之官，其屬虎士八百，安得有三千之多？古車戰之法，一車甲士三人，步卒七十二人，至臨敵制變，更以甲士配車而戰，一車實有百人，每乘以虎賁一人爲右。武王時尚侯國，未備六軍，故牧誓稱「司徒、司馬、司空」三卿。百乘爲一軍，一卿主之，是以車三百乘，虎賁三百人。周書克殷解作「三百五十乘」，墨子明鬼下篇作「車百兩，虎賁之卒四百人」，俱孤文岐説，不足取證。若甲士之數兼步卒在內，以三百乘計之，一車七十五人，止有二萬二千五百人，卽一車百人，亦止三萬人，何云「四萬五千人」耶？下文「大卒」，正義云「大卒，謂戎車三百五十乘，士卒二萬六千二百五十人，有虎賁三千人」。此本孔晁周書注，晁云「三百五十乘，則士卒三萬六千三百五十人，有虎賁三千五百人」。無論士卒之數過多，幾等虛張軍籍，卽虎賁三千五百之言，未識出何經典？正義亦知其妄，臆減士卒一萬一百，虎賁五十，而不知人數仍不合也，豈可信哉。大卒，周書作「虎賁戎車」。風俗通皇霸篇引尚書云「虎賁八百人」，誤，故後正失篇引書仍作「三千人」。

十一年十二月戊午，師畢渡盟津

附案：十一年者，武王之十一年。十二月者，卽十一年之十二月。自晚出泰誓有「十三年」之文，與書序「十一年」異，僞孔傳遂以月分繫於十三年，而以年爲武繼文，違經背義，莫斯爲甚。史同書序，本無訛謬，故歐陽子泰誓論、邵子經世書、胡氏大紀並作「十一年」，以「十三年」爲非也。竹書紂四十二年武王嗣爲西伯，五十二年十二月伐殷，亦與史合，惟呂氏春秋首時篇言武王立十二年而成甲子之事，蓋並其爲天子之年數之耳。至此作「十二月」，書序作「一月」者，殷之十二月，周之一月，一月與正月同。序就周言之，其實改正在克商後，當依商作「十二月」爲是。詩文王疏謂文王受命十三年辛未之歲，殷正月六日泰誓疏作「四日」。殺紂，鑿空之論，未知何據？

## 武王乃作泰誓

案：伏生尚書本有泰誓，合三篇爲一，故今文有二十九篇，大傳載泰誓篇目可證。其後伏生之泰誓亡，卽以民間僞泰誓三篇充伏生之數，孔仲達所謂上篇觀兵時事，中、下二篇伐紂時事也。今雖佚不傳，而以史考之，疑上文「九年，武王上祭於畢」，至「乃還師歸」，與齊世家所載「蒼兕」諸語，皆是上篇文。「居二年」至「孳孳無怠」，與殷紀所載「剖心」諸語，皆是中篇。此下所載「告於衆庶」至「不可再，不可三」，乃是下篇。其中或有删省，不全登録。至困學紀聞卷二謂「大誓與大誥同，衞包改定今文，始作『泰』」，恐不盡然。王伯厚本晁氏之説。九經古義曰「顧彪古文尚書義疏云，『泰者大之極也。』此會中之大，故稱泰誓』。彪字仲文，隋煬帝時爲秘書學士，當時已改爲『泰』，非始於衞包」。余因惠氏之言考之，古大、泰、太三字音義並通，俱可通寫，如董仲舒策「陽居太夏，陰居大冬」，實用管子山國軌篇泰春、泰夏、泰秋、泰冬之語。莊子應帝王篇以大庭氏爲「泰氏」，淮南子詮言訓以太王爲「泰王」，以太羹爲「泰羹」，漢書袁盎傳以太常爲「泰常」，後書班固傳東都賦以太師爲「泰師」，隸釋涼州刺史魏元丕碑以太夫人爲「泰夫人」。而一部史記俱作「太」字，范蔚宗後漢書避其家諱改「太」作「泰」，蓋本於此。是乃通用之證。有謂後人加點爲「太」，以別大小字者，非也。尚書大傳中凡與偁泰誓同者，皆後人增入，說在儒林傳。

二月甲子昧爽

附案：二月誤，當依徐廣注作「正月」爲是。齊世家作「正月」，此乃後人傳寫妄改也。蓋周之改正在克殷後，斯時周師初發，不得遽改殷建丑之正月爲二月。況上文依殷言十二月，不用周建子之月稱正月，何以此依周正作「二月」乎？

其予爾身有戮（金陵本予作「于」，不誤。）

附案：史銓曰「于作『予』誤」。

諸侯兵會者四千乘

附案：自此以下至「罷兵西歸」，皆録逸書克殷解，頗有次第可觀，惟斬紂一節係後人竄入，不足信也。史公所載，較今本周書字句各殊，短長互見，吹景集曾疏其異同辨之，然尚有漏略，所說亦有未安，余更加考訂，條列於後。其文異而義同者，則弗論矣。四千乘并諸侯兵言之，武王止三百乘而已，周書言「三百五十乘，」非，說見前。

帝當作「商」。紂聞武王來，亦發兵七十萬人距武王。

案：三代用兵無近百萬者，況紂止發畿内之兵，安能如此其多。書武成疏曰：「紂兵雖衆，不得有七十萬人，史虛言之」。

蒙衣其珠玉，自燔于火而死。（金陵本珠玉作「殊玉」。）

案：周書世俘解「紂取天智玉琰五，璲身厚以自焚」。守節所引有訛。（正義引周書作「環身以自焚」。）殷紀所云「衣其寶玉衣」也，此「珠」字疑「寶」字之誤，餘說在殷紀。

於是武王使羣臣告語商百姓曰：「上天降休！」商人皆再拜稽首，武王亦答拜。

案：索隱云「武王不應答商人之拜，太史公失辭耳。尋上文諸侯畢拜賀，武王尚且報揖，無容遂下拜商人」。但周書作「羣賓僉進曰：『上天降休！』再拜稽首，武王答拜」。索隱依史誤文說之，故以爲失辭也。明胡應麟三墳補遺曰：「諸侯畢拜之時，武王方在師旅，未暇答拜，至入商郊，羣臣簽進稽首，武王乃答拜。周書之文自明。其答拜者，蓋前諸侯及商臣子皆在其中，史記但言商人再拜，注遂謂武王不應止揖諸侯而答拜商人。史記固訛，注者亦失考」。

遂入至紂死所。武王自射之，三發而後下車，以輕劍擊之，以黃鉞斬紂頭，縣大白之旗。已而至紂之嬖妾二女，二女皆經自殺。武王又射三發，擊以劍，斬以玄鉞，縣其頭小白之旗。

輕劍，周書作「輕呂」，孔晁注「劍名」。

案：此乃戰國時不經之談，竄入逸書克殷解，史公誤信爲實，取入殷、周二紀及齊世家。三代以上無弒君之事，詎聖如武王而躬行大逆乎？世表於帝辛下書「弒」，蓋因誤信懸旗一節，故書弒字。孟子稱武王誅一夫紂，未聞弒君，奈何妄加以弒哉！武之伐紂，非有深讎宿怨，特爲民除暴耳。紂之死，武之不幸也。吾意武王當日必以禮葬焉，於何徵之？賈子連語篇言「紂鬬死，紂之官衞輿紂軀棄玉門之外，民之觀者皆進蹴之，蹈其腹，蹷其腎，踐其肺，履其肝。武王使人帷而守之」。夫倉卒之際，尚使人帷守，則事定而必以禮葬可知，寧忍親戮其身耶？湯之於桀，放之而已。竹書謂「湯放桀三年而卒，禁弦歌舞」，不失舊君之道。武之待紂，豈遂不知湯之待桀，奚至以已焚之枯骨，矢射劍擊，斬鉞懸旗，復分屍梟首之慘哉。孟子讀武成不信「血流漂杵」之語，懸旗之誣悖百倍於敵師，其可信乎？論衡恢國篇云，「齊宣王憐釁鐘之牛，楚莊王赦鄭伯之罪，君子惡疑脫惡字。不惡其身。紂屍赴於火中，所見悽愴，非徒色之觳觫，祖之暴形也，就斬以鉞，懸乎其首，何其忍哉」！又雷虛篇云「紂至惡也，武王將誅，哀而憐之，故尚書曰『予惟率夷憐爾』」。此與帷守一端，足明武王之心。先儒之辨甚繁，不及盡錄，余竊取其要而論之。由斯以推，則離騷云「后辛葅醢」，周書世俘解云「武王在祀，太師負紂懸首白旗，妻二首赤旗，先馘入燎於周廟」。荀子正論及解蔽篇云「紂懸於赤旆」，韓子忠孝篇云「湯、武人臣，而弒其主，刑其屍」。墨子明鬼下篇云「武王入宮，萬年梓株折紂而繫之赤環，載之白旗」。淮南子本經訓云「武王殺紂於宣室」。褚生補龜策傳云「紂自殺宣室，身死不葬，頭懸車軫，四馬曳行」。岐詞詭說，同爲誣矣。至殷紀但言殺妲己，此依周書言二女自經。一殺一經，已屬參差，而又增「嬖妾」二字，不知嬖妾之即妲己歟？抑妲己之外更有二女歟？孔晁注「二女謂妲己及嬖妾」。即史所載，未免乖錯，射、擊、斬、懸，亦事之所必無者，斯皆害義傷教，令後世叛亂之臣，進刃於其君，戕及骨肉，而援武王以藉口，直是此等記載開之，古史不書，其見卓矣。又史不言武庚之母，而史通疑古篇云：「禄父商紂之子也，父首梟懸，母軀分裂，仰天俯地，何以爲生？」以武庚爲妲己子，不知何據？它若後漢書孔融與曹操書，謂武王以妲己賜周公，乃詼嘲之語，非其事實。

武王弟叔振鐸奉陳常車

案：周書作「叔振奏拜假又陳常車」，此脱「拜假」二字。

畢公把小鉞

案：畢公乃召公之誤，周書及魯世家是召公也

既入，立于社南大卒之左，右畢從。

案：周書云「王入，卽位於社大卒之左，羣臣畢從」，此誤增「右」字，脱「羣臣」字。或云，但「之」字下脱一「左」字耳。

毛叔鄭

案：此與周書並云毛叔名鄭，四八目作「毛叔圉」，未知孰是。至杜注定四年左傳作「毛叔聃」，則誤也。明陸粲左傳附注曰「聃季是毛叔弟，何容乃取兄名爲封國之號，斯必不然」。

於是武王再拜稽首，曰：「膺更大命革殷，受天明命。」武王又再拜稽首，乃出。

附案：此史佚祝辭，周書無之，但云「周公再拜稽首乃出」。吹景集曰「史佚祝王，何緣周公再拜。若

周公出，召公、尚父當皆出矣，何獨書周公出耶蓋書誤也」。

命畢公釋百姓之囚，表商容之閭。

附案：吹景集曰「周書畢公下有衞叔，無表閭事，當依史記」。

命南宮括散鹿臺之財

案：人表括作「适」，古字通用，然周書作「南宮忽」也。

命南宮括、史佚展九鼎保玉

吹景集云：「周書括作『伯達』，當從周書。展作『遷』，保玉作三巫。孔晁注『三巫地名』，按鼎遷於洛邑，三巫未詳。」

行狩

附案：書序作「歸獸」，與史異。蓋狩爲古獸字，非訛也。

作分殷之器物

滹南集辨惑曰：「書序作分器，是篇名，紀失其名矣。」

武王追思先聖王，乃褒封神農之後於焦，黃帝之後於祝，帝堯之後於薊，帝舜之後於陳，大禹之後於杞。

案：樂記疏云「未及下車者，言速封諸侯。二代之後其禮大，故待下車而封之。周本紀武王追思先聖乃封，與未及下車義反，當以禮記爲正」。但余考樂記，薊爲黃帝後，祝爲帝堯後，韓詩外傳三同。潛夫論五德志亦言武王封堯胄於鑄，而史記祝、薊二國互易，豈以堯祖黃帝，可通言之歟？亦當依樂記爲是。呂覽愼大云「武王封黃帝之後於鑄，封帝堯之後於黎」，史蓋仍其誤。而黎與薊以音近致譌，曰祝曰鑄，其地不殊。古鑄、祝同音，字亦得通，故康成注樂記云「祝或爲『鑄』」。又高誘注淮南俶真訓「冶工鑄器」云，「鑄讀作祝」。續郡國志濟北蛇邱有鑄鄉城，梁劉昭注云「武王未及下車封堯後於鑄」。張守節以爲東海祝其縣，非也。路史國名紀云「鑄侯爵祝也」。今兖之龔邱治古蛇丘。至杞國非武王始封之，說在夏紀矣。樂記疏引史同記，豈孔氏見本異耶？疑。

登豳之阜，以望商邑。

附案：此下本周書度邑解，亦有異同，玆據吹景集及他書考定列後，其文之詳略弗論也。豳，周書作「汾」，吹景集曰「汾水在太原，從史記作『豳』是」。或云汾當作「邠」，卽古「豳」字。說文引爾雅「西至於汃國」，今爾雅作「邠」字，汾豈汃之轉訛耶？史詮曰「度邑篇作『汾』，蓋因汾與邠相近，遂誤爲『豳』耳」。余謂史詮從周書作「汾」，是也，卽郡國志潁川襄城縣之汾丘，若在栒邑之豳，何從登其阜以望商邑乎？

麋鹿在牧，蜚鴻滿野。

案：麋鹿二字，周書、國語、淮南本經訓、博物志及集解引隨巢子皆作「夷羊」，竹書「夷羊見」是也。蜚鴻二字，淮南作「飛蛩」，注「蝗也」。索隱引隨巢作「飛拾」，博物志作「飛蝗」，又不同。前賢所解各殊，具詳吹景集中。余謂「麋鹿」乃「夷羊」之誤，「蜚鴻」乃「飛蝗」之誤。董斯張以孟子言「園囿汙池沛澤多而禽獸至」，史記言「紂廣沙丘苑臺，多取野獸蜚鳥置其中」，謂當作「麋鹿」「蜚鴻」。但苑囿之禽獸是紂所畜養，與此言天災不合，郊牧田野，亦非苑囿可擬。

**悉求夫惡，貶從殷王受。**

附案：索隱云：「言今悉取夫惡人不知天命不順周家者，咸貶責之，與紂同罪。」錢唐邵氏泰衢史記疑問曰：「悉求不順，罪並殷王，孰謂武王聖德，竟等暴秦之阬誅哉。」吹景集依周書作「志我共惡，俾從殷王紂」。其論曰：「索隱之説非也。殲厥渠魁，脅從罔治，曾聖人而淫刑以逞乎？言志我之所共惡者，亦惟從紂爲虐，如費仲、惡來輩，餘固無問也。書多方曰『我惟大降爾命，爾罔不知』，降宥也，即其義。」錢塘王孝廉庚期曰：「從，由也。謂當日指以爲惡而貶斥者，乃由於殷王受之不明黜陟，今悉求其人而昭雪之」。王説是。

**日夜勞來我西土**（金陵本「我」上有「定」字。）

附案：別本「我」上有「定」字是。勞來乃定也，徐廣謂「一云『肯來』」，恐非。餘姚盧學士文弨曰，「周書度邑解作『四方赤宜未定我於西土』，文訛難曉」。竊以字形求之，「四方」與此「日夜」相近，「赤」疑「丌」，古其字。或「亦」之訛，史記無此字。「宜未」與此「勞來」相近。周書「定我於西土」，本有「定」字。

**以存亡國宜告**

附案：評林王鏊曰「此句疑有誤，不可解」。方氏補正曰「此隱括洪範而爲言也。鯀殛禹興，存亡之迹，九疇皆有國者所宜用」。説本正義。王孝廉曰「依方氏説，則下文不可接，蓋下文問天道乃陳範耳」。竊意存亡國即興滅繼絶之意，宜者義也，以義所當行者告武王。左傳云「存三亡國」，語亦類此，蓋謂當時滅國五十之事。正義非。逸周書世俘解「武王征四方，憝國九十有九」。

周公乃祓齋，自爲質

附案：魯世家亦作「質」，如周禮「質劑」之「質」，正義解作「贄」，非。明徐孚遠史記測議曰「書作『自以爲功』，此改作『質』字，義勝」。

武王有瘳，後而崩

案：「後」字下有闕，史文未必如是。

周公奉成王命，伐誅武庚、管叔

案：周公殺管叔一事，千古厚誣。夫周公寧有殺兄之事哉！自左傳言之，史記著之，諸子述之，遂構虚成實，於是説尚書者謬解金縢「弗辟」爲「刑辟」，僞作蔡仲之命者又謬解周書「降辟三叔」爲周公致辟管叔，聖如周公，豈忍假王命以推刃同氣乎？大義滅親之説，亦後世藉口周公者所遺耳。至説苑指武載周公誅管、蔡，由於齊人王滿生，尤屬誕妄。然則管叔何以死？曰：周書作洛云「管叔經而卒」，知罪自縊，未嘗殺也。使管叔不死，當亦與蔡同放焉，殺云乎哉。韓詩外傳四言周公誅管、蔡由于客之説，亦妄。

以微子開代殷後，國於宋。

案：微子封宋在武王時，不在成王誅武庚後也，説在殷紀。

頗收殷餘民，以封武王少弟，封爲衞康叔。

案：康叔封衞，經、史皆以爲成王時事，大傳亦有「成王四年建侯衞」之文。但成王爲康叔猶子，而康誥稱「朕弟寡兄穆考」，又屢呼「小子封」，有是理乎？此或周公代王之辭，然康誥、酒誥諸篇無一語及武王，亦無一語及武庚之叛，抑又何耶？考竹書「武王十五年誥於沬邑」，褚生續三王世家載丞相奏云「康叔扞禄父之難」，後書蘇竟傳言「周公善康叔不從管、蔡之亂」，是武庚作叛，康叔守邦於衞，斯言未必無據，故先儒定爲武王封康叔。前編謂成王滅三監之後，以殷餘民益封康叔，義或然歟？宋車若水脚氣集别有一説，云「當是武王已作誥命將封康叔，繼思以舊地存武庚。既平武庚，成王始宣武王之誥以封康叔」。此臆解，不足憑。竊意紂畿内千里之地，武王以鄭封武庚，孔晁注周書作洛解云「封以鄭祭成湯是已。又分其餘地爲三國，紂城朝歌以東曰衞，北曰邶，南曰鄘」。羅泌以邶、鄘爲商後。此所謂衞，因後益封康叔追繫之，當時必别有名，使三叔各尹而監之也。漢地理志言但分殷畿内爲三國，邶以封武庚，管叔尹鄘，蔡叔尹衞，誅叛之後，盡以其地封康叔，而遷邶、鄘之民於洛邑。殊不然，詩疏已辨之。鄭譜以三監爲管、蔡、霍，甚是，而謂以紂京師封武庚，恐非。紂京師封康叔，不封武庚耳。此紀正義引世紀云「管叔監衞，蔡叔監鄘，霍叔監邶」。路史國名紀云「霍叔尹邶，管叔尹鄘，蔡叔尹衞」。所説各異。作洛解曰「建管叔於東，建蔡叔、霍叔於殷」，注以東爲衞，以殷爲邶、鄘，霍叔相禄父，亦非也。

魯天子之命

附案：書序作「旅天子之命」，釋詁云「旅，陳也」。魯世家作「嘉天子命」，疑史公以意改之。然徐廣謂「嘉一作『魯』」，此又明作「魯」字，則索隱以「魯」爲誤者非矣。考宋丁度集韻，「旅古作『魯』」。而字之所以通用者，古文旅、魯字皆作『𣃨』，故旅亦作『魯』見説文及左傳首篇疏」。又宋董逌廣川書跋云，「秦和鐘曰『以受毛魯多釐』，魯，古文旅」。然則秦時已寫旅爲魯，史公襲秦之舊文耳。

梓材

案：此篇本出伏生，而一篇之中前後語意不類，未定是否告康叔，存疑可也。

其事在周公之篇

案：「周公」二字不可解，必是「周書」之誤。

成王既遷殷遺民，周公以王命告，作多士、無佚。

滹南集辨惑曰：「多士爲殷民而作，無逸爲成王而作，在本紀則並無逸爲告殷民，在魯世家則並多士爲戒成王，不惟牴牾於經，而自相矛盾亦甚矣。

作康誥

滹南集辨惑曰：「此乃康王之誥，若康誥則命康叔者也，書豈有兩康誥耶。」

康王卒

案：史公諸本紀天子皆書「崩」，而有書「殺」者五，周幽王、哀王、思王及秦二世父子也。有書「死」

者五，夏桀、殷武乙、辛受、周厲王、秦武王也。或殘虐無道，或傷戕短命，其貶之固宜，而周紀又雜書「卒」者三，未曉何故？昭王不返，赧王遂亡，則降書以「卒」，猶可言耳；若康王之賢，與成並稱，豈得下同昭、赧乎？夫前之文王，當書「卒」者也，而僭書曰「崩」；此之康王，當書「崩」者也，而降書曰「卒」，失義例矣。

卒於江上

附案：正義引世紀謂膠船液解，溺於漢水。水經沔水注作「歿於沔」，故地有左桑、死沔之稱，小有異也。杜預亦云「涉漢船壞而溺」。呂氏春秋音初篇謂「昭王征荆，涉漢梁敗，抎於漢中，其右辛餘靡振王北濟」。竹書言「天大曀，喪六師於漢」，無船解梁敗之説，似竹書爲可信。至所云「振王北濟」者，振王之屍也，左、穀二疏據高誘説以振王爲非，未免錯會。

穆王即位，春秋已五十矣。

案：竹書言穆王以下都於西鄭，臣瓚漢地理志注亦云。詩小雅譜疏引世本、漢志又言懿王徙犬邱，竹書謂遷槐里在十五年。槐里即犬邱。遷都大事，紀表皆不書，何也？然則東遷以前已再徙都矣。至史公言穆王即位已五十，必非無徵，僞作孔傳者變其文曰「穆王即位過四十」，孔疏謂「不知出何書」。遷若在孔後，當各有所據，而豈知其即據史記乎？

乃命伯臩申誡太僕國之政，作臩命。復寧。

附案：此云太僕國之政，則非太僕正矣。史公親受古文，不應與書序違異如此。蓋太僕之官，其係於國政最重，太僕得其人，而國以永寧也。復寧二字，承上「文武之道缺」而言，史公意中有穆王周行天下一事，故爲斯語耳。八駿遠游之時，伯冏必已去位，穆王殆忘申誡太僕之心歟？王若虛斥爲「不成文理」，粗莽之甚。

## 昔我先王世后稷　我先王不窋

附案：此仍國語也。不曰先公而曰先王者，韋昭謂子孫通稱先世爲王，如契稱元王之比。僞武成傳疏亦言之。

## 商王帝辛

案：既曰商王，又曰帝辛，岐而複矣。此仍國語之失，有説在殷紀中。

## 邦内甸服，邦外侯服

案：禮「卒哭乃諱，已祧不諱」，春秋以降，雖生時亦已諱之，故魯隱公名息姑，而春秋隱元年經云「公及邾儀父盟於蔑」，不言姑蔑者，諱也。路史國名紀二注以「姑」爲引語，猶「於越」。定公名宋，而左傳昭八年云「自根牟至於商衞」，蓋昭公事紀於定公之世，諱「宋」爲「商」也。哀二十四年稱「孝惠娶於商」，乃是死而爲諱，釋文可證。嗣後諱名甚嚴，漢法觸諱者有罪，如高帝諱邦，之字曰國；惠帝諱盈，之字曰滿；文帝諱恒，之字曰常；景帝諱啟，之字曰開，武帝諱徹，之字曰通。馬、班作史，咸遵此典。又史公以父名談，遂私諱爲「同」，或改用「譚」字。乃余讀兩史，其於君父之名往往有不盡諱者，甚且文帝、武帝，直書其名，不一而足，豈非疎乎？邦内邦外，當作「國内」「國外」，其餘犯諱之處，俱分見各條。或問史亦有不避諱者否？曰：有。夏后啟則不諱，蓋不敢以今之天子易古天子之名也。是以微子之名改稱「開」，而禹之子不稱「夏后開」。山海經、楚辭及諸子書作「夏后開」者，皆後人妄改也。漢書武帝元封元年詔稱「啟母石」，不因父景帝而改呼「開母石」。師古謂史追書，非。顧氏炎武金石文字記有漢延光二年開母廟銘，亦後人改稱。高后名雉亦不諱，史、漢中雉字甚多，均所不避。自荀悦妄言諱雉爲野鷄，魏如淳與師古未曾詳考，謬從其説，並以誤韓昌黎，其作諱辨云「漢諱呂后名雉爲野鷄」，而所以爲兹説者，祇緣漢郊祀志本封禪書有「野鷄夜雊」一語耳。殊不知雉本一名野鷄，如逸書王會解之稱「皋鷄」，非關避諱改稱，故杜鄴傳亦言「野鷄著怪，高宗深動」，全部史、漢，惟此兩見「野鷄」字，安得盡没數十見之「雉」不論，而反以單文隻句爲徵耶？即以封禪書觀之，曰「有雉登鼎耳雊」，曰「有物如雉」，曰「白雉諸物」，何故不皆改稱「野鷄」，則漢不諱「雉」甚審，必以僭亂黜之矣。唐石經明皇月令曰「野鷄入大水爲蜃」，「野鷄始雊」，乃以諱高宗嫌名改，非禮也。高宗名治。

## 先王之順祀也

案：順祀非，當依國語作「先王之訓」，蓋此句與下文「廢先王之訓」相對也。其餘與國語異處，皆義得兩通，故不論。

## 甫侯言於王

案：尚書甫作「呂」。孔疏曰「禮記書傳引此篇多稱『甫刑』」，詩崧高云『生甫及申』，揚之水云『不與我戍甫』，明子孫改封甫侯，不知因呂國改作甫名？不知别封而爲甫號？然子孫封甫，穆王時未有甫名，後人以子孫之國號名之，宣王以後，改呂爲甫也」。新唐書宰相世系表同其說，則宜稱「呂侯」爲是。而通志氏族略曰「呂、甫聲相近，未必改也」。但竹書云「穆王五十一年作呂刑，命甫侯於豐」，似分呂、甫爲二。又說文云「郙，甫侯所封」。郙卽許字，疑莫能定矣。

兩造具備

附案：徐廣謂「造，一作『遭』」。考書曰「弗造哲，予造天役」，王莽作大誥云「予未遭其明悊，予遭天役」。文侯之命曰「嗣造天丕愆」，僞孔傳亦訓爲遭，蓋古通用也

五過之疵，官獄内獄

索隱曰：「呂刑云『惟官，惟反，惟内，惟貨，惟來』，今此似闕少，或從省文。」

惟訊有稽

案：呂刑訊作「貌」，此作「訊」恐非。稽貌猶周禮色聽也，而索隱謂「訊音貌」則謬甚，訊安得有貌音乎？

無簡不疑（今本史記多作「不疑」，集解孔安國云「不聽治其獄」。）

附案：疑字乃湖本訛刻，它本是「不聽」。

其罰倍灑（金陵本作「倍差」。）

案：灑卽蓰也。然考蓰者五倍之名，臏刑重於劓形，罰止倍差，豈有劓刑加罰倍蓰之理，當依呂刑作「惟倍」爲是，蓋罰二百鍰也。

其罰五百率

附案：徐廣云「一作『六』」，是也，呂刑作「六百」。

穆王立五十五年崩

附案：此與竹書同，韓昌黎佛骨表依呂刑稱百年，恐非是。呂刑所云享國百年者，指書所作之年，而從其生年數之也。御覽引史曰「年一百五歲」。論衡氣壽篇言穆王享國百年，並未享國之時，出一百三四十歲，妄也。

子共王繄扈立

附案：世表及世本、人表作「伊扈」，此作「繄」字，古通也。而竹書單名繄，則是竹簡爛脫，不可從。

公行不下衆

案：國語當衍「不」字。

子懿王囏立

附案：囏字誤，索隱曰「一作『堅』」，是也，各處皆作「堅」。

共王弟辟方立，是爲孝王。

案：高圉之父名辟方，是孝王與十六世祖同名矣，殊不可解，疑有誤。

諸侯復立懿王太子燮，是爲夷王。

附案：人表獨以夷王名摺，與諸書異，恐訛。

## 厲王卽位三十年

案：厲王在位之年，漢初已無考，故史公作表，斷自共和。而據本紀所書，是三十七年流彘，五十一年崩，後儒皆從之。其實此紀載芮良夫諫用榮夷公與召公諫王監謗二事，俱國語文，國語無年，但云監謗之後，三年王流於彘而已。史公以良夫之諫繫於三十年，外紀云好利非一年之事。以召公之諫繫於三十四年，未知何據？竹書謂厲王十二年奔彘，二十六年陟，而以命榮夷公爲元年事，監謗爲八年事，竹書八年初監謗，芮良夫戒百官於朝。周書有芮良夫一篇，史只據外傳載之，故不及良夫語。良夫眞賢卿也。外紀又謂厲王在位四十年，恐俱難信。

## 得衞巫，使監謗者，以告則殺之。其謗鮮矣，諸侯不朝。三十四年，王益嚴，國人莫敢言，道路以目。

案：「其謗鮮矣」至「王益嚴」十五字，國語所無，當是誤增。外紀曰「三十年王殺謗者，三十四年始道路以目，事不相接」。

## 瞽獻典

附案：左傳襄十四年「瞽爲詩」，疏引周語作「瞽陳曲」，韋昭云「瞽陳樂曲，獻之於王」。余舅氏元和陳大令樹華有依宋本校定國語亦作「曲」，韋注「曲，樂曲也」。則知今本國語、史記並訛爲「典」字，典與瞽何涉？

## 成而行之

案：國語此句下有「胡可壅也」四字，似當補入，否則語意未了，蓋史脱耳。

召公、周公二相行政，號曰「共和」。共和十四年，厲王死於彘。

案：以共和爲周、召行政之號，史公之單説也，而韋注國語、孔疏左傳及史通獨宗之，後儒並依斯解。其實不然。昭二十六年傳云「厲王戾虐，萬民弗忍，流王於彘，諸侯釋位以間王政，宣王有志而後效官」。則知厲、宣之閒，諸侯有代王行政者矣。周、召本王朝卿士，倘果攝天子之事，不可言釋位，別立名稱，若後世之年號，古亦無此法，故顔師古以史公之説爲無據也。考竹書紀年、莊子讓王篇、呂氏春秋開春篇及索隱引世紀、正義引魯連子，並以「共和」爲共伯和。共，國；伯，爵；和其名。人表厲王後有共伯和。其地近衞，卽漢河内郡之共縣，周時亦謂之共頭，呂氏春秋誠廉篇「武王使召公盟微子於共頭之下」是已。古史從竹書，路史有共和辨，可互相證明。蓋厲王流彘，諸侯皆宗共伯，若霸主然。其時宣王尚幼，匿不敢出，周、召居京師，輔導太子，及汾王没而民厭亂，太子年亦加長，共伯乃率諸侯會二相而立之。參核情實，必是如此，凡有言共伯至周攝政者，有言共伯干位簒立者，有言共伯卽衞侯者，盡屬不經之談耳。呂氏春秋愼人篇注「共伯棄其國，隱於共首山」，而開春篇注又以共伯爲夏時諸侯，並高誘妄論也。然竊怪史公以「共和」紀年，大違春秋「天王出居，公在乾侯」之義，遂使逍遥共首之賢侯，幾疑其與羿、浞、莽、卓等，豈不誣哉！夫厲以得罪於民，流彘不返，共和攝政，奈何削之？史公作史，往往有不可解處。共和爲諸侯，而取以紀元。韓之武子，趙之簡、襄、桓、獻，身爲大夫，而紀其年於晉存百年之前。惠帝不立本紀，反以吕代劉。覩斯衆論，咸成乖越。後此如孺子猶在，班書附居攝之年。中宗見存，唐史著則天之紀。它若宋呂祖謙大事記以義帝紀元，劉氏外紀惑漢人周公踐祚之說，別列周公攝位七年，豈非踵仍亂例耶？歐陽公春秋論有言，「伊尹、周公、共和之臣嘗攝矣，不聞商、周之人謂之王也」，此足定載筆之失。

宣王崩

案：國語內史過曰「杜伯射王於鄗」，韋注引周春秋云「宣王殺杜伯不辜，後三年，王田於囿，杜伯射王，中心折脊而死」。史但言崩，亦似略。封禪書有杜主祠，即杜伯，索隱引墨子說此事，大同小異。正義襲韋注亦云周春秋，而不知韋昭本於墨子，未嘗見周春秋。蓋墨子明鬼下篇引周春秋語，世無其書，韋虛詫其博耳。杜伯射王事，隋顏之推還冤志最詳。

子幽王宮涅立 涅字下從土，各本訛作「工」。（金陵本作「宮湦」。）

附案：幽王之名，此作「宮涅」，紀年作「湼」無「宮」字，人表及世族譜、國語注作「宮湼」，呂子當染篇注作「官皇」，詩王風譜疏引紀作「宮皇」，而大紀又只作「涅」。國語補音曰「今官本史記作『宮湼』，徧檢字書無此字。又或作『宮湟』，然並與『涅』字相亂，皆非是。據人表作『宮涅』，宜從『涅』」。今本史記作「湼」，人表作「湼」，與庠所見異。余謂「湼」乃「涅」之訛，而涅、湼、皇三字亦誤，當從外紀、古史作「宮湦」爲是也。知者，徐廣曰「一作『生』」，蓋湦與生通借耳。若果名涅，安得別作「生」字乎？且更有兩確證：魯惠公名弗湦，一作「弗生」；曹桓公名終生，一名「終湦」。觀魯、曹二公之名，可以定幽王之名矣。說文腥、鯹並作「胜」、「鮏」，知古字凡從「星」者恆作「生」。

有二神龍止於夏帝庭而言曰：「余，褒之二君。」夏帝卜殺之與去之與止之，莫吉。

案：鄭語帝庭作「王庭」，夏帝作「夏后」，史公妄謂夏、殷稱帝，故改國語以信其說耳。然國語不盡可據，龍漦一事，更怪丹朱生穆王。述異記言「夏桀宮中有女子化龍，復爲婦人，桀命曰蛟妾」，蓋從此事影撰也。白華詩疏以爲「褒生妖異」，亦是愛奇輕信耳。邵氏疑問曰「三代建都異地，且經歷千年，寶鼎尚難稽問，矧玆木櫝漦函。既非傳世重珍，何爲藏勿敢發？卜云其吉，竟得亡周之姒。元黿新化，觸非宜孕之人。吐沫幾何，千年始變。七齡童妾，難與黿交。左右思之，殊增迷惑」。

既亂而遭之

案：國語「既亂」有「未」字，似此缺。未既亂者，齒未盡毀也。

於是諸侯乃即申侯而共立故幽王太子宜臼，是爲平王，以奉周祀。平王立，東遷于雒邑，辟戎寇。

案：竹書「幽王五年，王世子宜臼出奔申。八年，王立褒姒之子伯服爲太子。十一年，申人、鄫人及犬戎入宗周弒王，殺王子伯服，執褒姒以歸。申侯、魯侯、許男、鄭子立宜臼於申，虢公翰立王子余臣於攜，是爲攜王。二王並立。平王元年，東徙洛邑。二十一年，晉文侯殺余臣」。史公不録攜王，疎矣。嘗論申侯者，平王不共戴天之仇也，乃始奔於申，繼立於申，終且爲之戍申，不可謂非與聞乎弒矣，借手腥羶，無殊推刃。虢公明冠履大義，獨立余臣，輔相二十年之久，真疾風勁草哉！使當時晉、許、鄭皆如虢公，則廢宜臼而奉攜王，周有祭主，世有人倫，豈不偉歟！余方怪當時羣侯之替余臣，而史並削余臣不書，毋亦昧於春秋之義乎？左傳「攜王奸命」，言出于王子朝，何怪也。日知録云「文侯之命，平王報其立己之功，而望以殺余臣之效也。當時諸侯但知冢嗣當立，而不察其與聞乎弑爲可誅，虢公之立余臣，或亦有見於此。後人徒以成敗論，遂謂平王能繼文、武之緒，而惜其棄岐、豐七百里之地，豈當日之情哉？孔子生於二百年之後，有所不忍言，而録文侯之命於書，録揚之水於詩，其旨微矣。葛藟詩序謂『平王棄其九族』，似亦未可盡非。古今人表以平王、申侯同列下下。傳言平王東遷，蓋周之臣子美其名耳，綜其實不然。凡言遷者，自彼之此之詞，盤庚遷殷是也。幽王之亡，宗廟社稷以及典章文物蕩然皆盡，鎬京爲西戎所有，平王乃自申東保於洛，天子之國，與諸侯無異，其得存周之祀幸矣，而望其中興耶？如東晉元帝，不可謂之遷於建康也」。此辨甚確。杜世族譜及昭二十六年傳注、韋注晉語一並誤以攜王爲伯服，言諸侯廢伯服立宜臼。孔疏引劉炫説褒姒之黨立之，引束晳説伯服立積年始廢，又以爲余臣非嫡，故稱攜王。均未考竹書伯服已見殺，妄生異端，奚足爲據。

五年，鄭怨，與魯易許田。

案：是年鄭但歸祊耳，易許田在後四年也，此與十二侯表及魯、鄭世家同誤。説文宀部有窓字，云「宛或從心」，則怨當爲「窓」。

許田，天子之用事太山田也

索隱曰：「祊是鄭祀太山之田，許是魯朝京師之湯沐邑，有周公廟，鄭以其近，故易取之。此云許田天子用事太山田，誤矣。」

莊王四年，周公黑肩欲殺莊王而立王子克。

案：事在三年，非四年也，說見表。

子釐王胡齊立

案：厲王名胡，釐王何以又名胡？不可曉。

子惠王閬立

附案：世本、人表並名毋涼，國語韋注亦然，疑名字之別。

惠王犇溫

案：左傳奔溫者子頹五大夫，非惠王也，說在表。

樂及徧舞，鄭、虢君怒。

案：子頹享五大夫，樂及徧舞，鄭伯謂其哀樂失時，必及於禍，何言怒也。

二十五年，惠王崩。

附案：春秋書惠王崩於僖八年十二月，左傳謂崩於僖七年閏月，疑左傳有誤。從傳則二十四年，從經則二十五年，今依左傳考之，閏月惠王崩，襄王惡叔帶之難懼不立，故不發喪而告難於齊。次年正月盟於洮，定襄王位發喪。則秘喪僅踰月，安得緩至十二月乎？或者惠王有疾弗瘳，襄王恐一旦大故，叔帶篡立，先告難於齊，於是桓公合諸侯於洮以定其位，至冬，王乃崩耳。此元吴澂春秋纂言之說。又竹書惠王之陟在二十五年。

襄王母蚤死，後母曰惠后。惠后生叔帶。

左傳僖五年疏曰：「二十四年傳曰不穀不德，得罪於母氏之寵子帶。書曰天王出居於鄭，辟母弟之難也。如彼傳文，則襄王與子帶俱是惠后所生，但其母鍾愛少子，故欲廢太子而立之。史記謬也。」此與年表、匈奴傳同誤。

三年，叔帶與戎、翟謀伐襄王，襄王欲誅叔帶，叔帶奔齊。齊桓公使管仲平戎於周。

案：左傳帶奔齊在僖十二年，當襄王四年，此與表並誤在三年。平戎亦在四年。

十二年，叔帶復歸于周。

案：事在十四年，表與傳合，此誤。

十三年，鄭伐滑。

案：國語以伐滑爲襄王十三年，與左傳違。史仍國語之誤，當作「十六年」。

故囚伯服

案：左傳云鄭伯執二子，則此脱游孫一人。

今以小怨棄之

案：史節録國語文，不用左傳。疑此句下脱「不可」二字，否則其語未了也。

十五年，王降翟師以伐鄭。

案：此以伐鄭在十五年，國語作十七年，俱誤，當依春秋書於襄王十六年也。

殺譚伯

案：集解引唐固曰「譚伯，周大夫原伯、毛伯也」。索隱謂「國語譚伯，而左傳原伯，唐固據傳文讀『譚』爲『原』，然春秋有譚，何妨此時亦仕王朝，預獲被殺。國語既云『殺譚伯』，故太史公依之，不從左傳也」。索隱甚謬。唐固引傳文，正以著「譚」、「原」之異，未嘗讀「譚」爲「原」。而譚久爲齊桓公所滅，此時安得有之，蓋國語誤。小司馬不糾史之誤從國語，而妄爲之徵。

初，惠后欲立王子帶，故以黨開翟人，

案：史著一初字，似非此時事，然匈奴傳亦云「惠后與狄后，子帶爲內應，開戎、狄，破逐襄王」。考僖二十四年傳「初，惠后欲立子帶，未及而卒，子帶奔齊」。而奔齊在僖十二年，則惠后已卒十餘年，故襄王稱「先后」也，安得有惠后開翟爲內應之事哉，紀傳皆誤。

十七年，襄王告急於晉。

案：左傳王使簡師父告晉，在魯僖二十四年，爲襄王之十六年，此作「十七」，亦誤。

襄王乃賜晉文公珪鬯弓矢，爲伯。

案：賜晉爲伯是二十年狩河陽時事，此誤書于十七年也。或云此十三字當在後文「狩於河陽」之下，錯簡於十七年。

三十二年，襄王崩

案：「二」當作「三」。

子頃王壬臣立

案：人表作「王臣」，當是也。

匡王六年，崩，弟瑜立，是爲定王。

案：通志以瑜爲匡王子，非也。定王之名，國語韋注作「揄」，宋庠國語補音云「本或作『渝』，或作『褕』」，人表又作「榆」，未知孰是。

子靈王泄心立

附案：靈王之名，周語韋注亦作「大心」。

后、太子聖而蚤卒

案：昭十五年左傳，云「六月乙丑，王太子壽卒。八月戊寅，王穆后崩。王子朝告諸侯曰：穆后及太子壽早夭即世」。則「聖而」二字乃一「壽」字之誤，不然，豈穆后與太子俱聖乎？經無所考也。又后似不可言卒，表書「后太子卒」，亦非。

二十年，景王愛子朝，欲立之，會崩

案：「二十」下脱「五」字，景王在位二十五年也。

子丏之黨與争立，國人立長子猛爲王。子朝攻殺猛，猛爲悼王。晉人攻子朝而立丏，是爲敬王。（金陵本「丏」作「丐」。）

案：昭二十二年春秋經、傳，王子朝之黨與王子猛争立，非子丏争立也。王猛次正，爲太子壽之弟，故單穆公、劉文公立之，非國人所立也。猛立七月而卒，雖未即位，周人謚曰悼王，非子朝殺之也。匄爲敬王名，各本訛「丐」，或作「丏」。而匄乃猛之母弟，猛卒而後匄立，安得此時匄與朝爭乎？史皆誤。廣宏明集法琳破邪論引陶公年紀，言悼王一百一日，殊不足據。法琳又曰悼王立一百一日，爲庶弟子朝所害，謂出齊秘書楊玠史目。陶公年紀蓋依此紀而誤者。子朝爲景王長庶子，亦不可云庶弟。

子朝爲臣

案：春秋經、傳子朝奔楚，爲敬王臣乎哉？

諸侯城周

案：春秋城周在昭三十二年，當敬王十年，此書於四年，豈因是歲晉戍周而誤歟？

敬王犇于晉

案：左傳定六年，「天王處於姑蕕」，杜注周地，則王未嘗奔晉也。此與表並誤。

四十一年，楚滅陳。

案：左傳楚滅陳在哀十七年，爲敬王四十二年，此誤作「四十一」。史記各處所書滅陳之年，惟秦紀、吳、蔡、陳世家不誤，其餘周紀、年表及杞、宋、楚、鄭世家俱誤也。

四十二年，敬王崩

案：左傳哀十九年書敬王崩，而春秋昭二十二年書景王崩，則敬王在位四十四年明甚，竹書及集解引皇甫謐説俱合。此作「四十二」，表作「四十三」，並誤也。但御覽八十五卷引史記作「四十四」。

子元王仁立

附案：人表依世本元王名赤，索隱曰元有兩名。

元王八年，崩

案：元止七年，此與六國表言八年並誤。杜世族譜作「十年」，亦誤。蓋謬減敬王之年以益元王也。

子定王介立

附案：周不應有二定王，韋注國語、後書西羌傳、陶公紀年並據世本作「貞王」，而竹書、人表、世紀均作「貞定王」，御覽引史記亦作「貞定」，則固有兩字謚也。索隱不考，妄謂皇甫謐彌縫史記、世本之錯因謂爲貞定，可嗤之甚。至世本以元王爲貞王子，互易代系，孤文單義，不足取證。左傳哀十九年疏及釋文兩存其説而不能定，未免歧見，豈其信世本、世紀，更勝於信史記、竹書、人表乎？又集解引皇甫謐言王名應，不知何出，殆非也。

是爲考王

附案：人表考王以下皆二字謚，史惟威烈、慎靚同，它若考王曰考哲，安王曰元安，烈王曰夷烈，顯王曰顯聖，皆不知何出？陶公年紀作「静王」，又一字謚，何也？至法言淵騫篇「周之順、赧，以成周而西傾」，慎、順古通，猶靚之爲静耳。呂子先識篇以考王爲考烈，非。

考王封其弟於河南，是爲桓公，以續周公之官職。桓公卒，子威公代立。威公卒，子惠公代立，乃封其少子於鞏以奉王，號東周惠公。

附案：考王初立，封西周桓公，而東周惠公之封，自在顯王二年，蓋即趙世家所云「與韓分周以爲兩」也。史類敍於考王崩後者，特因封桓公而連及之，史家多有此法。然正義引括地志、述征記俱言顯王二年封東周惠公，謂出史記，而今本周紀殊不然，何也？豈唐史記本有異乎？又索隱引世本謂西周桓公名揭，東周惠公名班。趙世家正義引括地志云「史記封少子班於鞏」，此紀引述征記止作「班」，雖有小異，然可證史記元文有惠公名，今本缺也。而韓子內儲下篇曰「公子朝，周太子也，弟公子根甚有寵於君，君死遂以東周叛，分爲兩國」。然則西周武公名朝，西周惠公子，有謂東周公者誤也。而東周惠公又名根矣。蓋西周歷桓、威、據莊子達生釋文，威公名竈也。惠、武四世而爲秦所滅，東周僅惠、文兩世而滅。國策有文君，即呂氏春秋、淮南子、人表所稱昭文君、皇極經世以爲名傑，六國表徐廣引紀年作東周惠公名傑者非。史不紀文君，缺也。索隱因史不及文，遂謂西周武公之太子爲文公，殊失考。第所疑者，東西兩惠公，並當顯王初年，至爲秦滅時，凡歷一百十餘歲，而各以父子兩代延之，年壽何長，豈非小司馬所謂「周室衰微，略無紀録，二國代系，甚不分明」者乎？徐廣所引紀年，謂東周之惠公薨于顯王九年，恐非。

子安王驕立

附案：人表名驍，疑史譌「驕」。

合十七歲而霸王者出焉

案：此語凡四見，封禪書同周紀，秦紀「七十七歲」，老子傳「七十歲」。三處各異，不免乖訛，注家咸自立解，疑莫能明。漢郊祀志及水經注十九皆作「七十」。夫出者非其初生，則其立也。孟康曰「襄王爲霸，始皇爲王」。考孝公十九年天子致伯，惠文君十四年改元稱王，不可以襄爲霸，以政爲王；且但言襄王，不知昭襄耶？莊襄耶？核其生立之年，甚不相合。索隱引孟康說作「襄公」，恐誤。韋昭曰「武王、昭王皆伯，至始皇而王天下」。考武王生十九年立，在位四年；昭王亦生十九年立，在位五十六年；始皇生十三年立，在位三十七年，俱不合年數。且武、昭蒙孝公之餘業，而武享國尤淺，不可以霸歸之。顔師古及司馬貞以十七歲爲定，謂伯王指始皇。自昭王滅周至始皇初立，政由太后，未得稱伯，九年誅嫪毒，恰十七年。古史從之。考昭王五十一年乙巳取西周，嫪毒作亂，歲在癸亥，計十九年，並非十七，況必誅毒而乃稱伯，則前此始皇爲未出乎？張守節謂孝公二年顯王致胙後，從三年至十九年顯王致伯，是霸也。子惠王稱王，是王者出也。考孝公三年迄惠文改元，共三十六年，數更不合。獨周嬰卮林以七十七年爲定，謂孟增幸於成王，造父幸於繆王，非子幸於孝王，始與周合也。宣王以秦仲爲大夫，與周別也。宣王元年爲秦仲十八年，自此至惠文十四年，依年表凡五百二年，本紀五百七歲誤。於時秦始稱王改元，是別五百歲復合也。自惠文王元年至始皇立之載，得七十七年，所云合七十七年而伯王出也。比較諸說，周氏似勝。然考秦仲十八年至惠文十四年，凡五百三年，蓋惠文於十四年更元，如欲合五百二年之語，當云「十三年」耳。又惠文更元至始皇立，乃七十九年，周所說年數頗差。余謂始皇生於周赧王五十六年，秦昭襄王四十八年，自始皇初生逆數至惠文改元之歲，爲六十六年，而後四年西周亡，鼎入秦。以此準之，恰得七十年，史儋之言，庶不爽矣。

十年，烈王崩，弟扁立，是爲顯王。

附案：烈王在位七年，此作「十年」，非。蓋傳寫誤直其下耳，史、漢中「七」、「十」兩字多訛易。廣宏明集破邪論謂「烈王弟顯王篡立」，以爲出史目、年紀二書，不知何據而言篡也。

四十四年，秦惠王稱王。其後諸侯皆爲王。

案：秦惠稱王，秦紀、秦表均不書，秦紀誤「秦」爲「魏」。而楚世家、田完世家附書之。楚懷王四年，齊宣王十八年。張儀傳亦云儀相秦四歲立惠王爲王，與此紀書於顯王四十四年正合，乃秦惠十三年也。秦惠在位二十七年，改十四年爲元年，豈非以稱王之故歟？然此謂諸侯皆王在秦惠稱王之後，則誤矣。古史仍史之誤，而又改之曰「時諸侯皆爲王」，尤誤。其時稱王者，燕、秦、楚、齊、趙、魏、韓七國，宋、中山二小國亦稱之。水經注三十三卷「七國稱王，巴亦王焉」。凡兹九國，惟楚僭王遠在春秋之前，說見十二侯表，其餘八國，齊最先，宋次之，魏次之，秦次之，燕、韓、中山次之，趙最後。齊爲王始於威王二十六年，當顯王十六年也。魏爲王始於惠王後元年，當顯王三十五年也。魏惠改元稱王與秦惠同，史誤以改元爲魏襄元年。大事記謂魏稱王在顯王十六年拔邯鄲之後，亦非。戰國策秦、齊策言「魏伐邯鄲，因退爲逢澤之遇，乘夏車，稱夏王」。「魏拔邯鄲，魏鞅說魏行王服」。恐不可爲稱王之證。秦紀於惠王四年書「齊、魏爲王」，「齊」字誤。十三年復書「魏君爲王」，表亦書魏爲王於十三年，俱謬也。宋爲王始於偃王十一年，當顯王三十三年，以爲慎靚三年者誤也。燕爲王始於易王十年，韓爲王始於宣惠王十年，韓世家誤爲十一年。中山不知何君？俱當顯王四十六年也。趙武靈爲王之年無考，趙世家武靈八年「五國相王，趙獨否，令國人謂己曰君」。武靈八年爲慎靚王三年，是歲無五國相王事，殊不足據，大事記改書於顯王四十六年，云「韓、燕、中山皆王，趙獨稱君」，大紀因之。而考世家武靈十一年書「王召公子職於韓」，則趙之王，其在慎靚之三年乎？索隱、正義及元吴師道國策注言稱王之年，皆未詳覈。

子慎靚王定立

附案：晉常璩華陽國志作「慎王」，而路史前紀注引志作「静王」，又作「順王」，蓋單稱之耳。靚卽静字，順與慎通。

子赧王延立

案：竹書稱隱王，是也。隱王卒於西周武公、東周文君之前，安得無謚。沈約竹書注謂赧、隱聲相近，非也。索隱云「謚法無赧。政以微弱，竊鈇逃債，赧然慙愧，故號曰『赧』耳」。又皇甫謐云名誕恐誤。

王赧時東西周分治

附案：東西周之分治，始於顯王二年趙與韓分周爲兩之時。顯王雖在東周，徒建空名。至赧王復徙都西周，此言王赧時分治，追言之也。而東西周之分，大事記考之最詳，元蘇天爵元文類亦有吴澂東西周辨。蓋周西都鎬京，而河南郟鄏，周公以居九鼎，謂之王城，洛陽下都，周公以居頑民，謂之成周。平王居王城，東遷之始，至敬王因子朝之亂徙都成周。及考王初年，以王城故墟封其弟揭，實爲西周桓公，而桓公之孫惠公復封其少子於鞏，號東周惠公。是西周惠公獨擅河南之地，而東周惠公食采於鞏，秉政洛陽焉。故平王之後，所謂西周者豐、鎬也，東周者洛陽也。顯王之後，所謂西周者河南也，東周者洛陽也。公羊傳以王城爲西周，成周爲東周，說亦甚明。

翦請令楚賀之以地

附案：國策賀作「資」，即此處上文亦云「以地資公子咎」，則「賀」字是傳寫之譌。

秦召西周君，西周君惡往，故令人謂韓王曰：秦召西周君，將以使攻王之南陽也，王何不出兵南陽？

案：國策「或爲周君謂魏王曰：秦召周君，將以攻魏之南陽，王何不出兵於河南？」蓋策所云河南是也，史言南陽非。史所云韓王是也，策言魏王非，西周與韓近也。

王赧謂成君

集解徐廣曰：「國策『韓兵入西周，西周令成君說秦求救』，當是說此事而脱誤也。」通志亦云缺文。

韓徵甲與粟東周

案：策作「西周」。

期三月也

案：策云「不過一月必拔之」，作「一月」爲是。

三十四年，蘇厲謂周君曰：秦破韓、魏，扑師武，北取趙藺、離石者，皆白起也。

案：此語最爲可疑，策與史皆不免有誤。考伊闕之戰，秦敗韓、魏，虜韓將公孫喜，殺魏將犀武，即師武。其事固屬白起，若秦取趙離石在顯王四十一年，取藺在赧王二年，皆非白起之功，蓋其時起未出也，此何以稱焉？又策作「取藺、離石、祁」，祁屬太原。呂子審應篇言趙惠王時藺、離石入秦，亦非。

還其行

附案：凌稚隆評林曰：「國策作『留其行』，注『留不進也』。此『還』字恐是『遲』字之誤。」

西周恐，倍秦，與諸侯約從。

案：王應麟通鑑答問有赧王倍秦與諸侯約從攻秦一條，云「左氏謂王貳於虢，王不可言貳。此謂王倍秦，王不可言倍。周之空名猶在諸侯之上，天下謂之共主，作史者當有君臣之分也」。余案左傳有云「王叛王孫蘇」，並屬載筆之失。

周君王赧卒

附案：集解引宋忠謂王赧謚西周武公，固誤，索隱謂周君卽西周武公，斯時武公與王赧皆卒，亦誤。蓋東西二周各自有君，王赧特居西周耳，烏得合爲一人。且果是西周，不應連書君王，國策吴注辨之矣。而西周武公並未偕卒，故下文云「遷西周公於𢠸狐」也。索隱謬以武公與王赧同卒，遂移東周之文君，指爲武公太子，以當下文之西周公，李代桃僵，豈不乖乎？史詮又據徐廣説東周惠公薨於顯王九年，惠公與武公兄弟，計武公當卒於顯王世，此周君乃别一人，史失其名謚。亦未然。東周只惠公、文君兩代，而歷一百十九年之久，本有可疑。但東周惠公是西周惠公之少子，雖與武公爲兄弟，年歲懸殊。疑東周惠公是庶生。而六國表中徐廣所引紀年，今紀年所無。竹簡出於汲冢，斷爛倒錯，其歲次年數大半不足信，兼有僞亂，當慎取之，史詮據以爲斷，謬矣。然則史何以書「周君赧王卒」？曰：史詮引吴文學云「君」字羨文，是也，蓋後人傳寫羼入。奚以徵之？楚世家頃襄王十八年，周王赧使武公説楚相昭子毋圖周，此稱周王赧之明驗也。論衡儒增篇述史記云「王赧卒」，御覽八十五卷引史記云「周王赧卒」，此史記元本無「君」字之的證也。惟「赧」非謚，不書其謚「隱」，而書號曰「赧」，以失國貶書「卒」，未免失史法。六國表書曰「赧王卒」。

## 秦取九鼎寶器

附案：九鼎者，一州一鼎，凡有九也。國策顏率謂齊王曰：「昔周伐殷得九鼎，一鼎九萬人挽之，九九八十一萬人。」左傳桓二年疏云「顏率挽鼎人數，或是虚言，要知其鼎有九，故稱『九鼎』」。書召誥疏又云「九牧貢金爲鼎，故稱『九鼎』，其實一鼎。顏率游説之詞，不可信用」。孔氏説一事，而彼此牴牾如斯。史正義亦云「禹貢金九牧，鑄于荆山下，各象九州之物，故言『九鼎』」。以九鼎爲一鼎者，本于墨子耕柱篇，未足爲據。子華子問鼎篇「黄帝之鑄一，禹之鑄九」。拾遺記「禹鑄九鼎，五以應陽法，四以象陰數」。惟鼎有九，是以威烈王二十三年九鼎震。顯王三十三年鼎淪於泗，説見封禪書。赧王五十九年鼎入於秦，然一鼎已淪於泗淵，秦所取者八鼎，非九也，此云九者，亦猶上文馬犯之言九鼎，統稱焉耳。或疑淪泗近於誕，困學紀聞十一載濡水李氏説，「泗水在彭城，九鼎無緣至宋」。斯又誤以鼎爲遷時所淪，因疑從周至秦，不應道經宋地，遂有謂沈泗水者是周鼎非禹鼎，微子封宋，賜以周鼎，宋亡淪於泗。馮氏解舂集云然。殊不知先淪後遷，相隔八十一年，不得合爲一事。鼎淪於宋亡四十一年之前，與宋無涉。而鼎之神異，誠有如墨子所稱「不舉而自藏，不遷而自行」者，夫豈汾陰膺鼎之比哉。三國志魏明帝紀注言「秦所鑄銅人，潸然淚下於將徙」。北魏楊衒之洛陽伽藍記言「爾朱榮入洛，平等寺金像悲淚三日」。晉書張華傳言「漢祖之劍，或飛合於水，或飛出於火」。靈爽少矣，尚能若是，況神禹之鼎乎！史正義及通考並云一飛入泗水，餘八入於秦中。蓋猶太丘社之能自亡也。始皇令千人没泗求鼎，欲以完九鼎之舊，未免於愚。而漢得秦寶器，不聞有鼎，抑獨何歟？論衡儒增篇既誤以九鼎爲一鼎，故謂此處秦取九鼎爲誤，而又謂鼎不能神，俱是妄論。

而遷西周公于䓮狐

案：史公書西周之遷，而不書東周之遷陽人聚，殊爲疎漏。

秦莊襄王滅東西周

案：西周已見滅於赧王五十九年，秦昭王五十一年，此與年表及燕世家皆誤多一「西」字，田完世家又但言「秦滅周」，少一「東」字，惟春申君傳言「取東周」，不誤也。史詮曰「西」字衍。

所謂周公葬我畢，畢在鎬東南杜中。

案：「我」字不可解，當是「於」字之誤，史公蓋引書序也。畢有二，在渭南者名畢郢，文、武、周公之墓在焉，所謂「鎬東南杜中」，韓昌黎南山詩「前尋徑杜墅，坌蔽畢原陋」是也。在渭北者名畢陌，秦惠文、悼武兩陵及漢諸陵在焉，唐劉滄咸陽懷古詩「渭水故都秦二世，咸原秋草漢諸陵」是也。畢公高之封亦在渭南。向來注家多混，卽程大昌雍録辨文王葬畢，尚疑不能明。此本四書釋地又續，其詳別見日知録二十二卷。

# 史記志疑卷四

## 秦本紀第五

玄鳥隕卵，女脩吞之，生子大業。

案：吞卵之妄，同于簡狄，說在殷紀中。

咎爾費

案：費是國名，竹書「費侯伯益」是，史誤以大費爲名，故不曰咎益而曰咎費，舜果有斯語哉。秦、趙同祖，其所說神怪事，俱自傅會以衒世，史公信而紀之，失之蕪矣。

乃妻之姚姓之玉女

附案：玉女者，珍之也。禮記曰「請君之玉女」，吕氏春秋貴直篇亦有「身好玉女」語，而徐廣引皇甫謐云「賜之元玉，妻以姚姓之女」，殆妄說也。

實鳥俗氏

附案：秦詩譜疏引此作「鳥谷」。通志氏族略云鳥浴氏，又訛爲路洛氏，未知誰是。

大廉玄孫曰孟戲、中衍，鳥身人言。

案：索隱云「舊解以孟戲仲衍是一人，今以孟仲分字，當是二人名也」。索隱是，人表亦分作二人。人表戲作「獻」，路史作「虧」。但鳥身上似脱「中衍」二字，不然，太戊妻之當何屬？而下文所謂中潏者，又誰之元孫？路史後紀七辨孟虧當夏中世，非仲衍兄。然鳥身之説似誕。趙世家作「中衍人面鳥噣」。

是時蜚廉爲紂石北方

附案：集解徐廣曰「皇甫謐云作石椁於北方」。索隱曰「『石』下無字，則不成文，意亦無所見，必是史記本脱。皇甫謐尚得其説。徐雖引之，而竟不云是脱何字，專質之甚」。余攷水經注六述此事言「飛廉先爲紂使北方」，御覽五百五十一卷引史記亦曰「時飛廉爲紂使北方」，「使」字甚確，當因傳寫訛「使」爲「石」，非字有脱，皇甫説不足據，因下有「石棺」而妄言之，徐廣引之以著異同，元非以補史缺，而亦不知其誤也。至御覽四十卷引史又言「蜚廉先爲紂作石槨」，必兼采徐注以臆增改耳。古史於「石」下加「棺」字，亦非。

賜爾石棺以華氏。死，遂葬於霍太山。

案：孟子言「飛廉戮于海隅」，而此言天賜石棺以葬於霍太山，妄也。

得驥、温驪、驊駵、騄耳之駟，

附案：穆王八駿，史不全具，蓋皆因其毛物以命名。而趙世家云「造父取驥之乘匹，與桃林盜驪、驊騮、緑耳」，較此紀又異也。温字誤，徐廣云「一作『盜』」是，世家及穆天子傳、列子穆王篇、博物志竝作「盜」，乃淺青色馬。索隱直以温音盜，非。鄒誕生本作「駣」，亦非。荀子性惡篇作「纖離」。

西巡狩，樂而忘歸。徐偃王作亂，造父爲繆王御，長驅歸周以救亂。周下一本有「日行千里」四字，以注觀之，當有。（金陵本有「日行千里」四字。）

案：三墳補逸曰「竹書『穆王北征犬戎而徐夷侵洛，造父御王歸定其亂，乃復西征見西王母』與史不同，未詳孰是」。正義曰「古史考云『偃王與楚文王同時，去周穆王遠矣。且王者行有周衞，豈得救亂而獨長驅日行千里乎？』竝言此事非實。年表穆王元年去楚文王元年三百一十八年」。余謂此事詳載後漢書東夷傳，眞僞莫考，誠如譙周所疑。而以爲徐偃與楚文同時，則仍韓子之誤也。五蠹篇云「徐偃王行仁義，荆文王恐其害己也，伐徐滅之」。三百十八年之數亦未確，厲王已上，年表無年，不識守節從何案驗。據世表穆王時之楚子是熊勝。楚文王淮南人閒訓作「莊」，尤誤。

有子曰女防

附案：秦詩譜疏引此作「女妨」，人表同，疑此訛寫。

太几生大駱

附案：詩疏引此作「大雒」，人表同，蓋古通用，雒亦馬名也。

大駱生非子，以造父之寵，皆蒙趙城姓趙氏。

案：上文言造父封趙城，族由此爲趙氏，是也，乃又謂非子蒙趙城，則非。索隱又謂始皇生于趙故姓趙，尤非，說本魏張晏。蓋秦、趙同祖，後人或可互稱，故陸賈傳曰「秦任刑法不變，卒滅趙氏」。漢書武五子傳曰「趙氏無炊火焉」。左思魏都賦曰「二嬴之所曾聆」。三國志陳思王疏曰「絕纓盜馬之臣，赦楚、趙以濟其難」。楚世家及越絶書外傳記地、淮南子人間、泰族二訓稱始皇爲趙政，南越傳稱蒼梧王趙光爲秦王，文選王融策秀才文云「訪游禽于絶澗，作霸秦基」。若以造父之趙冢非子之秦，未免礙理，説見紀末。

其長者曰莊公

附案：襄公始爲諸侯，襄公之先不過大夫而已，稱莊公者，詩秦風譜疏云「蓋追謚之」，理或然也。或曰承非子之初封，僭稱爲公，猶非子之子稱秦侯耳。十二侯表索隱本作「莊公其」，以其爲名，非也。

以女弟繆嬴爲豐王妻

附案：評林曰「周無豐王，閩本作『幽王』，蓋幽豐字相近，而又適其時，作『幽』似矣」。然幽王妻申后，何以有繆嬴耶？方氏補正曰「不后而妻，蓋夫人嬪婦之類。時秦僻陋，故史以妻書耳」。方氏雖據曲禮天子有妻有妾爲解，然何以不直言納女耶？海寧周孝廉廣業曰「豐王疑是戎王之號，荐居岐、豐，因稱豐王，與亳王一例，非幽王也。上下文周厲王、周宣王、周幽王、周平王皆連『周』字，知此必非幽王。秦襄以女弟妻戎王，即鄭武公妻胡之計耳」。説甚愜。

戎圍犬丘世父

案：「世父」二字衍。

乃用騮駒、黄牛、羝羊各三，祠上帝西畤。

案：年表及封禪書，「各三」當作「各一」，「上帝」，當作「白帝」。

岐以東獻之周

附案：鄭秦詩譜云「橫有周西都宗周畿内八百里之地」。孔疏曰「如鄭言，是全得西畿，與本紀異。案終南山在岐之東南，大夫戒襄公已引終南爲喻，則襄公亦得岐東，非唯自岐以西也。如本紀之言，秦之東境終不過岐。而春秋之時，秦境東至于河，襄公已後，更無功德之君，復是何世得之，明襄公救周卽得之矣。本紀不可信」。余謂鄭譜固誤，孔疏尤誤。終南隔渭相望，詩人起興，不必定是得岐東。秦地至河在晉惠公獻地後，乃穆公創霸時事，左傳及本紀甚明，不得言襄公後無功德之君，秦地卽至河也。至獻岐東之說，或者秦獻之而周不能有，遂仍入于秦乎？

是爲寧公

附案：始皇紀末秦記作「憲公」，人表同，卽索隱于秦記引秦本紀亦作「憲公」，則「寧」字以形近致訛，此與年表竝當改爲「憲公」。徐廣謂「寧一作『曼』」，非。

遣兵伐蕩社

附案：索隱曰「西戎之君號亳王，蓋成湯之胤。其邑曰蕩社。徐廣云『一作「湯杜」』，言湯邑在杜縣之界也」。余謂蕩卽「湯」，古字通用。西戎亳王號湯，「社」乃衍文，「杜」字亦非。水經注二十三卷引此紀作「湯」，無「社」字，可證。湯在杜縣之界，後人以「杜」字注其下，混入本文，而又訛爲「社」耳。周本紀論杜中，徐廣云「一作『社』」，亦訛「杜」爲「社」也。封禪書「杜亳」「社主祠」，魏世家惠王十六年「杜平」，竝訛作「社」。

鄭高渠眯

附案：眯即「瞴」字，史以眯爲彌，音相近，而瞴又作「弥」，形相似耳。晉世家以「提彌明」爲「示眯明」，亦同。

十三年齊人管至父連稱等殺其君襄公

案：左傳事在秦武公之十二年。

晉滅霍、魏、耿

案：晉滅三國在秦成公三年，此書于武公十三年，相隔二十四載，宋葉大慶攷古質疑糾之矣。

以犧三百牢祠鄜畤

附案：封禪書索隱曰「百當爲『白』，秦君西祀少昊，牲尚白。雖奢侈僭祭，郊本特牲，不可用三百牢以祭天，蓋字誤耳」。徐氏測議曰「吴子徵會百牢，秦人僭侈，既用郊畤，未必臻特牲之禮，百字不爲誤也」。二説徐是。此紀及封禪書、漢郊祀志固竝云「三百牢」，若改爲「白」，句法不順。

三年，鄭伯、虢叔殺子頽而入惠王

案：此宣公四年事。

晉獻公滅虞、虢，虜虞君與其大夫百里傒，以璧馬賂於虞故也。既虜百里傒，以爲秦繆公夫人媵於秦。

案：孟子言百里傒知虞公之不可諫而去之秦。知虞公之將亡而先去之，安得有被執爲媵之事。被執爲媵者，虞大夫井伯也。史誤合爲一人，故于晉世家連書虜井伯、百里奚，而于此紀直以百里奚替井伯。路史後紀四注妄謂「井伯奚邑于百里」，然誤從韓子說難、呂子愼人篇來。或問以井伯爲別一人奚據？曰：人表百里奚在第三等，井伯在第六等，斯乃的證，況朱子已曾辨其非一人矣。見困學紀聞十一。又通志氏族略三百里氏下不及井伯，略五井氏下不及百里，亦以爲兩人也。

百里傒亡秦走宛，楚鄙人執之。繆公聞百里傒賢，欲重贖之，恐楚人不與，乃使人謂楚曰：「吾媵臣百里傒在焉，請以五羖羊皮贖之。」楚人遂許與之。

案：後漢書循吏傳注、唐李善文選陸機演連珠注引韓詩外傳、論衡竝言秦大夫禽息薦百里奚，當是也。此言繆公贖于楚，呂氏春秋愼人篇言公孫枝以五羊皮買之而獻諸穆公，說苑臣術篇言賈人買以五羖羊皮，使將鹽車，與萬章言自鬻于秦，商鞅傳卽萬章說。皆好事者爲之，言人人殊，不足辨已。戰國時造詞以誣聖賢，何所不有。韓子難言篇稱傅說轉鬻矣，況百里傒乎？或曰：此亦井伯事也。

而乞食餁人

附案：徐廣「餁」作「銍」是。

周王子頹好牛，臣以養牛干之。

案：此卽食牛要秦之說，孟子已辨其妄。變秦言周，其誣一矣。甯戚未遇，亦嘗飯牛，則鬻牛羊于市，奚未遇時或爲之，故孟子曰「舉于市」。莊子田子方篇曰「奚飯牛而牛肥，穆公忘其賤，與之政」。趙良曰「舉牛口之下」。而世又號爲五羖大夫，蓋非盡無因也，特未若好事者之誕耳。史公好聚舊記，時插雜言，不惟與經相戾，且與商鞅傳矛盾。

事虞君，蹇叔止臣。臣知虞君不用臣，臣誠私利祿爵，且留。再用其言，得脱。一不用，及虞君難。

案：奚先去虞矣，何云及虞難？此即見虜爲媵之説也。孟子稱奚智且賢，若私利祿爵，豈特不智不賢已哉。

秋，繆公自將伐晉，戰於河曲。

案：春秋河曲之戰在魯文十二年，乃秦康公時事，下文書之，而此忽出斯語，相隔四十餘年，且戰在冬十二月，非秋也，蓋十一字是羨文。

太子申生死新城，重耳、夷吾出犇。

案：此從春秋書申生死于穆公五年，表從左傳書于四年，然二公子之出奔，春秋不書也。

使百里傒將兵送夷吾

案：傳是齊隰朋會秦師納惠公，不言秦帥何人，此以百里傒實之，未知所出。

請割晉之河西八城與秦

案：傳言許賂秦伯以河外列城五，此言河西八城，當誤以虢略等，又爲三城也。

十二年，齊管仲、隰朋死。

案：齊世家在齊桓公四十一年，當魯僖、秦穆之十五年，此誤書于十二年也。是年桓公方使管仲平戎于王，隰朋平戎于晉，何以死哉？然其誤從穀梁傳來，穀梁于魯僖十二年楚人滅黃傳言管仲死耳。

晉旱來請粟

案：此句上失書「十三年」。

傒曰：「夷吾得罪於君，其百姓何罪？」

案：晉世家依內、外傳以此爲穆公語，非百里傒之言也。然外傳不及奚而以左傳所載奚語并入穆公口中，元是不同。

十四年，秦飢，請粟於晉。晉君謀之羣臣，虢射曰「因其飢伐之，可有大功」。晉君從之。十五年，興兵將攻秦。繆公發兵，使丕豹將，自往擊之。

案：晉世家亦謂惠公用虢射謀不與秦粟，而發兵伐之。考內、外傳晉但不與粟而已，未嘗有因飢伐秦之事。秦之伐晉，爲其三施無報，豈因晉來攻而秦擊之乎？且未嘗使丕豹將也。又秦飢請粟在十四年冬，戰于韓原在十五年九月，寧有興兵閱四時而始交戰者。此及世家皆誤。

吾將以晉君祠上帝

案內、外傳秦有殺惠公之議，而無祀上帝之言，此與晉世家竝非。

周天子聞之曰：「晉我同姓」，爲請晉君。

徐氏測議曰：「左傳周無請晉君之文，初獲晉君，亦未能遽及，當是穆姬力也。」

秦妻子圉以宗女

案：晉語秦伯曰：「寡人之嫡此爲才」，則懷嬴是穆公之女也，此與晉世家言「宗女」非。

十八年，齊桓公卒。

案：齊桓卒于秦穆十七年，此誤。

二十年，秦滅梁、芮。

案：表書秦滅梁于十九年，是此誤在二十年也。至芮國之滅，則不可考。左傳桓四年疏曰「不知誰滅之」。無錫顧氏棟高春秋大事表引汲冢書，滅芮在秦穆公二年，今竹書無之，當是引路史國名紀注也，見卷五。亦與史不合。通志氏族略云芮爲晉所滅，又未知何據。

秦繆公將兵助晉文公入襄王，殺王弟帶。

案：左傳云「晉侯辭秦師而下」，晉語子犯云「秦將納之，則失周矣」，是秦未嘗助晉納王也。晉世家與左氏合，此誤。

鄭人有賣鄭於秦

案：賣鄭者即戍鄭之秦大夫杞子也，而此與晉世家以爲鄭人，何歟？據鄭世家或者鄭司城繒賀與杞子比而賣鄭乎？

使百里傒子孟明視，蹇叔子西乞術及白乙丙將。

案：史公敍襲鄭之事依公、穀，故與左傳異，然公、穀但云二老哭送其子而已，未嘗謂三帥即其子也，乃史取而實之。杜世族譜以術、丙、蹇叔子爲妄記異聞，甚是，而杜因左傳稱百里孟明視，譜遂以孟明是奚之子，亦未可全信。呂氏春秋悔過篇蹇叔有子曰申與視，注申，白乙丙。又以孟明視爲蹇叔子。唐書宰相世系表更以西乞、白乙爲孟明子，踵謬仍訛，眞史通所謂「李代桃僵」者矣。

滑，晉之邊邑也。

案：穀梁曰「滑，國也」。攷春秋莊十六年滑伯始見于經，至此爲秦所滅，故經書「秦人入滑」。其後成十三年晉使呂相絶秦，所謂「殄滅我費滑」者，邊邑云乎哉？杜釋例土地名云「滑國都于費，河南緱氏縣。」

文公夫人，秦女也，爲秦三囚將請曰：「繆公之怨此三人」，

案：史詮云「時穆公未卒，不宜以謚稱，當如下文稱我君」。余因歷攷之，家令説太公曰「今高祖雖子，人主也」。高祖紀。齊内史説王曰「太后獨有孝惠與魯元公主」。張辟彊謂丞相曰「太后獨有孝惠」。呂后紀。屈宜臼曰「昭侯不出此門」。六國表。陳乞謂諸大夫曰「高昭子可畏」。齊世家。管叔及羣弟流言曰「周公將不利于成王」。周公告太公、召公曰「成王少」。戒伯禽曰「我成王之叔父」，病將没曰「必葬我成周，以明吾不敢離成王」。公子揮譖曰「隱公欲遂立，請爲子殺隱公」。子家曰「齊景公無信」。六卿爲言曰「晉欲内昭公」。魯世家。夫人曰「此靈公命也」。衛世家。華督使人宣言國中曰「殤公即位十年耳」。叔瞻曰「成王無禮」。宋世家。宰孔曰「齊桓公益驕」。重耳曰「齊桓公好善」。齊使曰「蕭桐姪子頃公母，頃公母猶晉君母」。晉世家。國人每夜驚曰「靈王入矣」。棄疾使人呼曰「靈王至矣」。吳謂隨人曰「欲殺昭王」。隨人謝吳王曰「昭王亡，不在隨」。齊湣王遺楚王書曰「今秦惠王死，武王立」。楚世家。莊公曰「武姜欲之」。子亹曰「厲公居櫟。内厲公」。楚共王曰「鄭成公孤有德焉」。鄭世家。延陵季子曰「晉國之

政，卒歸于趙武子、韓宣子、魏獻子之後矣」。趙世家。屈宜臼曰「昭侯不出此門。昭侯嘗利矣。昭侯不以此時卹民之急」。韓世家。田乞紿大夫曰「高昭子可畏也」。齊人歌曰「歸乎田成子」。田完世家。孔子曰「趙簡子未得志之時」。孔子世家。太后曰「傅教孝惠」。陳丞相世家。公叔之僕曰「君因先與武侯言。武侯卽曰奈何？君因謂武侯」。吳起傳。子羔謂子路曰「出公去矣」。弟子傳韓慶曰「謂秦昭王出楚懷王」。孟嘗君傳。新垣衍謂趙王曰「尊秦昭王爲帝」。魯仲連傳。貫高等說王曰「今王事高祖甚恭，而高祖無禮」。張敖曰「賴高祖得復國，秋豪皆高祖力也」。貫高等曰「今怨高祖辱我王」。呂后數言「張王以魯元公主故，不宜有此」。張耳傳。此史記中預以謚稱之者。凡斯衆端，皆史家記事之失，後人載筆或可先稱其謚，若述當時人語，則是生而謚矣。然其誤不始於史公，如禮記孔子曰「季桓子之喪，衞君請弔，哀公辭不得，命康子立于門右」。曾子問。左傳石碏曰「陳桓公方有寵于王」。隱五。公羊傳公子翬曰「吾爲子口隱矣」。竝是生時稱謚，經典明文尚不免此病，其他諸子雜記不可枚舉。若困學紀聞、日知録所引者，不過撮述數條而已。顧氏云自東京以下卽無此語。穆天子傳「河伯號帝曰穆滿」。

繆公於是復使孟明視等將兵伐晉，戰於彭衙。秦不利，引兵歸。

案：年表依春秋書彭衙之戰于三十五年，此在三十四年，誤。又是役也，秦師敗績，何云不利引歸？必秦史諱之，史公仍其誤耳。

繆公怪之，問曰：「中國以詩書禮樂法度爲政，然尚時亂，今戎夷無此，何以爲治，不亦難乎？」由余笑曰：「此乃中國所以亂也。」

史剡曰：「所貴乎有賢者，爲其能治人國家。治人國家，舍詩書禮樂法度無由也。今由余曰是六者中國之所以亂，不如戎夷無之爲善，而穆公用之，則亡國無難，若之何其能霸哉！是特老莊之徒設爲此言以詆先正之法，太史公遂以爲實而載之，過矣。」

於是繆公退而問內史廖

案：韓詩外傳九作「王繆。」

取王官及鄗

附案：「鄗」字譌，當依左傳作「郊」。正義「鄗音郊」，非也。

封殽中尸，爲發喪，哭之三日，乃誓於軍。

案：秦誓書序謂敗崤還歸而作，先儒多從之，而史公繫于封殽尸之後，前編依以爲說。攷古質疑謂史誤，四書釋地又續曰：「王伯厚亦莫能折衷，但云二書各不同。以左傳考之，誓當作于僖三十三年夏秦伯素服郊次鄉師而哭之日，不作于文三年夏封殽尸將霸西戎之時，蓋霸西戎則其志業遂矣，豈復作悔痛之詞哉。」

君子聞之，皆爲垂涕，曰：「嗟乎！秦繆公之與人周也，卒得孟明之慶。」

滹南集辨惑曰：「左氏云『君子是以知秦穆公之爲君也，舉人之周也，與人之壹也』。至于孟明、子桑皆有贊美之詞。凡左氏所謂君子者，蓋假之以爲襃貶之主，而非指當時之士也，安有所謂聞之垂涕者哉。」

益國十二，開地千里。

案：千里之地，或能開闢，而益國十二，則未敢爲信。匈奴傳言「八國服秦」，當是，此誤仍韓子十過篇，非其實也。李斯傳云「并國二十」，文選上始皇書作「并國三十」，漢書韓安國傳「秦繆公并國十四」，竝非。子書中如荀子仲尼篇「齊桓公并國三十五」，韓子有度篇「荆莊王并國二十六，齊桓公并國三十」，難二篇「晉獻公并國十七，服國三十八」，呂氏春秋貴直篇「晉獻公兼國十九」，直諫篇「楚文王兼國三十九」，説苑正諫篇「荆文王兼國三十」，同一妄也。

天子使召公過賀繆公以金鼓

案：召公謚武名過，湖本誤以「過」字屬下句。但考國語召武公過爲召昭公之父，而左傳僖十一年書召武公之後不復見，至文五年書「召昭公來會葬」，則武公已前卒矣。繆公金鼓之賀在魯文四年，其爲召昭公無疑，豈有父子同名之理，必此誤耳。

收其良臣而從死

附案：史公所説本于左傳、文選王仲宣詩所謂「臨殁要之死，焉得不相隨」也。然攷漢書匡衡傳注應劭曰「穆公與羣臣飲酒，酒酣，公曰：生共此樂，死共此哀。奄息等許諾。及公薨，皆從死」。則是三良下從穆公，出于感恩戴德之私，而非穆公命之殉也。曹子建詩「秦穆先下世，三臣皆自殘。生時等榮樂，既殁同憂患」。蘇東坡詩「昔公生不誅孟明，豈有死之日而忍用其良，乃知三子殉公意，亦如齊之二子從田横」。俱本應氏説，烏得云穆公奪之善人哉。昔賢謂三良死非其所，欲與梁邱據安陵君同譏，非偏論已。柳子厚詩「疾病命固亂，魏氏言有章。從邪陷厥父，吾欲討彼狂」。東坡晚年和陶詩又云「殺身固有道，大節要不虧。君爲社稷死，我則同其歸。顧命有治亂，臣子得從違。魏顆真孝愛，三良安足希」。刺三良而責康公，所見益高。

**是知秦不能復東征也**

日知録曰：「秦至孝公而天子致伯，諸侯畢賀，其後始皇遂并天下，左氏此言不驗，史公何以并録之乎？」

**秦伐晉於武城**（金陵本「於」作「取」。）

案：「於」乃「取」字之誤，左傳及年表可證。

**戰於河曲，大敗晉軍。**

案：文十二年左傳云「戰交綏，秦師夜遁」，此以爲「大敗晉軍」，妄矣。年表及晉世家言大戰亦非。杜注古名退軍爲綏。秦、晉兩退，故曰交綏。

**乃使魏讎餘詳反**（正義謂又作「犨」，非。）

附案：晉世家作「壽餘」，與左傳合，而此獨以「壽」爲「讎」者，蓋古通借用字。春秋繁露循天道篇云「壽之爲言讎也」。

**子共公立**

案：共公失書名。

共公立五年卒

案：年表及秦記竝作「五年」。考秦共四年當魯宣四年，而春秋宣四年書「秦伯稻卒」，則共公不得有五年也，史誤以秦桓元年爲共公五年耳。

晉敗我一將

附案：晉世家作「虜秦將赤」。攷年表書「獲諜」，卽左傳宣八年殺秦諜之事也。索隱云「赤卽斥，謂斥候之人。彼諜卽此赤也」。然既稱爲諜，不得號曰將。欲稱爲將，不得復曰赤。豈秦將名赤者，詐爲細作而被晉獲之歟？史必別有所據，故紀、表、世家所書各異，蓋互見耳。索隱謂赤爲斥，疑古字通。水經洹水注「縣南角有斥邱」，明朱謀㙔箋云「舊本作『赤邱』也」。

十年，楚莊王服鄭。

附案：十年乃「七年」之訛。

桓公立二十七年卒，子景公立。

案：史誤減桓之一年以益共公，故作「二十七」，其實二十八年也，紀、表俱誤。桓、景之名，春秋、史記皆失書。宋程公說春秋分記及皇王大紀謂桓公名榮，當別有據。至集解、索隱皆引世本謂景公名后伯車，則誤甚。攷左傳景公母弟鍼字伯車又字后子，安得移作景公之名，春秋分記謂景公名石也。又景公，索隱引始皇紀作「哀公」，而始皇紀無哀公之文，況秦別自有哀公乎？蓋秦記誤稱景公爲僖公，小司馬欲兩存之，復誤以「僖」作「哀」耳。

晉悼公彊，數會諸侯，率以伐秦，敗秦軍。秦軍走，晉兵追之，遂渡涇，至棫林而還。

案：襄十四年左傳，棫林之軍，是晉遷延之役也，未嘗交兵，有何敗走追逐之足云，乃此與晉世家言晉敗秦，而年表又言秦敗晉，竝妄。

二十七年，景公如晉，與平公盟，已而背之。

案：左氏襄二十六年經文前傳曰，「會于夷儀之歲，秦晉爲成，晉韓起如秦涖盟，秦伯車如晉涖盟，成而不結」。杜注云「在二十四年，而特跳此者，傳寫失之」。魯襄二十四年，當秦景二十八年，乃年表既誤書此事于二十九年，而紀又誤在二十七年。且是盟也伯車如晉，非秦景自行，紀、表皆言「景公如晉」，豈史公亦謬以伯車爲景公名耶？成而不結，故後二年伯車如晉修成，秦未嘗背晉，此又紀之誤。

哀公八年，楚公子棄疾弒靈王而自立，是爲平王。

附案：昭十三年春秋，弒靈王者是公子比，而史于秦紀及吳、魯、蔡、曹、陳、衞、宋、鄭八世家皆稱棄疾，斯乃史公特筆，雖與春秋異詞，不免背經信傳，而于誅首惡之旨固合，故小司馬于吳世家云「史記以平王遂有楚國，故曰棄疾弒君；春秋以子干爲王，故曰比弒其君。彼此各有意義也」。

十一年，楚平王來求秦女爲太子建妻。至國，女好而自娶之。

案：年表及楚世家在平王二年，爲秦哀公十年，此在十一年，竝誤。攷左傳在魯昭十九年，爲秦哀十四年也。

孔子行魯相事

案：相乃儐相，卽會夾谷之事，非當國爲相也。此紀及吴、齊、晉、楚、魏五世家，伍子胥傳竝誤，説在孔子世家中。

五年，晉卿中行、范氏反晉，晉使智氏、趙簡子攻之，范、中行氏亡奔齊。

案：此所書有三誤，事在秦惠公四年，非五年事，一也。伐范、中行者知、韓、魏三家，趙簡子已奔晉陽，竝不與攻范、中行氏，二也。范、中行之奔齊在秦悼公二年，首尾相去八歲，是時但奔朝歌耳，三也。

惠公立十年卒

案：此與秦記及侯表皆以爲十年，然考春秋哀三年書「秦惠公卒」，魯哀三年當秦惠九年，則秦惠無十年明矣，史皆誤。

六年，吴敗齊師。

案：哀十年左傳乃齊敗吴師也，此誤。

十二年，齊田常弒簡公

案：事在秦悼十年，此誤書于十二年也。

秦悼公立十四年卒

案：悼公享國十五年，秦記可證，史謬加惠公在位九年爲十年，遂減悼公十五年爲十四年，此與表同誤。

**孔子以悼公十二年卒**

案：孔子之卒，止宜書于周魯，餘可不書也。若以爲天下一人，不可不書，則各國皆宜書，又何以僅書于周、秦兩紀，魯、燕、陳、衞、晉、鄭六世家乎？史記中斯類甚多，亦體例之參錯可議者，附論于此，不及徧舉。

**殺智伯分其國**

案：智伯不可言國，當改曰「分其邑」。

**躁公二年，南鄭反。**

大事記曰：「水經注南鄭縣卽漢中郡治也。秦惠王始取楚漢中置漢中郡。今躁公之時已書南鄭反，豈地之往來不常，先嘗屬秦歟？」六國表厲共公二十六年已先書「城南鄭」矣。

**義渠來伐，至渭南。**

盧學士曰：「渭南，六國表作『渭陽』。水北曰陽，若據表則『渭南』爲非矣。」

**靈公六年，晉城少梁，秦擊之。**

附案：六國表戰在七年。大事記云「出師在六年，而戰在七年」。

**十三年，城籍姑。**

案：靈公在位止十年，卽卒于城籍姑之歲也，安得十三年乎？「三」字衍。

十六年卒

案：表及秦記皆作簡公在位十五年，是也，此言十六年誤。但索隱引紀年云「簡公九年卒，次敬公立十二年，秦記引作「十三年」。乃立惠公」。與史不同，所謂「詞卽難憑，時參異説」者矣。

惠公十二年，子出子生。

案：表謂十一年生，未知孰是。但秦之先已有出子矣，不應復以稱惠公太子，表及秦記竝稱爲出公，是也。世本作「少主」，呂氏春秋作「小主」。

十三年，伐蜀取南鄭

案：紀、表前此書「秦城南鄭」及「南鄭反」矣，則南鄭非蜀土也。史詮曰「史表『蜀取我南鄭』，當從史表爲是」。

庶長改迎靈公之子獻公于河西而立之，殺出子及其母，沈之淵旁。

案：呂氏春秋當賞篇述獻公自魏入立事，言獻公圍小主夫人，夫人自殺，與此言被殺沈淵異。

獻公元年

案：秦諸君多失名，呂氏春秋稱獻公爲公子連，高誘注一名元，非也，則獻公名連，史何以不書？索隱謂名師隰，未知所出。又秦記索隱引世本作「元獻公」疑史脱「元」字，蓋兩字謚也。越絶書外傳記地謂之「元王」，秦追尊之耳。

合七十七歲而霸王出

案：七十七歲似誤，辨在周紀。

十八年，雨金櫟陽。

案：前靈公作上下時，獻公此年又作畦時，紀中諸時皆書，而獨缺三時何耶？表亦失書。

天子賀以黼黻

附案：宋婁機班馬字類引史作「黼黻」，又引正義曰「雖非字體，歷代史記本同」。見論例。然則今本改爲「黹」旁也。

虜其將公孫痤

案：年表于秦魏二表皆言「虜太子」，蓋因齊虜魏太子申而誤，事在後二十一歲。而此紀及魏世家作「公孫痤」，趙世家作「太子痤」，皆誤。蓋秦虜公孫痤，非太子也，魏無二太子。太子名申，不名痤也。痤字公叔，非公孫也，當依國策稱「公叔痤」爲是。商君傳與策同。所有可疑者，痤既被虜矣，而商君傳仍國策載公叔痤病薦衞鞅之事，豈秦虜之而復歸之歟？

二十四年，獻公卒，

案：獻公在位年數秦記、六國表竝稱二十三年，是也。此作「二十四」，世本作「二十二」，越絶書作「二十」，皆誤。

子孝公立

案：索隱云孝公名渠梁，而越絶稱爲平王，蓋秦稱王之後，加謚追尊，若獻公之稱王矣。

孝公元年，河山以東彊國六，與齊威、楚宣、魏惠、燕悼、韓哀、趙成侯竝。

案：是時燕乃文公非悼公也，韓乃懿侯非哀侯也。

楚自漢中，南有巴、黔中

附案：史詮曰「一本『巴』作『巫』」。巴地屬秦，非屬楚也」。

與魏惠王會杜平

案：年表亦稱「魏王」，非也，當衍「王」字，大事記曰「魏是時未稱王」。

衞鞅爲大良造，將兵圍魏安邑，降之。

案：安邑魏之都，其君在焉。攷魏惠王三十一年自安邑徙大梁，是秦孝公二十二年也。魏昭王十年獻安邑于秦，是秦昭王二十一年也。而此時爲魏惠王十九年，秦孝公十年，豈得圍而便降。且使此時已降，則惠王徙都不待十二年之後，而安邑舊都又何煩魏昭再獻乎？蓋「安邑」二字乃「固陽」之誤，據表及魏世家惠王十九年「築長城塞固陽」。二十年「秦商鞅圍固陽，降之」。即此事也，紀、表與商君傳俱誤作「安邑」，惟魏世家無之。固陽之役必圍在十年，而降在十一年。

四十一縣

案：「四」字疑誤，年表及商君傳並作「三十一」。

二十四年，與晉戰鴈門。

案：表在二十三年。又鴈門乃「岸門」之誤，小司馬已辨之。

孝公卒，子惠文君立。

案：越絶書謂孝公立二十三年，與史言二十四年異，疑誤也。至秦記索隱引本紀云「十二年」，乃下文「十三年都咸陽」注錯入于「孝公享國二十四年」句下耳。索隱云惠文名駟，本後書西羌傳、呂覽首時、去宥篇注，必別有據，史失書。

三年，王冠。

案：惠文稱王在十三年，此與表俱于前三年書「王冠」，雖是追書，然于史例不合。又大事記曰「秦記惠文王、昭襄王皆生十九年而立，若二十而冠，則當在元年，而本紀皆書于三年，兩書必有一誤也」。

齊、魏爲王

案：田完世家威王二十六年自稱爲王，當秦孝公九年，已先二十年爲王矣。而此書于惠文四年，豈因魏而誤連言之歟？宜衍「齊」字。

六年，魏納陰晉，

附案：漢地理志謂在五年，疑非。

七年，公子卬與魏戰，虜其將龍賈，斬首八萬。

案：此即所謂雕陰之戰也。惠文七年爲魏襄四年，襄當作「惠」，下同。表又書于魏襄二年，當惠文五年，皆誤，宜依魏世家在襄五年，當惠文八年爲是。至斬首之數，亦宜依世家作「四萬五千」，蓋秦尚首功，紀仍秦史之虚語耳。余因攷之，秦自獻公二十一年與晉戰斬首六萬，孝公八年與魏戰斬首七千，惠文八年與魏戰斬首四萬五千，後七年與韓、趙戰斬首八萬，十一年敗韓岸門斬首萬，十三年擊楚丹陽斬首八萬，武王四年拔韓宜陽斬首六萬，昭襄王六年伐楚斬首二萬，七年復伐楚斬二萬，十四年攻韓、魏斬二十四萬，廿七年擊趙斬三萬，三十二年破魏將暴鳶斬四萬，三十三年又伐魏斬四萬，三十四年破魏將芒卯斬十三萬，沈河二萬，四十三年攻韓斬五萬，四十七年破趙長平坑卒四十五萬，五十年攻晉軍斬首六千，流死河二萬人，五十一年攻韓斬四萬，攻趙斬九萬，始皇二年攻卷斬首三萬，十三年攻趙斬首十萬，計共一百六十六萬八千人，而史所缺略不書者尚不知凡幾。從古殺人之多，未有如無道秦者也。

圍焦，降之

案：秦兼降曲沃，故後三年歸魏焦、曲沃也，此與六國表内秦表及魏世家俱失書「曲沃」二字。

十一年，縣義渠。

案：「縣義渠」三字乃羨文，是年義渠爲臣，非爲縣也。其後十年五國伐秦，義渠襲秦于李帛之下，見犀首傳。其後四年，秦伐義渠取二十五城，至秦武王元年復伐義渠，見本紀及年表。又范雎傳秦昭王曰「義渠之事，寡人旦暮自請太后。今義渠之事已，寡人乃得受命」。匈奴傳曰「昭王時義渠戎王與宣太后亂，有二子。太后詐殺戎王于甘泉，遂起兵伐殘義渠」。蓋是時始縣之。大事記謂赧王四十四年秦滅義渠，當是已，而於此年云「雖以爲縣，猶令其君主之」，則非也。赧四十四年，當秦昭三十六。

若如此所書，惠文前十一年已滅爲縣，則必更置令長丞尉，惟命是聽，安得後此有如許事乎？

歸魏焦、曲沃

案：前二年秦攻取汾陰、皮氏、焦、曲沃四邑，今歸魏焦、曲沃，則是秦祇取汾陰、皮氏兩縣也。竹書載秦取汾陰、皮氏及歸焦、曲沃較史皆先一年。但此紀昭王十七年書「秦以垣爲蒲坂、皮氏」，爲當作「易」。年表、魏世家、樗里甘茂傳並言昭王初年秦攻皮氏，未拔去。竹書「隱王八年，秦公孫爰疑卽樗里子，樗里爲秦惠王弟，稱公孫疾，訛「爰」。伐皮氏，翟章救皮氏。九年，城皮氏」。余因疑秦歸魏焦、曲沃之時，并皮氏亦歸之，紀表世家俱脱不書耳。不然，皮氏已爲秦取久矣，尚何煩用師乎？

十三年四月戊午，魏君爲王，韓亦爲王。

案：魏惠稱王在惠文四年，此紀已書之，而是年紀與秦表復書「魏君爲王」何歟？周紀正義引秦紀云「惠王十三年與韓、魏、趙竝稱王」，所引與此異，且秦紀無其文，當必有誤。蓋是年秦惠稱王，故書月書日以別之，「魏」字乃「秦」字之誤，燕世家書「燕君爲王」是其例也。若表中「魏」字乃羨文，表例但書君爲王也，不然魏君爲王奚以入于秦表乎？至韓宣惠爲王在秦惠更元之二年，誤書于是年耳。

使張儀伐取陝

案：表及儀傳事在惠文後元年，此誤書于十三年也。

張儀與齊、楚大臣會齧桑

案：此與表及儀傳皆缺書魏，楚世家云「張儀與楚、齊、魏相盟」，是也，齊、魏二世家但言諸侯執政而已。

## 樂池相秦

案：後此五年趙武靈王使樂池送燕公子職爲燕王，則池是趙人，與樂毅爲一族，何緣爲相于秦乎？疑。

韓、趙、魏、燕、齊帥匈奴共攻秦。秦使庶長疾與戰修魚，虜其將申差，敗趙公子渴、韓太子奐，斬首八萬二千。

案：此事諸處所載互有不同，余詳校之，攻秦者實燕、楚、趙、魏、韓、齊六國，而匈奴不與焉。攷楚世家云「六國攻秦，楚懷王爲從長」。楚爲從長，所書自當不謬，大事記據之是也。此紀不及，楚年表及燕世家不及，齊、趙世家但言與韓魏擊秦，魏世家及犀首傳俱言五國攻秦，樂毅傳不及，燕、楚、韓、齊世家竝略之，皆錯失不足憑。而賈生過秦論又稱「九國之師」，索隱曰「六國之外，更有宋、衞、中山」。豈攻秦一役，宋、衞、中山共以兵從，如匈奴之屬六國歟？是時義渠亦伐秦，若并數之則爲十一國矣。司馬光資治通鑑依年表作「五國」，非。而高誘國策注以齊、宋、韓、魏、趙爲五國，尤非。秦之戰敗韓、趙在次年，秦惠八年。不與攻秦同歲，年表各世家可證，此紀并入七年誤。樗里傳索隱引秦紀以圍秦及戰修魚在八年，與今本殊，蓋以意言之。蓋六國雖同出師，不相應領，故惟韓、趙戰秦。韓、趙既敗，四國遂引歸不戰。而齊乘趙、魏之弊，復敗之于觀澤，齊真叵測哉！趙公子渴、韓太子奐乃是主帥，申差特韓之一將耳，以後文韓太子倉推之，知奐已死矣。意彼時渴、奐均敗沒，申差其生獲者也。然韓世家謂秦虜鯫、申差，則生獲不止一將，乃何以此紀既失書鯁，而又混稱虜其將申差，幾莫辨爲趙將爲韓將。或云「其將」是「韓將」之誤。六國表及張儀傳皆不書主帥，亦不書鯁，而但言申差，韓世家書二將而反失書主帥，未免乖駁。至斬首之數，表及趙世家、張儀傳皆云八萬，此紀增多二千，因紀仍秦史之舊，而秦尚首功，虛加其級耳。

伐取趙中都、西陽

案：此與表同誤，惟趙世家作「西都中陽」是也。攷漢志地屬西河郡，若中都屬太原，西陽屬山陽，名異地殊，未可相混。正義謂中都即西都，西陽即中陽，謬甚。

十年，韓太子蒼來質。

案：韓世家太子之質在破岸門後，當在十一年。

伐敗趙將泥

案：徐廣曰「將一作『莊』」，則是姓莊名泥也，而表作「將軍英」，姓乎名乎，不可詳矣。

伐取義渠二十五城

案：表在十一年，此在十年，未知孰是。

樗里疾攻魏焦，降之。敗韓岸門，斬首萬，其將犀首走。

附案：「其將犀首走」五字當在「降之」句下，蓋錯簡耳。犀首魏官，即公孫衍，與韓無涉，故魏表及魏世家云「走犀首岸門」。

公子通封於蜀

附案：表作「繇通」非，公子繇乃別一人，見張儀傳。華陽國志作「通國」。

燕君讓其臣子之

案：事在後九年，此誤書于後十一年。

虜趙將莊

案：表及趙世家作「趙莊」，正義謂一作「茈」，非。則莊其名也。而樗里傳又作「莊豹」，則莊其姓也。疑莫能定。

楚圍雍氏

案：雍氏之役，莫定何年，六國表不書也，楚世家不書也，惟周、秦二紀及齊、韓二世家甘茂傳書之，然時既各殊，事頗不合，秦紀書于惠文王後十三年，與齊世家書于湣王十二年同，是周赧王三年。徐廣韓世家注引紀年，于此亦說楚景翠圍雍氏，今本無，蓋誤。韓世家書于襄王十二年，是赧王十五年。紀年與韓世家同。皆誤也。而注國策、注史記者，不復詳攷，遂謂楚兩度圍韓雍氏，以赧王三年爲前所圍，取秦與韓敗楚，丹陽事當之。以赧王十五年爲後所圍，取秦敗楚新城事當之。夫丹陽之與雍氏，相去遠矣，策及傳稱秦宣太后，攷赧王三年爲惠文後十三年，惠文未薨，昭王未立，安得有宣太后耶？新城之與雍氏亦甚遠矣，策及世家稱甘茂，攷茂之懼讒出奔在秦昭元年，而赧王十五年爲昭王七年，茂久去秦相位，尚何收璽之言哉。蓋注者之誤，由于策、記錯亂，因生此異端耳。其實圍雍止有一役，楚未嘗再舉、策、記未免交混。而其事非丹陽、新城也，其時非赧王三年、十五年也，周紀、茂傳固可據也。周紀書于赧王八年以後，次年即秦昭元年，故茂傳云昭王新立，太后楚人，不肯救韓，茂爲言于王，乃下師殽以救之。而救韓之師傳敍于茂伐魏蒲坂之先，蒲坂未拔，茂亡奔齊，皆昭王元年事也。然則圍雍一役，其在赧王九年，秦昭元年，韓襄六年，楚懷二十三年乎？

秦使庶長疾助韓而東攻齊，到滿助魏攻燕。

案：表及魏世家乃助魏攻齊耳，是時無韓伐齊事。正義「滿」或作「蒲」，非。

十四年，伐楚取召陵。

案：其時秦、楚復親，不相攻伐，此役無攷，當屬誤文。

相壯殺蜀侯來降

案：華陽志陳壯反，殺蜀侯通國，秦遣甘茂、張儀、司馬錯伐蜀，誅壯。是壯未嘗來降，二説以志爲實。莊、壯二字古通用，有説在高祖功臣表廣侯下。故國策作「莊」，而史記紀表、華陽志作「壯」，惟徐廣謂「一作『狀』」，乃訛本也。

子武王立

案：武王之謚此與表同，而秦記及正義引括地志、法言淵騫篇作「悼武」，索隱引世本及高誘呂氏春秋序作「武烈」，越絶書又作「元武」，未知孰是，疑「悼武」爲定也。索隱云名蕩。

韓、魏、齊、楚、越皆賓從

附案：「越」字誤，徐廣謂一作「趙」，是也。竹書載越世次最詳，然七國時越不與攻伐盟會之事，故知越賓從秦爲誤。

與魏惠王會臨晉

案：「惠王」乃「襄王」之誤，年表所謂哀王也。

南公揭卒

附案：南公揭不知何人，項羽紀稱南公，漢藝文志陰陽家有南公三十一篇，注云「六國時」，蓋當時有道之士，揭豈其人歟？

樗里疾相韓

案：疾無相韓事，時疾以右丞相出使于周，見本傳。疑「相韓」二字是「使周」之誤。

烏獲、孟說

案：烏獲已見文子自然篇，此何以稱焉。豈古力士有兩烏獲，如善射之名羿歟？孟說未知卽孟賁否？後書蓋勳傳有護羌校尉夏育，王商傳有中常侍孟賁，亦類此。

王與孟說舉鼎，絶臏。八月，武王死。

案：史公于武王獨變卒稱死，豈以絶臏故歟？徐廣臏作「脈」，似較勝。但甘茂傳言武王至周而卒于周，與此紀及趙世家異，何也？武王在位四年，索隱于秦記引世本作「三年」，非。

是爲昭襄王

案：趙世家昭襄名稷，紀、表皆失書。甘茂傳索隱引世本名側，此紀索隱訛「則」。蓋音相近，若齊稷門之爲側門矣。

甘茂出之魏

案：傳茂奔齊復至楚而終于魏，此言茂出之魏，恐是「齊」之誤。大事記曰「時方伐魏，自魏而奔齊也」。

四年，取蒲坂。

案：年表、魏世家是年秦拔魏蒲坂、晉陽、封陵，此缺。

魏王來朝應亭

案：「應亭」乃「臨晉」之誤，年表、魏世家可證。

蜀侯煇反

案：華陽國志赧王十四年蜀侯惲祭山川，獻饋于秦。惲後母害其寵，加毒以進。王大怒，遣司馬錯賜惲劍自殺。據此則紀、表言反者，乃仍秦史誣詞，而非其實也。「惲」此作「煇」字形相近，未知孰是。

涇陽君質於齊

案：年表、田完世家在七年，此誤書于六年。

攻楚，取新市。

附案：年表、楚世家云「取八城」，而此言「新市」，蓋新市爲八城之大者，舉其重言之，猶世家所謂「取析十五城」也。實取十六城。

共攻楚方城，取唐眛。

案：事在秦昭六年，表及諸世家可證，此誤書于八年也。又此以爲方城，而表及楚與田完二世家、樂毅傳並作「重丘」。元胡三省通鑑注辨之，云「春秋時有二重丘，衞孫蒯飲馬于重丘，杜曰曹邑；諸侯同會于重丘，杜曰齊地。時楚之境皆不至此。呂氏春秋處方齊令章子與韓、魏攻荊，荊使唐蔑將兵應之，夾泚而軍，章子夜襲之，斬蔑于是水之上。水經注泚水又西，澳水注之，水北出茈丘山，南入于泚水。意者重丘卽茈邱也」。據胡所說，但辨重丘而不及方城，今河南南陽裕州，楚方城地，内鄉縣東亦有方城也。余又攷荀子議兵篇云「兵殆于垂沙，唐蔑死」。韓詩外傳四、淮南兵略同，商子弱民篇及禮書「沙」作「涉」。唐楊倞注「垂沙未詳所在」，漢志沛國有垂鄉，豈垂沙乎？胡注亦未及。眛、蔑古通，字从目从末，各本訛「昧」。泚一作「泚」一作「比」，漢志南陽郡比陽是，後書光武紀上作「泚」。

趙破中山，其君亡，竟死齊。

案：事在秦昭六年，當趙武靈王廿五年，此誤書于昭王八年也。言死齊亦非，說見表。

九年，孟嘗君薛文來相秦。

案：相薛文在八年。

奐攻楚，取八城，殺其將景快。

案：秦昭八年取楚八城，九年取楚十六城，此書于九年，不知誤以八年事爲九年歟？抑誤以十六城爲八城歟？前二年秦殺楚將景缺此又殺景快，二景必弟兄也。

十年，楚懷王入朝秦，秦留之。

案：懷王入秦在八年。

薛文以金受免

案：正義以金受爲秦丞相姓名，謂秦相金受故免薛文也。而方氏補正曰「薛文相秦，中間無金受相秦事。金受名别無所見，恐傳寫之誤。蓋薛文以受金免耳」。余攷孟嘗傳，秦昭王以爲相，人或説昭王曰：「孟嘗君相秦，必先齊而後秦，秦其危矣。」于是昭王乃止，囚孟嘗君。疑金受即説昭王之人，未知是否？又文之免相在九年，此亦誤在十年也。

十一年，齊、韓、魏、趙、宋、中山五國共攻秦，至鹽氏而還。秦與韓、魏河北及封陵以和。

案：紀有五誤，伐秦止韓、魏、齊，策所云「三國攻秦」者，六國表、孟嘗傳同，乃此增趙、宋、中山爲五國，一也。攻秦臨函谷關，策所云「入函谷」者，韓、魏、田完世家、孟嘗傳同，乃此謂至鹽氏，二也。秦和三國，以武遂與韓，封陵與魏，齊城與齊，策所云「秦以三城講于三國」者，乃此及表皆不言齊，田完世家亦不言與我齊城，反載與韓河外，又不及魏，三也。武遂、封陵在河外，故三國世家俱稱河外，策作「河東」此作「河北」，蓋自秦言之曰東，自三國言之曰北，而統言之曰河外，乃此以爲「河北及封陵」，四也。當改「河北」爲「武遂」。是役在秦昭九年，乃此書于十一年，五也。又伐秦講和本一時事，而表與各世家分伐秦在秦昭九年，講和在十一年，尤誤，大事記糾之矣。

楚懷王走之趙，趙不受。

案：懷王亡趙在秦昭十年，非十一年也。

左更白起

案：此是昭王十三年，攷起傳十三年爲左庶長，明年遷左更也。左庶長爲第十爵，左更第十二。

五大夫禮出亡奔魏

案：穰侯傳言呂禮奔齊，孟嘗傳有禮相齊事，此誤也。大事記亦以奔魏爲非。

虜公孫喜，拔五城。

案：上文言魏使公孫喜攻楚，則喜是魏將也，故穰侯傳稱「虜魏將公孫喜」，乃此紀及白起傳不言喜爲何國之將，而六國表書虜喜于韓表中，韓世家謂「使公孫喜攻秦，秦虜喜」，似喜又爲韓將矣。蓋伊闕之役，韓爲主兵，而實使魏之公孫喜將之，故所書不同，未定是誤耳。但周、魏策云「戰于伊闕，殺犀武」，周本紀曾及之，而史敍戰伊闕事，各處皆不及殺魏將犀武，豈以武非主帥歟？又此及起傳言拔五城，未知所拔者魏城乎？韓城乎？殊欠分明。

十五年，大良造白起攻魏，取垣，復予之。

案：下文十七年書「秦以垣易蒲坂、皮氏」，十八年書「攻垣取之」，則起未嘗以垣予魏也，當衍「復予之」三字，白起傳但言「拔垣」可據。

冉免

案：穰侯魏冉凡三相三免，紀、表皆不盡書，而紀與傳所書之年亦多舛戾不合。余綜攷之，冉初爲相在昭王十二年，至十五年免，此書冉免于十六年，誤也。再相在十六年，至二十一年免，此紀下文于廿四年書「魏冉免相」者，誤也。三相在二十六年，至四十二年免相出就封邑，傳所謂「免二歲復相秦」者，乃免四歲之誤也。傳稱「復相四歲拔郢」，故知其誤。若免二歲復相，則當云「六歲拔郢」矣。

封公子市宛，公子悝鄧

附案：市者涇陽君也，悝者高陵君也。索隱于此處不誤，而于蘇秦、穰侯傳謂涇陽爲悝，誤矣。又云「高陵名顯」，則是誤以秦末齊王田市之使者高陵君顯爲秦公子也。顯見項羽紀。張冠李戴，可哂之甚。

城陽君入朝

附案：成陽君是韓人，魏策有之，史、漢中成與城多通用，注家皆略，故著之。

秦以垣爲蒲坂、皮氏

附案：索隱云「爲當爲『易』，蓋字訛也」。而水經注四引薛瓚曰「秦世家以垣爲蒲反」，作如字讀，非，稱秦本紀爲秦世家亦創。師古注漢地理志亦不取瓚說。

齊破宋，宋王在魏，死温。

案：事在秦昭二十一年，此誤書于十九年也。

涇陽君封宛

案：涇陽、高陵二公子已于十六年同封，此誤重出。

蒙武伐齊。河東爲九縣。

案：蒙恬傳蒙武乃蒙驁之子，驁事昭王至始皇四世，則此時擊齊者必是驁而非武也。「河東」上疑有脱字，古史作「取河東」。

二十三年，尉斯離與三晉、燕伐齊，破之濟西。

案：伐齊之役，實秦、楚、燕、趙、韓、魏六國也，燕、齊、楚三世家可證。此紀與趙、魏世家失書，楚、韓世家止言「與秦攻齊」，孟嘗君傳失書韓、楚，樂毅傳失書秦，年表六國皆有擊齊及取齊某地之文，元未嘗誤，然或稱「與韓、魏、燕、趙」，或稱「與秦」，或稱「與秦、三晉」，或稱「五國」，參錯不一，自序傳亦言「連五國兵」，蓋並屬脱誤耳。荀子王制篇「閔王毁于五國」，注云「史記齊閔王四十年，樂毅以燕、趙、楚、魏、秦破齊」，非也，當依王霸篇注「燕、秦、楚、三晉伐齊」爲是。吕覽權勳篇「五國攻齊」，注謂「燕、秦、韓、魏、趙」，亦非。

秦取魏安城，至大梁，燕、趙救之。

案：各處皆不言燕、趙救魏。攷是年爲燕昭王廿九年，趙惠文王十六年。燕昭新破齊湣，方圍莒、卽墨未下，何暇出兵救魏。而趙時爲秦之細，自守不足，又何敢出一旅爲魏抗秦。此之不實，了然可知。

魏冉免相

案：此在二十一年，傳所謂「六歲而免」也，說已見前，非二十四年免。

與韓王會新城，與魏王會新明邑。

案：此紀前二年廿三年。書「與魏會宜陽，韓會新城」，而年表及魏、韓世家並作「會西周」，今二十五年紀書「與韓會新城」，而韓表、韓世家言「會兩周間」，夫曰西周曰兩周間，即指河南之宜陽、新城也。而新明邑獨無攷，年表、世家俱不及。

二十六年，赦罪人遷之。

案：但言遷罪人，不知遷于何地？評林謂遷于新明邑，亦臆說無據。蓋明年「赦罪人遷之南陽」，史誤重也。古史無此五字。

取鄢、鄧

案：此二十八年楚爲秦所取者鄢、鄧、西陵三城，紀失書西陵，表失書鄧，楚世家失書鄢、鄧。而白起傳言「拔鄢、鄧五城」，乃拔鄢、鄧、西陵三城之誤。攷漢志鄧屬南陽，與昭王十六年取魏鄧別，魏之鄧城在河内，地近軹也。

王與楚王會襄陵

案：是年秦攻楚取郢，燒其先王墓夷陵，楚襄王兵散遁保于陳，安得楚與秦爲好會乎？必非二十九年事也。

蜀守若伐取巫郡及江南爲黔中郡。

案：史詮謂「若伐楚，今本缺『楚』字」，是也。但白起及春申君傳言起取之，非蜀守張若，豈伐巫之役起與若共之歟？華陽志是張若也。

三十二年，相穰侯攻魏，至大梁，破暴鳶，斬首四萬，鳶走，魏入三縣請和。三十三年，客卿胡傷攻魏卷、蔡陽、長社，取之。擊芒卯華陽，破之，斬首十五萬，魏入南陽以和。

案：此所書戰最誤，即年表、世家、列傳亦誤。攷秦昭三十二年，當魏安釐二年，韓釐二十一年，秦攻魏，拔兩城，軍大梁下。韓使暴鳶救魏，爲秦所敗，鳶走開封，魏予秦温以和。是秦昭三十二年之戰也。而此云魏入三縣，穰侯傳云割八縣，並誤。蓋二縣秦拔之，一縣魏予之，共止三縣耳。明年魏背秦與齊從親，秦使穰侯復伐魏，拔四城，斬首四萬。是秦昭三十三年之戰也。而此以斬首四萬并入大梁之役，書于三十二年，誤已。秦昭三十四年趙、魏攻韓華陽，韓告急于秦，穰侯又與白起、客卿胡陽攻趙、魏以救韓，走魏將芒卯，斬十三萬人，敗趙將賈偃，沈其卒二萬人于河，取魏卷、蔡陽、長社，取趙觀津，魏予秦南陽以和，秦且與趙觀津，益趙以兵伐齊。是秦昭三十四年之戰也，而此在三十三年，誤一。止言客卿胡陽，反遺卻主帥穰侯、大將白起，較之年表、趙世家、白起及春申傳但舉白起更覺失倫，誤二。斬魏卒十三萬，沈趙卒二萬，乃合趙于魏作十五萬人，與六國表、魏世家俱非，穰侯傳云十萬亦非，蓋脱「五」字。誤三。趙、魏同破，何以單説魏而不及趙，表亦單説魏，又云「得三晉將」，魏世家云「秦破我及韓、趙」，穰侯傳云「攻趙、韓、魏」，白起傳云「得三晉將」，春申傳云「攻韓、魏」，述一事而各異如此，誤四。至暴鳶，國策暴作「罼」，其字訛也。韓世家鳶作「鳶」，其字同也。芒卯，西周策及韓子説林、顯學、淮南氾論作「孟卯」，音之轉也。而韓子外儲説左作「昭卯」，呂覽應言作「孟卬」，皆誤。又此紀「胡傷」兩見，當是傳寫之訛，依穰侯傳作「陽」爲是。趙策作「胡易」即古「陽」字。

三十五年，佐韓、魏、楚伐燕。

案：秦無佐伐燕之事，而伐燕是齊、韓、魏，非韓、魏、楚，此與燕世家同誤，説在六國表中。

三十六年，客卿竈攻齊，取剛、壽。

案：年表及田完世家皆云三十七年，此與穰侯傳竝誤在前一年。竈，秦策作「造」，音相近。龜策傳注徐廣曰「造音竈」。

四十一年夏，攻魏，取邢丘、懷。

案：六國表、魏世家秦取魏懷在昭王三十九年，魏安釐九年，在取邢丘二年前，故范雎傳云「使五大夫綰伐魏，拔懷。後二歲，拔邢丘」也，此誤并在四十一年内。而「邢丘」當依魏世家作「郪丘」，此與范雎傳作「邢丘」同誤，表作「廩丘」尤誤。廩丘乃齊地，時屬于趙。郪丘爲汝南郡新郪縣，春秋時屬齊，六國時屬，魏漢志應劭注云「秦伐魏取郪丘」，可爲確據矣。若邢丘之地，久入于秦，不待是時始取，故魏襄王時蘇秦説魏，歷數魏地不及邢丘而魏世家安釐王十一年信陵君謂魏王曰「秦固有懷茅邢丘也」，則非是時始取可知。是時卽安釐十一年。國策吳注謂廩丘、郪丘卽邢丘，謬甚。裴駰引韓詩外傳謂

「武王伐紂至其地，更名邢丘曰懷」，誕不足信。

十月，宣太后薨。

案：十月乃「七月」之誤，下文書「九月」可見。大事記及尚書疏證六反據此以爲秦未并天下已改用十月爲歲首，恐未然。

武安君白起攻韓，拔九城。

案：韓世家云「秦拔我陘，城汾旁」，范雎傳云「秦攻韓汾、陘，拔之，因城河上廣武」，則知秦所拔祇陘城耳，陘在汾陽，遂城汾旁一帶至廣武。其曰「河上」者，卽廣武澗，水經注所謂「夾城之間有絶澗斷山」是也。六國表云「秦拔我城汾旁」，「我」下缺「陘」字。白起傳云「攻韓陘城，拔五城」，「五城」二字誤，當云「拔之」。此紀云「九城」尤誤，當云「拔陘城」。

四十四年，攻韓南郡，取之。

案：年表及白起傳作「南陽」甚是，獨此稱「南郡」，謬耳。南郡乃楚地，秦昭廿九年攻楚取郢爲南郡，韓安得有之。蓋南陽是總統之名，韓、魏分有其地。魏之南陽是河內、修武等處，已于秦昭三十四年盡入于秦。韓之南陽是荆州宛、穰等處，其地大半爲秦所取，故秦于前十年置南陽郡矣。此後所攻者皆韓之南陽，不過取而附益之，至始皇十六年而韓南陽之地全納于秦。韓表及世家不書取南陽，但云「秦擊我太行」，蓋互見之，白起傳所謂「攻南陽太行道，絶之」也。

葉陽悝出之國，未至而死。（金陵本作「葉陽君悝」。）

案：一本「葉陽」下有「君」字。而葉陽，集解謂一云「華陽」，蓋華陽君是也，華形近葉，故傳寫致訛。范睢傳「華陽」，徐廣曰「一作『葉』」。趙策諒毅對秦王有母弟葉陽之語，並誤。非母弟也，尤誤。華陽君乃昭王舅芈戎又號新城君。悝乃昭王母弟高陵君，此紀有脱誤，不然，將以芈戎爲公子悝矣。攷穰侯、華陽、高陵、涇陽，時稱爲四貴，皆于昭王四十二年同出就國。紀既脱缺，復誤書于四十五年耳，當移在上文「穰侯出之陶」句下，而補之曰「華陽君、高陵君、涇陽君出之國。高陵君悝，未至而死」。大事記謂「昭王獨薄其罪，故悝于四貴之中就封在後」，亦非。

四十七年，秦攻韓上黨，上黨降趙，

案：事在四十五年，趙世家、白起傳可證。此因説長平事而并書于四十七年，非也。

大破趙於長平，四十餘萬盡殺之。

案：秦尚首功，斬一首賜爵一級，豈容混書，此「餘」字當作「五」。

十月，韓獻垣雍。

案：「十月」二字衍，白起傳亦誤出也。下文于是年書正月，時秦尚未以十月爲歲首，不應先書十月。

王齕將伐趙武安、皮牢，拔之。

案：白起傳言齕攻拔皮牢，不言武安，是也，蓋前二十年秦封白起爲武安君，則其地久已屬秦，何待此時始拔乎？二字宜衍。秦策有「武安」語，史仍其誤耳。

張唐攻鄭，拔之。

附案：此以所拔之鄭爲舊鄭歟？則卽咸林之地，東遷時已屬秦也。以爲新鄭歟？則韓徙都于其地，不聞是時韓失國都也。疑是「鄭」字之譌，趙地也。

晉、楚流死河二萬人

附案：徐廣云「楚一作『走』」。正義云「此時無楚軍，『走』字是也」。因有斯注，古史遂從之作「晉軍走」，而不知其謬耳。改「楚」作「走」，則「流死」之文不可接。謂「時無楚軍」尤爲囈語，蓋卽楚救邯鄲之兵，始緣秦伐趙邯鄲而救趙，繼緣秦伐魏寧新中而救魏，楚世家稱「救趙至新中」可證已。「死」字當讀爲「尸」，古字通用，呂覽離謂篇「鄭富人有溺者人得其死」，漢書酷吏傳「安得求子死」，魯世家「以其屍與之」，索隱曰「屍亦作『死』字」，言趙、楚軍敗，流尸于河有二萬人。此河必是汾河。寧新中是魏邑，非趙邑。秦不能拔邯鄲，移兵攻魏，楚與趙復救魏，秦拔魏寧新中而去，故此「晉」字指趙。

攻趙，取二十餘縣，首虜九萬。

案：此事非實，說在趙世家。

五十六年秋，昭襄王卒，子孝文王立。史失書名，索隱謂名柱，廣宏明集引年紀名式，蓋有二名。孝文王元年，赦罪人，修先王功臣，褒厚親戚，弛苑囿。孝文王除喪，十月己亥卽位，三日辛丑卒，子莊襄王立。名子楚，此失書。

附案：孝文之立，書之重，言之複，讀史者或疑爲羨文錯簡，宜衍去「赦罪人」十五字，謂赦罪人等事皆莊襄元年事，增出于孝文元年之下。而「孝文王除喪，十月己亥」二語，當互易之移于「孝文王元年」之上，蓋既葬而除喪，其時不獨三年之喪久廢，卽期年亦不行耳。茲說未知然否？但余攷古者天子崩，太子卽位，其別有四：始死則正嗣子之位，尚書顧命「逆子釗于南門之外，延入翼室」是也。既殯則正繼體之位，顧命「王麻冕黼裳入卽位」是也。踰年正改元之位，春秋書「公卽位」是也。三年正踐祚之位，舜格于文祖及成王免喪，將卽政，朝于廟是也。則此所謂「子孝文王立」者，正嗣子之位也。昭襄卒于庚戌秋，喪葬之事，皆畢斯數月中，紀不言既殯正繼體之禮，秦省之而不行也。所謂「孝文王元年」者，正改元之位也。所謂「孝文王除喪十月己亥卽位」者，正踐祚之位也。是年歲在辛亥，三年之喪廢，故孝文期年便除，而因以知昭王之卒必在秋九月。竊意史公緣孝文卽位三日便卒，恐後世疑莫能明，特備載當日行事，至今秩然可見，不得以爲羨文錯簡矣。乃閻氏摘「十月己亥」一句謂孝文已踰二年，以史稱享國一年爲誤。見尚書疏證卷六上。其辨莊襄以先君崩年改元，失禮莫大。甚新，殊不知爾時秦尚未以十月爲歲首也。

韓獻成皐、鞏

案：表及韓世家皆言「秦拔我成皐、滎陽」，此云韓獻之，非也。又「鞏」亦「滎陽」之誤，鞏爲東周所居，韓安得有之。水經注二十三卷引史記「秦莊襄王元年蒙驁取成皐、滎陽，初置三川郡」。酈公所引乃六國表，史豈因是年秦滅東周兼得鞏地而混言之耶？

二年，使蒙驁攻趙，定太原。

案：「使蒙驁」八字乃羨文，年表及趙世家、蒙恬傳皆無其事。蓋所謂「攻趙」者，因是年有蒙驁攻趙取三十七城之事也。所謂「定太原」者，因明年有置太原郡之事也。二事下文皆書之，則此爲錯出無疑。況前十二年爲昭王四十八年，得韓上黨地已北定太原矣，此時何煩再定乎？

三年，蒙驁攻魏高都、汲。

案：「三年」二字亦羨文，所書之事，表在二年是已。「汲」字當依徐廣作「波」，蓋秦拔魏汲在始皇七年也。波與汲皆屬河内。

四年，王齕攻上黨。

案：莊襄無四年，此乃「三年」之誤。然前此昭王四十八年盡有韓上黨地，北定太原，是時何煩再攻？疑前所定者惟降趙之城市邑十七，今所攻者并其餘城而攻拔之，故韓世家云「秦悉拔我上黨」也。紀、表但言攻上黨，擊上黨，拔上黨，似乎複出，而不知是悉拔之，紀表似欠明。正義謂「上黨又反，故攻之」，乃臆測之詞，非事實矣。

子政立

附案：始皇以正月生，遂以正名之。惟其名正，是以改正月爲端月。始皇紀集解曰「徐廣云一作『正』」。宋忠云「以正月旦生，故名正」。正義曰「正音政，周正建子之正也」。則知史記古本是「正」字，不知何時盡改作「政」。凡本紀、世家、列傳中所稱始皇之名，竟無一作「正」者，可怪已。惟高誘吕氏春秋序作「正」字，孔仲達毛詩序作「秦正」，公羊哀十四年疏云「始皇名正」，穀梁序疏云「秦正起而書記亡」，庶幾不誤。然其誤自世本來，索隱引世本作「政」，蓋二字元屬通用，秦時諱「正」，或并避「政」字，故呂覽察微篇引左傳宣二年羊斟語改「子爲政我爲政」作「制」字，後遂用相沿以「政」爲名，流俗傳寫，便改史記之「正」爲「政」耳。容齋三筆謂「始皇名正，自避其嫌，以正月爲一月」，殊謬，秦未嘗以正月爲一月也。宋張世南游宦紀聞云「秦改正月爲征音，至今從之，此何理耶」？示兒編云「始皇名政，避諱讀正月爲征月，傳至于今，當如本字讀，始有分別」。陸德明，唐大儒也，自秦至唐亦遠矣，當作釋文時，何不單出一音以正舛誤，豈容詔後學以疑貳哉。釋文正月音政，又音征也。前賢有辨正月之不當讀「征」者，從未有辨始皇之名「正」不名「政」者，然古「正」字自有「征」音，非沿秦諱，釋文不誤，觀詩猗嗟、雲漢、節南山諸章可見。

秦王政立二十六年，初并天下爲三十六郡。

案：史言始皇伐滅諸侯，并一天下以爲郡縣，其實不盡然，蓋仍秦人夸詡之詞耳。攷衞至二世元年始絶，楚苗裔有滇王，越諸族子或爲王或爲君，至閩君搖及無諸佐漢平秦，是諸侯未盡滅，天下未盡并也。郡縣之名見于逸周書作雒解，屢稱于左傳，管子乘馬數篇亦有，則非至秦時始設也。昭廿九年左傳蔡墨言「劉累遷魯縣」，夏時恐未有縣之名。即三十六郡亦不全爲始皇所置，據匈奴傳魏置河西、上郡，燕置上谷、漁陽、右北平、遼西、遼東郡，趙置雲中、鴈門、代郡。又世家韓有上黨守馮亭，則上黨郡是韓置。漢地理志概稱秦置者，漢承秦制，故不言魏、韓、燕、趙。而巴、蜀、漢中、上郡置于惠文王，河東、南陽、黔中、上黨、南郡置于昭襄王，三川、太原置于莊襄王，俱見本紀，不得全屬始皇初置也。但三十六郡之目，史不詳載，秦變封建爲郡縣乃一大事，豈可缺略不書，此史公疎處。攷始皇置閩中、南海、桂林、象郡皆在後，不在三十六郡内，則所謂三十六郡者，據漢志一曰河東，二曰太原，三曰上黨，四曰三川，五曰東郡，六曰潁川，七曰南陽，八曰南郡，九曰九江，十曰泗水，十一曰鉅鹿，十二曰齊郡，十三曰琅邪，十四曰會稽，十五曰漢中，十六曰蜀郡，十七曰巴郡，十八曰隴西，十九曰北地，二十曰上郡，二十一曰九原，二十二曰雲中，二十三曰鴈門，二十四曰代郡，二十五曰上谷，二十六曰漁陽，二十七曰右北平，二十八曰遼西，二十九曰遼東，三十曰邯鄲，三十一曰碭郡，三十二曰薛郡，三十三曰長沙，尚缺三郡，以續郡國志校之，則秦有鄣郡黔中郡。夫前志無黔中，誠爲脱漏，足以補郡數之缺，而鄣非秦郡，劉敞辨之甚悉，見漢地志丹陽郡下。是尚缺二郡也。因有以郯郡充其數者，本于應劭，劭曰東海，秦郯郡。而郯非秦郡劉攽又辨之。見高紀六年。更有以楚郡充其數者，本于楚世家，而秦無楚郡，集解已糾其誤，胡三省通鑑注曾辨之，説在楚世家中。烏得妄稱爲秦郡哉。然則所缺之二郡何在？曰：内史自當在三十六之内，始皇紀集解明言郡凡三十五，與内史爲三十六，蓋準諸侯王表例也。史漢諸侯王表與京師内史凡十五郡，以漢準秦，則内史在内矣。漢志云「本秦京師爲内史，分天下作三十六郡」，別而言之，非也。晉書地理志以及王應麟通鑑地理通釋、胡氏通鑑注，並仍裴説，固可以爲據矣。惟以鄣爲秦郡，乃襲續志之誤。其所缺一郡，余以水經注補之，水經卷十三廣陽薊縣注云「秦始皇滅燕以爲廣陽郡，漢高帝封盧綰爲燕國」，于是三十六郡之數始備，而自孟堅以來均失去廣陽一郡，真不可解。「秦武公十年伐邽、冀戎，初縣之」，此史言立縣之始。

## 始皇帝五十一年而崩

案：史例但書在位之年，而其生年從略，獨始皇略其在位年數，反以生年書之，未知史公何意？又始皇年十三而立，以踰年改元計之，在位三十七年，當是五十，始皇紀徐廣注云「年五十」。安得五十一年乎？

## 子嬰立月餘，諸侯誅之。

案：廣宏明集引陶公年紀云「殤帝子嬰四十六日」。秦本無謚，又誰爲子嬰作謚，豈漢追稱之耶？觀高帝不殺子嬰，祇以屬吏，而復予秦始皇守冢二十家，則憐嬰而加以帝號，義或然歟？越絶書外傳記地言嬰立六月，妄也。

## 以國爲姓

案：史公混姓氏爲一，故凡氏皆謂之姓，而夏、殷、秦三紀之論並誤云「以國爲姓」，其實氏也。然其所載諸氏，亦不盡以國，如殷之目夷，秦之飛廉，是以名爲氏者，終黎、鍾離同。菟裘以邑爲氏者，國云乎哉？

## 郯氏、莒氏

案：左傳昭十七年郯子稱少昊爲祖，杜注云「少昊金天氏，己姓之祖」。又文七年傳穆伯娶于莒曰載己生文伯，其娣聲己生惠叔，世本云「莒，己姓」鄭語莒，曹姓，異。則郯、莒皆己姓，而史公以爲是嬴姓未知何據？

**然秦以其先造父封趙城，爲趙氏。**

案：此紀前云「非子蒙趙城姓趙氏」，始皇紀云「姓趙氏」，此論又云秦爲趙氏。夫後人追溯所出，秦、趙可以互稱，說見前。若專言其姓氏，豈容混冒妄載。通志曰「凡諸侯無氏，以國爵爲氏」。秦自非子得邑則以秦邑爲氏，及襄公得國則以秦國爲氏，相傳至于始皇。若趙氏者自造父獲封趙城爲趙氏，其後微弱而邑于晉，則以趙邑爲氏，及三分晉國則以趙國爲氏，豈有秦國之君而以趙國爲氏乎？

# 史記志疑卷五

## 始皇本紀第六

見呂不韋姬

案：姬者，周姓，古時男子稱氏，婦人稱姓，齊姜、宋子，亦猶然也。姬是貴盛之族，故後世以爲婦人美稱，說見詩陳風疏。得通言也。已屬假借，不知何時又稱妾爲姬，其誤蓋始于周末，史公亦隨俗書之。事之流傳失實，往往若是。宋葛立方韻語陽秋及宋葉夢得石林燕語與避暑録話嘗論及焉。至宋徽宗改稱公主爲帝姬，見宋史本紀，尤屬笑柄。

名爲政，姓趙氏。

案：秦不當氏趙，「政」當作「正」，並説在秦紀。

年十三歲

案：周禮太史職注「中數曰歲，朔數曰年」。月令疏解之甚明。然此是歲年相對，故有中數、朔數之別。若散而言之，歲亦年也，爾雅「夏曰歲，周曰年」是已，古無年歲並稱者。日知録三十二云「天之行謂之歲，人之行謂之年。古人但曰年幾何，不言歲也，自太史公始變之」。

莊襄王死

案：此獨變言死，何以貶之？當書曰「卒」。

越、宛有郢，置南郡矣。

附案：此總叙秦所置郡，獨無南陽、黔中，蓋越卽黔中，宛卽南陽。而南郡則取楚郢所置。文法錯綜，或疑有缺文，非也。

王齮

附案：徐云「一作『齕』」，是也。秦紀、白起傳並作「齕」，此兩書皆作「齮」誤。年表既作「齕」又作「齮」，亦誤。

二年，麃公將卒攻卷，

案：秦昭三十四年已取魏卷，何煩此時攻之，疑「卷」字誤。

十月庚寅，蝗蟲從東方來，

附案：表作「七月」是也。史詮曰「今本『七』作『十』，誤」。

將軍驁攻魏，定酸棗、燕、虛、長平、雍丘、山陽城，皆拔之，取二十城。

案：春申君傳上秦昭王書有「拔燕、虛、酸棗」之語，則此三城已於前三十餘年取之矣。或者是時因拔長平、雍丘、山陽而復定三城之疆界歟？至表言「取酸棗二十城」則脱不全載，當衍「酸棗」二字。

韓、魏、趙、衛、楚共擊秦，取壽陵。秦出兵，五國兵罷。

翟教授灝曰：「擊秦之役，年表但言『五國共擊秦』，楚世家但言『與諸侯共伐秦，不利而去』，惟趙世家云『龐煖將趙、楚、魏、燕之鋭師，攻秦蕞，不拔』。他處俱略不書。以余論之，衛微弱僅存，被秦迫逐，徙居野王，將救亡不暇，何敢攻秦？蓋燕、楚、趙、韓、魏五國伐秦耳。此紀誤以衛替燕，而趙世家誤脱韓也。至取壽陵之説，更非。無論不勝而罷，未嘗取秦寸土，而五國所攻者乃新豐之蕞非壽陵也。考壽陵是趙地，不知何時屬秦？正義云『壽陵本趙邑』。吕子首時篇云『邯鄲以壽陵困于萬民而衛取繭氏』，高誘注『壽陵魏邑，趙兼有之』。莊子秋水有『壽陵餘子，學步邯鄲』之語，趙世家肅侯十五年起壽陵，蓋因陵以名地，秦孝文王葬壽陵卽此。通鑑注云『徐廣曰壽陵在常山。據五國攻秦取壽陵至函谷，則壽陵不在新安、宜陽之間，當在河東郡界，常山無乃太遠』。胡氏誤信取壽陵之言，故有此注。」

拔衛，迫東郡，其君角率其支屬徙居野王，阻其山以保魏之河内。

案：是時爲衛元君，非角也，此誤書角。河内之地，秦未全有，故曰魏之河内，詳在穰侯傳中。

夏太后死

案：言死非也，當依表作「薨」。

八年，王弟長安君成蟜將軍擊趙，反，死屯留，軍吏皆斬死，遷其民於臨洮。將軍壁死，卒屯留、蒲鶮反，戮其屍。徐廣曰「鶮一作『鷊』」。索隱曰「古『鶴』字」。

案：此節文義最難解，注亦欠明。趙太常曰「蒲鵠恐是反者姓名，乃屯留之卒從成蟜而反，雖死猶戮其屍也。『將軍壁死』是承上文『死屯留』句，言其死狀，而『卒屯留』九字又就『軍吏皆斬死』句抽出言之」。錢宮詹曰「壁與蒲鵠似皆人名。壁卽討成蟜之將軍，壁死而部卒又叛，因更戮其屍耳」。錢唐陳太僕兆崙云「史文有錯簡並有缺羨處，當云『王弟長安君成蟜爲將軍，缺「爲」字。擊趙反屯留，「死」字羨。將軍壁死，軍吏皆斬，死字羨漢五行志無死字也。遷其民於臨洮。卒屯留蒲鵠反，戮其屍』。蓋蒲鵠是人姓名，謂成蟜爲將軍擊趙至屯留而反，秦兵討之，成蟜戰死於壁壘之間，其所將軍吏及屯留之民從將軍反者皆斬之，遷之。士卒懼誅，有屯留人蒲鵠者與衆復反，罪坐主帥，故戮成蟜之屍也」。王孝廉云「當作『王弟長安君成蟜將軍蒲鵠擊趙，反，死屯留，戮其屍，軍吏皆斬，遷其民於臨洮』。蓋『死』字、『將軍』字、『死屯留』字、『反』字皆複出，而又衍『壁』字、『卒』字。『蒲鵠』及『戮其屍』五字，乃錯倒也」。四解未知孰勝。

攻魏垣、蒲陽

案：六國表、魏世家作「垣、蒲陽、衍」三城，此脫書衍。然考秦昭十八年取魏垣，是河東之垣也。而春申傳上昭王書又有「並蒲衍首垣」之語，是開封之長垣也。則垣有兩地，已與衍俱爲昭王所拔，奚待始皇九年復攻，此與年表、世家同誤。或問秦惠文十年降蒲陽，本紀雖不書，而年表及魏世家書之，卽春申亦以蒲與衍、垣並言，子何不以爲誤耶？曰：惠文降蒲陽仍卽與魏，紀、表、世家皆不載，獨見于張儀傳中，故此時攻之。若春申之所謂蒲，乃長垣之蒲鄉，非蒲陽也。蓋此時但當言攻魏蒲陽耳，垣與衍皆屬羨文。

## 上宿雍

案：裴駰謂司馬遷言「上」是尊尊之意，殊非。上者見在之稱，或以稱本朝尚可，若此乃誤仍秦史舊文，劉知幾所謂「事有貿遷，言無變革」也。此與呂不韋傳論稱「上之雍郊」，燕世家稱「今王喜」同誤。蓋史書之中多有仍舊文而未及删易者，故史通因習篇曰「史記陳涉世家稱『其子孫至今血食』，漢書涉傳具載遷文。遷之言今，實孝武之世也，固之言今，當孝明之世也，事出百年，語同一理，豈陳氏苗裔，祚流東京者乎？漢書『嚴君平既卒，蜀人至今稱之』，皇甫謐全録斯語載於高士傳。孟堅、士安，年代懸隔，『至今』之説，豈可同云」。日知録二十六曰「魏書孝静帝紀稱太原公『今上』，舊唐書唐臨傳『今上』字再見，徐有功傳、澤王上金傳『今上』字各一見，皆謂玄宗。唐藝文志張説撰今上實録，劉昫必仍張説元文。韋貫之傳『上卽位』謂穆宗。並舊史之文，作書者失於改削耳。」綜覽後先，誤端一例，安得以爲意在尊尊耶？

## 王冠

案：始皇年十三而立，則當於七年冠，此書于九年，是二十二矣，疑誤。或曰秦紀于惠文、昭襄兩王皆于二十二歲冠，蓋秦變禮也。

## 四月寒凍，有死者。

案：上文已書四月，則此爲重出矣，豈因寒不以時，重書以見異耶？史詮云「當更曰『是月』」。

坐嫪毐免

附案：湖本訛刻「嫪」作「繆」。

齊人茅焦説秦王

案：茅焦事詳説苑正諫篇。評林引明董份曰「不先記秦政逐太后，而遽述茅焦，恐太簡」。通鑒載茅焦事在九年，閻氏若璩潛丘劄記卷五與石企齋書曾論之。

秦王乃迎太后於雍而入咸陽，復居甘泉宮。

案：此紀及三輔黄圖皆言始皇二十七年作甘泉宮，則是時爲始皇十年，安得有之。況甘泉宮在左馮翊池陽縣西，正義引括地志云在雲陽，與黄圖異。與史言迎太后入咸陽亦不合。徐廣引表云「咸陽南宮」是也，而表無「南宮」之文，蓋傳寫脱耳。然南宮未知的爲何宮？攷漢志右扶風渭城縣注有蘭池宮，渭城即咸陽。豈即南宮歟？程大昌雍録直謂南宮爲甘泉宮，謬甚。據説苑是時太后從棫陽宮歸咸陽，説苑一本作「萯陽」，非。萯陽在鄠縣，非雍也。竊意咸陽南宮必在蘭池南，乃太后之宮，若漢稱太后宮爲東宮矣。

王翦、桓齮、楊端和攻鄴，取九城。王翦攻閼與、橑陽，皆并爲一軍。翦將十八日，軍歸斗食以下，什推二人從軍。取鄴、安陽，桓齮將。

案：此所叙攻取之事，錯雜不明。蓋是役也，王翦爲主將，桓齮爲次將，楊端和爲末將，並軍伐趙，攻鄴未得，先取九城。王翦遂別攻閼與、橑陽，而留桓齮攻鄴。齮既取鄴，翦復令齮攻橑陽，已獨攻閼與，皆取之故又言取鄴、橑陽，桓齮將也。「安陽」當作「橑陽」，必傳寫之誤，安陽卽魏寧新中，無論本非趙地，且前二十餘年已爲昭王拔之矣。再攷王翦傳但言「破閼與，拔九城」，而不及鄴、橑陽，足見取鄴、橑陽是齮而非翦，正與紀合。年表于趙書曰「秦拔我閼與、鄴，取九城」，而失書「拔橑陽」；于秦表書曰「王翦擊鄴、閼與，取九城」，止就前半事言之，而亦失書取鄴、橑陽。至燕世家稱「拔鄴九城」，趙世家僅稱「拔鄴」，則更屬疏脫。

桓齮攻趙平陽，殺趙將扈輒

附案：水經注十云「漳水又東北逕武隧縣故城南，史記秦破趙將扈輒于武隧，卽此處，王莽更名桓隧矣」。酈公蓋引李牧傳文，而不知牧傳言武遂城是誤耳。河間之武遂分屬韓、燕，屬燕者爲李牧所拔，屬韓者爲秦所取，趙安得有武遂乎？若卽指李牧所拔之燕武遂，而秦實未嘗攻趙新有之武遂也。攷趙世家「秦攻武城扈輒率師救之，軍敗死焉」。據此則牧傳言「武遂城」乃誤多一「遂」字。而紀、表之言平陽，乃互見之詞，故明年定平陽、武城，蓋秦攻得武城而兼得平陽也。此平陽在魏郡鄴縣，續志可據。正義引括地志謂在相州臨漳縣西亦同，非韓都河東之平陽也。

攻趙軍於平陽，取宜安，破之，殺其將軍。桓齮定平陽、武城。

案：趙世家「秦攻赤麗、宜安，李牧與戰肥下，卻之」。李牧傳「趙以牧爲大將軍，擊秦軍于宜安，大破秦軍，走秦將桓齮」。則秦爲趙所破，安有取地殺將之事？此秦史誕詞，史公未之改耳。赤麗、宜安攻而未拔，則桓齮所定者只前年攻得之平陽、武城而已。紀、表不言攻赤麗，略之也。秦表云「桓齮定平陽武城宜安」，表當衍「宜安」二字，趙表當改「拔」爲「攻」字。

取狼孟

案：表亦言「取狼孟番吾」。攷狼孟已于莊襄二年取之，何待始皇十五年大兵攻取乎？而趙世家及李牧傳並稱牧破秦軍于番吾，則表言取番吾亦妄，蓋又仍秦史而誤者也。

發卒受地韓南陽假守騰

附案：此句疑有訛脱，方氏補正曰「發卒受韓南陽地，而使内史騰爲假守也」。

華陽太后卒

案：表書「薨」是，此書「卒」非。

大興兵攻趙，王翦將上地下井陘，端和將河内，羌瘣伐趙，端和圍邯鄲城。

附案：此必有錯簡缺文，蓋三將攻趙，王翦將上地下井陘，楊端和將河内圍邯鄲城，羌瘣獨缺，只存「伐趙」二字，而錯出于「端和將河内」句下也。「圍邯鄲城」上，又重出「端和」二字。

始皇帝母太后崩

案：此當書曰「秦王母太后薨」，是時秦未稱帝。又紀文前後皆稱秦王，不應忽云始皇帝，表作「帝太后」亦非。夏太后、華陽太后，皆太后之姑也，紀于夏太后書「死」，華陽太后書「卒」，而于太后書「崩」，體例殊乖，豈秦史如是書乎？

王賁攻薊

附案：年表及王翦傳「王賁擊楚」，此言「攻薊」明是「荆」字之譌，時賁父翦方定燕薊也。通鑑「李信伐楚」，又誤合二事爲一矣。此年秦兩攻荆，王賁之攻在翦擊燕薊未歸之前，李信之攻在翦定燕薊已還之後，不可混也。

二十三年，秦王復召王翦，彊起之，使將擊荆，取陳以南至平輿，虜荆王。秦王游至郢陳。荆將項燕立昌平君爲荆王，反秦於淮南。二十四年，王翦、蒙武攻荆，破荆軍，昌平君死，項燕遂自殺。

案：六國表、楚世家、蒙恬傳皆言始皇二十三年殺項燕，二十四年虜楚王負芻，王翦傳亦以虜楚王在殺項燕之後。獨此言二十三年虜荆王，二十四年項燕自殺，而又有項燕立昌平君一節。余詳攷之，實此紀誤也。昌平君雖楚之公子，而久居于秦，嘗爲秦相國，定嫪毒之亂，其時徙居郢，項燕安所得而立之。負芻竄處壽春，未曾親歷戎行，何遽被虜？而項燕爲楚名將，燕不死，楚不滅，誰謂項燕先楚亡乎？項羽紀、六國表、王翦蒙恬傳，俱説項燕是王翦殺之，索隱引楚漢春秋同，惟此以爲自殺，亦屬牴牾。竊意王翦擊破楚軍殺項燕，時昌平君在郢，楚之諸將必有敗逃於郢者。昌平君知項燕已死，楚淮北之地盡失，難以圖存，藉舊將之依附，僭立爲王，以成犄角之勢。適秦王游至郢陳，謀欲襲之，遂反江南。而王翦等已破楚，虜負芻，計不果行，昌平君自殺。斯固情事之明白可料者，寧有如紀所載耶？然則宜何以書？曰「虜荆王」三字自在「破荆軍」之下。「平輿」之下元有「殺項燕」三字，今混入「項燕立昌平君」之上，又脱一「殺」字。而「昌平君遂自殺」句中有「死項燕」三字，乃羡文也。

「淮南」爲「江南」之誤，徐廣云「淮一作『江』」是已。當云「二十三年，秦王復召王翦，彊起之，使將擊荆，取陳以南至平輿，殺項燕。秦王游至郢陳，荆將立昌平君爲荆王，反秦於江南。二十四年，王翦、蒙武攻荆，破荆軍，虜荆王，昌平君遂自殺」。

收天下兵，聚之咸陽，銷以爲鍾鐻，金人十二，重各千石。

案：漢五行志引史記云「有大人長五丈，足履六尺，皆夷狄服，凡十二人，見于臨洮」。此紀無之。不著臨洮大人之事，則莫識鑄金人何故。又正義引三輔舊事云「銅人各重二十四萬斤」，水經注四同。而此言「千石」。攷黄圖云「鍾鐻高三丈，鍾小者皆千石」。則知千石者乃鍾鐻重數，史誤并之，而又失書金人之重耳。

南至北嚮户，

案：北户是地名，見爾雅，此下琅琊頌亦有「南盡北户」之語，「嚮」字衍，余聞之盧學士云。

上鄒嶧山，立石，

案：始皇刻石之詞凡七，史載其六，鄒繹乃首事，獨删而不録，未識史公何意。今其詞尚存也，宋趙明誠金石録云「嶧山碑文詞簡古，非秦人不能爲，史記獨遺此文何哉」？又茅山北良常山有始皇埋璧，李斯書，文曰「始皇聖德，章平山河，巡狩蒼川，勒銘素璧」。見陶宏景真誥神樞第一篇。

二十有六年

附案：容齋隨筆據石刻拓本，謂「諸銘每稱年皆當作『廿』字、『卅』字，太史公誤易之，或後人傳寫之訛，以諸銘皆四字一句也」。然余讀之罘銘有三字句，有五字句，琅邪銘有五字、六字句，有七字、九字句，豈盡四字爲一句哉？存考。國語補音謂廿、卅、卌，皆興于秦。

**親巡遠方黎民**

案：始皇更名民曰黔首，故諸銘中皆稱黔首，不應泰山刻石忽言「黎民」。且銘皆四言，亦不應此獨六字爲句，疑有誤。金石録謂「劉跂至泰山，見其碑模之，乃作『親輈遠黎』」。未知信否？輈卽「巡」之異文，廣川書跋音鄰，非。

**建設長利**

附案：史詮謂「吏誤作『利』」，則「長」當音上聲。然正義云「長，直良反」，則應如字讀。兩説皆通。

**昭隔内外**

附案：徐廣云「隔一作『融』」，是也。

**乃徙黔首三萬户琅邪臺下**

案：水經注二十六、御覽百六十並作「二萬户」。

**列侯武城侯王離、列侯通武侯王賁**

案：離爲賁子，何以敍于上？

**丞相隗林**

附案：顏之推家訓書證篇云「史記『隗林』，諸本皆作『山林』之『林』。開皇二年五月，長安民掘得秦時鐵稱權，旁有銅塗鐫銘曰『詔丞相狀、綰』，乃爲『狀貌』之『狀』，爿旁作『犬』，則知俗作『隗林』非也，當爲『隗狀』耳」。索隱亦據顔説，以爲「遠古之證」。

齊人徐市等

附案：市卽「芾」字，與「韍」同，各本皆訛刻爲『朝市』之『市』，説在淮南王傳。

上問博士曰：「湘君何神？」博士對曰：「聞之，堯女，舜之妻，而葬此。」

案：堯女舜妻之對，方士之妄談，爲博士者亦言之乎？蓋以始皇好神仙，希旨詭語，非實有其事也。然仍襲傅會，則自屈原九歌來。江自有神，何知姓名哉。路史又以湘神爲舜之二女宵明、燭光，其誕正同。又此曰「上問博士」後文曰「上自南郡」，曰「上許之」，曰「上崩在外」，曰「知上死」，曰「上輼車臭」，凡六「上」字皆誤仍秦史元文，説見前。

皇帝哀衆

附案：盧學士曰「哀衆當是『哀鰥』之訛。『鰥』與『矜』古通用，漢書贊于定國『哀鰥哲獄』，亦卽謂哀矜也」。

使燕人盧生

案：説苑反質篇謂「齊客盧生」，與此稱「燕人」異。

求羨門高

附案：封禪書羨門子高，此與郊祀志羨門高是一仙人名。魏張揖漢書司馬相如傳注云「碣石山上仙人也」。集解、正義連下「誓」字爲句，分「羨門」與「高誓」爲二人，大誤。

誓刻碣石門，壞城郭，決通隄防。其辭曰：

陳太僕曰「『壞城郭』二語橫插中間，與上下文義不貫，當爲羨文。即碣石銘内『墮壞城郭，決通川防』之辭而重出者。班彪譏子長『刊落不盡，尚有盈詞』，正是此類，小蘇作古史便删去矣」。

遂興師旅

德清沈端蒙曰：「此上有缺文。」

初一泰平

評林曰：「『泰平』疑是『泰宇』，方叶韻。」

請刻此石

附案：丹鉛録曰「請刻此石，古碑文作『刻此樂石』，後人不知樂石之義，乃妄改之。唐封演云聞見記。『樂石，謂以泗濱浮磬作碑也』」。楊説殊非。顔師古匡謬正俗曰「嶧山文云『刻兹樂石』，蓋嶧山近泗，故用磬石，他刻文則無此語」。據師古所言，安得碣石碑亦用樂石耶？

厲之陰山

附案：水經注三引此作「陶山」，訛也。陶陰二字古多迷亂，說在惠景侯表中。

以爲三十四縣

案：表作「四十四」，與匈奴傳同，徐廣云是也，此誤「四」爲「三」。

取高闕、陶山北假中

附案：水經注河水三引此作「據陽山」，即蒙恬、匈奴兩傳及續志五原郡注並同，則知今本訛「陽山」爲「陶山」，而又缺「據」字也。陽山在河北。

臣聞殷、周之王千餘歲

案：李斯傳亦載淳于越此語。商六百四十餘祀，周八百七十餘年，何言千餘歲乎？

若欲有學法令，以吏爲師

附案：徐廣謂「一無『法令』二字」，是也。

乃營作朝宮渭南上林苑中。先作前殿阿房，東西五百步，南北五十丈，上可以坐萬人，下可以建五丈旗。

案：此紀及漢賈山疏皆言阿房始皇作，獨三輔黄圖稱阿房亦曰阿城，惠文王造，未成而亡，始皇廣之。雍録以爲不然，始皇明言咸陽人多宮小，乃渡渭南營作，則非創始前人。其實始皇亦未竟功，二世復作之，而勝、廣已亂，其功未竟也。而阿房之制，所説多異，正義引三輔舊事云「東西三里，南北五百步」。黄圖云「東西五十步，南北五十丈」。水經注十九引關中記云「東西千步，南北三百步，庭中受十萬人」。蓋規度恢宏，莫能究的。今以黄圖敍朝宮參之，則中可受十萬人者，乃言朝宮，關中記誤以爲阿房耳。若四至步數，則無從考定矣。

發北山石椁

義門讀書記曰「『椁』字疑衍」。

諸生傳相告引，乃自除犯禁者四百六十餘人，皆阬之咸陽。

案：尚書孔序疏及儒林傳正義引衛宏古文序云「秦既焚書，患天下不從，諸生至者拜爲郎，前後七百人，乃密令冬月種瓜于驪山硎谷中温處，瓜實成，使人上書曰『瓜冬有實』，詔天下博士諸生説之，人人各異，則命就視之。而爲伏機，諸生方相論難不決，因發機，從上填之以土，皆壓，終無聲」。唐先號其地爲愍儒鄉，天寶中爲旌儒廟，在新豐縣温湯西南馬谷。而此紀稱阬之咸陽，夫咸陽渭北也，馬谷渭南也，豈馬谷中七百人自爲一戮，而咸陽四百六十餘人別爲一戮耶？文選西征賦注引史作「四百六十四人」，論衡語增篇又作「四百六十七人」，唐李亢獨異志言「秦于驪山下坑儒士二百四十人」。雍録云「議瓜之説，似太詭巧，始皇剛暴自是，其有違己非今者，直自阬之，不待設詭也」。余嘗謂世以焚書阬儒爲始皇罪，實不盡然。天下之書雖燒，而博士官所職與丞相府所藏，固未焚矣。始皇三十六年使博士爲仙真人詩，叔孫通傳載二世召博士諸儒生三十餘人問陳勝，又通降漢從儒生弟子百餘人，徵魯諸生三十餘人，項羽紀稱魯爲其守禮義死節，則知秦時未嘗廢儒，亦未嘗聚天下之儒而盡阬之。其所阬者，大抵方伎之流，與諸生一時議論不合者耳。論衡語增篇亦以盡阬儒士，絶滅詩書爲非實也。扶蘇曰「諸生皆誦法孔子」，豈真識孔子之儒哉」！而焚阬之禍，李斯爲之。斯與韓非並事荀卿，荀卿非古謗聖，敢爲異談，故非之言曰「世之愚學，多誦先古之書，以亂當世之治」。斯之言曰「諸生不師今而學古，以非當世，惑亂黔首」。同門相傳，俱承荀卿之教，而不自知其悖，東坡曾深論之。但商鞅當孝公時已言「民好學問則怠于農戰」，以國用詩、書、禮、樂必削亡，謂之六蝨。若鞅者，詎非李、韓之嚆矢乎？宜其及也。韓子和氏篇言「商君教孝公燔詩書而明法令」，史無其事，或孝公未聽從歟？

黔首或刻其石曰「始皇帝死而地分」。

案：述異記謂始皇三十六年童謡曰「阿房，阿房，亡始皇」，或因有童謡而刻石乎？史不言之，略也。

使者從關東夜過華陰平舒道，有人持璧遮使者曰：「爲吾遺滈池君。」因言曰：「今年祖龍死。」

附案：漢五行志引史記云「鄭客從關東來，初學記引史作「鄭容」。至華陰望見素車白馬從華山上下，知其非人道，住止而待之。遂至，持璧與客曰：『爲我遺鎬池君。』因言『今年祖龍死』」。而晉干寶搜神記及水經注十九引春秋後傳，後書襄楷傳注及初學記引樂資春秋後傳同。皆以「鄭客」爲「鄭容」，以「遺璧」爲「致書」，並有文石款梓之説，與史、漢大異，真酈公所謂「神道茫昧，理難辨測」者也。張晏以滈池君爲武王，雍録引唐梁載言「十道志以爲始皇」，皆非。服虔曰「水神。」是也。至「今年」當依搜神記作「明年」爲確，各處並誤作「今年」。潛丘劄記論之云：「『今』字必『明』字之譌，證有二焉：一果三十七年七月始皇崩，其言驗。一始皇曰『山鬼固不過知一歲事』，譏其伎倆僅知今年，若明年之事彼豈能預知乎？幸其言不驗。李白古風云『璧遺鎬池君，明年祖龍死。秦人相謂曰：吾屬可去矣。一往桃花源，千春隔流水』。乃知太白唐時所見史記本尚無譌也」。余又得一證，文選潘岳西征賦注及初學記卷五引史記正作「明年」，可補闕氏所未及。

左丞相斯從

襄城劉氏青芝史記紀疑曰：「後陰謀乃趙高與李斯，此處宜並敍趙高名，自是史公疏筆。」

望祀虞舜於九疑山

案：祀舜九疑，仍葬于蒼梧之謬也，已說見五帝紀。

渡海渚

案：正義以「海」字爲「江」之誤。史詮謂「江渚一名牛渚，卽采石磯也，秦時地屬丹陽」。

乃西百二十里從狹中渡

附案：劉昭郡國志注於吴郡餘杭下引史作「西北二十里」，此「百」字譌。狹中爲赭、龕二山之海門，亦非餘杭也。詳見蕭山毛氏奇齡杭志三詰三誤辨。

上會稽，祭大禹。

案：此仍禹葬會稽之妄，說在夏紀。

追首高明

附案：索隱、正義據王劭案張徽所録會稽碑異文，不盡可依信，惟此「首」字作「道」，小司馬謂「雅符人情」，當是也。有本作「守」者，非。

以立恒常

案：文帝名恒，史何以不諱，豈因「恒常」連文，難避故耶？

## 飾省宣義

附案：徐廣謂省一作「非」。評林明余有丁云「省或作『眚』」，與徐說字異義同。方氏補正又依字釋之曰「飾，整齊也，卽下『防隔內外，禁止淫泆』也。省，考察也，卽察其爲『寄豭』、『逃嫁』也。宣義者，示以『殺之無罪』、『子不得母』之義也」。未知孰是。

## 至滎成山

附案：「滎」字誤，正義云「卽山也」。「卽」下各本脫「成」字。（金陵本正義作「卽成山也」。）日知録三十一云「南史明僧紹隱于長廣郡之嶗山，本草『天麻生嶗山』，則字本作『嶗』。一作「牢」，或改「鰲」，俱非。寰宇記『秦始皇登勞盛山，望蓬萊』。勞、盛二山名，盛卽成山，古字通用。漢書郊祀志作「盛山」，武帝紀及地理志注作「成山」。始皇紀正義曰『滎成山卽成山也』，案史書及前代地理書並無滎成山，予向疑之，後見論衡引此作『勞成山』，見紀妖篇。乃知昔人傳誤，唐時諸君亦未詳考，遂使勞山並盛之名，成山冒滎之號，今特著之，以正史書二千年之誤」。方輿紀要曰「勞山在山東萊州府卽墨縣東南六十里，成山在文登縣東北百五十里」。後書逢萌傳「之琅邪勞山，養志修道」。

## 下銅而致椁

附案：徐廣云「銅一作『錮』」，是也。劉向說此事云「下錮三泉」。

## 機相灌輸

附案：御覽八百十二引史曰「機轉相輸，終而復始」。

雖萬世世不軼毁，今始皇爲極廟，

附案：盧學士曰「二句當互易之，觀後云『自襄公已下軼毁』，則此句之爲誤倒明矣」。

於是二世乃遵用趙高

附案：史詮曰「洞本『遵』作『尊』」。

相立爲侯王

案：此敍諸王之立，獨遺韓廣爲燕王何也？

遂殺章曹陽

案：陳涉世家曹陽乃章邯復敗周章之地，非章死之地。章自剄死，非被殺也。

右丞相去疾、左丞相斯、將軍馮劫進諫

案：李斯傳諸侯叛秦，斯數欲請閒，二世不許，而責問之。斯阿意求容，以督責之術對。而紀云去疾、斯、劫進諫，必紀誤也。斯既阿意、求容，何能直諫？況請閒而二世不許，繼請而爲趙高所賣，斯實未嘗一言。或去疾、馮劫諫而連斯之名於奏牘乎？又斯就五刑因高之譖，而後文謂因諫被誅，亦紀之誤。二世責問斯語與傳異，此史公不及整頓處，未知孰實。

𣪠土形

附案：李斯傳作「錋」。古形與刑通，而又旁省「金」字，遂作「形」耳。

謂鹿爲馬

案：良馬有似鹿者價千金，見韓子外儲説右上篇、淮南説山、論衡講瑞篇述之，高蓋依以爲計也。但陸賈新語辨惑篇云「秦二世之時，趙高駕鹿而從行。王曰：『丞相何爲駕鹿？』高曰：『馬也。』」與史言獻鹿謂馬異」。李斯傳尚有召太卜一節，此從略耳。又高欲作亂，或以青爲黑，以黑爲黃，見鄭康成禮器注。又高束蒲爲脯以惑二世，故後書文苑崔琦傳云「玄黃改色，馬鹿易形」。唐張弧素履子履忠篇云「指鹿爲馬，以玄爲黃。」潘岳西征賦云「野蒲變而成脯，苑鹿化以爲馬」。唐書蘇安恒傳云「指馬獻蒲，先害善良」。皆使趙高事，史祇言馬鹿一端。藝文類聚謂蒲脯事出史記，李善謂出風俗通也。韓子内儲説上篇云「子之言白馬以驗左右之誠」，高豈祖其奸智歟？

高因陰中諸言鹿者以法

附案：漢書京房傳秦時趙高用事，有正先者，非刺高而死，高威自此成。故秦之亂，正先趣之。此事甚僻，可補史遺。孟康曰「姓正名先，秦博士也」。但秦諱正，不知正先爾時改姓云何。封禪書正伯僑，司馬相如傳作「征」，或正先改從「征」。

二世乃齋於望夷宫

案：此言二世因夢祀涇，故齋望夷，而李斯傳謂二世射殺行人于上林，故高令出居望夷以禳之，兩處異詞，未知孰信。

使郎中令爲内應

附案：徐廣謂一作「郎中令趙成」，是也，各本皆缺。趙成乃趙高之弟，已見上文。

二世曰：「丞相可得見否？」

案：此言高謝病不朝，令其壻弟劫二世自殺，故不見高也。而李斯傳又言高親劫二世，歧出。

趙高乃悉召諸大臣公子，告以誅二世之狀。

案：李斯傳言高自佩璽上殿，意圖篡位，因殿欲壞者三，高乃召子嬰立之。與紀亦異，當是謀篡後告大臣公子而立嬰也。

我稱病不行

案：斯傳言嬰即位稱疾不聽事，高謁病，因召入，刺殺之。此言嬰稱病不廟見，高自往請，遂刺殺高于齋宮。兩處未知孰是。拾遺記言子嬰因高咸陽獄，懸于井中，七日不死。更以鑊煮，七日不沸，乃戮之。繹史以爲附會迂怪也。

善哉乎賈生推言之也

附案：此所載過秦論與賈誼書字句多異，必史公略爲裁换耳。但賈論上下二篇，今以下篇後段「秦并」至「安矣」。置于上篇之前，以下篇前段「秦并」至「過也」。置于上篇之後，何其紊也。蓋史公取上篇爲陳涉世家論，漢書涉傳仍史故止載上篇。取下篇爲始皇紀論，後人妄以上篇增入此紀，而又傳寫倒亂，遂致次第失舊，且與世家重複矣。故徐廣謂一本有下篇無上篇，而以「秦并兼諸侯山東三十餘郡」繼「秦并海内」末也。此本是。索隱亦云「太史公删過秦篇著此論，當其義而省其詞。褚先生增續既已混殽，指世家。而世俗小智不唯删省之旨，合寫本論於此，故不同也」。

鉏擾白梃（金陵本作「櫌」。）

附案：史詮曰「『櫌』字從『木』，湖本作『擾』誤」。新書作「耰」，亦非。

章邯因以三軍之衆要市於外

索隱曰：「此評失也。章邯之降，由趙高用事，不信任軍將，一則恐誅，二則楚兵既盛，王離見虜，遂以兵降耳。非三軍要市于外以求封明矣。」

藉使子嬰有庸主之材，僅得中佐，山東雖亂，秦之地可全而有，宗廟之祀未當絶也。

案：班固典引序云此言非是。又此紀所附班固文云「秦之積衰，天下土崩瓦解，雖有周旦之材，無所復陳其巧，而以責一日之孤，誤哉」！

至於秦王

案：「秦王」當作「始皇」，下文五「秦王」字同。

安士息民

附案：今本新書作「安士」，而索隱引賈誼書「安」作「案」，則當爲「案士」，猶言「案兵」也。「安」乃「案」之訛脱，若士、士二字，古人通寫。律書云「兼列邦士」，周頌云「保有厥士」，義並作「土」。鄭注周禮校人職云「世本『相土作乘馬』竹書亦曰『相士』」，並宜作『土』」。大司徒職「歸于士」，鄭司農云「或謂『歸于圜士』」。疏曰「司農之意，此經『士』或爲『土』，故解爲『圜土』」。吕氏春秋任地篇云「使吾士靖而刪浴士」，高誘注「士當作『土』」。至洪适隸釋隸續所載碑碣，多以「土」爲「士」，以「士」爲「土」，不勝僂舉矣。

子嬰孤立無親，危弱無輔，三主惑而終身不悟

評林明凌約言曰稚隆父。「既云孤立無親，危弱無輔，已重爲子嬰惜矣，又云三主惑而終身不悟，毋乃責之過乎」？王鏊曰「過秦論極古，與先秦相上下，但大意如一，不甚變化。且詞有重裝者，意生偶作，未及刪定耳」。下文「三主失道」亦非。

故周五序得其道

附案：索隱謂賈誼書「五」作「王」，是也。今本新書亦譌作「五」。

於是秦人拱手而取西河之外

案：秦惠文王八年魏入河西地于秦，孝公時安得至西河之外乎？商君傳有魏惠王割西河地獻秦以和之語，並誤。

惠王、武王蒙故業

附案：陳涉世家作「惠文王、武王、昭王」新書及漢書作「惠文、武、昭、襄」，文選作「惠文、武、昭」，此獨遺昭王一代。

收要害之郡

案：新書、文選「收」上有「北」字，是也，此與世家及漢書缺。

## 齊有孟嘗，趙有平原，楚有春申，魏有信陵。

附案：四公子之封號，前哲多不詳注，而正義于春申傳云「四君封邑，檢皆不獲，唯平原有地，又非趙境，並蓋號謚」。索隱于魏公子傳云「地理志無信陵，或是鄉邑名」。兩注疏陋之甚。魯頌箋曰「嘗在薛之旁」，裴駰、司馬貞已引之。田文襲父封薛，而兼食嘗邑，故號孟嘗。孟乃其字，猶稱薛文然也。路史國名紀七云「常在南陽，田文之封」，謬也。趙勝封于東武城。黄歇初封淮北，後徙吴墟，俱明載本傳。而謂之平原、春申者，是號而非地，故韓子和氏篇言楚莊王有弟春申君。漢朱建及孝景皇后母臧兒皆號平原君也。正義以臧兒之封爲德州縣。若魏公子無忌則封于陳留郡之寧陵縣，而號之爲信陵君者也。寧陵爲古葛地，水經注二十三卷「汳水又東逕葛城北，故葛伯之國，葛于六國屬魏，魏以封公子無忌，號信陵」。此乃確證。

## 有寧越

附案：寧字各處作「甯」古通用也。吕子不廣篇有越説趙將孔青事，注云「趙中牟人」。又博志篇曰「甯越中牟之鄙人，學十五歲而周威公師之」。注云「威公西周君」。徐廣謂「越一作『經』」。或自别有此人，不必甯越，非也。

## 徐尚

附案：此所稱二十人，徐尚、翟景、帶佗未詳。

## 昭滑

附案：涉世家作「邵」，国策、新書、漢書、文選並作「召」，則此作「昭」字譌也。甘茂傳亦作「召滑」，至徐廣謂「滑一作『涓』」，非。

## 叩關而攻秦

附案：此與文選作「叩」，新書、漢書與涉世家作「仰」。師古注及索隱並言「秦地形高，故云仰」。今流俗本作「叩」非也。

## 逡巡遁逃而不敢進

附案：世家、文選無「逡巡」字，新書作「逡巡」，漢書作「遁巡」，皆無作四字連文者。蓋「遁」卽「巡」字，而遁之所以爲巡者，因遁與循同也，後人傳寫既誤改「遁」爲「巡」，又移「遁」配「逃」，增于「逡巡」之下，遂致文義重複。其實「逡遁」爲「逡巡」之異文，謂九國遲疑不進耳。若云遁逃而走，卽應大被追躡，豈得但言不敢進乎？匡謬正俗及金石文字記辨之詳矣。隸釋謂四字當讀如本字，以鄭固碑「逡巡退讓」爲用史記，則非也。碑文正可證史記非四字連文矣。漢書平當傳贊「逡巡有耻」，游俠萬章傳「逡巡甚懼」。

## 吞二周

宋吴枋宜齋野乘曰「秦昭王五十一年滅西周，其後七年莊襄王滅東周，則吞二周乃始皇之曾祖與父，非始皇也」。

## 執棰拊

附案：各處皆作「敲朴」，臣瓚以爲短曰敲，長曰朴。魏鄧展謂敲，短杖也。朴，棰也。則此似非。集解引徐廣、索隱引賈論以「棰」作「槁」，尤非，蓋「搞」之訛。

銷鋒鑄鐻，以爲金人十二，

附案：各處皆作「銷鋒鍉鐻鑄以爲金人十二」，此作「鑄鐻」，字句雖異，而于事爲備。

躡足行伍之間，而倔起什伯之中，

附案：世家作「俛仰阡陌之中」，漢書、新書、文選並作「俛起阡陌」，此「什」字乃「仟」之訛。阡、仟，陌、伯、佰，古通。酷吏傳「伯格長」，漢食貨志「開仟佰」，「田連仟佰」，「仟佰之間成羣」，匡衡傳「南以閩佰爲界，郡圖誤以閩佰爲平陵佰」，皆可證已。以義言之，指錢布行伍自當從「人」，以田道論則宜從「阜」，漢志「仟伯」之得謂錢布，軍法：千人爲仟，百人爲伯，謂行伍。而此應作田道解，謂涉起于田間也。注家多以行伍釋之，與上「行伍」句複矣。

而轉攻秦

附案：此與世家並訛以「轉」在「而」下。

千乘之權

案：各處作「致萬乘之權」，是也，此作「千乘」非，又缺「致」字。

秦并海内

案：新書「秦」下有「滅周祀」句，似不可删。

以養四海

案：新書云「以四海養」，是也，此誤倒「養」字。

而以威德與天下

附案：新書此「威」字乃「盛」之訛。

壞宗廟與民，更始作阿房宮，

附案：徐廣謂一無「壞宗廟與民」五字，甚是。二世無壞宗廟之事。「更始作阿房宮」爲句，謂復作阿房宮也。

襄公立

附案：此篇是秦記，魏了翁古今攷謂班固明帝時所得也。史公言秦燒書，獨秦記不滅，故東漢時猶有存者，後人遂并班固語附載本紀之末，以備參證。史詮及丹鉛録並云古本自「襄公立」以下低兩字別于正文，今本平頭刻，殊失其舊矣。而索隱以爲馬遷重列，則誤也。史以傳信，無一事兩書之理，史記中惟此及酈生傳有之，皆後人附益，非遷史元文，然酈道元尚錯認此記爲遷史，何論小司馬哉？此記簡古有法，先秦文字，不可多見，非它附益者比，故取而校之。

死葬衙

案：秦本紀作「葬西山」正義引括地志及世紀秦陵山爲據，則此言憲公葬衙，似非也。

葬宣陽聚東南

案：紀作「葬平陽」，豈平陽有宣陽聚乎？

初志閏月

日知録二十六曰：「宣公以前皆無閏，每三十年多一年，與諸國之史皆不合矣，則秦之所用何正耶？

繆公學著人

案：索隱云「著卽宁也」。攷呂氏春秋尊師篇繆公學于百里奚、公孫枝，豈其先嘗學于宁門之人乎？楊慎曰「三代之君，必學于耆德以爲師保，而穆公乃學于宁人，以刑餘爲周、召，以法律爲詩、書，又不待始皇、胡亥已然矣。則景監得以薦商鞅，趙高得以殺扶蘇，終於亡秦，寺人之禍也，史書之，醜之也」。孫侍御云「著人未必是寺人」，存疑。

共公享國五年

案：共公無五年，在位四年也，說在秦紀。

桓公享國二十七年

案：「七」字當作「八」，說在紀。

生畢公

案：謚法無畢，當依春秋作「哀公」，秦紀不誤，此與十二侯表稱「襄公」，吴越春秋闔閭内傳作「栢公」同誤。索隱于秦紀引此作「趕」，尤妄。

惠公享國十年

案：惠公在位九年，說在紀。

葬車里康景

評林曰：「『康景』二字疑衍，或下有闕文。」

葬僖公西

案：此記兩稱僖公而秦之諸君無謚「僖」者。索隱于上景公注云「一作『僖公』」，當是「景公」之誤。

生剌龔公

案：秦紀及六国表作「厲共公」，獨此作「剌龔公」，正義又謂「剌」一作「利」。蓋「龔」與「恭」通，卽「共」也，謚法有「剌」，與「厲」字義同音近，而「利」字復因形聲相鄰致訛，猶陳厲公之爲利公耳。

葬入里

徐廣曰：「一作『人』。」疑是也。

葬櫟圉氏

案：以下文「陵圉」、「鄜圉」、「弟圉」例之，則此「氏」字疑衍。

生靈公

案：此與表並言懷公生靈公，必是「生昭子」之誤。秦本紀明言靈公懷公孫，表亦言懷公太子之子爲靈公，卽此紀下文固云「靈公昭子子也」。

肅靈公

案：紀、表皆作「靈公」，小司馬言「紀年、世本無『肅』字」，則此爲誤增，當衍之。

生簡公

案：簡公者靈公之季父，懷公之子，厲共公之孫，此以簡公爲靈公所生，大誤，亦猶十二侯表以簡公爲惠公子，索隱以簡公爲厲共公子也。

其七年，百姓初帶劍。

案：紀、表並在簡公六年。

葬永陵

案：惠文、悼武皆葬于畢，此乃陵名，猶前言惠文葬公陵也。

孝公立十六年。時桃李冬華。

案：紀于獻公十六年書「桃李冬花」，疑一事誤書。

惠文王生十九年而立

案：惠文、悼武、昭襄三君俱立於十九年，亦奇。

立四年，初爲田開阡陌。

案：此乃孝公十二年事，而以爲昭襄四年，誤矣。

二世生十二年而立

案：紀云「二十一立」，此云「十二」，蓋譌倒耳。紀言二十一者，以踰年改元言之。此言二十者，以始皇崩年言之。

右秦襄公至二世，六百一十歲。

案：表自襄公元年至二世三年實五百七十一歲，此誤。索隱、秦紀末。正義所説年數亦誤也。此記是秦史官所録，史公採以作史記者，何以誤端疊見，蓋篆隸遞變，簡素屢更，並屬傳寫乖訛，非秦記之舊矣。

孝明皇帝十七年

附案：孝明以下乃班固因有召問遷書及作典引一節，遂别著此篇，并所得秦記録之，當時必另傳于世，後人取入史記，附載于兹，故謂此篇他人作者妄，謂與典引同作者亦妄。何以言之？典引序稱永平，而此云孝明皇帝，是追述前事，非永平時所撰甚審。典引序但稱十七年，而此云十七年十月十五日乙丑，若非孟堅自爲，何能悉其日月？典引稱臣，而此云「吾讀秦紀」，則非對君之言可知。

# 史記志疑卷六

## 項羽本紀第七

下相人也

案：郡以統縣，縣以統鄉，鄉以統里。論史法但當書郡縣，有德位殊絶者則著其鄉里。乃史公所書，參錯無準，是亦體例之不合也。班彪嘗譏遷述並時之人或縣而不郡，豈特不郡哉。

字羽

案：古人之字，大約一字居多，其加「子」者，男子之美稱也。然高祖功臣表敍射陽侯之功云「破子羽」，序傳云「子羽接之」，「子羽暴虐」，「破子羽於陔下」，「齊連子羽城陽」，則此似宜曰「字子羽」。

會稽守通謂梁曰

案：漢書籍傳作項梁語，非通謂梁也。敍事逈異，未知孰實。

廣陵人召平於是爲陳王徇廣陵

案：廣陵，楚、漢之間爲東陽郡，而斯時陳嬰已下東陽，疑召平以淩人爲陳王徇淩，非廣陵也，觀漢書陳勝傳淩人秦嘉事自見。淩縣屬泗水，陳涉世家作「陵人秦嘉」，古字通用，下文集解引世家作「廣陵人」，乃誤增一「廣」字。荀紀作「陵人召平」亦一證。

使使與連和（金陵本作「使使欲與連合」。）

附案：「與」上脱「欲」字，他本及漢書有。

蒲將軍

附案：服虔謂「英布起蒲，因以爲號」。師古、索隱非之，是也。吴斗南以爲棘蒲侯柴武，亦非。此猶高紀之剛武侯，史失其姓名，不知何人也。

逆無道

附案：「逆」上脱「大」字，他本及漢書有。

項梁前使項羽别攻襄城

案：前此皆稱項籍，此後忽改稱字而不名，何也？高紀則皆稱字。

居鄛人范增

案：索隱引荀悦漢紀云阜陵人。阜陵屬九江，居鄛乃盧江，未知孰是。然今本漢紀作「居巢」，豈傳寫改之乎？

别攻城陽

附案：成陽縣屬濟陰，非城陽國之城陽也。史、漢成陽之與城陽往往互書，蓋古字通借，不定是誤，然因此亦頗淆混矣。

沛公項羽相與謀曰：今項梁軍破

案：評林董份云「項羽不宜自稱季父之名，沛公于羽前亦必不名其季父，『項梁』字誤也」。史詮云「當作『武信君』」。余謂高紀項羽曰「懷王者，吾家項梁所立」，與此同誤。

陳餘爲將，張耳爲相

案：陳餘是時將兵在鉅鹿北，未入鉅鹿城，此「陳餘爲將」四字因下文有之而重出者，當衍去。

項羽爲魯公

案：懷王封羽爲長安侯，號爲魯公，上文敍諸將之遷爵獨遺子羽，故此言「爲魯公」亦無來歷。

諸別將皆屬宋義

附案：漢紀云「宋義，故楚令尹」。大事記曰「懷置義爲元帥者，非特喜其知兵，亦以楚之耆舊大臣，故尊任親倚之」。史、漢不載義爲楚令尹，荀氏所據必楚漢春秋也。

士卒食芋菽

附案：徐廣云「芋，一作『半』」，漢書是「半」也。臣瓚曰「食蔬菜以菽雜半之」。索隱引王劭曰「半，量器名，容半升」，亦通。劉孝標廣絶交論「莫肯費其半菽」，東坡詩「願君五袴手，招此半菽魂」，則芋字雖若可通而實非已。

楚王陰令羽誅之

附案：古人亦自稱字，漢書匡衡傳注引衡與貢禹書言「匡鼎白」，後書周黄徐姜申屠傳序述閔貢語云：「閔仲叔豈以口腹累安邑耶！」漢書「羽」作「籍」。

諸侯皆屬焉

案：諸侯下疑缺「將」字，漢書作「兵皆屬焉」。

珍寶盡有之

附案：范增曰：「沛公入關，財物無所取。」沛公謂項伯曰：「吾入關，秋毫不敢有所近，藉吏民，封府庫，而待將軍。」樊噲謂項羽曰：「沛公入咸陽，毫毛不敢有所近，封閉宫室，還軍霸上。」又高紀謂「沛公封秦重寶財物府庫」，是高祖之不取秦寶物，皆張良、樊噲一諫之力，而曹無傷「珍寶盡有之」語，徒以媚羽求封耳。但蕭相國世家云「沛公至咸陽，諸將皆争走金帛財物之府，分之」，然則曹無傷之言未盡虚妄，謝項羽之玉璧，與亞夫之玉斗，高祖何從得之？可知非毫無所取也。

張良曰：「誰爲大王爲此計者？」

案：高帝此時尚未爲王，且前後俱稱沛公，何忽于張良三稱大王耶？留侯世家作「沛公」是。

足以當項王乎

案：羽時亦未王，故沛公稱羽將軍，以其爲諸侯上將軍也。史乃預書爲王，此下項伯曰「項王」，范增、項莊曰「君王」，張良、樊噲曰「項王」、「大王」，沛公曰「項王」，凡書王者三十八，似失史體。留侯世家、樊噲傳及漢書俱不言王，甚是，惟樊噲語未盡改耳。

具以沛公言報項王

案：項伯之招子房，非奉羽之命也，何以言報？且私良會沛，伯負漏師之重罪，尚敢告羽乎？使羽詰曰「公安與沛公語」，則伯將奚對。史果可盡信哉！

則與一生彘肩

案：「生」字疑誤，彘肩不可生食，且此物非進自庖人，卽撤自席上，何以生耶？孫侍御云「蓋故以此試之也」。

項王使都尉陳平召沛公

附案：徐廣謂一本無「都」字，是也。攷世家，陳平以擊降殷王拜都尉，在漢定三秦之後，而定三秦在漢元年八月，鴻門之會在十二月，則平此時不但未爲都尉，并未賜爵爲卿，乃爲尉也。

項王軍在鴻門下，沛公軍在霸上，相去四十里。沛公則置車騎，脱身獨騎，與樊噲、夏侯嬰、靳彊、紀信等四人持劍盾步走，從酈山下道芷陽間行。沛公謂張良曰：「從此道至吾軍，不過二十里耳。度我至軍中，公乃入。」

案：鴻門者，鴻門亭也。霸上者，霸水上也。漢書高紀孟康注謂鴻門在新豐東十七里，水經注十九卷謂自新豐至霸城五十里，自霸城西至霸水十里。然則霸上與鴻門相隔七十七里矣。沛公罷飲脱歸，行七十七里，而項伯之夜來夜去，且馳一百五十四里，何以言「四十里」耶？水經注又謂鴻門在新豐城東三里，無十七里，是亦六十三里，不得稱「四十里」。而芷陽卽霸城，又奚云「二十里」乎？郭緣生述征記謂「鴻門在霸城南門數十里」，稍爲近之，而酈道元譏其學而不思，則不足信也。又董份曰「當時鴻門之宴必有禁衛之士訶訊出入，沛公恐不能輒自逃酒。且疾走二十里亦已移時，沛公、良、噲三人俱出良久，羽在內何爲竟不一問，而在外竟無一人爲羽之耳目者。矧范增欲擊沛公，惟恐失之，豈容在外良久而不亟召之耶？此皆可疑」。徐氏測議曰「漢祖脫身至軍，潯陽疑之固當。然觀史記敍漢人飲，中坐多有更衣或如厠竟去，而主人不知者。意當時之飲與今少異，又間有良駿行四十里而酒杯猶温者，漢祖之能疾行，得此力也。其所云『步走』，或史遷誤」。董、徐二君之辨，俱不必疑，余所疑者鴻門、霸上之里數不合耳。里數定，則時之久暫可知矣。當日沛公借如厠得出，與良、噲數語卽去，爲時元不甚久。而古人飲酒與今殊禮，寧以出外爲嫌。車騎猶在，更復何猜？況羽已使陳平召之，何嘗竟置不問。若論禁衛訶訊，則彼尚不能禦樊噲之入，烏能止沛公之出乎？度至軍乃入，亦約略之詞，想張良必祗度其追不可及而卽入焉。壯士步走數十里，固事之常，不得以史公爲誤也。紀信，漢書作「紀成」，乃紀通之父，未知孰是。索隱謂漢書作「紀通」，妄已。孫侍御云「里數當以史爲信」。

項羽引兵西屠咸陽

案：前已屢書「項王」，此後又攙三語曰「項羽引兵西屠咸陽」，曰「項羽方渡河救趙」，曰「引其兵降項羽」，何也？

先下河南郡

案：漢書籍傳無「郡」字是，此衍。河南郡高帝二年始置。

### 徙趙王歇爲代王

案：代王都代，遼東王都無終，膠東王都卽墨，此紀于諸國俱言所都，而三國獨否，蓋缺也。

### 王九郡

附案：項羽王梁楚九郡，史、漢皆不詳，注家亦略。史詮謂「泗水、碭、薛、東海、臨淮、彭城、廣陵、會稽、鄣九郡。然臨淮郡，漢武帝元狩六年置。彭城郡，宣帝地節元年置。廣陵國，非郡，武帝元狩五年更江都國爲廣陵，中間爲郡止三年。鄣郡之置，未知何時？秦無鄣郡，豈羽置之乎」？經史問答言「秦于楚地置十郡，項王以漢中封高祖，九江封英布，南郡封共敖，長沙爲義帝都，而自得東海、泗水、薛、會稽、南陽、黔中。秦于梁地置三郡，項王以河東封魏豹，而自得碭、東郡。凡得郡八，據史記益以楚郡，適得九郡之目」。然秦無楚郡，恐是誤會楚世家之文。南陽、黔中，中隔數國，豈能遙屬於楚？程、全兩説俱難信。惟錢宫詹大昕漢書攷異謂史稱九郡者，據當時分置郡名數之，引高紀六年封荆、楚二王地作證，以泗水、東陽、東海、碭、薛、鄣、吳、會稽、東郡爲九，甚確。

### 乃陰令衡山、臨江王擊殺之江中

案：黥布傳言「九江王使將追殺義帝于郴」，與漢書合，而此與高紀謂是衡山、臨江殺之。師古漢書高紀注曰「衡山、臨江與布同受羽命，而殺之者布也」。「江中」當依高紀作「江南」，指郴縣言，若江中，則殺于道路矣。又攷義帝之殺，此與高紀在漢元年四月，而月表在二年十月，黥布傳在元年八月，漢書從月表，然究未知的在何月。義帝以元年四月自臨淮盱台縣徙桂陽之郴，使人趣其行，不及一月可到，英布等追而殺之，則甫及郴即被弒矣，疑「四月」爲是。

田榮聞項羽徙齊王市膠東

案：此後宜稱「項王」矣，而忽呼「項羽」者四，曰「田榮聞項羽徙齊王市膠東」，曰「項羽聞漢王皆已并關中」，曰「以齊、梁反書遺項羽」，曰「項羽遂北至城陽」；又呼其名曰「獨籍所殺漢軍數百人」，俱當改「項王」。

而西擊殺濟北王田安

案：紀、表、傳皆言田榮殺田安，惟漢書高紀、籍傳云彭越殺之，與年表、儋傳異，豈是時越受榮將軍印而爲之驅除耶？然越傳何以不書？

陳餘陰使張同、夏說說齊王田榮

案：高紀及陳餘傳皆無張，恐非二人偕說也。

逐其故主趙王

案：趙王歇乃陳餘之故主也，「其」字當衍。

齊、趙叛之

案：齊叛指田榮擊殺田都，田市、田安，并王三齊也。趙叛指陳餘破常山王迎還趙歇也。然趙叛事在二年，此時尚未，當依漢書作「齊、梁叛之」爲是。下文張良以齊、梁反書遺項王可證。指彭越反梁地也。

漢之二年冬，項羽遂北至城陽

案：「冬」當作「春」，事在春也。

春，漢王部五諸侯兵

案：「春」當作「夏」，下文「四月」二字亦當移此，事在夏四月也。又史不數五諸侯爲誰，注者復多異說。應劭曰雍、翟、塞、殷、韓，如淳曰塞、翟、魏、殷、河南徐廣、司馬貞同。韋昭曰塞、翟、殷、韓、魏，師古曰常山、河南、韓、魏、殷，顧胤、張守節同。劉攽刊誤曰河南、韓、魏、殷、趙，吴仁傑補遺曰塞、翟、魏、韓、趙，全氏經史問答曰魏、韓、趙、齊、殷。余攷雍方被圍，自不與其列。塞、翟、殷、河南俱已亡國，常山間關入漢，安得有兵？各家所數，祇韓、魏、趙、齊爲可信，蓋魏、趙從軍皆見于其傳，韓王之從軍見于月表，合齊擊楚見于淮陰傳，是得四諸侯兵，而其一必衡山也。衡山王吴芮之將梅鋗，自高祖入武關時即以兵從，故令甲稱芮至忠，封長沙王，則彭城之役有不屬在行間者乎？漢書攷異引董教增曰「注家牽引諸王以足五數，項籍傳贊云將五諸侯滅秦，又繫何人？當據故七國以地言，不以王言。漢定三秦，即故秦地，項羽王楚，即故楚地，其餘三晉、齊、燕爲五」。此說恐非。羽所將之五諸侯，是趙、齊、燕、魏、韓五王。

是時呂后兄周呂侯

案：水經注二十三云「楚、漢彭城之戰，呂后弟周軍于下邑」，而史、漢俱作「呂后兄」，未知孰是。但道元誤以澤名周，安知不又誤以兄爲弟耶？呂澤是時未封，依史法不當預稱周呂侯。

楚下滎陽城，生得周苛。

附案：高紀及漢書此事在羽東擊彭越之後，當三年六月，今并書于五月守滎陽下者，蓋終言之，於文法爲連敍，亦猶上文敍陳餘破張耳迎趙歇一節，是二年事，而因陳餘説田榮遂并敍于元年也。說在高紀。

漢之四年

附案：此以下所敍之事，前后倒置，不但與漢書異，并與高紀不同，恐係錯簡，細校如左。漢之四年當在後「擊陳留、外黄」句上，觀漢書高紀、籍傳自明。

是時彭越渡河擊楚東阿，殺楚將軍薛公。項王乃自東擊彭越。

案：高紀及漢書紀、傳，項王擊彭越是三年五月，在楚拔滎陽及成皋之前，此書于拔成皋後，一誤也。越渡睢水與項聲、薛公戰下邳，殺薛公，此不書項聲，而又謂渡河擊東阿，二誤也。

漢王得淮陰侯兵

案：「淮陰侯」當依高紀作「韓信」，下文五稱「淮陰侯」同。

使劉賈將兵佐彭越，燒楚積聚。

案：漢王使盧綰、劉賈將兵佐越，擊破楚軍燕郭西，燒其積聚，攻下睢陽、外黄十七城，此但言賈佐越燒積聚，似太略，當參高紀、越傳及漢書觀之。此下應接「項王乃謂海春侯」一段。

項王東擊破之，走彭越。

案：此卽下文項王令曹咎守成臯而引兵定梁地之事，彭越傳所謂越北走穀城者也。在此紀中于事爲重出，于文無所附，當衍之。

漢王則引兵渡河，復取成臯，軍廣武，就敖倉食。

附案：此乃敗海春侯後事，當在下文「項王信任之」句下。

項王已定東海來，西，與漢俱臨廣武而軍。

案：此以下至「是時彭越復反，下梁地，絶楚糧」一段當在後「漢軍畏楚，盡走險阻」句下，而衍去「已定東海來」五字。蓋定東海卽下定梁地十餘城事，于文爲錯出也。

相守數月

案：漢書高紀、籍傳皆無「數月」二字，是也。此時爲漢四年十月，纔軍廣武，不得便言數月，當是「一月」。

於是項王乃卽漢王相與臨廣武閒而語

附案：義門讀書記云「『閒』，藝文類聚引作『澗』，然以孟注『兩城相對』觀之，則如字也」。余攷水經注七曰「西廣武，漢所城也。高祖與項羽臨絶澗對語，責羽十罪，羽射漢祖中胸處。東廣武，項羽城之。夾城之閒有絶澗斷山，謂之廣武澗，項羽叱婁煩于其上矣」。故藝文類聚九引作「澗」，則今本史、漢俱譌。義門見史、漢並作「閒」字，遂以孟康注實之，而不知孟注乃指廣武城言也。又范雎傳言「秦昭王四十三年城河上廣武」，則廣武恐不盡是楚、漢所築。

破齊趙

案：韓信破趙已踰年矣，非破齊一時事，此與高紀皆多一「趙」字，漢書無。

乃使龍且往擊之

案：楚救齊之役，此及淮陰、田儋傳止言龍且爲將，而高紀兼言周蘭，灌嬰傳兼言留公，蓋紀、傳互見也。但漢書籍傳謂「羽使從兄子項它爲大將，龍且爲裨將，救齊」，舍主將而書偏裨，何也？

淮陰侯與戰騎將灌嬰擊之

案：此與高紀皆多一「戰」字，當衍之。漢書無「戰騎將」三字。

韓信因自立爲齊王

附案：信以四年十月破齊十一月殺齊王廣，因以書乞自立爲假王，漢因事而封之，在二月，高紀、月表、田儋、淮陰傳皆云然。其實信自立爲齊王在十一月，與漢王書言假王，隱其情耳。續古今攷謂「信自立爲王在十一月，其使人以書與漢王言假王者，乃擅自立爲王之後始請之」。

大司馬咎、長史翳、塞王欣皆自剄汜水上。

附案：高紀及漢書紀、傳皆無「翳塞王」三字，此後人妄增之。何者？翳降漢後，雖與欣同叛歸楚，而不復再見。蓋欣與項王有舊恩，故得棄瑕而仍任用之，非翳可比矣。惟欣曾封塞王，後文稱「故塞王」甚合，乃此及高紀並以「長史」稱之，漢書亦然。或疑此當衍「長史翳」三字。曰：否。後文又有

「長史欣」也。盧學士云「翳塞王」三字必非史記本文，觀下但舉咎、欣兩人可知。翳舊爲都尉，不爲長史。又欣既稱塞王，則翳亦當稱翟王，此數者皆不協，故知非也。

是時漢兵盛食多

附案：此紀訛舛之處，已說見上。今依文摘敍，當云「項王進兵圍成皋至令其不得西，此下刪「是時彭越渡河」二十四字。漢王得淮陰侯兵，欲渡河南。鄭忠說漢王，乃止壁河内。使劉賈將兵佐彭越，燒楚積聚。此下刪「項王」九字。項王乃謂海春侯、大司馬曹咎等，至乃東行。漢之四年，擊陳留、外黄，至是以項王信任之。漢王則引兵渡河，復取成皋，軍廣武，就敖倉食。當是時，項王在睢陽，至盡走險阻。項王此下刪「已定東海來」五字。西，與漢俱臨廣武而軍至絶楚糧。是時漢兵盛食多，項王兵罷食絶」。

卽歸漢王父母妻子

案：月表及王陵傳稱「太公呂后」，較之此與高紀作「父母妻子」爲妥。且是時孝惠未爲楚虜，而如淳晉灼漢書注引漢儀注言高帝母兵起時死陳留小黄，則此時亦不得有母媪也。文選陸士衡高祖功臣頌「侯公伏軾，皇媪來歸」，亦非。

漢王乃封侯公爲平國君

附案：金石録載金鄉守長侯君碑云「侯公謚安國君」。趙曰「高祖紀侯公封平國君，此碑言安國既不同，而平國君乃生時稱號，如婁敬爲奉春君之類，碑以爲謚，恐非」。余疑「謚」當作「號」解，說在孟嘗君傳。

建成侯彭越

附案：越爲魏相國，未聞封侯，蓋所賜名號。曹參亦有建成侯之稱，本傳不載。

韓信乃從齊往，劉賈軍從壽春並行，屠城父，至垓下。大司馬周殷叛楚，以舒屠六，舉九江兵，隨劉賈、彭越皆會垓下。

案：此段頗有缺誤，當云「韓信乃從齊往，彭越乃從魏往，劉賈軍從壽春迎黥布，並行，屠城父。大司馬周殷叛楚，以舒屠六，舉九江兵，隨劉賈、黥布皆會垓下」。

有美人名虞

附案：徐廣云「一作『姓虞氏』」，是。漢書全襲史記，正作「姓虞氏」也。

是時，赤泉侯爲騎將，

案：楊喜封赤泉侯在七年，漢書改稱「楊喜」是也，此兩稱「赤泉」皆當作「楊喜」。又索隱謂「漢書表及後漢作『憙』，音火志反」，而今本俱作「喜」，惟隸釋楊震碑作「楊憙」，蓋古字通用，猶以憙爲喜也。

獨籍所殺漢軍數百人，項王身亦被十餘創。

案：此二語上稱「籍」，下稱「項王」，竟似兩人矣，未免語病。

分其地爲五

附案：評林謂宋本「分」字上有「故」字。史詮以爲今本缺。然宋倪思班馬異同無「故」字，倪所見必宋本也。分其地，通鑑作「分其尸」，非。分地爲五，當屬下文，謂分地以封吕馬童等五人爲侯耳，其地不必定泥作楚地。

葬項王穀城

附案：水經注八云「穀城縣，故春秋之小穀城，有項羽冢。今彭城穀陽城西南又有羽冢，非也」。日知録三十一云「注引皇覽以爲東郡之穀城，與留侯所葆黄石同其地，不然矣。宋孫復春秋尊王發微曰曲阜西北有小穀城，蓋魯邑。而宋李石續博物志疑穀陽、穀城二冢是身首異處，亦非無見」。

玄武侯

明陳子龍史記測議曰：「侯表中不見，豈始封而即廢歟？」

吾聞之周生曰「舜目蓋重瞳子」，又聞項羽亦重瞳子。羽豈其苗裔邪？

案：示兒編謂「舜重瞳子，因舜典『明四目』而誤」。或當然也，古來重瞳甚多，不盡作天子。劉晝新論命相曰「顔回重瞳，它若漢書王莽，晉書涼州吕光，梁書沈約，隋書魚俱羅，五代史記後梁宋友孜及南唐李煜俱是重瞳。舜踐帝位，豈僅因異相，而項氏又豈舜後耶？項乃以國爲氏者，春秋魯僖公滅項，其後楚取以封其臣，遂稱項氏。其初姓不著，豈楚之支屬歟，於舜何預焉？論衡骨相、奇怪兩篇言項羽自謂虞舜之後，皆附會此説以誣羽耳。

# 高祖本紀第八

字季

案：季乃是行，高祖長兄伯，次兄仲，亦行也。史以「季」爲字，與索隱以「季」爲名，並非。若「季」是字，則張釋之何以字季乎？高祖名邦，與兄名喜弟名交同，索隱引項岱謂即位易名，非。論史例帝名于本紀之首宜一見，藝文類聚十二引史曰「高祖諱邦字季」，恐不可信，蓋所引多删改也。

父曰太公，母曰劉媼。

案：馬、班以漢人紀漢事，寧有不知高祖父母姓名之理。乃太公不書名，母媼不書姓，豈諱而不書，如諸帝之不書名耶？然諱名不諱姓，母媼無姓又何説？皇甫謐謂太上皇名執嘉，媼王氏名含始，王符謂名煓，並見史注。後書章帝紀注云名煓，一名執嘉。唐書世系表云豐公名仁，太公名煓字執嘉。索隱又引班固泗水亭長碑云母温氏。諸説不同。顔師古斥皇甫謐等爲妄，嗣後古今攷、容齋三筆、嬾真子俱從師古，以爲不可信。而宋王楙野客叢書、宋費衮梁溪漫志及周嬰巵林又力辨師古之非，以皇甫等所載可補史闕，真疑莫能明也。

其先劉媼嘗息大澤之陂，夢與神遇。是時雷電晦冥，太公往視，則見蛟龍於其上。

案：媼所夢者神也，大公所見者蛟龍也，論衡吉驗、奇怪篇兩引此紀皆作「蛟龍」，漢書作「交龍」，非。

然其事甚妄，說在殷紀。

**單父人呂公**

案：索隱引漢舊儀云汝南新蔡人，引相經云魏人，未知孰是。又云呂公名文字叔平也，後封臨泗侯，追謚宣王。

**卒與劉季**

案：史稱「劉季」凡十一，此稱在當時人則可，遷數呼之可乎？且忽曰高祖，忽曰劉季，于例亦雜也，此等處漢書爲密。

**生孝惠**（金陵本作「生孝惠帝」。）

附案：史詮謂宋本「『惠』下有『帝』字，班馬異同本亦有，則今本脱也。下文『見孝惠』句亦脱『帝』字，漢書皆作『孝惠帝』」。

**皆似君**

附案：漢書作「皆以君」，如淳曰「以或作『似』」。師古曰不當作「似」，則史記誤也。宋書符瑞志亦作「以」字，論衡骨相篇仍作「似」字。古「以」字作「目」，與似通，故譌作「似」。左傳襄三十一年「令尹似君」，亦「以」字之譌。

**不敢忘德**

滹南集辨惑曰：「此但其術可貴耳，何德之有。」

到豐西澤中，止飲。

案：漢書作「澤中亭」，師古曰「其亭在澤中，因以爲名」，則此似脱「亭」字。若但言澤中，豈能止飲乎？

前有大蛇當徑

案：賈子春秋篇、新序雜事二謂晉文公之興也，蛇當道，夢天殺蛇，曰：「何故當聖君道？」而蛇死。漢高之興也，亦蛇當徑，斬蛇，而嫗夜哭。」宋書「武帝之興也，大蛇見洲裏，射之而青衣擣藥」。何前後事之同乎？朱子語録以高祖赤帝子之事爲虚。續古今攷言斬蛇事是僞爲神奇，史公好奇載之。凌稚隆漢書評林引明敖英曰「適然遘蛇而斬之，無足怪者。若神母夜哭，神其事以鼓西行之氣耳。田單守墨而天神下降，陳勝首禍而魚腹獻書，類可概見」。芒、碭雲氣，亦此類。

平生所聞劉季諸珍怪

滹南集辨惑曰：「『珍』字不安，漢書改爲『奇』，是矣。」

攻胡陵、方與，還守豐。

案：月表在二世二年十月，漢紀同，此誤在元年。

陳涉之將周章軍西至戲而還

案：章爲章邯所敗自剄而死，非還也。

燕、趙、齊、魏皆自立爲王，項氏起吳。

案：趙爲王在元年八月，燕、齊、魏在九月，與沛、項並起，此并敘于二年，非也。又攷陳涉世家及魏豹傳，魏咎之立出于周市，非若燕、趙諸人之自立也，故咎爲王凡十月，而三月不居其位，周市虚位待之，月表書曰「咎在陳，不得歸國」。又書曰「咎自陳歸，立」。所以成周市之志耳，夫豈自立哉。

泗川

附案：秦有泗水郡，蓋「川」乃「水」字之譌。古水作「巛」，周勃世家及漢書高紀、續郡國志並譌作「泗川」。

周市來攻方與，未戰。陳王使魏人周市略地。

附案：評林余有丁云「此一周市也，書法如此，疑誤」。史詮謂「是兩周市，故下加『魏人』以別之」。漢書作「魏人周市略地豐、沛」，無「周市來攻方與未戰陳王使」十一字，或以爲當衍，皆非也。趙太常云「『未戰』二字，乃不了語，沛公因聞豐反，遂引兵去方與而往攻豐也。『陳王使魏人周市略地』九字當移在『周市來攻方與』之上，則文順而明矣」。

是時秦將章邯從陳，別將司馬尼將兵北定楚地，（尼，金陵本作「𡰱」。）

附案：從陳，謂追討。「尼」乃「𡰱」之訛，師古曰古「夷」字，胡三省引類篇云古「仁」字，漢書樊噲傳可證。史、漢他處皆訛作「尼」，而曹參傳又作「欣」，則孟堅誤矣。司馬其姓，𡰱其名，秦之別將，與下文「趙別將司馬卬」同一句法。劉攽云「『別將』當連下句讀，言章邯身從陳，而令別將定楚耳」。劉說本索隱。

沛公還，引兵攻豐。

案：月表云「拔之，雍齒奔魏」，與漢書高紀同，此文不備。

居數月

案：月表及漢紀立懷王在六月，攻亢父在七月，中間只隔數十日，安得謂居數月乎？疑「月」當作「日」。

秦二世三年

案：此當在後文「沛公引兵西，遇彭越昌邑」句上，誤書于此。

僄悍猾賊

附案：猾字不似羽之爲人，蓋「禍」字之譌。漢書作「禍賊」，師古曰「好爲禍害而殘賊也」。

今項羽僄悍，今不可遣。

案：徐廣謂一本無下「今」字。余謂上句云「今誠得長者往」，似不便連用三「今」字。「僄悍」亦複，依漢書作「項羽不可遣」爲是。

乃道碭至成陽，與杠里秦軍夾壁，破魏二軍。

案：史詮云「各本『與杠里』屬上句，誤也。時秦軍屯杠里，漢軍亦屯杠里，與之對壘，故曰『夾壁』。破魏之『魏』當作『秦』，漢書『魏』作『其』，是也」。史詮之說，甚協。漢書誤「成陽」爲「陽城」，則不可從，蓋訛倒耳。城陽在濟陰，陽城在潁川，史、漢成、城二字通用。

楚軍出兵擊王離，大破之。

案：此乃項羽救趙之兵也。方敍沛公入關事，不應忽插入楚軍，況下文總敍項羽救趙破秦將王離，降章邯，則此爲重出明矣。漢書無此十字，當衍。宋劉辰翁評班、馬異同云「雜楚軍于破二軍下，則疑于楚漢與彭越俱攻秦」。

沛公引兵西，遇彭越昌邑，因與俱攻秦軍，戰不利。還至栗，遇剛武侯，奪其軍，可四千餘人，并之。與魏將皇欣、魏申徒武蒲之軍并攻昌邑，昌邑未拔。

案：月表「秦三年十二月，沛公至栗，得皇欣、武蒲軍，與秦戰，破之。二月，得彭越軍昌邑」。又漢紀「十二月，沛公引兵至栗，遇剛武侯，奪其軍，與魏將皇欣武滿合攻秦軍，破之。二月，從碭北攻昌邑，遇彭越，越助攻昌邑，未下」。然則先遇剛武，後遇彭越也。先至栗，後至昌邑也。先合兵破秦軍，後攻昌邑未拔也。乃此謂遇彭越在遇剛武之前，誤一。斯時無與戰不利之事，誤二。遇彭越昌邑因與攻秦，不利還栗，似未曾奪剛武合魏將而已攻昌邑，至後攻而未拔，爲復攻昌邑，誤三。以與彭越爲攻秦，以奪剛武合魏將爲攻昌邑，誤四。準義驗文當云「秦二世三年，說見上。沛公引兵至栗，遇剛武侯，奪其軍，可四千餘人，并之。與魏將皇欣、魏申徒武蒲之軍俱攻秦軍，戰破之。遂西，「不利」二字必「破之」二字之訛，漢書是「破之」。「還」字亦必「遂」字之訛。遇彭越昌邑，因與并攻昌邑，昌邑未拔」。至若剛武侯不知爲誰？史失其名姓。「武蒲」當依漢書高紀作「武滿」，此與月表皆作「蒲」，非也，二字每以形近互訛，說在十二侯表晉厲公元年。

於是沛公乃夜引兵從他道還，更旗幟，黎明，圍宛城三匝。

附案：漢書作「偃旗幟」。劉辰翁從「更」字解，以爲欲令見者驚非昨比。余謂偃旗幟，是引兵還時事。索隱引楚漢春秋曰「上南攻宛，匿旌旗，人銜枚，馬束舌」，兵法所云出其不意也。更旗幟，則圍宛三匝事。兩者皆通。

高武侯鰓

附案：晉灼謂卽功臣表臨轅侯戚鰓，是也。高武蓋初賜名號侯，師古以爲別一人，恐非。

襄侯王陵

附案：韋昭謂「漢封王陵爲安國侯初起兵時在南陽，南陽有穰縣，『襄』當爲『穰』，無『禾』字，省」。此說是也。臣瓚謂「韓成封穰侯，江夏有襄，是陵所封」。師古又謂王陵非安國侯，皆不然。下文云「因王陵兵南陽以迎太公、呂后於沛」，功臣表云「以廐將別定東郡南陽」，漢表云「以自聚黨定南陽」，陵本傳云「自聚黨數千人居南陽」，又張蒼傳云「蒼以客從攻南陽，坐法當斬，王陵見而怪其美士，乃言沛公赦勿斬」。合而證之，則此王陵卽安國侯明矣。穰侯者，或沛公初封之，或陵聚黨時自稱之，均未可知。蓋陵封安國在後，而前此凡爲二侯，五年臣瓚注引漢帝年紀云信平侯臣陵，信平當是名號侯，故杜恬位次曰信平侯也。與穰侯爲二。豈信平又別一人乎？若項羽封韓城爲穰侯，在漢元年四月以後，陵實先之。江夏則更不相接。全氏經史問答亦云。

遇番君别將梅鋗，與皆，降析、酈。

附案：史詮曰「湖本『偕』作『皆』，誤」。

乃用張良計，使酈生、陸賈往説秦將，啗以利，因襲攻武關，破之。又與秦軍戰於藍田南，益張疑兵旗幟。

案：月表、留侯世家及漢書紀、傳，沛公以秦二世三年八月攻破武關，九月秦遣將距嶢關，關在藍田南武關之西。張良説沛公張旗幟爲疑兵，使酈生啗秦將以利。秦軍懈，因引兵繞嶢關，踰蕢山擊破之藍田南。雍録曰「踰蕢山者，繞出嶢關之西」。又引長安志曰「藍田關即嶢關」。敍次甚明。此紀不書破武關及踰蕢山事，則「武關」乃「嶢關」之誤，當云「乃用張良計，益張疑兵旗幟。使酈生往説秦將，啗以利，因襲攻嶢關，破之。又與秦軍戰于藍田南」。而「陸賈」二字似衍文，留侯世家、陸賈傳及漢書張、陸兩傳、荀悦漢紀皆無之，疑此與漢書高紀並妄攙陸賈耳。

與父老約法三章耳

案：漢書刑法志曰「漢興約法三章，網漏吞舟之魚，然其大辟尚有夷三族之令」。又攷惠帝四年始除挾書律，吕后元年始除三族罪、妖言令，文帝元年始除收孥諸相坐律令，二年始除誹謗律，十三年除肉刑，然則秦法未嘗悉除，三章徒爲虚語，續古今攷所謂「一時姑爲大言以慰民」也。蓋三章不足禁姦，蕭何爲相，采摭秦法作律九章，疑此等皆在九章之内，史公只載入關初約耳。

十一月中，項羽果率諸侯兵西，欲入關，關門閉。聞沛公已定關中，大怒，使黥布等攻破函谷關。十二月中，遂至戲。

案：「十一月」當移在上文「召諸縣父老豪傑」句上，衍去「中」字。而「十二月中」四字當在「項羽果率諸侯兵西」句上。蓋約法三章在十一月，羽破函谷在十二月，月表及漢紀可證也。

聞項王怒

案：高祖紀書「項羽」，尊君之體宜然。況此時羽尚未王，尤不宜預呼之。下文云「項王使卒三萬人從」，「項王北擊齊」，「項王不聽」，「項王歸漢王父母妻子」，紀中前後皆稱項羽，何忽呼王者五，皆當作「項羽」。

因以文諭項羽

案：羽紀及漢書乃項伯言之于羽，非以文諭也，此誤。

吾家項梁所立耳

案：「項梁」當作「武信君」，說在羽紀。

乃佯尊懷王爲義帝，實不用其命。正月

案：「正月」當在「乃佯尊懷王」上，「命」字下當書「二月」，漢紀、表與月表可證。

廣不聽，臧荼攻殺之無終。

案：燕王臧荼攻殺遼東王韓廣在八月，此并書于二月分封時，非也。

諸侯各就國

案：十八王已見項羽紀，此處可省。乃祇敍十三王，而無魏豹、田安、田市、田都、韓成。又諸國皆言所都之地，而代王獨缺，其故何耶？

## 韓信說漢王

附案：說漢王之韓信，據韓信傳以爲韓王信，據漢書高紀以爲淮陰侯，蓋緣名姓無殊，遂彼此雙載。師古兩疑之，曰「豈史家謬錯乎」？將二人所勸大指實同也，因生斯疑。後竟有以韓王信爲誤，而實指淮陰侯者，不知徐廣明云「韓王信非淮陰侯信」，師古豈未檢徐廣史記本耶？漢書評林明王慎中曰「是時淮陰尚未知名，班掾認爲淮陰信，故特爲補出拜將一節，而以此說爲問計之詞。及其傳韓王信，仍以此說入之，何自相矛盾，合從史記元注」。

## 殺田都

案：田都走楚，非被田榮殺之也，此誤。

陳餘怨項羽之弗王己也，令夏說說田榮，請兵擊張耳。齊予陳餘兵，擊破常山王張耳，張耳亡歸漢。迎趙王歇於代，復立爲趙王。趙王因立陳餘爲代王。

附案：破常山迎趙歇等事在二年十月，而此與羽紀皆書于元年者，蓋餘之說榮，在元年榮并三齊之時，觀陳餘、田儋傳自明。史遂順摭以終其事，不復另敍，非他處誤亂比也，故二年但書曰「張耳來見，漢王厚遇之」。

八月，漢王用韓信之計，從故道還，襲雍王章邯。邯迎擊漢陳倉，雍兵敗還走，止戰好時；又復敗，走廢丘。漢王遂定雍地。東至咸陽，引兵圍雍王廢丘，而遣諸將略定隴西、北地、上郡。

附案：漢王定三秦，當依此紀在八月爲是，月表、淮陰傳皆云八月，將相名臣表亦云秋也。漢書襲雍圍廢邱，于紀在五月，于表在七月，自相牴牾而均非事實。蓋四月罷兵就國，未必踰月即出兵襲雍。漢書蕭何傳言何諫漢王「願王漢中養其民以致賢人，收用巴、蜀，還定三秦。漢王善之」。則是時漢方暫務休息，寧有坐不暖席，便爾東伐乎？況自戲下罷兵至南鄭，自南鄭至雍，往返遼遠，非旬日可徧者哉，當是七月起兵，至八月而襲雍也。

二年，漢王東略地，塞王欣、翟王翳、河南王申陽皆降。韓王昌不聽，使韓信襲破之。於是置隴西、北地、上郡、渭南、河上中地郡，關外置河南郡。

案：塞、翟之降在元年八月，蓋惕于雍王之敗，望風而降也。此書于二年之首，殊非事實。至隴西、北地、上郡、渭南、河上皆元年八月置，是時因重正五郡之疆界，復總言之，故將相表云「二年春，定塞、翟、魏、河南、韓、殷國」，非至是塞、翟始降而置郡也。且上年紀中有「略定上郡」語，上郡是翟國，若二年始降，何以元年八月有「略定上郡」之文乎？塞與翟偕降，可互證也。惟中地屬雍，章邯殺後始置，事在六月，此言與隴西等郡同置，誤矣。又月表及漢紀以拔隴西在二年十一月，拔北地在正月。漢異姓表以拔隴西在十月，拔北地在十二月，並謬。元年八月已定雍地，故有「略定隴西、北地」語，時章邯止守廢丘耳。

漢王之出關至陝，撫關外父老，還，張耳來見，漢王厚遇之。

案：至陝在十月，還在十一月，張耳來亦在十月，此紀皆書于正月，非。

更立漢社稷

劉辰翁曰「漢書此處有復關中，除租税，置三老，舉行能，賜酒肉等，正是兵間規模宏大收拾人心處，子長失之」。

新城三老董公遮説漢王以義帝死故

案：董公乃鄉三老也，新城是鄉名，其名舊矣，至惠帝四年遂置爲縣，此時新城尚未爲縣也。但攷漢百官表言鄉有三老，不言縣也有三老。而漢書高紀二年有擇鄉三老一人爲縣三老之令，大事記據之直書「置縣鄉三老」，不知表中何以不載，可疑也。隸釋亦有縣三老楊信碑。又滹南集辨惑曰「董公遮説漢王，殊切于義理，故孟堅全載其説，而遷但云説以『義帝死故』，太簡而不備。且止于義帝死故，則謂之告可也，何必云説哉」？

悉發關内兵，收三河士，南浮江、漢以下，

經史問答曰：「史記注皆不得其説，師古略之。梅礀以爲一軍由三河以攻其北，一軍浮江、漢以攻其南，是矣，然本紀不載南下之軍，則竟失之也。水經注高祖二年置長沙郡，又置黔中郡。蓋南下之軍自漢中出，先定二郡而有之。長沙乃義帝之都，而黔中則項王南境，乘虚取之，所謂南浮江、漢也。是足以補遺。」梅礀乃胡三省身之也。

乃取漢王父母妻子於沛

案：下又云項王歸漢王父母妻子，説在羽紀。

塞王欣亡入楚

案：漢紀云塞王欣、翟王翳降楚，殷王卬死，此缺不具。

更名廢丘爲槐里

附案：秦之廢邱，周之犬邱也。更名槐里，漢志云在三年，非也，當依史二年爲是。但竹書「周懿王十五年，王自宗周遷于槐里」，則槐里之名久矣，豈高祖復其舊歟？抑竹書不足憑也。

是時九江王布與龍且戰，不勝，與隨何間行歸漢。

案：布之歸漢在三年十二月，獨此書于二年六月已後，誤。

破楚京、索間

案：破楚事漢紀書于二年五月，在六月立太子前，與羽紀合，此誤在後。

三年，魏王豹謁歸視親疾，至卽絶河津，反爲楚。漢王使酈生説豹，豹不聽。漢王遣將軍韓信擊，大破之，虜豹。遂定魏地，置三郡，曰河東、太原、上黨。

案：豹之反在漢二年五月，淮陰傳作二年六月已誤，此紀及曹相國世家作三年尤誤。漢使酈生説豹與遣韓信擊豹，皆在二年八月，虜豹在二年九月，此紀并書于三年，亦誤。又太原郡屬趙地，漢滅趙王歇始置，乃連入魏地，更爲誤矣。月表言河東、上黨是，淮陰傳又失言上黨也。漢紀亦誤仍史，連言太原。

予陳平金四萬斤

附案：史、漢皆言「四萬斤」，而唐李嗣真諫武后用來俊臣疏作「五萬斤」。

漢與楚相距滎陽數歲

案：漢以二年五月屯滎陽，三年五月出滎陽，月表作七月出，誤。連閏計之，首尾纔十四月，何言數歲乎？當作「歲餘」爲是，上文固有「相距歲餘」之語也。

漢堅壁不與戰（金陵本作「漢王」。）

附案：「漢」下當有「王」字，史詮曰「湖本缺也」。

饗軍小修武南

附案：「饗」字一本作「鄉」，是也。漢書作「鄉」，師古云「鄉讀曰嚮」。

與彭越復擊破楚軍燕郭西

案：此以下敍事倒亂，幾不可讀，當云「與彭越復擊破楚軍燕郭西，此處似缺「燒楚積聚」四字。遂復下梁地十餘城。項羽乃謂海春侯大司馬咎曰：『謹守成皋。若漢挑戰，慎勿與戰，無令得東而已。我十五日必定梁地，復從將軍。』乃行。淮陰已受命東，「淮陰」字誤，當作「韓信」。未渡平原，漢王使酈生往説齊王田廣，廣叛楚與漢和，共擊項羽。四年，韓信用蒯通計，遂襲破齊。齊王烹酈生，東走高密。項羽擊陳留、外黄、睢陽下之，聞韓信已舉河北兵破齊、趙，「趙」字衍，説見羽紀。且欲擊楚，則使龍且、周蘭往擊之。不書主將項它，說在羽紀。漢果數挑楚軍，「軍」字下倪本、史、漢俱有「戰」字。楚軍不出，使人辱之五六日，大司馬怒，度兵汜水。士卒半渡，漢擊之，大破楚軍，盡得楚國金玉貨賂。大司馬咎、長史欣皆自剄汜水上。不曰「故塞王」而曰「長史」，與羽紀同。項羽在睢陽「在」字依羽紀，此訛爲「至」字。聞海春侯破，乃引兵還。漢軍方圍鍾離昧於滎陽東，項羽至，盡走險阻。楚、漢久相持未決，丁壯苦軍旅，老弱罷轉饟。漢王、項羽相與臨廣武之間而語，「間」當作「澗」，說在羽紀。項羽欲與漢王獨身挑戰。漢王數項羽曰：始與項羽俱受命懷王，曰先入定關中者王之，至病甚，因馳入成皋。韓信與戰，「戰」字衍，說在羽紀。騎將灌嬰擊大破楚軍。漢書無大字 殺龍且，齊王廣奔彭越。「奔彭越」上敓「田橫」二字。當此時，彭越將兵居梁地，往來苦楚兵，絶其糧食。漢王病愈，「病愈」上從漢書補「漢王」二字。西入關，至關中兵益出。韓信已破齊，使人言曰：齊邊楚，至 立韓信爲齊王。項羽聞龍且軍破，則恐，使盱台人武涉往說韓信。韓信不聽。當此時，彭越將兵居梁地，往來苦楚兵，絶其糧食。劉辰翁曰「越苦楚兵，此漢事將成也，子長重出此語，未必無意」。辰翁說是。漢書謂「彭越田橫苦楚」似孟堅誤。田橫往從之。項羽數擊彭越等」。

至陽夏南止軍

案：自此至大會垓下，皆五年冬事，誤在四年也。

漢王敗固陵，乃使使者召大司馬周殷舉九江兵而迎之武王，行屠城父，隨何劉賈、齊梁諸侯皆大會垓下。

案：此事各處所書不同，當云「漢王衍「敗固陵」三字。乃使使者召大司馬周殷舉九江兵而迎衍之字。武王，行屠城父，隨衍「何」字。劉賈齊、梁諸侯皆大會垓下」。隨何不過謁者，僅説九江王一見，此時諸侯大會，無緣置身其間也，史、漢各處元無「何」字。

立武王布爲淮南王

案：布王在四年七月，此誤書于四年之末，應在歸太公呂后前。徐氏測議曰「黥布稱武王，本傳不載，當是叛楚以後未歸漢以前假爲此號，猶項羽自稱霸王耶？楚熊達及趙佗並稱武王。

高祖與諸侯兵共擊楚軍，與項羽決勝垓下。淮陰侯將三十萬自當之，孔將軍居左，費將軍居右，皇帝在後，絳侯柴將軍在皇帝後。

案：續古今攷云「太史公豈信筆乎？韓信是時爲齊王書曰『淮陰侯』，漢王未爲皇帝書曰『皇帝』，追書人臣則從輕，人主則從重乎」？董份云「至下方尊皇帝，則不宜卽著此二字」。余謂「高祖」二字亦錯出，皆當作「漢王」。「淮陰侯」當作「齊王信」。又是時周勃爲將軍，其封絳侯在六年，何以不與柴武稱將軍而書曰絳侯耶？孔將軍、費將軍卽功臣表蓼侯、費侯也。陳賀封費亦在六年，乃不曰陳將軍而曰「費將軍」，非但與孔將軍之稱姓異，抑且古無以國冠官而稱之者。至西京雜記謂孔、費二將軍皆假爲名，恐不可信。

項羽卒聞漢軍之楚歌

案：「之」字當衍。

諸侯及將相，相與共請尊漢王爲皇帝。

漢書評林曰：「高祖初上尊號以開四百年丕基，自宜鄭重其事，以故班書載諸侯王兩疏及高祖兩讓之詞，蓋帝王之規模如是哉，史記失之略矣。」

甲午，乃卽皇帝位氾水之陽。

案：漢書是「二月甲午」，此缺「二月」兩字。

皇帝曰義帝無後。齊王韓信習楚風俗，徙爲楚王，都下邳。立建成侯彭越爲梁王，都定陶。故韓王信爲韓王，都陽翟。徙衡山王吴芮爲長沙王，都臨湘。

案：秦改命爲制，令爲詔，漢遂因之，故漢書於高祖未卽帝位稱令，已卽帝位稱詔。是時封韓、彭在正月，漢書稱令，以未卽帝位也。封吴芮在二月，漢書稱詔，以已卽帝位也。乃此以封韓、彭在卽位後，而又并詔令兩詞爲一端，毋乃乖乎？至韓信久封韓王，不煩重敍，蓋十字是衍文，漢書無之，但當于後文「淮南王布」之上補「韓王信」三字耳。抑更有疑者，本紀以制、詔爲重，自宜詳載，今觀漢諸紀高祖、文帝之詔不載頗多，景帝則不載一詔，而其所載詔書復不若班史概以詔稱之，或稱「高祖曰」或稱「皇帝曰」，或稱「帝曰」，或稱「上曰」，體例亦太錯雜矣。王應麟漢書藝文志考證云「文帝紀凡詔皆稱『上曰』，以其出于帝之實意也」。此論殊非，紀中赦天下賜酺、赦濟北吏民及除肉刑、議郊祀，何以稱「詔」不稱「上」，豈不出于實意耶？而詔詞每與漢書不同，甚且撮舉數言而不全録，增損字句而非元文，去取之情，固不可曉，擅改之咎，尚復何辭？史通點繁篇謂撰史不妨減略詔書，以武后時史官寫制誥一字不遺爲訾。斯偏説也，且亦因後世詔語冗長，故爲此論。漢詔簡古，奚須裁削哉。

至漢書載封吴芮之詔，謂以長沙、豫章、象郡、桂林、南海封之，尤疑而莫解。蓋是時豫章屬淮南王英布，象郡、桂林、南海屬南粤趙佗，則芮獨有長沙耳，詔何以言五郡。又高祖後以南海封南武侯織爲王，不知當日分封之制若何，文穎皆謂虚奪以封之，恐未然。

故臨江王驩爲項羽叛漢，令盧綰、劉賈圍之，不下。數月而降，殺之雒陽。

案：臨江之殺在十二月，漢書與月表甚明，此誤書于二月卽帝位後。又臨江王之名，徐廣一作「尉」，是荆燕世家、盧綰傳及漢書紀、表、傳並作「尉」，惟月表誤爲「驩」，此必後人因表妄改也。

諸侯子在關中者復之十二歲，其歸者復之六歲，食之一歲。

案：漢書詳述此詔無「食之一歲」語。而詔語數百字，史公止摘「復諸侯子」四句，何也？

夫運籌策帷帳之中

附案：漢書無「策」字，御覽八十七引史作「於」字，疑「策」字訛，然留侯世家論亦作「籌策」也。

十月，燕王臧荼反。

案：「十月」乃「七月」之誤，說在月表。

使丞相噲將兵攻代

司馬光通鑑考異曰：「樊噲傳從平韓王信乃遷左丞相，是時未爲丞相，又代地無反者，噲傳亦無此事，疑紀誤。漢書作「平代地」。

今高祖雖子，人主也

案：「高祖」當依漢書作「皇帝」。

於是高祖乃尊太公爲太上皇。

案：漢紀高祖于六年三月自洛陽歸櫟陽朝太公，五月尊爲太上皇，此書於六年十二月前，誤矣。但考漢紀五年正月追尊兄伯爲武哀侯，二月追尊先媪爲昭靈夫人，尊王后曰皇后，太子曰皇太子，史不書，亦太略。后稱皇后，則母當稱皇太后，乃止稱夫人何也，亦僅免于呼媪而已。不應太公獨未有號。皇后之父尚封臨泗侯，況天子之父乎？乃遲至六年始因家令言尊之，真所難曉。豈六年以前太公爲庶人乎？而太上皇之號定于漢，歷唐、宋以來皆仍以稱帝父。其實此號乃秦正追尊其死父莊襄王者，與其效亡秦曷不用趙武靈王稱主父故事耶？雖然，爲天子父，則尊之至，不係乎尊號之有無也。人主之名，不可以壓父，而父無尊號，豈遂爲人臣。自戰國有臣父之說，而此義不明于天下。家令之言，即齊東野人之語，荀悦嘗譏其爲過，索隱表出之，是已。而晉中庶子劉寶對愍懷太子，以荀悦論家令爲不然，謂家令説是，異哉所聞。東漢質帝即位時，其父渤海王鴻見存，未知當日典禮若何？降及後代，如魏常道公奐景元年十一月，其父燕王宇表賀冬稱臣，東魏孝静帝以父亶爲大司馬，五代周世宗臣其父柴守禮，宋度宗在位，福王與芮是所生父帝㬎立則爲大父，乃退就羣臣之列，以親王出爲節度使，皆咄咄怪事。又唐世有父母拜王妃、舅姑拜公主之令，尤爲悖矣。

十二月，人有上變事告楚王信謀反，

附案：漢紀告反在六年十月，此在十二月者，因會陳執信在十二月，遂并敍之，其實是十月也。

田肯賀

附案：顏氏家訓書證篇曰：「漢書『田肯賀上』江南本皆作『宵』字。沛國劉顯博覽經籍，偏精班漢，梁代謂之漢聖。顯子臻不墜家業，讀班史呼爲『田肯』，梁元帝嘗問之，答曰：『此無義可求，但臣家舊本以雌黃改「宵」字爲「肯」。』元帝無以難之。吾至江北見本爲『肯』。」

因說高祖曰

附案：倪本「曰」下有「甚善」二字，以漢書及荀紀校之，今本缺也。

故此東西秦也

附案：劉攽云「西」字衍，非也，此總承上文。劉必因荀紀删去「西」字而爲此說。

乃論功，與諸列侯剖符行封。

案：功臣表及漢書封諸侯在十二月，此敍于正月封荆、楚諸王之後，非。

七年，匈奴攻韓王信馬邑，信因與同謀反太原。

案：韓王之反，此在七年，表在五年，並誤也，當依信本傳作「六年」爲是，漢紀、表亦云六年九月。

立故趙將趙利爲王以反，

案：信本傳云「立趙苗裔」，漢紀云「趙後」則「將」乃「後」字之誤。其後爲陳豨將守東垣也。

立兄劉仲爲代王

案：劉喜之王在六年正月，與封荆、楚、齊三王同時，此誤書于七年二月前也，吴濞傳同誤。

二月，高祖自平城過趙、雒陽，至長安

案：漢紀高祖十二月過趙，二月至長安，非二月自平城抵長安也。劉辰翁以「雒陽」二字多。

蕭丞相營作未央宮

案：漢紀此事在七年二月，史在八年，非。

代王劉仲棄國亡，自歸雒陽，廢以爲合陽侯。

案：代王棄國歸漢，此紀及功臣表、將相表在八年九月，諸侯王表在九年，皆誤，當依漢紀、表作「七年十二月」爲是。而「合陽」應作「郃陽」，省作「合」字，此紀及功臣表與漢書高紀、王子表、吴濞傳並作「合陽」，將相表、吴濞傳、漢書惠紀並作「合陽」，水經注四亦作「郃陽」，所謂劉仲城也。地理志郃陽屬左馮翊，合陽屬平原郡。

趙相貫高等事發覺，夷三族。

案：貫高等三族雖論死，然其白王不反之後，高祖方赦其罪，則所謂夷三族者，疑是論其罪如此，而未嘗實夷其族也。不然，當是獨赦貫高一家耳。

未央宮成

案：未央宮與長樂宮皆以七年二月成，漢紀及三輔黄圖可證。是年特以諸侯王來朝十月，置酒未央宮也。此與將相表同誤在九年。

八月，趙相國陳豨反代地。

案：豨反在十年九月，此與功臣表作「八月」，酈商傳作「七月」，傅寬傳作「四月」並誤，本傳及漢書可證。至淮陰侯及盧綰傳以爲十一年反，尤誤也。豨本傳又誤作七年，惟言反在九月是。

立子恒以爲代王

案：代王之立在十一年正月，表作「三月」，是誤在後，而此書于冬，又誤在前也。「恒」字何以不避？古禮卒哭乃諱，春秋以來雖生時亦諱之。秦、漢諱甚嚴，乃史于紀、表犯文帝諱不一而足，景帝紀亦犯孝武諱，皆史公失檢處。文帝紀載有司請立太子云「子某最長」，當用此例書曰「立子某以爲代王」，即金縢所謂「元孫某」也。高祖謂太上皇曰「今某之業所就孰與仲多」，亦與此同。

都晉陽

附案：文帝紀諸侯王表、陳豨傳俱作「都中都」，與此言「都晉陽」不同。文紀又言「幸太原，復晉陽、中都三歲租」。疑當時詔都晉陽，而實居中都，亦猶韓王信詔都晉陽而請居馬邑耳，故如淳注以爲遷于中都也。

夏，梁王彭越謀反，廢遷蜀；復欲反，遂夷三族。立子恢爲梁王，子友爲淮陽王。

案：廢越立恢皆在三月，漢紀可據，此與黥布、盧綰傳並作夏夷彭越，誤也。史、漢諸侯王表書恢、友以十一年三月立，若越之謀反夷族在夏，安得三月已封恢、友爲王乎？至史諸侯王表及漢異姓表以越誅在十年，則更誤矣。

漢將別擊布軍洮水南北，皆大破之，追得斬布鄱陽。

附案：經史問答曰，「蘇林、如淳皆不能言洮水所在，徐廣曰在江、淮間，而不能實指其水。胡梅磵曰『零陵之洮水也。布欲由長沙入粵，故走洮水』」。梅磵之言誤。九江左右本無洮水，而布死于番陽，布之封兼有壽春、江夏、豫章而都壽春，豫章在壽春之南，番陽又豫章之南，長沙又番陽之南，零陵又長沙之南，非可猝來猝返。長沙與布婚，雖欲依之，然長沙當嫌疑之際，使布竟得長驅直入其國，與漢兵鬭于洮水，則長沙直與之同反矣。既不與同反，便當逆拒之，布安得走洮水乎？且布既至洮水而敗矣，何以不竟走粵，乃返轡而東，又出長沙之境，重入于淮南國中之番陽，而長沙始遣人誘殺之。不殺之于其國，縱賊之出而徐殺之，何其愚也！夫布與長沙婚則必約長沙同反，長沙不答，所以能世其國，而容布入其國橫行乎？且布欲入粵不必走長沙，布國中之豫章與粵接，可以入粵之徑甚多。欲走長沙者，特望其同反也。長沙不答，所以逆之于境而誘殺之番陽，是布尚未出其國也。然則洮水者何水乎？曰是蓋九江之沘水也。沘與洮相似而譌。布敗于蘄，反走其國，又敗于沘，乃思投長沙，未至而死于番陽如是則其地得矣。沘水見水經，顧宛溪欲以震澤之洮湖當之，則在吳王濞國內矣，益謬。

樊噲別將兵定代，斬陳豨當城。

案：豨傳亦言樊噲斬之，而噲傳不及，則非噲明甚。蓋周勃斬之也，絳侯世家及漢書可證。又世家、功臣表及豨傳皆云「斬豨靈邱」，此言當城，亦小異。俱代郡縣名。水經注十三言周勃定代，斬陳豨于當城也。

楚隱王陳涉

案：「陳涉」二字當衍，漢書詔詞無之，蓋諸帝王皆不稱名也。索隱以隱王爲楚幽王，大謬。

予守家各十家

附案：此言趙悼襄王亦予守冢十家，而漢書云「五家」。史、漢載詔詞不同，疑漢書誤。

二月，使樊噲、周勃將兵擊燕王綰。赦燕吏民與反者。立皇子建爲燕王。

附案：擊綰王建同在十二年二月中，諸侯王表書燕王建以三月甲午封，誤，此與漢書高紀、諸侯王表作「二月」，可據。今本漢書高紀兩書「三月」，訛刻耳。惟異姓表在十一年，則誤甚。蓋是年二月辛巳朔有甲午，三月庚戌朔無甲午也。

四月甲辰，高祖崩長樂宮

附案：御覽八十七引史云「四月甲辰，崩于長樂宮，時年六十二。在位十二年。葬長陵」。今史記無之。但臣瓚謂帝年四十二卽位，壽五十三。皇甫謐謂高祖以秦昭王五十一年生，至漢十二年，年六十三。蓋瓚說非也。謐言六十三，亦六十二之訛。

陳平、灌嬰將十萬守滎陽，樊噲、周勃將二十萬定燕、代，此聞帝崩，諸將皆誅，必連兵還鄉以攻關中。

通鑑考異曰：「呂后雖暴，亦安敢一旦盡誅大臣。又時陳平不在滎陽，樊噲不在代，此說恐妄。」

丙寅，葬。己巳，立太子，至太上皇廟。

案：「丙寅」上缺「五月」二字，「丙寅」下衍「葬」字，而以論末「葬長陵」三字移此，蓋錯簡也。又攷二年六月立孝惠爲太子，何待是時始立？正義以「立太子爲帝」解之，則與下文「太子襲號爲皇帝」複矣。漢書作「五月丙寅葬長陵，已下，已下棺也。皇太子羣臣皆反至太上皇廟」。疑「巳」乃「已」字之重，「立」乃「下」字之誤，而正義又云「有本脱『已』字者，妄引漢書『已下』者，非」。則又不然矣。劉辰翁曰「只似多一『立』字，己巳太子至太上皇廟，甚順」。史詮亦曰「『立』字衍文，『太子』屬下句讀」。王孝廉曰「『立太子』當是『皇太子』之訛」。

羣臣皆曰：高祖起微細，

案：此時羣臣方議尊號，何得先稱「高祖」？漢書作「帝」，是也。

次代王恒

案：「恒」字當避，史詮曰「當省」。

葬長陵

附案：此是錯簡，當在「丙寅」句下。

# 史記志疑卷七

## 吕后本紀第九

及高祖爲漢王，得定陶戚姬，

案：此言定陶，則姬爲濟陰人，而魏蘇林注謂「清河國有妃里」，水經注二十七卷又謂「夫人生于洋川，思慕本鄉，追求洋川米，高祖爲驛致長安，蠲復其鄉，更名曰縣」。漢志漢中郡無洋川縣，何也？蓋暫置。程大昌考古編云「疑姬家因亂，自定陶轉徙洋川，而高祖以王漢中時得之」。未知孰是。

長兄周吕侯死事

案：吕澤封侯三年而卒，非死事也。

封其子吕台爲酈侯

附案：徐廣云「酈，一作『鄜』」，是，漢書作「鄜」也。鄜縣在左馮翊，若南陽之酈，則非所封矣，此與功臣表、齊悼惠世家並誤。但攷建元侯表有下酈侯，漢表作「下鄜」，豈古字通用乎？

子産爲交侯

案：「交」字當依漢諸侯王表作「洨」，縣在沛。此作「交」，惠景侯表作「郊」，與漢書年表作「汶」，皆誤。又洨侯之封，在高后元年四月，史、漢表可據，當與後扶柳、沛侯同叙，此誤書于高祖時。

薄夫人子恒爲代王

案：「恆」字宜避，史詮云「當省」。

呂后最怨戚夫人

案：高祖時稱呂后，惠帝已後則稱太后，固史例也，乃自此至末稱呂后者七，稱高后者八，稱呂太后者一，體例錯雜，皆當作「太后」。

迺令永巷囚戚夫人，而召趙王。

附案：漢書外戚傳「呂后令永巷囚戚夫人，髡鉗，衣赭衣，令舂。戚夫人舂且歌曰：『子爲王，母爲虜，終日舂薄暮，常與死爲伍。相離三千里，當誰使告汝。』太后聞之大怒，曰：『乃欲倚汝子耶！』乃召趙王，誅之」。此略不具。荀紀此歌小異。

趙相建平侯周昌

案：昌封汾陰，不封建平也。建平屬沛。但功臣表有「建平」二字，豈昌于孝惠時改封建平乎？何以本傳不載，漢書不言也，疑。

帝晨出射

附案：御覽八十七卷引史記「射」下有「雉」字。

使人持酖飲之

案：史、漢皆以吕后鴆殺趙王，而西京雜記言吕后命力士縊殺之。力士是東郭門外官奴，惠帝後知腰斬之。與史、漢異。夫惠帝護趙王甚摯，寧有不究其死者？若果得實，則惠帝此舉甚快，可謂能用刑矣。

詔賜酈侯父追謚爲令武侯

案：吕澤以高帝八年死，自當有謚，何煩惠帝詔賜追謚乎？史詮謂史誤也。

使居厠中

案：漢傳作「居鞠域中」，是也。若厠，則不能居矣，且惠帝何能往視乎？荀紀亦云「鞠室」。

居數日

附案：漢傳作「數月」，恐誤。

齊内史士

附案：此與漢書齊悼惠傳皆作「内史士」而史世家作「内史勳」，蓋士其姓，勳其名。師古以士爲名，徐廣謂士一作「出」，俱非。

太后獨有孝惠與魯元公主

案：孝惠見在，公主未卒，漢書改爲「帝」是矣，而「公主」仍「魯元」之稱何歟？是時張偃未爲魯王，元乃是謚，韋昭注甚明。服虔訓元爲長，非。史下文云「賜謚魯元太后」，韋注所本。

尊公主爲王太后

附案：如淳謂「張敖子偃爲魯王，故公主稱太后」。攷此時偃尚未王，無稱太后之理。且果以子爲王故，自合稱太后，何待齊王尊之。據漢書張耳傳，乃偃因母爲太后而得王，非母因偃而爲太后，師古辨之矣。劉攽謂「更號魯元公主爲魯元太后，以漸王張氏」。殊不知魯元非生前之號，太后非虛加之名，張敖猶在，不聞進宣平侯爲宣平王，且不得言「太」，即云漸王張氏，亦當止稱「王后」也。或又謂敖始爲趙王公主曾爲王后，而公主女爲皇后，母以女貴，遂尊爲王太后以諂之。但惠帝立后在四年，此時尚未，若以趙王之爵追仍其舊，亦止是王后，何言太也。然則奚以稱王太后？曰：師古謂「齊王尊公主爲齊太后，以母禮事之，用媚呂后」，是已。想齊王母曹氏久没，抑爲高祖外婦，不得爲太后，無嫌别尊假母耳。劉攽謂悼惠、公主爲兄弟，不可事以母禮，力排顔説，於理甚愜，而獨非所論于呂后之世。孝惠取張敖女爲后，以舅妻甥也。甥舅可以爲夫婦，兄妹不可爲母子乎？咄咄怪事，皆出娥姁，豈以常理論哉。大事記亦從師古説。新序善謀篇載内史之計，止言獻十城，而無尊公主語，蓋劉向削而不録也。

三年，方築長安城，四年就半，五年六年成就。

案：築長安城始于元年，成于五年，至六年起西市、太倉。蓋城既成而乃爲市及倉也，名臣表、漢書惠紀可證。此言三年方築，六年城就，本文「成就」，古城與成通，一本亦作「城」。誤矣。又漢紀四年無築城之事，名臣表云無所復作，則此言「四年就半」亦誤。漢地理志謂「六年城成」，蓋襲此紀之誤而未參攷耳。

留侯子張辟彊爲侍中，年十五，謂丞相曰：太后獨有孝惠，

案：元楊維禎史義拾遺以辟彊爲留侯之孫，未知何據？又孝惠纔崩，未必便有謚號，漢外戚傳作「太后獨有帝」，是也。法言重黎篇以辟彊爲十二齡，與甘羅並稱，豈別有出乎？

君今請拜呂台、呂産、呂禄爲將，將兵居南北軍

案：南北軍不容三人將之，漢傳無呂禄，甚是，禄乃繼台將北軍者也。

丞相迺如辟彊計

案：此所云丞相者，右丞相王陵乎？左丞相陳平乎？漢傳明著之曰陳平是也。陵能持白馬之議以折太后，其不肯用辟彊計明甚，然何以不面斥而力持之，亦不可解。辟彊此計，起諸呂之權，罪不容誅，不意留侯有此逆子，唐文粹有李德裕辟彊論，深罪之。評林明徐禎卿曰「書留侯子，惜留侯也，而丞相竟從之，可怪」。宋胡寅讀史管見論「平、勃阿意之罪甚大，自不可易，於辟彊童子何誅焉」。野客叢書謂「辟彊智高陳平」，妄論也。

太子即位爲帝

案：此所稱爲少帝者也，史、漢皆不言其名，蓋孝惠後宫子。正義引劉伯莊謂「幸呂氏有身而入宫生子者」，妄。

四月，太后欲侯諸呂，迺先封高祖之功臣郎中令無擇爲博城侯。魯元公主薨，賜謚爲魯元太后。子偃爲魯王。魯王父，宣平侯張敖也。封齊悼惠王子章爲朱虚侯，以呂禄女妻

之。齊丞相壽爲平定侯。少府延爲梧侯。乃封呂種爲沛侯，呂平爲扶柳侯，張買爲南宮侯。

案：太后續封高祖功臣以爲侯諸呂之漸，則是先封馮無擇等四人，再封呂種等也。乃此紀書南宮一侯于二呂之後，已爲失次，而博城侯下忽插入公主之薨，張偃之王，劉章之侯，更覺不倫。史公敍事，何若是之倒亂哉！余謂「魯元公主薨」二十六字當在「南宮侯」句下，蓋偃與孝惠子同王也。漢功臣表言偃王在二年，誤。「封齊悼惠王子」十七字當在後文「二年呂王嘉代立爲王」句下，蓋呂嘉以二年十一月嗣位，劉章以五月封也。

齊丞相壽

案：齊壽史、漢表皆作「受」，疑以音同而誤，猶張敖子樂昌侯壽史、漢表亦作「受」，王子表有楡丘侯劉壽福，漢表又作「受福」也。

呂平爲扶柳侯

案：平封于琅邪之郲縣，非扶柳也，說在惠景侯表。是時封三呂爲侯，而此只敍呂種、呂平，不及呂産之封洨侯者，以誤書于上文高祖時耳。

太后欲王呂氏，先立孝惠後宮子彊爲淮陽王，子不疑爲常山王，子山爲襄成侯，子朝爲軹侯，子武爲壺關侯。

案：孝惠後宮子凡六人，而所謂太子爲帝者不與焉。彊與不疑之薨皆無嗣，卽以弟襄成侯爲常山王，壺關侯爲淮陽王。其後常山王立爲帝，又以軹侯朝爲常山王。此五人紀、表所書並同，而紀獨不及平昌侯大何哉？攷大封于四年二月，比五人爲後，想以其甚幼耳。至七年因呂王嘉廢，呂產徙王梁，立大爲呂王。更名呂曰濟川，梁名曰呂。迨呂氏既平，徙濟川王大封于梁，未幾滅。紀之失載，當以封侯在後之故，是以漢本紀亦缺。經史問答只緣大封呂王，直指大爲呂氏之子，獨不考此紀下文明云「立皇子平昌侯大爲呂王」乎？史、漢表並云大以孝惠子侯，與五人一例，安得因偶爾失書，遂別生異論也。若以其見于漢異姓表，便斷大非孝惠子，則異姓表豈獨一平昌耶？

常山王薨，以其弟襄成侯山爲常山王，更名義。

案：此十八字當在「呂嘉代立爲王」之下，蓋呂王之一薨一立在十一月，常山王之一薨一立在七月也。

封呂嬃爲臨光侯，呂他爲俞侯。

案：嬃乃樊噲妻也，此及噲傳並作「臨光」，漢書亦然，而如淳文帝紀注作「林光」。攷後書光武紀「建武二年臨邑侯讓」，耿純傳作「林邑」，疑古通借字。蓋嬃以婦人封侯，且爲呂氏謀主，未必遠封他所，亦不聞有地名「臨光」者。三輔黃圖云林光宮在雲陽縣界，得毋以嬃主林光宮而食邑雲陽耶？俞侯當作「鄃」，說在表。

呂更始爲贅其侯

案：侯表是年四月呂氏侯者四人，此失書呂更始爲滕侯，而以贅其侯呂勝爲呂更始，豈不誤哉。

呂忿爲呂成侯

附案：水經注三十一卷作「呂怨」，與史、漢異，疑「怨」字訛。

及諸侯丞相五人

案：侯表是年四月丙申封侯者朱通、衛無擇、王恬開、徐厲、周信及越六人，非五人也。六人中衛無擇是衛尉，周信是河南守，非皆諸侯相也，此誤。徐廣注亦謬，徐不數衛無擇、周信，而牽入呂更始爲五人，豈未檢侯表乎？

置太尉官，絳侯勃爲太尉。

案：絳侯世家云「孝惠帝六年置太尉官，以勃爲太尉，十歲，高后崩」。漢書百官公卿表云「孝惠六年，絳侯周勃復爲太尉，十年遷」。夫自惠帝六年至呂后八年崩，正合十年之數，若謂呂后四年始置太尉，則止五年耳，此與功臣及將相表皆誤。漢書惠紀七年書太尉灌嬰，亦誤。

自決中壄兮蒼天舉直

附案：「舉」字徐廣作「與」，漢書高五王傳同，此訛也。而五王傳「決」作「快」，師古「以快意自殺」解之，似「決」字義勝。

寧蚤自財

附案：考要云「財、裁通。漢書改『自賊』，師古注『害也』，並謬」。余謂考要專主史記，以古韻支灰通用，故依此歌財字，叶下句「之」「仇」二韻也。仇音奇。但「賊」字與上「國」「直」兩韻亦叶。所傳異詞，不得便謂漢書謬。

己丑，日食，晝晦。

案：漢書作「己丑，晦，日有食之。」司馬光通鑑目録七年正月庚申朔，則己丑是晦日。

立皇子平昌侯太爲呂王

附案：漢書異姓、恩澤二表此王之名皆作「大」，師古無音，則史記紀、表並訛爲「太」也。下同。

宣平侯張敖卒，以子偃爲魯王，敖賜謚爲魯元王。

案：敖卒于呂后六年，此在七年，誤。公主食邑于魯，其卒也謚元，張敖以趙王降侯宣平，其卒也謚武，今因妻稱魯元，子爲魯王，別賜敖謚爲魯元王，可怪也。大事記曰「敖尚無恙而封偃魯王者，繼公主之後也。敖死，始從公主之謚追封魯元王。不使子繼父而繼母，不使婦從夫而從婦，悖于三綱甚矣。」

武信侯呂禄上侯，位次第一。

附案：呂禄封胡陵侯，此云「武信」者，徐廣以爲號是也。高祖定侯位，蕭何第一，曹參第二。其後呂后録第，雖曲升張敖爲第三，而蕭、曹之位確然不易。彼無功績封之呂禄，安得稱上侯第一乎？大事記謂呂后二年定位時蕭、曹皆死，必遞遷第三之張敖爲第一，敖既死遂以禄補其處，或當然耳，蓋陳平阿意順之。

八年十月，立呂肅王子東平侯呂通爲燕王，封通弟呂莊爲東平侯。

案：呂通封錘侯非東平也，此與諸侯王表並誤。而東平之封，史、漢表在五月，則當書于後文「呂榮爲祝茲侯」句下，而衍去封事，蓋祝茲等四侯以四月封，或曰「封」字當作「呂」字，宜云「呂通弟」也。此叙在十月，誤矣。又東平侯之名，紀作「莊」，表作「壯」，而漢表作「庀」，師古曰「匹履反」，則作「莊」與「壯」者並誤。不然，漢書當改作「嚴」字，何以別作「庀」耶？或曰此侯有二名。

呂后祓還，過軹道，見物如蒼犬，據高后掖，據音戟。

滹南集辨惑曰：「『呂后』、『高后』，似是兩人，但云『據其掖』可矣。」

高后爲外孫魯元王偃年少

案：敖從公主別賜謚魯元王已屬悖理，而其子偃又稱魯元王，不尤悖乎？攷漢書張耳傳無「元」字，是也，此紀及耳傳並是誤增之。下同。下文別有「廢魯王偃」句，固不誤。

侈爲新都侯，壽爲樂昌侯。

案：史、漢表、傳並作「信都」，而此作「新都」，誤也。但新、信二字，史、漢互用處甚多，顏師古云「新、信同音故耳」。見漢書九十九卷上信鄉侯佟注。王莽改十一公號，以「新」爲「心」，後又改「心」爲「信」，亦因古字通借，轉相改易也。樂昌侯之名，史、漢表又作「受」，說見前。

張釋徐廣曰「一云『張釋卿』」。

附案：下文及惠景侯表作「張澤」，燕王世家作「張子卿」，又作「張卿」，漢書高后紀作「張釋卿」，匈奴傳作「張澤」，而恩澤表及周勃傳作「張釋」，宋祁曰「別本作『張釋卿』」。蓋張名釋字子卿，人或并呼之，或單稱之，故各不同，而「澤」與「釋」古通也。

附案：漢書外戚表獨以「榮」爲「瑩」，疑非。

## 呂榮爲祝茲侯

### 高后病甚，迺令趙王呂禄爲上將軍，軍北軍；呂王産居南軍。

案：呂産之將南軍，當在七年封劉澤琅邪王時，蓋澤將南軍者也，澤就國琅邪，必以産代將矣。呂禄之將北軍，當在二年呂台死後，蓋台將北軍者也，台死而禄必繼之矣。漢書外戚傳與此同誤。高后紀又書禄爲上將軍于七年，亦誤。或謂惠帝崩時，丞相依張辟彊計，請以呂台、呂産爲將，居南北軍，似産與台並時爲將，不待七年始將南軍。抑豈丞相雖請之，而未嘗用産歟？曰：吴斗南云「漢南北兩軍相表裏，其實南軍非北軍比也。高帝發中尉卒三萬人，王温舒爲中尉，請覆中尉卒，得數萬人，北軍尺籍亦云盛矣。若蓋寬饒爲衞司馬，衞卒之數不過數千人而已。故漢之兵制，常以北軍爲重，周勃一入北軍，而吕産、吕更始輩束手就戮。戾太子不得北軍之助，而敗于丞相之兵。兩軍大略可覩矣。吕后初從大臣之請用吕台居北軍，而南軍則用劉澤如故。澤妻后女弟吕嬃女，后意以兩軍惟北軍爲重，既得其柄，南軍又嬃子壻居之，宜無足患。至七年乃復長慮卻顧，使澤之國，而以南軍付吕産。史記于八年載后疾困迺以吕禄居北軍，非也。吕台卒于后之二年，禄蓋代台者，則其居北軍非始于后病困之日」。斗南此辨甚核。

辛巳，高后崩。

案：通鑑考異據長歷言高后八年七月無辛巳，則此與漢紀並誤。通鑑目録辛巳是八月朔，當日歷法闊疎，安知不以爲七月晦乎？

## 以呂王產爲相國

案：產爲相國當在七年七月，蓋審食其免，即以產嗣相位也。漢書高后紀固言七年產爲相國，但誤書于五月以前耳。此及將相表書于八年七月，惠景侯表書于八年九月，並誤。食其免相在七年七月，見百官公卿表。

## 以呂祿女爲帝后

案：祿女爲后，當在四年少帝宏卽位之時，漢書外戚傳可證，此敘于高后死后，亦誤也。

## 以左丞相審食其爲帝太傅

案：事在七年七月，公卿表甚明。此書于八年七月高后葬後，與將相表同誤矣。

## 外畏齊、楚兵

案：下文賈壽亦云「灌嬰與齊楚合從」，而楚無發兵誅諸呂事，疑誤。蓋楚元王從高帝崩後未嘗一至關中，以詩、書自娱，絶不與聞朝政。卽其遣子入長安，亦不過訪浮邱伯學詩而已，故不爲呂后所忌，復封其子上邳侯使爲宗正，豈非以力不足而有遠禍之識耶？殆與吳、代、長沙同居局外矣。

## 梁王產

案：七年更名梁曰呂，故上文已書呂王産矣，而此忽改稱曰梁王，何也？下文「請梁王歸相國印」，亦非。

左丞相食其免

案：將相表及百官表，食其以九月復相，後九月免，則此六字當書後九月中，誤入于八月也。

八月庚申

通鑑考異云：「上有八月丙午，此當作『九月』。」

平陽侯聞之，以呂産謀告丞相平。

案：此十三字與上下文不接，且前已言平陽侯馳告丞相、太尉矣，其爲重出無疑，當衍之。漢書無。

立趙幽王子遂爲趙王

案：遂之立也，在文帝元年，文紀及年表可據，此與世家謂呂后八年九月爲大臣所立者誤。

諸大臣相與陰謀曰：少帝及梁、淮陽、常山王，皆非真孝惠子也。呂后以計詐名他人子，殺其母，養後宮，令孝惠子之，立以爲後及諸王，以彊呂氏。

附案：上文一則曰「孝惠後宮子」，再則曰「孝惠皇后無子，取美人子名之」，則但非張后子，不得言非孝惠子也。乃此言「詐名他人子以爲子」，後又云「足下非劉氏」，何歟？史記考要謂諸大臣陰謀而假之詞，以絶呂氏之黨，不容不誅。其信然已。史公於紀兩書之，而年表亦云「以孝惠子封」，又云「以非子誅」，皆有微意存焉，非岐說也。文紀「大臣曰子弘等皆非孝惠帝子」亦同。

宦者令張澤諭告

案：張澤以中大謁者封建陵侯矣，則其官豈僅宦者令哉。

代王卽夕入未央宮，有謁者十人持戟衞端門，曰：「天子在也，足下何爲者而入？」

案：宮既除矣，少帝出矣，而猶曰天子在乎？大臣奉璽立天子矣，又奉天子法駕卽位入宮矣，而猶曰「足下何爲」乎？事不應有，理所必無，此史公載筆之失。

# 孝文本紀第十

大將軍陳武

附案：陳武，史、漢中亦作「柴武」。臣瓚曰「武有二姓」，是也。又攷漢書賈山傳云「柴唐子爲不善」，是武一名唐，姓名並有二矣。其子柴奇謀反事，見淮南王傳。

宗正劉郢

案：此卽楚元王子夷王郢客也。缺「客」字，說在諸侯王表。

臣謹請與陰安侯列侯頃王后與琅邪王、宗室、大臣、列侯、吏二千石議

附案：議立大事也，而以二婦人冠首，殊爲失禮。徐孚遠謂尚有吕后時遺風，良然。文帝曰「願請

楚王計宜者」，則得之矣。蘇林謂邱嫂封陰安，甚是。如淳謂頃王后封陰安，非也。劉仲之妻已尊爲代頃王后，見爲吴王太后，何煩封侯乎？

## 孝文皇帝元年十月庚戌，徙立故琅邪王澤爲燕王。辛亥，皇帝卽阼，謁高廟。右丞相平徙爲左丞相，太尉勃爲右丞相，大將軍灌嬰爲太尉。諸吕所奪齊、楚故地，皆復與之。

案：此有錯誤，當云「孝文皇帝元年十月庚戌，皇帝卽阼。辛亥，謁高廟」，蓋是年十月朔爲庚戌，文帝以上年後九月晦己酉至長安，故翼日爲歲首，行卽阼之禮，越日謁高廟也。平、勃、灌嬰之爲丞相、太尉在十一月辛卯，一作「辛巳」。將相表可據，此與百官表並誤書于十月辛亥，若果以十月辛亥命官，則下文十月壬子封賜諸臣之詔，何以尚稱太尉勃將軍嬰乎？是宜于「封典客揭爲陽信侯，賜金千斤」之後，而書之曰「十一月，三字補，本紀惟十月有日，故此亦不日。右丞相平徙爲左丞相，太尉勃爲右丞相，大將軍灌嬰爲太尉」。若夫琅邪之徙，趙王之封及復與齊、楚地，俱在十二月，漢書文紀可據，此與諸侯王表並誤書于十月之庚戌、辛亥兩日，而又失書封趙王遂史誤書于吕后紀中。是宜于後文十二月之下書曰「立趙幽王子遂爲趙王，徙立故琅邪王澤爲燕王。諸吕所奪齊、楚故地皆復與之」。

## 典客劉揭身奪趙王吕禄印

案：「趙王」二字當削，漢書載此詔無「趙王」，是也。嘗論大臣謀誅諸吕，酈寄之功不在平、勃下，蓋非寄説吕禄解印，太尉不得入北軍矣。乃文帝封賜不及，豈以紿禄之功，僅足以償平時黨吕之罪，而又迫于絳侯之刼，非其本心乎？曹窋、陸賈亦皆有功無賞，何哉？

天下人民未有嗛志

附案：「嗛」即「慊」，漢書作「㥦志」，義同。應劭曰「滿也」。師古曰「快也」。索隱以爲「不滿之意」，非也。

吴王於朕，兄也，惠仁以好德。淮南王，弟也，秉德以陪朕。

案：漢書無「惠仁以好德」句，似較直捷。

古者殷、周有國，治安皆千餘歲，古之有天下者莫不長焉，用此道也。

案：治安千餘歲之言非其實。又「不」字當衍，索隱本無「不」字，與漢書同。

賜天下鰥寡孤獨窮困及年八十已上孤兒九歲已下布帛米肉各有數

案：漢書載此詔無孤兒九歲已下賜布帛米肉事。

乃循從代來功臣

附案：評林余有丁曰「循謂次及之也」。義門讀書記曰「循，漢書作『脩』，是也。『功』下無『臣』字」。二説以義門爲長。古脩字或作「脩」，而循字或作「循」，故訛。功臣表「深澤侯趙脩」，歷書「未能脩明」亦訛爲「循」字。

衛尉定等十人

附案：漢書文帝紀及百官表並名足，疑「定」字譌。

齊王舅父駟鈞爲清郭侯

附案：清讀若靖，卽靖郭。漢書文紀是「靖」也，故如淳曰「邑名，六國時齊有靖郭君」。而惠景侯表作「清都」，徐廣謂一作「鄡」，鄡卽郻字，鉅鹿縣名。湖本年表訛刻徐廣注爲「鄵」。漢外戚恩澤表作「鄔」，太原縣名。師古、索隱皆言駟鈞初封靖郭，後徙于鄔。史記疏證云「年表駟鈞以文帝元年封，六年有罪除，享國甚短，並無徙封之說。鈞果徙封，表何故止錄其前封，以清都失國耶？恐靖郭、鄡、鄔俱因偏旁形似而差，其作『鄡』與『鄔』者，又并『清』字脱去耳」。此條余嘗面質之杭先生。竊謂靖郭必齊地名，駟鈞以齊王舅父侯，當裂齊地封之。清都實無其地，似不得專據史表「清都」槪指靖郭、鄡、鄔爲差脱。徙封之説固不足信，鄡、鄔、都恐皆訛字。先生曰：「汝之言，是可訂吾疏證之失。」

二年十月，丞相平卒，復以絳侯勃爲丞相。

案：將相表、公卿表勃復相在十一月，此連書于十月，非。

朕聞古者諸侯建國千餘歲

案：「歲」字衍文，漢書無。

十一月晦，日有食之。十二月望，日又食。

案：正義曰：「説文『日蝕則朔，月蝕則望』。而云晦日蝕之，恐歷錯誤。」集解徐廣曰「望日又食，漢書及五行志無此文。一本作『月食』，然史不紀月食」。余謂古法不用定朔而用平朔，故日食多有在前月晦者，非盡史官之誤。春秋隱三年「日食不書朔」，穀梁云「食晦也」。後書鄭興傳言「日食在晦，先時而合，由于月行疾」，亦未確。至徐廣以漢書文紀、五行志無望日又食之事，本作「月食」，明焦竑筆乘及日知録二十七卷並從之。筆乘曰「晦既日食，望又月食，不半月而天變兩見，故于望日下詔書脩省，而詔止云日食，因感月食之變，而益謹日食之戒也」。竊疑「十二月望日又食」七字當是衍文，班書不載，其證一。詔書不及，其證二。日食不以望，其證三。頻月不日食，其證四。焦、顧二公依徐說作「月食」，亦可不必，蓋因史文有「望」字，謬爲之詞也。而以爲史不紀月食，則又不然。古者「日食修德，月食修刑」。公羊傳文。禮昏義言「陰事不得，適見于天，月爲之食」。天官書言月蝕將相當之，故詩傳云月食非常也，比之日食猶常也。周禮鼓人職云「救日月詔王鼓」，太僕職云「軍旅田役贊王鼓，救日月亦如之」。左傳莊二十五年云「非日月之眚不鼓」。是知日月之食並嚴，而月食不書，惟春秋之法，未可概論。卽如史記景帝紀後三年書日月皆食，六國表秦躁公八年書日月蝕，史公何嘗不紀，但不全紀耳。故謂文帝二年十二月無月食或月食而不紀則可，謂史例不記月食則不可也。徐廣說非。而此七字之誤亦有因，下年十月十一月兩次日食，漢書紀、志載之，而史于文帝三年止有十月日蝕，無十一月日食，分明誤入于此。雖然一年兩食者有之，一年三食者有之，比月而食，古無有也。如漢書惠帝七年正月、五月日食，是一年兩食矣。晉書惠帝光熙元年正月、七月、十二月日蝕，是年有閏。是一年三食矣。若比月而食，未之前聞。或難之曰：春秋襄公二十一年九月、十月日食，二十四年七月、八月日食，史記年表皆書日再蝕。漢書高帝三年、文帝三年俱十月、十一月日食，比月而食，古來凡四見，五行志確指所在之星，所應之事，奚言未聞？又杜預長歷論云「春秋日有頻月而食者，曠年不食者，理不得一」。楊士勛穀梁傳釋云「據今歷無有頻食之理，古或有之」。宋梁鉉翁春秋詳說云

「天度有時而變常，若執一定之律，而忽無窮之變，恐失春秋記災示警之意」，子奈何斷以爲絶無耶？曰：此不可以空言争也。左傳疏云「頻食于術不得有。但字則變古爲篆，改篆爲隸，書則縑以代簡，紙以代縑，年數遥遠喪亂，或轉寫誤，失其本真，先儒因循，莫能改易，執文求義，理必不通，後之學者宜知此意」。斯語足破千載之疑，且不觀元史歷志與尚書疏證、春秋大事表乎？元志具著李謙授時歷議引晉姜岌、唐僧一行以爲襄二十一年十月、二十四年八月不應比食，宜在誤條。又云春秋二百四十二年間，日食三十有七事，以授時歷推之，授時歷，元至元間許衡等造。惟襄公二十一年十月庚辰朔及二十四年八月癸巳朔不入食限，蓋自有歷以來，無比月而食之理。姜岌、一行已有定説。孔子作書，但因時歷非大義所關，不必致詳也。疏證卷六上云「春秋時史失其官，閏餘乖次，從古未有過于春秋之世，則難信亦未有過春秋之書。卽以三十六日食論，有誤『五』爲『三』者，謂月數誤。莊十八年、僖十二年是。有誤『三』爲『二』者，文元年是。有誤『十』爲『七』者，宣八年是。有誤『九』爲『六』者，昭十七年是。有以後月作前月，不應閏而閏先時者，隱三年、桓三年、十七年、莊二十五年、三十年是。有以前月作後月應閏而不閏後時者，宣十七年、成十七、襄十五、二十七、昭十五、定十二是。至僖十五年五月之交，宜在四月，然乃亥時月食，非日食，何誤至此」。説本元志。則由此以推，無比食而書比食，其誤又何怪焉？金壇蔡仲全告其弟子秦雲九曰：「想因當日史官算失一閏，誤以二十一年之九月作十月朔日食，已書之史矣，他日又誤以二十四年七月作八月朔日食，已書之史矣，既而見其失閏不合也，乃于兩年各補足一閏，書爲二十一年九月朔日食，二十四年七月朔日食。兩册俱存，而後之修史者并録之爾，或恐無以爲「孔子地」。余意此出于脱簡乎？襄公二十一年、二十四年之前之後，必有某公某年爲冬十月庚辰朔日有食之者，又有爲八月癸巳朔日有食之者，脱其簡于彼，而錯其簡于此，事固有之，理或一解，孔子作春秋因而不革，蓋其慎也。且春秋重在人事以示勸戒，他若歷屬天道，卽用舊史，失在既往，曷由可追？苟必取而正之，凡二百四十二年間，以事繫日，以日繫月，以月繫時，以時繫年，鮮不隨之而錯置矣，孔子敢擅易本國之正朔以干罪戾哉。又云以授時法推得漢高帝三年丁酉歲十一月甲戌朔日食，漢歷誤爲前月晦日也。又書十一月癸卯晦日食，則記載之誤。況癸卯乃十二月朔，不入食限，亦豈晦日哉。更推得文帝三年甲子歲十一月丁酉朔入食限，十二月丁卯朔不入食限，漢書所載誤處，與高帝三年同。總之比月而食，千古所無，不必辨者。晦日日食，乃歷疎之故耳。大事表云「頻食斷無此法，而春秋所以書者，是時周歷算法已不準，推步常遲一月，須歷云某月朔應日食，到前一月之朔而日大食，甚至食之既，人所共見，魯史既據實書之矣。至後一月不見有食，則以周保章氏所頒，未敢輕削。魯史非精歷算者，不能考正是月之不入食限也，因並存之。漢書載高祖三年、文帝三年頻食，亦是漢初襲用秦正，歷法未講，致有此誤，太和定歷以後則無此矣。若謂天道至遠，不可得知，容或有此，則自太初迄今二千年中，絶無連月再食之事，而獨于春秋時再見，且于漢祖開創孝文恭儉之朝再見，無是理也。綜覽諸書，皆不及史記孝文二年書頻月日食之事，而比類以推，則「十二月望日又食」七字顯屬誤端，其爲衍文無疑。卽所稱「十一月晦日有食之」者，亦十二月朔日食之誤也。十二月朔是癸卯。或復難曰：夢溪筆談云「淮南人衞朴精于歷術，春秋日食三十六，密者不過得二十六七，朴乃得三十五。惟莊公十八年一蝕，今古算皆不入蝕法，疑前史誤」。困學紀聞六本此。然則襄二十一年、二十四年頻食，衞朴已推而得之矣，則又何說？曰：歷家如姜岌、一行之流最爲傑出，非朴所敢望，皆確言無比食之理，朴又烏從知之？且莊十八年一食，元志謂誤「五」爲「三」，閻氏於尚書疏證、困學紀聞注、潛邱劄記並言是年五月壬子朔申時日食，而朴不知，朴于歷疎矣，則所謂「得三十五」者，豈足信耶？熙寧中朴造奉元歷。

朕親率耕以給宗廟粢盛

案：漢書此下有「民謫作縣官及貸種食未入，入未備者皆赦之」十八字，此不全載。

三月，有司請立皇子爲諸侯王。

案：諸侯王之立，史、漢表俱在二月乙卯，本紀皆誤作「三月」。

今法有誹謗妖言之罪

案：漢書紀、志高后元年正月詔除妖言令，而此又有除妖言之詔，師古以爲中間曾重復設之。然詔中無一語及妖言，名臣表止言除誹謗律，景帝元年十月詔，歷叙孝文功德，但云除誹謗而亦不及妖言，則師古重設之說未確，疑「妖言」二字是羨文。

前日計遣列侯之國

附案：史詮曰「湖本『詔』作『計』誤」。

以太尉潁陰侯嬰爲丞相。

案：「以太尉」上失書「十二月」，漢紀有。

**復晉陽中都民三歲**

案：漢書「歲」下有「租」字，此缺。

**與王興居去來，亦赦之。**

案：宋袁文甕牖閒評云「漢書濟北王興居反，詔曰『與王興居去來者，亦赦之。』三劉釋云『高帝詔曰與綰居去來歸者赦之』，今文脱『居』字。余謂若依高帝之詔則又脱『歸』字也，劉袁皆就漢書詔詞言之，其實「居」字不必補，但「來」下脱一「者」字，而袁文謂脱「歸」字，尤所未安。高帝曰歸者赦之，則不歸者不赦矣。文帝直曰赦之，則不問其歸不歸而概赦之矣。一字之增減，寬嚴逈別，可妄添乎？居謂與反者，居處也，去來謂與反者往來也，舊注非。

**六年**

案：紀缺四、五、七、八、九、十、十一、十二等年事。又改元後三、四、五年亦缺。

**羣臣請處王蜀嚴道邛都**

附案：「都」乃「郵」字之訛，史、漢淮南王傳作「邛郵」可證。

**今法有肉刑三**

附案：此所謂肉刑三者，孟康注以爲黥、劓、刖。索隱引崔浩漢律序云「文帝除肉刑而宮不易」。賈公彦周禮司刑疏亦言「文帝惟赦墨、劓、刖三肉刑，其宮刑至隋始除之」。蓋皆本漢書刑法志爲説。然景帝元年制曰「除肉刑重絶人之世」，漢書鼂錯對策曰「除去陰刑」，則文帝固已除宮刑矣。且漢志亦並無不易宮刑明文，疑此是劓、刖、宮爲三肉刑，蓋黥至輕，自不應數之。而宮刑之復，必景帝也，故景中四年作陽陵，赦死罪欲腐者許之，孝武于史公亦用此刑。北史西魏文帝大統十三年詔「自今應宮刑者直没官勿刑」，則除宮刑非始于隋也。

成侯赤爲内史，欒布爲將軍。

案：名臣表書「成侯董赤内史欒布」，匈奴傳雖失書欒布，亦云「成侯董赤」不言「爲内史」，漢書文紀雖誤書「成侯」爲「建成侯」，而亦書「内史欒布」，不言赤爲内史也。史詮謂上「爲」字衍。内史，欒布官。此解似是，但百官表是年内史乃董赤，而欒布傳言「自燕相爲將軍」，不言爲内史，疑有誤。「赤」當作「赫」，説在功臣表。

是時北平侯張蒼爲丞相，方明律歷。魯人公孫臣上書陳終始傳五德事，言方今土德時，土德應黄龍見，當改正朔服色制度。天子下其事與丞相議，丞相推以爲今水德，始明正十月上黑事，以爲其言非是，請罷之。

附案：此事封禪書、歷書及賈生、張丞相傳俱有之。竊謂五行之王，頗不足準，其説始于鄒衍，今視之特陰陽末術耳，初無預於治亂之數，自秦始皇采用，遂相沿以爲大事，不亦惑乎！鄒衍論五德取相勝，故賈誼、公孫臣曰應黄龍見，漢當土德，土克水也。沈約因稱白帝之子是水，赤帝之子是土，孝武用之。劉向言五德主相生，以秦爲閏位去之，故曰周木德漢火德。應劭因稱秦水漢土爲失，光武改之。後世咸宗劉説，魏稱土德，晉稱金德，宋稱水德，皆是也。獨張蒼曰「河決金堤漢爲水德」。夫河決豈吉祥善事，而指以爲水德之符，奚異方士以歲旱爲乾封，以孛見爲德星哉？張蒼之議，必因高帝「北畤待我而起」一語，故歷書亦云「高祖自以爲獲水德之瑞」。不知高祖一時之詞，非自道得水德，初起事時，旗幟已尚赤矣，特襲秦正朔服色，未遑更定也。

十七年，得玉杯，刻曰「人主延壽」。於是天子始更爲元年，令天下大酺。其歲新垣平事覺，夷三族。湖本「杯」譌「柸」。

案：漢書文紀十六年九月得玉杯，令天下大酺。此與封禪書以得杯大酺在十七年，誤也。改元以日再中，而此謂因得杯，亦誤。日再中乃秦王誓燕丹妄語，見論衡異虚篇。文帝奈何信之。又攷漢書紀、志高后元年除三族罪，史記脱不書，則族誅之法已前除之，何以新垣平復行三族之誅？豈妖誣不道，不用常典耶？刑法志譏其過刑矣。然文帝于盜高廟玉環之罪欲致之族，則又何也？

令勉　蘇意

附案：荀紀作「李勉」、「蘇隱」，未知何據。令是姓，注以爲官號，非。

宗正劉禮爲將軍

案：公卿表絳侯世家及漢書皆與此同作「宗正劉禮」，然表書禮爲宗正在景帝元年，而乃于孝文後六年冬已書之，未知孰誤？

祝兹侯軍棘門

案：祝兹屬琅邪，松兹屬廬江，判然二地。高后封吕榮，武帝封劉延，是祝兹也。高后封徐厲，昭帝封劉霸，是松兹也。故漢表于祝兹下注琅邪，而水經注二十六卷「膠水北逕祝兹縣故城東，漢武帝封膠東康王子延爲侯國」，斯爲的證。乃史公于惠景功臣表書松兹侯徐厲，固未嘗誤，而此紀及將相表、絳侯世家並以徐厲爲祝兹侯，豈非巨謬乎？徐厲以高后四年封，傳國至建元六年絶。吕榮以高后八年封，若謂徐厲封祝兹，則一地既無兩封之理，而厲亦未失國，吕榮安得有之。漢書紀表傳皆作「祝兹」，尤誤也。至諸將俱書姓名，而此獨缺不具，又不稱將軍，疑抄寫訛脱。然攷功臣表、徐厲傳子悼，以文帝前七年嗣，而棘門之屯在文帝後六年，當是徐悼爲將軍。乃將相表、絳侯世家及漢書文紀、勃傳，並誤爲徐厲，不自知其與表相矛盾，注家俱不糾之。而徐廣于此注云「姓徐名悍」，蓋因下文有將屯將軍屬國悍，意以爲卽松兹侯，故下文再注曰「悍姓徐」。而不知屬國悍實别一人，徐侯亦名悼，非名悍也。

孝文帝從代來，卽位二十三年，

附案：此段總叙文帝諸善政，當在後七年之末「襲號曰皇帝」句下，錯簡于後六年也。後世作史，皆倣此總叙法。

治霸陵皆以瓦器，不得以金銀銅錫爲飾，不治墳，

附案：劉向諫昌陵疏謂「文帝寤張釋之言，去墳薄葬，以儉安神」。賈山亦言之。但晉書愍帝紀「建興三年盜發霸、杜二陵，金玉綵帛不可勝紀，敕收其餘以實内府」。又索琳傳「盜發霸、杜陵，多獲珍寶。

帝問琳『漢陵中物何多耶』？琳對以『漢天子即位一年而爲陵，天下貢賦三分之一充山陵。武帝享年久長，比崩，而茂陵不復容物。赤眉取陵中物不能減半，于今猶有朽帛委積金玉未盡。此二陵是儉者耳』。然則文帝之葬特差少于諸陵，而非真薄也，豈景帝不從遺詔之故乎？而後書光武紀，二十六年壽陵詔云景帝遵太宗薄葬，抑又何也？再攷漢書王莽傳曰「赤眉發掘園陵，惟霸陵、杜陵完」，後書光武紀亦言之。藝文類聚七十九梁沈炯歸魂賦曰「咄嗟驪山之阜，惆悵霸陵之園。文恭儉而無隙，嬴發掘其何言」？白居易新樂府云「驪山脚下秦皇墓，當時自以爲深固。一朝盜掘墳陵破，項羽發之也。龍槨神堂三月火。奢者狼藉儉者安，一凶一吉在眼前。憑君回首向南望，漢文葬在霸陵原」。又唐鮑溶詩云「霸陵一代無發毁，儉風本自張廷尉」。觀此則霸陵未嘗被發，疑晉書不可信。然盜發孝文園瘞錢，已明載張湯傳矣。蓋沈、白諸公止據兩漢書，不見發于赤眉言之，而元李冶古今黈曰「晉書盜發霸、杜陵多獲珍寶，應劭風俗通義載霸陵薄葬亦被發掘，今本風俗通無。而其陵中物與前書本紀絶不同。前書蓋從史筆，劭説從所聞見，容有一誤，質諸晉書，劭説爲得其實」。余謂霸陵凡三被發：張湯傳一也，風俗通二也，晉書三也。赤眉之亂，漢諸陵無不被發者，而獨文、宣二陵幸免開掘，故特書曰「霸陵、杜陵完」。若夫金玉珍寶，必景帝爲之，不依文帝遺詔瓦器之制，事祕莫知，史不得録，待被發而後見，故光武壽陵之詔，亦就遺詔言。李冶以爲史筆諱之，非矣。宋史太祖紀「詔有司周文、成、康、漢高、文、景凡二十七陵被盜發者，重葬致祭」，又在後。

朕聞蓋天下萬物之萌生

案：「蓋」字當衍，或曰宜依漢書作「朕聞之」。

屬將軍武

案：漢書此下有「賜諸侯王已下至孝悌力田金錢帛各有數」十七字，此闕。

乙巳

案：史詮謂「乙巳」下漏「葬霸陵」三字，是也，漢書有。

孝景皇帝元年十月，制詔御史

附案：景帝爲孝文立樂舞之詔，及丞相等請立太宗廟議，漢書載景帝紀，而史録于文紀末者，承上文總叙文帝功德一段，以類相從也。當接寫在「興於禮義」句下，各本皆跳行寫，非。

去肉刑

案：下文云「罪人不帑，不誅無罪。除肉刑，出美人，重絶人之世」。蓋叙事以類相從，則此「去肉刑」三字爲錯出重見，疑是「去田租」之誤。除田租乃第一惠政，非文帝亦不能行，詔中不應獨缺，且與「賞賜長老，收恤孤獨」類也。

減嗜欲，不受獻

附案：紀中無郤貢事，攷漢書賈捐之傳云「孝文時有獻千里馬者，詔曰：『鸞旗在前，屬車在後，吉行五十里，師行三十里，朕乘千里馬，獨先安之？』于是還馬與道里費」。故西域傳贊云「太宗郤走馬」，荀悦申鑒雜言篇亦云「孝文帝不愛千里馬」，此可補史缺。

# 孝景本紀第十一

孝景皇帝者，孝文之中子也。

案：孝文四男，景帝爲長，故立爲太子，史并其前夭死之三男數之，而云「中子」，非也。

元年四月乙卯，赦天下。乙巳，賜民爵一級。

案：「乙巳」二字衍，是月甲午朔，乙巳先乙卯十日，不應賜爵在赦前，亦不應二事相隔多日也。

二年春，封故相國蕭何孫係爲武陵侯

案：功臣表及漢書表、傳皆作「武陽侯蕭嘉」，此作「武陵」，誤。武陵乃郡名，卽秦黔中郡，非所封也。或係或嘉，其人有二名，徐廣言之矣。又漢紀書于六月，此在春，未知孰是。

男子二十而得傅

案：漢紀在冬十二月，此書于春，亦異。「得」字當因下「傅」字誤衍。

廣川、長沙王皆之國

案：六王同封，而獨廣川、長沙二王之就國，豈其餘四王仍居長安乎，抑史之疎脱也？六王者，河間王德、臨江王閼、淮陽王餘、汝南王非、廣川王彭祖、長沙王發，皆景帝子。

彗星出東北

案：漢紀及天文志並作「西南」，此言「東北」，誤也。又漢紀書于十一月，此在八月，異。天文志云「是歲」。

**秋，衡山雨雹，大者五寸，深者二尺。**

案：上已書八月矣，何又言「秋」，當衍。衡山雨雹，漢志不載。

**熒惑逆行，守北辰。月出北辰間。歲星逆行天廷中。**

案：熒惑何由守北辰，月何由出北辰間，真所難曉。邵氏疑問云「星月出入黄道内外，至遠不過十度，從未有失度上行直至樞辰間者，況月之合朔可推，食分可定者乎？此蓋妖星之似火，妖氣映雲之似月者，觀象者訛之也」。余謂非觀象之訛，乃史訛耳。漢天文志曰「孝景二年十月丙子，火與水晨出東方，因守斗」。此書于八月後，亦誤。今本漢志訛作「七月」。

**置南陵及内史、祋祤爲縣**

案：名臣表及漢志並云南陵文帝七年置。又高帝九年置内史，景帝二年置左、右内史見百官表。漢志謂「武帝建元六年置左右内史」，亦誤也。此有缺誤，當云「置左、右内史及祋祤爲縣」。余有丁謂「祋祤屬内史，故云内史」，亦非。

**天火燔雒陽東宫大殿城室**

附案：徐廣云「雒，一作『淮』」，是也。漢書作「淮陽王宫正殿災」，索隱曰「淮陽王宫災，故徙王于魯」。

膠東王雄渠

附案：王名各處作「雄渠」，惟漢書年表作「熊渠」，蓋古通借用字。左傳八元「仲熊」，潛夫論五德志作「仲雄」。易繫疏引世紀「虙犧一號皇雄氏」，月令疏又引作「黄熊」。魏書羊祉傳「熊武斯裁」，「雄武」也。

齊王將廬、燕王嘉皆薨。

案：齊王之名，諸處並作「將閭」，蓋古通用，猶吳王闔閭之爲「闔廬」也。而燕康王嘉，在位二十六年，以景帝五年卒，史、漢表傳世家俱可據，此言與齊孝王同薨于景帝三年，誤。

立皇子徹爲膠東王

案：「徹」字當諱，説在高紀。漢武内傳稱武帝名吉，則徹其改名歟？似不可信，姑記異聞。

更以弋陽爲陽陵

案：「弋陽」是「易陽」之誤，漢地理志可證。

冬，以趙國爲邯鄲郡。

案：此年獨書冬于年終誤，攷漢紀四年及中四年亦並誤書十月于年終，不可曉也。又地理志趙國景帝三年爲邯鄲郡，五年復故，此紀既誤書爲郡于四年之冬，而于五年不書復爲趙國，疎矣。或問諸侯王表亦書于四年，何也？曰：各表之例，凡書滅國及爲郡，有書于當年當月者，有書于明年明月者，以地悉定始稱滅，以置官守始稱郡也，不獨此年趙之爲郡如是，故不得指以爲誤。

三月，作陽陵、渭橋。

案：渭橋之作，漢紀不書。而作陽陵在正月，此云三月，小異。

丁卯，封長公主子蟜爲隆慮侯。

案：盧學士曰史、漢表俱在中五年五月丁丑，漢表無月日。此書於前五年五月丁卯，誤也。徐廣反據此以疑表，亦失于不考耳。高祖時功臣有隆慮侯竈，其子通嗣侯，中元年有罪國除，則不得于通未失侯之前以封蟜，一也。表云「元鼎元年蟜自殺」，漢表云「二十九年」，自中五年至元鼎元年，年數方合，則不得于前五年封，二也。故以爲本紀之誤無疑」。余因攷此侯之名，史記表並作「蟜」，而漢表作「融」。索隱本史表訛作「鱎」，當作「蝸」，與「融」同，豈「蟜」字誤歟？又此紀于封年雖誤，而月日不誤，蓋中五年五月己未朔，丁丑在丁卯之後，必隆慮與乘氏、桓邑同以丁卯封，不然表何以叙隆慮于乘氏、桓邑之前乎？表作「丁丑」，非。

六年春，封中尉趙綰爲建陵侯，江都丞相嘉爲建平侯，隴西太守渾邪爲平曲侯，趙丞相嘉爲江陵侯，故將軍布爲鄃侯。

案：五侯之封，年表在四月，此誤云「春」。而尤誤者以衛綰爲趙綰，較水經注二十六卷誤爲「石綰」更甚。盧學士云「此『趙』字是後人妄增，觀下江都丞相嘉、隴西太守渾邪、趙丞相嘉、故將軍布皆不書姓，知本無此一字」。蓋此乃衛綰非趙綰也，趙綰未嘗封侯，武帝建元二年以御史大夫坐請毋奏事太皇太后下獄自殺。而衛綰封侯，史、漢表昭然可據，乃妄誕之徒于此增一「趙」字，至後元年「以御史大夫綰爲丞相」下，又訛易作「封爲建陵侯」五字，不知後元年所封者塞侯直不疑也。諸家但疑爲複出而憚於詳考，無有明辨其非者，今窮其顚末，表而出之。

梁、楚二王皆薨

案：表言梁孝王以景帝中六年薨，漢表亦然，則此紀以孝王與楚文王並時薨于前六年者誤也。又史紀表世家及漢表，皆以楚文王在位三年，薨于景前六年，而元王傳謂文王在位四年，誤也。

伐馳道樹，殖蘭池。

附案：此文曰「伐」，則不得言「殖」矣，徐廣曰「殖，一作『塡』」，當是也。

七年冬，廢栗太子爲臨江王

案：栗太子之號非禮也，卽當時有此稱，亦不宜著于史。又太子之廢，此言冬，表言十一月乙丑，漢書于紀云春正月，于表云十一月己酉。所書月日各異，余以爲皆誤，當作「三月乙丑」。何以明之？絳侯世家曰「景帝廢栗太子，丞相固爭之不得，景帝由此疏之」。丞相者，亞夫也。亞夫以二月乙巳爲丞相，若栗太子廢于正月以前，則不可通矣。且立膠東王太后爲皇后在四月乙巳，立膠東王爲太子在四月丁巳，若栗太子廢于正月以前，又何以虛東宮至五閱月之久乎？其誤無疑。

十二月晦，日有食之。

案：漢書紀志俱作「十一月庚寅晦」。

丞相青免。二月乙巳，以太尉條侯周亞夫爲丞相。

附案：將相表以亞夫爲丞相在六月乙巳，誤也。百官表謂青之免，亞夫之相，並在六月乙巳，尤誤，當依此紀爲確。此紀云春青免，必正月矣。條侯之「條」，漢書表志作「脩」，仍音爲「條」，古字通用。師古周勃傳注謂志作「蓨」，誤。此紀正義云「條，田彫反。字亦作『蓨』，音同」。自當依史作「條」爲允。宋祁謂當作「蓨」，集韻音桃，非。小司馬從顏監注，謂「在勃海」，正義引括地志謂「俗名南條城，在德州蓨縣南」，蓋因漢志勃海郡脩市縣下注「侯國」二字，又脩市之「脩」亦音「條」，故俱以爲亞夫封在勃海也。果爾，則何以不稱脩市侯而稱條侯乎？後志脩縣屬勃海，顏監見漢志既注侯國于脩市，復見後志勃海郡有脩縣而無脩市，遂誤合爲一，以勃海言之。殊不知信都國之脩縣，東漢始改隸勃海，以脩市併于脩縣。而班志于脩市下注「侯國」者，乃指宣帝封劉寅爲脩市侯，非指周氏之續封也。問有據乎？曰：有。水經注淇水過修縣一條云，「修音條，王莽更名治修，今漢志作「修治」。郡國志曰故屬信都，漢封周亞夫爲侯國，世謂之北修城」。濁漳水至樂成縣一條云，「修市縣，漢宣帝封清河綱王子劉寅爲侯國，王莽更之曰居寧」。此豈非的證歟？至條侯之名，有作「惡夫」者，避暑録話云「人獲玉印遺劉原父，文曰『周惡夫印』，原父云『漢條侯印也』」。攷古亞、惡二字通用，音義亦同。禮記「先有事于惡池」，宋王十朋注東坡秦詛楚文詩作「亞駞」。景帝封盧綰孫他之爲亞谷侯，漢書綰傳作「惡谷」。此二字通用之證。明樂韶鳳洪武正韻「亞，烏落切」。元周伯琦六書正譌「亞，古『堊』字，又借爲『憎亞』、『善亞』字」。說文「亞，醜也」。此音同義同之證。故陸德明周易釋文「天下之至賾而不可惡」，引荀爽本作「亞」。尚書大傳「武王升舟入水，鐘鼓惡，觀臺惡，將舟惡，宗廟惡」，康成讀爲「亞」，尤爲明驗。但不知條侯之名其本字是「亞」是「惡」耳。條侯乃勃次男，則名似宜爲亞，然水經注十九櫟陽縣周勃冢北有弱夫冢，即亞夫冢，弱與惡一例，則又似「惡」爲是。古人命名用惡字者多，經典中如魯文公子惡，衛襄公惡，衛臣有石惡、齊惡，宋有戴惡，鄭有孫惡，楚有郤惡，條侯倘類之乎？且印文未必借刻他字也。

立膠東王爲太子，名徹。

附案：「名徹」二字，史詮以爲當省。余謂此乃後人之注，訛寫作大字，非本文也，本紀無此書法。

中元年封故御史大夫周苛孫平爲繩侯，故御史大夫周昌子左車爲安陽侯。

案：表封繩侯者，周成之孫、周苛之曾孫名應者也，平乃應之子，嗣應爲侯者也。徐廣云「一作『應』」，是已，然不得言「苛孫」。又史、漢表皆云中二年封昌孫左車爲安陽侯，則左車亦非昌子也，亦非中元年封也。此紀于世次年數皆誤，而師古乃據以注漢書，何耶？漢紀同誤。

中三年冬，罷諸侯御史中丞。

案：百官表省諸侯王御史大夫與改丞相爲相，並在中五年，此與漢紀書于中三年，未知孰是。而中丞之稱則誤也，中丞乃御史大夫之屬。

春，匈奴王二人率其徒來降，皆封爲列侯。

案：史、漢表中三年以匈奴王降封侯者七人，安陵侯于軍、垣侯賜、遒侯李隆彊、容城侯徐盧、易侯僕黚、范陽侯范代、翕侯邯鄲。此七人爲匈奴王同，來降同，封侯同，其不同者只安陵以十一月封，餘六侯以正月封，史、漢表誤作十二月。故紀書封侯在春。而以七人爲二人，則誤也。正義謂「二人是首降」，亦無據，蓋與絳侯世家及漢書勃傳言封徐、盧等五人爲侯，並屬誤端。正義所述侯名多錯。

## 立皇子方乘爲清河王

案：此王之封書于三月前，必二月矣。史、漢表在三月，漢紀又在九月，並誤。但史表作「三月丁巳」，漢表作「三月丁酉」，攷是年二月任寅朔，無丁酉，三月壬申朔，無丁巳，則是「二月丁巳」無疑。王名各處無「方」字，蓋衍文。

## 三月彗星出西北

案：漢紀在九月。

## 丞相周亞夫死。

案：是年亞夫免相，非死也，將相表言「免」不誤。攷漢表亞夫以文帝後二年封侯，十八年有罪國除，當景帝中五年，後一歲爲景帝後元年，別封勃子堅爲平曲侯，則其死在中五年明甚。史表中書「六」字「十三」字，以亞夫爲侯十九年國除，蓋並其絕封一歲數之，誤也。此紀書亞夫之死于中三年，與漢紀書于後元年並誤。又百官表九月戊戌丞相亞夫免，此書于三月，疑亦誤也。

## 封十侯

案：「十」乃「五」之誤，猶前封七侯之誤爲二人也。正義云「年表亞谷侯盧他之、各本訛刻「亞王侯」。隆慮侯陳蟜、各本訛刻「龍盧侯陳留蟜」。乘氏侯劉買、桓邑侯劉明、蓋侯王信。餘檢不獲，中元三年匈奴王二人降，封爲列侯。表有七人，疑其五人是十侯之數」。張氏此言最謬，中五年止封五侯，並無十侯，何得强以中三年封者充其數。而安陵等七人之封皆在中三年，史、漢表明確可攷，又何得割中三年所封之五人移入中五年耶？

更命諸侯丞相曰相

案：漢紀在八月，此在六月，微異。

中六年二月己卯，行幸雍，郊見五帝。

案：漢書在十月，是也，此誤二月。

三月，雨雹。

案：漢書紀志皆作「雨雪」，此誤爲「雹」。

四月，梁孝王、城陽共王、汝南王皆薨。

案：前四年徙汝南王非爲江都王，則汝南國久已除爲郡矣，安得中六年有汝南王乎？即非亦以武帝元朔元年薨，不與梁孝、城陽並薨于是年也，當是梁孝王子濟陰哀王不識。濟陰王薨于明歲後元年，紀並書于是年，而又誤爲「汝南」耳。

梁分爲五，封四侯。

案：梁孝王子五人，此不數乘氏侯買者，買嗣梁王故也。而四人中惟明封桓邑侯，餘三人未嘗爲侯。此言「封四侯」誤，當作「封五王」，漢紀云「分梁爲五國，立孝王子五人皆爲王」。

更命廷尉爲大理

案：漢紀改諸官名在中六年十二月，此書于四月以後，而所改官名又不盡載，何歟？且所載多訛，俱説見後。

大行爲行人

案：百官表行人爲典客屬官，景帝改典客爲大行令，未嘗改大行爲行人也。大行卽大行令，省不言令也。

奉常爲太常

案：百官表奉常，秦官，景帝中六年更名太常，故漢書表、傳中凡未更名之先多稱奉常。而史記概稱太常，如高帝拜叔孫通爲太常之類，從不稱奉常，豈非以後之制加前之人耶？然攷唐玄宗六典云「漢高名曰太常，惠帝復曰奉常，景帝又曰太常」。藝文類聚四十九引漢官典職同，據此則非追書之詞矣。疑史、漢紀表但標大略，不甚分晰耳。又百官表景帝是年改太常屬官太祝爲祠祀，此闕。

典客爲大行

附案：百官表武帝太初元年改大行令爲大鴻臚，而漢書景紀中二年有大鴻臚，蓋誤以武帝更名書于未改典客爲大行令之前，非景帝時先有大鴻臚之稱也。

治粟内史爲大農

案：百官表景帝後元年更名大農令，此在中六年，小異。大農卽大農令。

以大内爲二千石，置左右内官，屬大内。

附案：百官表無考。

八月，匈奴入上郡。

案：漢紀在六月。

後元年冬，更命中大夫爲衛尉。

案：表云「衛尉，秦官，景帝初更名中大夫令，後元年復爲衛尉」。此「令」字不可省，蓋中大夫是別一官名，不比大行令、大農令之可稱大行、大農也。

八月壬辰

案：後元年八月丙午朔，無壬辰，而此與將相表、百官表皆作「壬辰」，疑。

以御史大夫綰爲丞相，封爲建陵侯。

案：盧學士云「『封爲建陵侯』五字衍」。余謂依史例當云「以御史大夫建陵侯綰爲丞相」，衍「封爲」二字。

郅將軍擊匈奴

附案：通鑑考異曰「酷吏傳郅都死後宗室多犯法，上乃召甯成爲中尉，在中六年，則後二年所謂郅將軍者，非都也，疑別一人。漢書紀無郅將軍事」。

禁天下食不造歲。省列侯遣之國。

案：「食不造」句必有誤字，當缺所疑。遣列侯漢紀在十月，此在正月，亦小異。周孝廉云「造」當如周禮天官膳夫「以樂徹于造」之「造」。

十月，租長陵田。

附案：十月不當書于三月之後，史詮謂「七月」之譌，是也。

十月，日月皆食。

附案：史詮曰「日食在朔，月食在望，蓋十月之朔日食而望月食，非食在一日也。」或疑「食」字衍，當合下作「皆赤五日」，因漢書紀志俱不言日食故也。

孝景皇帝崩

史詮曰：「『孝景』二字當省。」

遺詔賜諸侯王以下至民爲父後爵一級

案：漢紀「賜諸侯王、列侯馬二駟，吏二千石黄金二斤」，此但云賜諸侯王以下，則疎略矣。而賜民爲父後者爵一級，乃前十日皇太子冠時事，非遺詔也。

是爲孝武皇帝

附案：史公本書稱武帝曰「今上」，曰「今帝」，曰「今天子」，曰「今皇帝」，故凡言「孝武」者，悉後人所妄改也。

置陽陵

附案：評林謂一本「置」作「葬」，是也。史詮云「湖本『葬』作『置』誤，但此三字當在上文『太子卽位』句前，錯簡于封太后弟之後。蓋封太后弟在三月，而孝景之葬陽陵在二月癸酉，其去甲子之崩纔十日耳」。

# 今上本紀第十二

孝武皇帝者，孝景中子也

附案：史公今上本紀全缺，首六十字後人妄加。索隱云「景十三王傳廣川王已上皆武帝兄，自河間王德以至廣川凡有八人，則帝第九」。言中子，非也。此下取封禪書補之，故索隱譏其才薄而又臆爲增改。如李少君是深澤侯舍人而以爲深澤侯。亳人謬忌亦稱薄忌，而以爲亳人薄誘忌。神君之最貴者太一，而以爲大夫。欒大四印合五利爲四，而乃并天道玉印爲四金印。祭恆山，偏岳、瀆，均天漢後事，而謬割郊祀志以竄入之，殊覺乖亂。攷前書藝文志、司馬遷傳及後書班彪傳，並言史記缺十篇，有録無書。張晏謂遷歿之後，亡景紀、武紀、將相表、禮書、樂書、兵書、三王世家、傅靳等傳、日者傳、龜策傳，元、成之閒褚先生補武紀、三王世家、龜策、日者傳。師古謂序目無兵書，張説非。索隱謂「景紀褚先生取班書補之，武紀取封禪書，禮取荀卿禮論，樂取樂記。兵書亡，不補，略述律而言兵，遂分歷述以次之。三王世家空取其策文，日者不能記諸國之異同，而論司馬季主。龜策直太卜占兆雜説」。正義謂「褚少孫補景、武紀，將相表，禮、樂、律書，三王世家，傅靳、日者、龜策傳」。集解引衞宏漢舊儀注謂「太史公作景紀，極言其短及武帝過，武帝怒而削之。後坐舉李陵下蠶室，有怨言，下獄死」。西京雜記謂「武帝怒削景及己紀，後遷以怨望下獄死」。魏志王肅傳謂「武帝聞遷史記，取景及己紀覽之，大怒，削而投之，今兩紀有録無書」。大事記謂惟武紀亡，其餘具在。且曰「景、武兩紀俱亡，而景紀所以復出者，武帝特能毁其副在京師者耳，藏之名山，固自有他本也。武紀終不見者，豈非指切尤甚，雖民間亦畏禍而不敢藏乎」？余以爲諸所説皆妄也。衞宏等言史公之死，竟似北魏崔浩，然漢書遷傳但云遷死，未聞有下獄之事。況被刑後爲中書令，尊寵任職，故其報任安書稱「著史未就，會陵禍，甘隱忍成一家言以償前辱，不復推賢進士」，則死獄之説固虚，而以爲書成於救李陵之前亦謬。且遷史死後稍出，至宣帝時始宣布，明載本傳，武帝安得見之。且史公自序曰「天下翕然，大安殷富，作孝景本紀。漢興五世，隆在建元，作今上本紀」。可知紀中必不作毁謗語，祇殘缺失傳耳，豈削之哉！且封禪、平準諸篇，頗有譏切，又何以不削？而其餘八篇，不盡是譏切，非關怒削，又何以俱亡？若説史公未成，則自序中篇目完全，并字數亦明白記載，何云未成？至班固生於東漢，其書成於章帝建初中，乃司馬貞言褚生以元、成閒人而取用之，有是理乎？更可笑者，張晏諸人動言褚生補史，今卽其所數十篇明言褚補之者，惟三王世家、日者、龜策兩傳，其餘七篇，安得概指爲褚作耶？如補史止屬少孫一人，則始皇紀末附秦記及班固語，高祖、惠景侯表增入征和後元，封禪書增天漢後事，楚元王世家增地節時事，齊悼惠世家增至建始，曹相國世家增曹宗征和時坐法，賈誼傳書賈嘉至昭帝時列爲九卿，韓信傳書韓曾續侯，酈商傳書侯宗根坐法免，張丞相傳續車丞相已下七人，李將軍傳續李陵事，匈奴傳載天漢已後李廣利降匈奴，衛將軍驃騎傳載諸將公孫賀等坐巫蠱族滅，平津侯主父傳載王元后詔及班固所稱，司馬相如傳改易賦詞及勦入班固引揚雄語，酷吏傳添入漢書減宣傳及杜周爲執金吾後事，凡此衆端，詎皆褚爲之歟？又如晏等所數十篇，則三代世表、建元侯表、外戚世家、梁孝王世家、田叔傳、滑稽傳少孫俱有附益，何以不在十篇之數歟？而十篇之中，兵書既序目所無，則止九篇，與前、後書言十篇不合，若云律、歷本一而分次之，則史公序目元分爲二書也。據藝文志馮商續太史公七篇，注韋昭曰「馮商受詔續太史公十餘篇，在班彪別録。商字子高」。師古曰「七略云商，陽陵人，事劉向，與孟柳俱待詔，頗序列傳，未卒，病死。張湯傳注亦云。班彪傳「史記自太初以後闕而不録，好事者或綴集時事，然多鄙俗，不足踵繼其書」。李賢注好事者謂揚雄、劉歆、陽城衡、褚少孫、史孝山之徒。又史通古今正史篇「續史記諸儒有劉向、歆、馮商、衛衡、揚雄、史岑、梁審、肆仁、晉馮、段肅、金丹、馮衍、韋融、蕭奮、劉恂等，迄於哀、平，猶名史記」，則補史非少孫一人明矣。今讀孝景紀，所書惟大事，另一體格，後世史家作帝紀，多祖此例，且有漢書所無者。宋真德秀録景紀論於文章正宗，亦以爲史公之筆，夫豈他人所能僞哉。將相名臣表惟缺前序，自高祖元年至太初四年完然具存，天漢已下後人所續，亦如建元侯表之類，非本表有未全也。律書即是兵書，易稱師出以律，而古者吹律以聽軍聲，所以名律爲兵，索隱已嘗論之，觀本書及自序可見，烏得以爲闕乎？傅靳傳非史公不能作，其叙事簡而有法，與曹相國世家、樊酈滕灌傳同一體例，孟堅仍其文，少所删潤，其闕安在？蓋史記凡缺七篇，「十篇」乃「七篇」之訛，故兩漢書謂十篇無書者固非，而謂九篇具存者尤非也。七篇者，今上本紀一，禮書二，樂書三，歷書四，三王世家五，日者傳六，龜策傳七。或問以十篇爲七篇之訛何據？曰：史、漢中「七」「十」兩字互舛甚多，並辨見各條。而其所以誤者，篆隸字形相似，隸釋孔龢碑三月二十七日是已。

# 史記志疑卷八

## 三代世表第一

### 帝王世

案：五帝、三王之世多有紕漏，與本紀同，故其屬長短不相當，已説在五帝紀矣。乃所書殷屬終帝槐之世，周屬終帝芒之世。自夏帝泄至殷帝辛有世無屬。又成王已後，周之世與列侯之屬亦不相當。此非盡史公之誤也。考梁書劉杳傳、史通表歷篇俱引桓譚新論，云「太史公三代世表旁行斜上，並效周譜」。今表有旁行而無斜上，久失其舊。則知帝泄以下之無屬，固因世系脱誤，不能緜歷無差，亦緣連敍殷、周之世于前，遂致乖絶。而列侯之屬不相當，均是傳寫誤耳。史通雜説篇謂「太史公之創表，列行縈紆以相屬，編字戢孴而相排。雖燕、越萬里，而徑寸之内犬牙可接；雖昭穆九代，而方寸之中雁行有序。使讀者閲文便睹，舉目可詳，此其所以爲快也」。表歷篇又云「表次在篇第，編諸卷軸，得之不爲益，失之不爲損。使讀者莫不先看本紀，越至世家，表在乎其間，緘而不視」。以爲煩費無用，妄加貶斥，不自知其矛盾也。大事記謂「史記十表，意義宏深」。通志謂「史記一書，功在十表」。誠哉斯語，余故參訂加詳焉。

顓頊屬，佶屬，堯屬，舜屬，夏屬，殷屬，周屬。

案：顓頊不出自黄帝，非黄帝孫。佶非黄帝曾孫。堯非黄帝元孫。舜出顓頊，不出黄帝。窮蟬亦非顓頊子，夏禹非顓頊孫。殷之祖契，周之祖稷，俱非佶子。有辨詳五帝紀中。今即依史言之，則顓頊屬所云「昌意生顓頊爲高陽氏」，當書于黃帝世下。佶屬所云「蟜極生高辛，高辛爲帝佶」，「爲」，今本誤作「生」。當書于顓頊世下。堯屬所云「蟜極生高辛」，當書于顓頊世下。「高辛生放勳，放勳爲堯」當并書于帝佶世下。舜屬所云「昌意生顓頊」當書于黃帝世下。「顓頊生窮蟬，窮蟬生敬康」，當書于顓頊世下。「敬康生句望，句望生蟜牛」，當書于帝佶世下。句望一代，史誤仍大戴禮説，見紀。「蟜牛生瞽瞍，瞽瞍生重華，是爲帝舜」，當書于帝堯世下，今本皆遞訛在後一格。夏屬所云「昌意生顓頊」，當書于黃帝世下，訛後一格。「顓頊生鯀」，當書于顓頊世下，訛後三格。「鯀生文命，文命是爲禹」當并書于帝堯世下，訛分在後兩格。然史缺鯀以前代系，漢志言「顓頊五世生鯀」，是也。殷屬所云「高辛生卨，卨爲殷祖」，當并書于帝佶世下，此分書于佶、堯兩世，訛矣。然殷屬終夏槐，遂令卨子昭明至主癸十二君，莫知確在夏之何世？姑據竹書攷之，「帝相十五年，相土遷商邱」，則相土當書于帝相世下，而前之昭明，後之昌若、曹圉、根國世本曹圉下有根國一代，史缺，故補入。可以約知其時矣。少康十一年「使商侯冥治河」。帝杼十三年「冥死于河」。帝芒三十三年「商侯振也。遷殷」。帝泄十二年「殷侯亦振。賓于有易」。十六年「殷侯微以河伯之師伐有易」。則冥當書于少康世，振當書于帝杼世，微當書于帝泄世，而後之報丁至主癸五君當夏不降至發六王，亦可約略知之矣。則「主癸生天乙」云云，當書于履癸世下也。周屬所云「后稷生不窋，不窋生鞠」不應在堯、舜世下，周屬終夏芒，遂令周之諸君莫能確指在夏、殷何世？蓋史公不知國語十五王之誤，删縮世次以合其數，强以后稷至文王十五世當唐、虞、夏、商四朝。攷路史發揮「稷生台璽，台璽生叔均」，則當補入表中，書於禹及啓之世。不窋固非后稷子，恐亦未是叔均子，而國語言「夏后氏衰，不窋失官」，韋昭本人表以夏衰爲太康，則當書不窋于太康世。史、漢及吴越春秋並言公劉避桀居邠，則當書公劉于履癸世。而不窋以後，公劉以前，未知中傳幾世，決不止鞠一代，當作「鞠陶」，說見紀。古籍敗亡，不可得詳矣。人表言公非後有辟方，高圉後有夷竢，亞圉後有雲都，皆當補入表中。而竹書「祖乙十五年命高圉。盤庚十九年命亞圉。祖甲十三年命組紺」。則高圉當書祖乙世，亞圉當書盤庚世，公祖類當書祖甲世。而自公劉以後之慶節、皇僕、差弗、毁渝、公非、辟方、高圉七君，當成湯至祖乙十三王；自高圉以後之夷竢、亞圉、雲都、公祖類四君，當祖辛至廩辛十二王，總三百九十一年，雖未足相當，然可約知其時矣。差弗、毁渝、夷竢、公祖類之異名，高圉、亞圉之非父子，並說在周紀。竹書「武乙元年邠遷于岐周。後漢書西羌傳亦言武乙暴虐犬戎寇邊古公踰梁山而避于岐下三年，命亶父賜以岐邑。二十一年亶父薨」。則亶父之立必在武乙前，當書于庚丁世。「武乙三十四年，周公季歷來朝。文丁四年，命爲牧師。後漢書亦云。十一年命爲伯。十二年爲文公元年」。文公者，文王也。則當書季歷于武乙世，書文王于文丁世，書武王于帝辛世。

## 帝顓頊　起黄帝至顓頊三世

案：「三世」下，史詮謂缺「號高陽」三字，是，蓋表第一格兼載國號也。

## 爲高陽氏

案：「爲」上缺「顓頊」二字，史詮云。

帝俈　蟜極生高辛，高辛生帝俈。（金陵本作「蟜極生高辛爲帝俈」。）

案：高辛卽俈，史詮以「生」乃「爲」字之誤，是也。明毛晉集解本作「蟜極生高辛爲帝俈」，索隱本作「蟜極生帝俈」，以史表前後書法例之，疑皆因其誤而改録焉，非史表原文。

高辛生后稷，爲周祖。

案：「爲周祖」上，史詮謂缺「后稷」二字。

帝堯　起黄帝至俈子五世，號唐堯。（金陵本作「號唐」，無「堯」字。）

案：史詮謂「起」上缺「黄帝元孫」四字，「唐」下衍「堯」字。

帝舜　是爲帝舜

案：史詮謂「是爲帝舜」上缺「重華」二字。

帝禹　黄帝耳孫

案：三代皆不稱帝，史公妄加之，説在殷紀中。又禹出顓頊，不得以爲黄帝耳孫。卽依史所説，亦當作玄孫，非耳孫也，豈史公以耳孫爲玄孫乎？攷耳孫之解不一，或以爲曾孫，或以爲玄孫之子，或以爲玄孫之曾孫，卽仍孫，耳音仍。並見漢書惠紀注。學林辨耳孫是曾孫，以師古音仍爲誤。

帝杼　公祖類生太王亶父

案：史詮謂當作「生古公亶父，爲太王」。三代諸王之名，已説在紀中者不列。

帝槐　是爲殷湯

案：史表書法「是爲」上缺「天乙」二字。

從湯至黄帝十七世

案：湯至黄帝之世次不可考，即依史數之，亦是十八世，非十七世也。

亶父生季歷

案：史詮謂「季歷」下缺「爲王季」三字。

益易卦

案：文王演易，誤爲益卦，説在紀。

帝芒　文王昌生武王發

案：史詮謂此下缺「從武王至黄帝二十世」九字。

從黄帝至桀二十世

案：黄帝至桀何止二十世，即依史所書世次數之，亦是二十一世，非二十世也。

從黄帝至湯十七世

案：「十七」當作「十八」，説見上。

帝小甲，太庚弟。殷道衰，諸侯或不至。

案：紀以小甲爲太庚子，表以爲弟，二處不同，故書君奭疏謂「俱出馬遷，必有一誤」。然攷索隱引世本與紀合。孔傳以太戊爲太甲之孫，蓋太甲之子是沃丁、太庚，太庚之子是小甲、雍己、太戊，所以太戊爲太甲孫。孔傳雖僞，然與世本不殊，則表言弟者誤矣。又紀謂殷衰諸侯不至在雍己時，當是也，此亦誤前書于小甲之世。

帝太戊　稱中宗

案：殷有三宗，表于太戊書稱中宗，于武丁書稱高宗，而獨不書太甲之稱太宗，不亦疎乎？至竹書以太戊爲太宗，祖乙爲中宗，恐不可信。而班固東都賦稱盤庚爲宗，李善已言，是班之誤。

帝盤庚　徙河南

案：遷都大事，皆當書于表。殷、周之遷屢矣，乃表止書盤庚徙河南，武乙徙河北，而其餘概不之及，殊爲漏略。

帝甲　淫

案：徐廣曰「一云『淫德，殷衰』」。據下有「殷益衰」之文，則徐説爲是。紀亦云「帝甲淫亂，殷復衰」也。然帝甲卽祖甲，殷之賢君，而以爲淫亂衰殷，誣衊之甚。説在紀。

帝庚丁　徙河北

案：徙河北者武乙也，此誤爲庚丁。

帝太丁

案：「太丁」乃「文丁」之誤，説見殷紀。

帝乙　殷益衰。

案：帝乙賢君也，而云殷由之益衰，謬矣，說見紀中。

帝辛　弒

案：「弒」字史公誤書，說見周紀。別本作「死」，亦是後人改之，非原文也。

從湯至紂二十九世。從黃帝至紂四十六世。

案：湯至紂乃三十世，非二十九也。而黃帝至紂之世次不可考，依史所書，亦當作四十七世，非四十六也。此皆誤。

周武王伐殷。從黃帝至武王十九世。（金陵本作「代殷」。）

案：「伐」乃「代」字之訛，與前書「殷湯代夏氏」同一體例。至周雖祖黃帝，而世次實無可考。若依史數之，黃帝至武王乃二十世，不得言十九。夫周自后稷至武王尚不止十九世，況起自黃帝乎？

魯、齊、晉、秦、楚、宋、衞、陳、蔡、曹、燕。

案：侯之有世家者，除鄭後封外，自當盡載，此何以但數魯、齊等十一國，而不及吳、杞、越，吳爲同姓之首，杞爲三恪之一，越爲夏時故國，安得遺之。又世家以吳、齊、魯、燕、蔡、曹、陳、杞、衞、宋、晉、楚、越爲序，已不免失次，此何以復與世家異。然則宜奚書？曰：魯爲先，蔡、曹、衞次之，明長幼也。次晉，武穆下于文昭也。次燕，爲同姓也。次陳、宋，周之恪也。次楚，尊師也。次齊，周以異姓爲後也。次秦，封晚也。而補吳居于首，嘉讓也。補杞于宋之上，夏裔也。補越于楚之上，重故國也。表列十一國，惟晉、楚封于成王時，秦至孝王時乃封，其餘俱武王封之。此書諸侯初封，皆始自成王之世，而列侯之世屬與周不相當。今攷如左。魯、齊、陳皆侯爵，秦、鄭伯爵，世表、十二侯表于此五國獨泛稱爲公，亦不知何意？

## 魯

案：武王對公旦于魯，留相王室，使伯禽就國，則當書公旦初封于武王世，書伯禽于成王世也。世家考公四年，煬公六年，漢律歷志載劉歆三統歷引世家作「煬公十六年」，非。漢志三統歷謂伯禽卒於康王十六年，徐廣稱皇甫謐亦同。竹書云康王十九年禽父薨，有誤。而竹書康王二十六年陟，則考公以康王十十七年立，煬公以康王二十一年立，是考、煬二公當并書于康王世也。幽公十四年，以昭王元年立，十四年卒，魏公五十年，以昭王十五年立，穆王四十五年卒，竹書與世家合，則是幽、魏二公當并書于昭王世也。竹書昭王十八年也，或云昭王五十一年，恐非。厲公三十七年，以穆王四十六年立，懿王十五年卒，穆王五十五年，共王十二年，竹書云懿王十七年，厲公薨，蓋錯簡在後二歲耳。則厲公當書于穆王世，獻公當書于懿王世也。但竹書懿王二十五年陟，孝王九年陟，夷王八年陟，或云孝王十五年，夷王十六年，恐非。厲王即位，中間獨不紀獻公之薨，蓋缺文耳。而世家稱獻公三十二年，漢志作「五十年」，徐廣引皇甫謐作「三十六年」，三說依漢志爲確。知者，真公十五年當共和元年，則真公實以厲王二十四年立，而自厲王二十三年逆數至懿王十六年，恰得五十年，何言三十二與三十六年哉。劉恕外紀又載或云「獻公四十二年」，亦非。

## 齊

案：太公初封，自當書于武王世，而其卒不知的在何時？世家但云百有餘歲而已。竹書于康王六年言太公薨，然尚書顧命已稱齊侯呂伋，是太公卒于成王末年無疑。故左傳云伋事康王，昭十二。則表書呂伋于康王世是也。乙公、癸公不得其年，表書于昭、穆二王之世，或亦當然。康成詩譜謂「懿王烹哀公」，世家徐廣據竹書言夷王烹之，非。檀弓疏言齊世家「哀公荒淫，夷王烹之」，尤誤，世家無荒淫之文，亦不説是夷王也。則哀公必以恭王時立，表書哀公于恭王世，書胡公于懿王世甚合。胡公之壽最永，故其爲獻公所弑。世家言當夷王時，詩疏曰胡公以懿王時立，歷孝王至夷王時被弑。王世不長，而齊君壽考，得一世當三王，自應書獻公于夷王世，不應書于孝王世矣。惟世家獻公僅九年，而其子武公即位之十年，便當共和之元，逆推年數，武公立于厲王二十九年，獻公立于厲王二十年，即使獻公弑立在夷王之末，亦有二十年。中懸無屬，竊疑獻公之年有脱誤，必是二十九年，則書獻公于夷王世，書武公于厲王世，得其時矣。竹書于厲王三年書齊獻公薨，非。

## 晉

案：叔虞至厲侯五代皆無年可攷。左傳言燮父事康王，則表書燮于康王世，是也。而厲侯子靖侯立于厲王二十一年，表乃書于懿王世下，誤矣。據竹書，自厲王二十年，逆推至康王元年，凡一百七十四年，而晉以四世當之，未知長短何屬？

## 秦

案：孝王始封非子爲附庸，邑諸秦，乃表以惡來爲初封之君，書于成王世，而歷叙其後代，至非子書于懿王世，殊誤。非子之年莫攷。秦本紀稱秦侯十年，公伯三年，秦仲之四年當共和元年。則逆而推之，秦仲立于厲王三十五年，公伯立于三十二年，秦侯立于二十二年，是非子至厲王二十一年方卒，蓋在位三十餘年也。而表以秦侯、公伯、秦仲分書于孝、夷、厲三王世下，亦誤。然則宜何如書？曰：書非子於孝王之世，移「初封」二字於「非子」格內，補入「伯翳後」三字，而并書秦侯、公伯、秦仲於厲王世，削去「惡來至大駱」十七字，庶爲得之。

## 楚

案：表於楚最誤，鬻熊爲熊繹曾祖，而乃以爲父，其誤一。鬻熊爲文王師，故此云鬻事文王熊繹則事成、康，故世家言繹事成王，左傳言繹事康王，蓋身歷兩朝也。而繹子熊乂或及康王中年，則依次書之，以一君當一王，似無不可。然熊渠當夷王時，逮厲王時卒，世家及竹書可證，則當敘熊渠於夷王世矣，乃書於懿王世下，其誤二。熊無康是渠之長子，早死未立，而妄列爲一代，其誤三。熊鷙即左傳熊摯，古字通，以有疾不得嗣位，紅爲鷙弟繼熊渠而立。此與世家牽合爲一人，名曰「熊鷙紅」，其誤四。熊渠既逮厲王，則熊紅、熊延當并書於厲王之世，何得置紅於夷王世下，其誤五。熊勇立於厲王三十二年，亦當并書厲王世，又何以退勇於共和下，其誤六。竹書於厲王六年書楚子延卒，十六年書勇卒，並誤。

## 宋

案：武王封微子，則當書初封於武王世，而其卒不知何時？厲公已前，皆無年可攷，表謬以一君當一王也。卽以煬公言之，世家稱煬公嗣位，厲公弒之而自立，夫煬公甫立便弒，在位之日無多，安得當懿王一世二十五年乎？更以釐公言之，釐以厲王二十一年立，當書厲王世，乃置於夷王下何居？其餘誤可知已。煬公，家語作「襄公」，誤。

## 衛

案：建衛莫定爲武王、成王，而康叔之卒立無攷，表亦以一君當一王。然有可疑者，世家言頃侯賂夷王，則書頃侯於夷王之世宜也。但頃侯十二年卒，子釐侯嗣位之十四年，便及共和之元何歟？將逆推其世，而釐侯立於厲王二十五年，頃侯立於厲王十三年，安得逮事夷王。將順敷其世，而夷、厲兩王凡四十五年，竹書於厲王之年誤，當依史記也。安得釐侯十四年，當共和行政之歲？進退互參，無從勘檢，蓋世家於頃侯之年有訛脱，得毋頃侯三十二年卒乎？

## 陳

案：胡公當書武王世下，而諸公之年，皆缺不具。世家言慎公當厲王時，其子幽公十四年便及共和，則慎公卒於厲王二十四年，幽公立於厲王二十五年矣。乃此敍慎公於共王之世，序幽公於懿王之世，而又增釐公於孝王下，反空夷王、厲王兩世，誤矣。宜衍去「釐公」，并書慎、幽二公於厲王世方得。

## 蔡

案：叔度是武王時初封，蔡仲是成王時復封，此誤分書於成、康二王之世耳。諸君之年皆莫攷，而武侯二十三年，當共和元年，則武侯立於厲王十六年也，乃此書武侯於懿王之世，又誤矣。

曹

案：曹叔當書武王世下，而諸君之年無攷。世家言夷伯二十三年，厲王流彘，則其立在厲王十五年，而此書夷伯於孝王之世，誤也。

燕

案：召公當書武王世固已，而惠侯二十四年，當共和之元，其立在厲王十五年，則「九世至惠侯」五字當書厲王世，乃此前書於康王世，非也。蓋燕爲小國，初稱北燕，七國時亦獨弱，故國史簡略紕繆，諸君之名皆無攷。其謚重三重二，又多不言其屬。春秋納簡公一事，與史表惠公相值。公子職之名見趙世家，而單文無徵，奚但惠侯已前年數代系缺然莫考也哉。惠侯稱侯，説在十二侯表。

成王誦　宋，微子啟

案：「啟」當諱作「開」。

衞，康叔

案：康叔名封，此失書。史詮謂「叔」下缺「封」字也。表于各國諸侯之名，或書或不書，體例多不齊一，亦是疎處。

康王釗　宋，微仲，啟弟。

案：微仲而下並失書名。「啟弟」亦當作「開弟」。但史記以仲爲啟弟，從呂氏春秋仲冬紀也，書疏及家語俱仍之。而仲實微子之次子，決非其弟，閻氏四書釋地續辨之云「微子長子蚤卒，有子名腯。次子微仲名衍。周禮適子死立適孫，次子不得干焉。微子從其故殷之禮，舍長子之子腯而立次子衍，與子服伯子引以況公儀仲子者脗合，其證一。人表于微仲下注曰啟子，其證二。啟爲帝乙元子，衍果屬次子，王畿千里，豈少閒土，斷無兄弟並封一國之理，其證三。是知微仲者，子襲父氏，上有伯兄，字降而次，則以仲爲啟弟誤」。閻説本于古史，古史曰「微子卒，世子蚤死，乃立世子之弟微仲衍」。注云「世以仲爲微子之弟，失之」。劉恕外紀於周紀亦稱衍是啟子，引檀弓爲驗，謂史記誤，而商紀又依呂氏春秋，未免歧見。毛氏奇齡經問十二力主仲是微子弟之説，闢閻爲非，不足信也。

衛，康伯

案：孝伯以下，其名本缺，若康伯之名牟，固與康叔名封並見于經，何以不書？又衛實侯爵，何以世表、世家康伯至貞伯六代稱伯？索隱從鄭箋，以伯爲方伯，蓋依詩序「旄邱責衛伯」之文耳。但世家言頃侯賂夷王命爲侯，若以方伯解之，頃侯縱不爲方伯，本爵自存，奚必賂周復爵？且古無以方伯之伯繫謚者。經史問答云「衛初封卽侯爵，其後稱伯者，或昭王以下之所降黜，至頃侯而復之。惟是康伯爲王孫牟，事周康王，功侔魯、晉，無緣削爵爲伯。左右思之，誠所未喻。評林余有丁謂伯仲之伯，尤非。康叔之「康」，書疏引馬王云圻内國名，甚是。白虎通姓名篇「康、南皆采也」。路史國名紀五曰「康城在潁川。受封于衛，仍兼康號」。其時謚法初行，諸侯尚未徧及，列國之君有至四世五世而後有謚者，康叔、康伯皆因食采以爲號。康叔，周書克殷篇亦稱衞叔。鄭康成以康爲謚，非。索隱云世本康伯名髡，卽王孫牟。攷杜世族譜是王孫髦，牟、髦聲相近，「髡」字譌。古史考無康伯，而云「子牟伯立」，蓋誤認康爲謚，其意兩代不應同一易名之典，遂因其名曰牟伯，而不知康非謚也。四書釋地續云「括地志『故康城在許州陽翟縣西北三十五里』。今禹州」。

陳，申公

案：申公以下皆失書名，然謚法無「申」，疑。

蔡仲

案：蔡仲名胡，此缺。

昭王瑕　魯，考公

案：考公以下失書名。人表「考公」作「孝公」，則魯有兩孝公矣，與史記及律歷志異，蓋人表訛也。

齊，乙公。晉，武侯。宋公。

案：此以下三國之君，皆失書名。

陳，相公

案：相公格内當有「申公弟」三字。但人表「相」作「栢」，未知孰是，謚法亦不聞有「相」與「栢」者。

蔡伯

案：蔡伯而後，其名原缺。若蔡伯名荒，何亦不書？又蔡爲侯爵，奚以蔡伯獨稱伯，豈時王之所降黜，至其子宮侯而復之歟？

曹，太伯

案：太伯以下失書名。

穆王滿　楚，熊勝

案：人表作「熊盤」，莫知何出。疑勝有二名。但世家以熊勝爲熊黮子，而人表以熊盤爲熊乂子，未詳誰是。若依人表，則熊勝格内應有「乂子」二字也。

衞，嗣伯

案：嗣伯及其子疌伯皆謚法所無，豈其名歟？然前之孝伯已有謚，不應二伯無謚，疑。

陳，孝公

案：孝公格内當有「申公子」三字，此缺。

蔡，宮侯

案：謚法無「宮」，或宮是名，然曹有宮伯侯，何也？

曹，仲君

案：曹伯也，何以稱仲君，豈仲不以正終，故貶其號歟？然無攷。

恭王伊扈　楚，熊煬

案：世家熊煬爲熊勝弟，則煬格中失書「勝弟」二字。然人表又以煬爲勝子，與史不同，亦所未詳。

宋，滑公，丁公弟。

案：家語「滑」作「緡」，音義同。但世家稱滑公是丁公子，皇王大紀亦云微仲曾孫滑公，則此言「丁公弟」，誤矣。人表作「共公子」，乃「丁公子」之訛。「丁公弟」三字當衍。

曹，宮伯

案：宮伯名侯，而謚法無「宮」，疑莫能明。曹詩譜疏引世家訛「宮」爲「官」。

懿王堅　魯，魏公

案：魏公格内失書「幽公弟」三字。又左傳文十六年疏引世家作「徽公」，釋文云世本作「徽公」。而漢律歷志及集解、索隱引世本皆作「微公」，惟人表與史同。蓋「徽」爲「微」之訛。但謚法無「微」，而小司馬謂「古書多用『魏』字作『微』」，徧檢不得。殷本紀微子，小司馬亦云「孔子家語『微』或作『魏』，讀從微音」。今家語無之。余仲弟錢唐梁履繩曰「魏即『巍』字，莊子知北遊篇『魏魏乎其終則復始』，陸氏音魏爲魚威反，是音與『微』同矣。揚子方言卷二『魏，細也，秦、晉之間凡細而有容謂之魏』。郭璞注『魏魏，小成貌』，是義與『微』同矣。然通借實未見」。

齊，胡公

案：格中失書「哀公弟」三字。

孝王方，懿王弟

案：本紀孝王名辟方，竹書、人表同，此誤脱「辟」字。然與十六世祖同名，可怪也。又孝王乃共王弟，此誤以爲懿王弟，亦猶人表誤以懿王爲穆王子也。

齊，獻公弒胡公

案：格內失書「哀公弟」三字。又世表於列國但書其世而已，何以獨書齊獻公之弒胡公。若謂弒逆大事，表當附書，則魯魏公之弒幽公，宋厲公之弒煬公，又何以不書乎？

宋，厲公

案：格中失書「湣公子」三字。

衛，貞伯

案：索隱引世本作「箕伯」。謚法無「箕」，或「箕」是貞伯之名歟？

厲王胡　魯，真公

附案：漢志人表及世本皆作「慎公」，索隱亦云本作「慎」，則今本史作「真公」與詩譜序疏作「貞公」並誤。左傳文十六年疏及釋文引世家作「順公」也。

共和，二伯行政。

案：共和是共伯和，史以爲周、召行政之號，非也。以共和與諸王並列欠安，已説在周紀。又以上文例之，此下當云「從武王至厲王十世。從黄帝至厲王二十九世」。史詮補此十八字，然二十九世之説亦非。

魯，武公，真公弟。

案：「武公真公弟」五字衍。

張夫子問褚先生

附案：褚少孫，元、成間俗儒也。所續史記，此篇乃其首製。徒見世表訖于共和，天位久虛，人臣攝政，遂以其事與霍光相類，因附論焉。霍氏所出微，而持權甚盛，故造爲「契、稷無父」之説以神之，妄引黄帝終始傳有人生白燕鄉之謡以驗之。白燕，湖本訛作「自燕」，然當作「白鹿」爲是。誠小司馬所謂「言之不經，蕪穢正史」者也。

## 十二諸侯年表第二

太史公讀春秋歷譜諜，至周厲王，未嘗不廢書而歎也。曰：嗚呼，師摯見之矣！

案：孔子云師摯之始，蓋所謂吾猶及之者也。孔安國以爲魯哀公時人，自不可易。史公作禮書序，云「仲尼没後，受業之徒沈湮而不舉，或適齊、楚，或入河海」，即指師摯諸人論之。雖以摯等爲孔子之徒，不免于誤，以諸伶之散謂在孔子没後，亦不知何據。而已明言與孔子並世矣。乃此序又若以師摯爲厲王時人。董仲舒對策曰「至于殷紂，守職之人皆奔走逃亡，入于河海」。紂時有樂官太師疵、少師彊，疵與摯音相近，彊亦與陽近，以此致訛。班固因之，故禮樂志曰「殷紂斷棄先祖之樂，樂官師瞽抱其器而犇散，或適諸侯，或入河海」。人表列師摯八人于三仁八士之間。師古注又引鄭康成以爲平王時人。斯皆學者異師，各守所見，文義競馳，往往乖刺。馬、班、董、鄭之説，同爲紕繆矣。廣韻「播」字注云「又姓，播武，殷賢人」。以播爲姓，怪甚。

## 紂爲象箸而箕子唏

附案：考要曰「韓非子『紂爲象箸而箕子怖』，史遷作『唏』，蓋本淮南子。若范蔚宗漢書謂『微子垂泣于象箸』，則誤也」。後書見西羌傳，韓子見喻老、説林，淮南見説山，而繆稱作「嘰」。

## 周道缺，詩人本之衽席，關雎作。仁義陵遲，鹿鳴刺焉。

案：漢書儒林傳稱孔安國爲申公弟子，則安國所受者魯詩。史公從安國問古文尚書，或亦從學魯詩。表言周道缺而關雎作，儒林傳序言周室衰而關雎作，其用魯詩歟？漢書杜欽傳曰「佩玉晏鳴，關雎歎之」。法言孝至篇曰「周康之時，關雎作乎上，傷始亂也」。後漢書皇后紀序曰「康王晚朝，關雎作諷」。楊賜傳曰「康王一朝晏起，關雎見幾而作」。注者皆以爲魯詩。而關雎之解，韓同于魯。後書顯宗永平八年詔曰「應門失守，關雎刺世。」馮衍傳賦曰「美關雎之識微，愍王道之將崩」，注引薛君章句「大人内傾于色，故詠關雎説淑女正容儀以刺時」。史公于詩兼齊、魯、韓，如韓詩以商頌爲美襄公，宋世家論用之，則所言關雎，蓋兼魯、韓二家。惟以鹿鳴爲刺詩，不知何出？困學紀聞三疑是三家之説，今亡佚莫考矣。文選注十八蔡邕琴操云「鹿鳴者，周大臣之所作也。王道衰，大臣知賢者幽隱，故彈弦風諫」。以此類證，知刺詩之説必有所本。困學紀聞三引蔡邕正交論以伐木亦刺詩，風俗通窮通篇亦云「伐木有鳥鳴之刺」。然而關雎正風之始也，非變風也。鹿鳴正雅之始也，非變雅也。孔子删詩，豈取衰世諷刺之作以冠風、雅哉！且孔子世家以關雎爲風始，鹿鳴爲小雅始，奈何自相牴牾乎？而關雎之所以有此異説者，必漢儒誤解論語「關雎之亂」一句耳。晉書司馬彪傳云「春秋不修，則仲尼理之。關雎既亂，則師摯修之」。以亂爲錯亂，其説又異。

齊、晉、秦、楚，其在成周微甚。

案：成周乃洛陽，非鎬京也。此誤，説在魯世家。

楚介江、淮

史詮曰：「淮，當作『漢』。」

是以孔子明王道，干七十餘君，莫能用。

案：史言孔子干君，猶子禽之言求耳。七十餘君尤妄，儒林傳序亦稱「仲尼干七十餘君無所遇」。索隱謂後之記者失詞，孔子歷聘無七十餘君。索隱本于論衡，論衡儒增篇云「孔子所至，不能十國也」。此蓋戰國時誣説，史漫述之。其始出于莊子天運篇以干七十二君爲孔子謂老聃語，淮南、説苑以及揚雄解嘲皆仍其謬。吕氏春秋遇合篇曰「孔子周流海内，所見八十餘君」，其數且過七十二矣，然乎哉！

魯君子左丘明懼弟子人人異端，各安其意，失其真，故因孔子史記具論其語，成左氏春秋。

案：漢書藝文志、劉歆傳、後書陳元傳、論語疏、左穀二序疏皆稱作傳者爲左丘明，與聖同恥，親受經于仲尼。劉知幾所云「語世則並生，論才則同體」也。乃自趙宋以來，諸儒或謂左丘明在孔子前，左傳非左丘明作。或言作春秋傳者别有左氏，失其名，六國時人，楚左史倚相之後。作國語者左丘氏，魯左丘明之後。或又稱左氏世爲史官，末年傳文，是其子孫所續。諸家之説頗異，未定所從。竹垞朱氏弟子考謂孔子既卒，弟子諱師之名，第稱左氏，不書「左丘」。

趙孝成王時，其相虞卿上采春秋，下觀近世，亦著八篇，爲虞氏春秋。

案：此與虞卿傳並言八篇，而藝文志是十五篇，又有虞氏微傳二篇，溢數甚多，疑史誤。抑豈漢人別其篇爲十五，復摘其中合於春秋經義者爲微傳耶？

呂不韋者，秦莊襄王相，亦上觀尚古，删拾春秋，集六國時事，以爲八覽、六論、十二紀，爲呂氏春秋。及如荀卿、孟子、公孫固、韓非之徒，各往往捃摭春秋之文以著書，不可勝紀。漢相張蒼歷譜五德，上大夫董仲舒推春秋義，頗著文焉。

案：如太史公所稱，則晏子春秋、陸賈楚漢春秋何以遺之？

公孫固

附案：索隱云「宋有公孫固，無所述。此固，蓋齊人韓固，傳詩者」，真瞽説也。敍固于荀、孟、韓非之間，則非宋之公孫固自不待言，乃云齊人韓固。無論傳詩不傳春秋，而傳詩是韓嬰、轅固，不得嫁名于公孫固，又安得妄造一齊人韓固以實之耶？攷漢藝文志有公孫固一篇，十八章，齊閔王失國，問之，因爲陳古今成敗也。

於是譜十二諸侯

案：表實十三國，而云十二，天官書及自序傳亦皆言十二，殊不可解。索隱謂「賤夷狄不數吴」，蘇洵論史漢主此説，余深以爲不然。吴爲太伯之後，安得以夷狄外之，此春秋三傳之謬論耳。如以夷狄外之，則楚亦夷狄，乃進異姓而斥宗親，寧有是理，且世家又奚以首吴耶？天官書稱秦、楚、吴、越爲夷狄，言四國在戎夷之地，非外之之詞也。

魯、齊、晉、秦、楚、宋、衛、陳、蔡、曹、鄭、燕、吴。

案：此列諸國之次，與世表同。但世表以鄭尚未封，故不列入，此自應增之，然何以置于曹之下，燕之上？世表無吴、杞、越三國，兹何以補吴而不補杞、越？太伯至德，孔子稱之。而伯之有土，視諸國最先，故世家取以爲冠，又何以抑之表末乎？是當置吴于魯之上，尚德也。置鄭于燕之下，同姓而封晚也。補杞于陳之下，備三恪也。補越于宋之下，重故國也。又表中所載有宜書而不書者，有不必書而書之者，有或書或不書者，蓋其失有三：漏略不檢，一也；輕重不當，二也；體例不齊，三也。余於周、魯表發其凡，餘可類推焉。

共和元年，以宣王少，大臣共和行政。

案：史以共和爲周、召行政之號，已屬誤條，而又以共和紀元至十四年，尤非也。説在周紀中。

魯真公濞十五年，一云十四年。

附案：真公乃慎公之誤，説見世表。而慎公之名，漢書執與嚊兩載，索隱引世本作「摯」，或作「鼻」，史記各本「鼻」字皆誤刻「膞」。魯頌疏引世家又作「僎」，而今史記並作「濞」，未知孰是。再史無疑年之例，不應兩存其年，當是古本史記有謬作「十四年」者，後人遂附注之，今所傳諸本皆連刻不別，多認爲此表原文矣。或問：鄭詩譜序疏引此表直作「十四年」，曷故？曰：孔疏錯耳，若果表是「十四」，則慎公安得在位三十年。若果表實兩存，則疏中又引此表蔡武侯二十三年作「二十四」，何以不稱「一云二十四年」乎？然因以知唐初史記本已有訛誤也。

宋釐公十八年。曹，夷伯二十四年。

案：釐公名舉，夷伯名喜，此失書。

燕惠侯二十四年

案：史所書燕君之謚，曰惠、曰桓者各三，曰釐、曰宣、曰昭、曰孝、曰文者各二，據索隱所引世本則又有二閔公。其誤無疑，莫由詳定。索隱云「國史微失本謚，故重耳」。然更有不可解者，燕本伯爵，召公爲三公故獨稱公，乃表自惠侯至宣侯稱侯，桓公以下稱公。世家自惠侯至桓侯稱侯，莊公以下稱公。人表又稱惠侯、宣侯爲惠公、宣公，莊公爲嚴侯，嚴避諱。所載各異。或謂人表錯亂，難以憑信。年表又誤書桓侯作「桓公」，集解索隱所引世本以及人表並作「桓侯」可證。當從世家，而其所以稱侯稱公，必因時王進陟之也。此說近是。但索隱引譙周所見世家本，稱後之襄公、宣公爲襄伯、宣伯，獨依受封之爵，豈史公原本俱稱伯，後人妄改之歟？再考蘇秦傳稱燕易王父爲文侯，文尚稱侯，則文侯以前之未嘗稱公可知。蘇秦傳本于國策，國策稱文侯，其後又稱文公，並稱燕王。或易王追尊之，不然何以首標文侯乎？傳皆作「文侯」是。竊意入戰國時燕始僭稱侯，而左傳所謂燕簡公，索隱引紀年所謂簡公、孝公、成公、文公，集解引世本所謂閔公，均屬泛以爲號，若左傳曹、郲、許、莒稱公之類也。

左傳昭十二年云「齊高偃納北燕伯款于唐」，此春秋時燕猶稱伯之驗。燕成公當周定王、考王世，而索隱引紀年云成侯。燕文公當周顯王世，而國策云文侯。此戰國時燕祇改稱侯之驗，安得如年表、世家所載者哉。

共和五　熊嚴元年。夷侯元年。（金陵本作「楚熊嚴」，作「蔡夷侯」。）

附案：湖本「熊嚴」上脱「楚」字，「夷侯」上脱「蔡」字，他本皆有。

共和八　幽伯彊元年（金陵本作「曹幽伯彊」。）

附案：「幽伯」上湖本失刻「曹」字，他本有之。曹詩譜疏引世家訛爲「豳伯」。

共和十二　惠公覸元年（「惠公」上金陵本有「宋」字。）

附案：「惠公」上湖本脱「宋」字，他本有。

共和十四，宣王即位，共和罷。

案：史詮謂「宣王」上缺「厲王没于彘」五字。

宣王元年，厲王子。

案：前已書「厲王子，爲宣王」，則此似複。且表皆不書某王爲某王子、某王弟也，當屬羨文。而宣王中興之主，其行事有美有惡，表竟不書一語，何簡略之甚。

宣王二　燕釐侯莊元年

附案：索隱曰「徐廣云一無『莊』字。案燕失君名，此言『莊』者，衍字也」。

宣王三　曹戴伯鮮元年

附案：戴伯之名，世家作「蘇」。鮮、蘇聲相近。

宣王六　晉獻公籍元年（金陵本作「獻侯」。）

案：「公」乃「侯」之誤，世家作「侯」。晉本侯爵，至曲沃武公始稱公，僭也。又「籍」，索隱引世本、譙周作「蘇」，未知孰是。

宣王七　楚熊徇元年

案：世家熊徇卽季徇也，而鄭語作「季紃」，疑「徇」字以音同致誤。

宣王十三　魯懿公戲元年

案：魯表于廢立篡弒大變皆書之，是也。乃武公因王命廢長子括立少子戲，其後伯御弒懿公而自立，魯亂十餘年，何以表獨不書？懿公之名，史同國語，漢志被與戲兩載，蓋有二名。

宣王十七　穆侯弗生元年（金陵本「穆侯」上有「晉」字。）

附案：「穆侯」上脱「晉」字。穆侯之名，年表與世本及鄒誕本俱作「弗生」，世家與詩疏俱作「費王」，索隱于年表云「世家名費生，或作『潰生』」。一本此「生」字作「王」，非也。其所引年表正文則單稱曰「生」，而于世家云或作「潰王」，其所引世家正文則書爲「弗王」，何參錯若是？余謂穆侯實名費生，「王」乃「生」字之訛，「弗」與「潰」乃「費」字之訛，竹書作「費生」也。魯魏公名費，世家訛作「潰」，世本訛作「弗」。衛敬公名費，世家訛作「弗」。鄭悼公名費，世家訛作「潰」，索隱謂鄒本一作「沸」，一作「弗」，可以類觀矣。

宣王二十二　魯孝公稱元年。伯御立爲君，稱爲諸公子云。伯御，武公孫。

案：是年爲伯御元年，非孝公元年也。攷世家及漢律歷志俱云伯御十一年，孝公二十七年。乃表并伯御之年于孝公，通作三十八年，何哉？或謂當改書「魯伯御元年」，移書「魯孝公稱元年」于後，而衍去「伯御立爲君」十一字方得。余謂宣王誅伯御兼黜其年，遂以伯御十一年繫之孝公，以孝公元年爲十二年。如陳惠公探續先君卒年爲元之例，故史公于世家著其實。而于年表是年注曰「伯御立爲君，稱爲諸公子云」，於十一年注曰「宣王誅伯御立其弟稱」，非誤也。是以世家云魯起周公至傾公凡三十四世，明係不數伯御矣。再攷世家及漢書人表、律歷志以伯御爲懿公兄括之子，似伯御爲武公孫無疑，而韋昭國語注以伯御即括，莫定所從。表于是年以伯御爲武公孫，于十二年復以孝公爲伯御弟。夫孝公者，武公之子，而懿公之弟也。謂孝公爲伯御弟，則必以伯御爲武公子，頗有合于韋注。乃漢志以孝公爲伯御叔父，人表又曰孝公懿公子，兩相岐異，俟折衷知者。（國語補音以韋注爲失。）

宣王二十五　公說元年（金陵本作「齊成公說」。）

附案：他本皆作「齊成公說元年」，湖本失刻「齊成」二字。

宣王二十六　晉穆侯十，以千畝戰。生仇弟成師。二子名反，君子譏之。後亂。

附案：千畝之戰，左傳疏以爲宣王三十九年，王與姜戎戰于千畝，取此戰以名子。攷晉世家「穆侯十年，伐千畝有功，生少子名成師」，乃宣王二十六年事，與左傳合。若宣王三十九年之戰，距穆侯戰千畝時十有四年。王及戎戰，與晉無涉，何故取以名子。且是役也，王師敗績，料民太原，尚何功之足紀哉，孔仲達誤矣。

**宣王二十八　三十一，宋惠公薨**

案：宋表內七字當衍之，而改書曰「宋哀公元年」。知者，世家稱「惠公三十年卒，子哀公立。哀公元年卒，子戴公立」。歲次甚明。乃表以哀公之元增爲惠公三十一年，竟删去哀公一代，豈不誤哉。

**宣王二十九　宋戴公立元年。**

案：「立」字衍文，唐世系表七十五下謂名白，未知何據。

**宣王三十三　曹惠公伯雉元年**

案：曹世家作「惠伯兕」，索隱于此云一作「兕」，則惠伯名兕矣。然集解引孫檢曰「惠伯或名雉或名弟或復名弟兕」，（索隱曰「孫檢未詳何代，或云齊人」。）又各不同，蓋以音近訛異，莫能定其孰誤，惟此作「惠公伯雉」實誤耳。曹本伯爵，惠公已下不知何以忽改稱公。世家及人表則自惠之子穆公始稱公，惠猶稱伯。雖均未測其旨，而彼此互參，是知表中「公」字是衍文，伯者惠伯，雉者其名，非名「伯雉」也。人表亦以其名難定，故但云「曹惠伯」。

**宣王三十四　齊莊公贖元年**

附案：索隱引世本作「購」，與世家合。高誘注呂子安死、貴卒二篇，並作「購」，則此譌也。韋昭鄭語注亦作「購」。

幽王二　三川震

案：國語「幽王二年，俗本誤作「三年」。西周三川震。是歲，三川竭，岐山崩」。乃表書川震，而不書川竭、山崩，何也？且既書三川震矣，則宣王時之旱，前編在六年，大紀連年書之。幽王時之日食，史詮云「虞劇謂在六年」。以及桓王三年饑，定王五年河徙，十四年成周宣榭火，靈王二十二年穀、洛鬭，敬王元年地震，此災異大事，表所宜書者，而何以不皆書乎？

幽王三　王取褒姒

案：廢立大事，亦表所宜書也，乃何以但書取褒姒而不書廢申后、太子及立褒姒、伯服。且取褒姒書矣，則襄王十六年取狄后，又何以不書耶？

幽王十一　鄭桓公三十六，以幽王故，犬戎所殺。（金陵本作「爲犬戎所殺」。）

附案：「犬戎」上疑脱「爲」字。一本「故」即作「爲」。

平王元年，東徙雒邑。

案：是時平王與攜王並立，至平王二十一年攜王始爲晉文侯所弑。如此大事，何以不書？説在周紀中。遷都大事，書東徙洛邑宜也，乃敬王從王城徙都成周，而表不書何耶？夢溪筆談曰「史記年表周平王東遷三年，魯惠公方即位，而啖、趙于纂例隱公下注八字云『惠公三年，平王東遷』，與史記不同，不知啖、趙得于何書？唐啖助、趙匡。又嘗見士人石端集一紀年書，其敍平王東遷，亦在惠公三年。予亟問石君，云出一史傳中，遽檢不得，終未見的據。年表注東遷在平王元年辛未歲，本紀中都無説，諸侯世家言東遷卻盡在庚午歲，史記亦是差謬，莫知其所的」。依沈括所引春秋纂例，疑史表「東徙洛邑」四字原本在平王五年，唐以前尚不誤，今本在元年，乃後人傳寫妄移之，未知是否？學林以纂例爲非，困學紀聞七謂鹽石新論以爲啖、趙所云出何休公羊音訓，當作「平王東遷三年惠公立」，此休一時記錄之誤。蓋平王初立在申，故周紀云諸侯即申侯而立平王。鄭王風譜謂「晉、鄭迎于申而立之」，非。倉卒援立，未必即便徙都，亂定而乃至洛耳。世家述幽王之禍，連及東遷，此史家順敍之法，並非以東遷在庚午歲也，沈括誤。

秦襄公八，初立西疇，祠皇帝。（金陵本作「立西時祠白帝」。）

附案：「時」字訛刻「疇」，「白」字訛刻「皇」，秦紀徐廣引年表云「立西時，祠白帝」也。

鄭武公元年

附案：索隱本引表作「武公滑突」，則今本傳寫失名。餘説見世家。

平王三　魯惠公弗湟元年（金陵本作「弗湦」。）

附案：集解、索隱皆引年表云「弗生」，而今本年表俱作「弗湟」，蓋後人依世家改之耳。但惠公之名，諸處不同，弗生既與弗湟異，而漢志作「皇」，左傳疏從世本作「弗皇」，陸氏釋文作「不皇」，文十六年疏及釋文引世家又作「弗皇」，皇王大紀又作「沸湟」。余疑「沸」、「不」兩字乃傳寫之誤，「湟」、「皇」兩字亦屬訛文，當作「弗湦」爲是。湦與生古通用。何以知之？周幽王名宮湦，今作「湼」或亦作「湟」，並非。徐廣曰一作「生」。曹桓公名終生，孫檢曰一作「終湦」。二名可互證湦音生。

齊莊公二十七

附案：湖本是年每國表内自齊已下皆失刻年數，當補齊「二十七」，晉「十三」，秦「十」，楚「二十三」，宋「三十二」，衞「四十五」，陳「十」，蔡「四十二」，曹「二十八」，鄭「三」，燕「二十三」。

平王四　魯惠公一

附案：此乃惠公二年也，湖本「二」字訛刻「一」，後年「三」字亦訛刻「二」。

平王七　燕鄭侯元年

案：索隱於世家云謚法無「鄭」，或是名。然燕君皆失名，不應此侯獨傳名鄭，疑。

平王八　楚霄敖元年

附案：今本年表與世家並作「霄」。索隱曰世家「霄敖」，此作「甯敖」，恐是「霄」字訛變爲「甯」也。湖本字脱。則表原本作「甯」，索隱本亦是「甯」字，與人表同，後人改從「霄」耳。

平王十　鄭武公十，取申侯女武姜湖本訛「申」爲「田」。

案：武公之取武姜及生子皆未定何歲，而史謂十年取武姜十四年生莊公十七年生大叔段不知何據？

平王十二　曹穆公元年

案：穆公名武，此失書。

平王十四　鄭武公十四，生莊公悟生。（金陵本作「寤生」。）

附案：「悟」與「寤」同，然他本多作「寤」也。

平王十五　曹桓公終生元年

附案：「生」一作「湦」，蓋古以音同通用，說在周紀。

平王十七　陳文公圉元年，生桓公鮑、厲公他。他母蔡女。

案：他是文公子五父，非厲公也。厲公名躍，是桓公子，非文公子也。厲公蔡出，是桓公取蔡女爲厲公母，非他母蔡女也。其詳說在陳世家中。杜世族譜文公韋。一本作「幸」，疑皆訛。

平王二十二　蔡宣侯楷論元年

案：他本年表作「措父」，與世家同，則楷論之名誤也。然三傳春秋皆作「考父」，見隱八年，則作「措父」亦誤。

平王二十三　宋武公十八，生魯桓公母。

案：是年武公卒，則桓母未必定生于父卒之年，世家附書于武公立年是。

平王二十六　晉昭侯元年，封其季弟成師于曲沃。

案：昭侯名伯，此失書。又「弟」乃「父」字之誤。成師者，文侯季弟，昭侯之季父也。

平王二十七　桓公元年

案：當作「桓公鮑元年」，此缺。

平王二十八　母欲立段，公不聽。鄭莊公寤生元年，祭仲生。（金陵本無「母欲立」七字，作「祭仲相」。）

案：「母欲立段公不聽」七字，當書于前格武公二十七年。「生」乃「相」字之誤。

平王三十　衛莊公十七，愛妾子州吁，州吁好兵。

案：此事元無年可紀，左傳附見隱之三年，蓋追敍前事也。乃表書于衛莊十七年，世家又在十八年，何歟？

平王三十一　武王立

案：史公于楚熊達忽變年表之例，不書國，不書名，并不書元年，獨曰「武王立」，不可解也。當稱「楚武王熊達元年」，然書王非史法。

平王三十二　潘父殺昭侯，納成師，不克。昭侯子立，是爲孝侯。

案：此乃晉昭侯之七年，而表即以爲孝侯元年，誤已。何以徵之？是歲爲魯惠公三十年，左傳云「惠之三十年，晉潘父弑昭侯納桓叔，不克。晉人立孝侯」也。又依表例，當書曰「晉孝侯平見桓二年。元年」，此亦失之。

平王三十七　夫人無子，桓公立。衛桓公完元年。（金陵本「夫人無子桓公立」七字在衛莊公二十三年。）

附案：「夫人無子桓公立」七字，當書于前格莊公二十三年，訛刻也。桓公之名，釋文又作「兒」，非。見衛詩及穀梁傳。

平王三十八　衛桓公二，弟州吁驕，桓黜之，出奔。

案：世家亦稱州吁被絀，出奔。又謂桓公十六年，州吁收聚衛亡人以襲殺桓公。而考春秋三傳皆無州吁出奔反襲之事，未知史公何據，疑妄也。不然，春秋何以不書？三傳何以不載？而左傳且言石碏子厚與州吁游矣。史詮云「桓黜之」當作「公黜之」。易林明夷之遯云「州吁奔楚」，尤誕。

平王四十　晉孝侯九，曲沃桓叔成師卒，子代立，爲莊伯。

案：世家此事在孝侯八年，而此在九年者，蓋表誤以昭侯七年爲孝侯元年，故所書之事似誤在後一歲，而實非誤也。又依後文「莊伯卒，子稱立，爲武公」之例，則此云「子代立」當作「子鱓立」。

平王四十七　晉孝侯十六，曲沃莊伯殺孝侯，晉人立孝侯子郤爲鄂侯。郤元年，曲沃彊於晉。（金陵本作「晉鄂侯郤元年」。）

案：是年爲孝侯十五年，當魯惠公四十五年，故左傳云「惠之四十五年，莊伯弑孝侯」。晉世家云「孝侯十五年，莊伯弑其君孝侯于翼」也。此誤書孝侯之元于昭侯七年，遂妄稱孝侯在位十六年耳。又左傳鄂侯爲孝侯弟，表與世家俱作子，誤。「郤元年」以下八字乃誤重後文，湖本訛刻，他本所無。至「郤」字，世家作「郄」，兩字從同，並音隙，故詩唐風疏引世家作「郤」也。索隱于此云「有本作『都』者誤」。於世家云「他本作『都』」，而其引世家正文亦作「都」，是自相戾矣。

平王五十　鄭莊公二十三，公悔，思母不見，穿地相見。

案：鄭莊二十三年，爲魯隱公二年，左傳述莊誓母、見母皆在隱元年。所謂「既而悔之」者，未必是踰年事，則當書于莊二十二年，與叔段出奔同歲也。然表不書誓母城潁，而但書公悔思母不見，於事欠明。

平王五十一　魯隱公三，二月，日蝕。

案：表例凡日食必書，謹天戒也。然春秋日食三十六，哀十四年五月庚申朔，日有食之，以續經不數。表不書者十三，未解何故？桓三年、莊十八年、二十五年、二十六年、三十年、僖五年、十二年、文元年、成十六年、十七年、襄二十三年、昭二十四年、定十二年。而所書二十三日食，惟隱三年、僖十五年、宣八年、十年書月，文十五年書月及日，昭十七年書月與朔，其餘皆不書月日朔，但云日蝕而已。更可異者，昭十七年六月日食，而改作正月；昭十年不日食，而增四月日食，殊爲舛錯。

鄭莊公二十四，侵周取禾

案：隱三年左傳曰「鄭祭足帥師取溫之麥，又取成周之禾」，乃此言「侵周取禾」，而不書取麥，何也？世家言「侵周地取禾」，既失書取麥，而妄增侵地，又何也？

桓王二，使虢公伐晉之曲沃。

案：左傳桓王助曲沃伐晉，因曲沃叛王，故命虢公伐之，本非天討之正，至釐王且命曲沃爲侯矣。自入春秋，周表中書王師僅三事，此年書伐曲沃，十三年書伐鄭，敬王十四年書侵楚。夫書伐鄭者著衰之始，書侵楚者著衰之終，不徒書也，若曲沃之伐，何以書哉？

晉鄂侯六，鄂侯卒，曲沃莊伯復攻晉，立鄂侯子光爲哀侯。

案：隱五年左傳鄂侯本稱翼侯，爲莊伯所伐，奔隨。王命虢公立哀侯于翼，亦稱翼侯。明年，翼人逆于隨而納諸鄂，故謂之鄂侯。其卒不知何時？則是哀侯之立，鄂侯未卒，而莊伯伐晉不關鄂侯之卒也。此與世家及竹書並誤。詩唐風疏亦以史爲非。

衞宣公元年，晉共立之。討州吁。（金陵本作「衞宣公晉元年共立之」。）

附案：隱四年春秋曰「衞人立晉」，則晉爲宣公名，世家亦然。此表、傳寫訛誤，以「晉」字置「元年」下，史公本文必是「衞宣公晉元年」。共立之者，卽三傳「衆立」之謂也。「討州吁」三字，湖本又錯刻在上格宋表中。而其實討州吁在立晉之前，應書于前格桓公十六年。

桓王三　魯隱公六，鄭人來渝平。

案：此從左氏作「渝平」，而他本又從公、穀作「輸平」，未知表原文孰從。然此非大事，可不書也。

桓王五　魯隱公八，易許田，君子譏之。

案：易許田在桓元年，是歲衹鄭來歸祊耳，此與鄭表言「易許田」並誤，說在周紀。

秦寧公元年

附案：「寧」當作「憲」，說在秦紀中。

鄭莊公二十九，與魯璧，易許田。（金陵本作「與魯祊」。）

案：「璧」當作「祊」，因後有以璧假田之事而誤也。易田在三十三年。

桓王六　魯隱公九，三月，大雨雹。（金陵本作「大雨雹電」。）

案：春秋「三月癸酉，大雨震電。庚辰，大雨雪」。此書「大雨雹」，誤也。他本作「大雨震電」，然亦失書「雨雪」，豈皆傳寫脱誤歟？但春秋所載雷電雨雪之災凡四，而表止書其一，未知史公去取之意何在？

桓王八　魯隱公十一，大夫翬請殺桓公，求爲相。

案：右傳翬欲求爲太宰，何以易稱相也。太宰元屬天官之長，齊、吴僭設，並爲尊秩。然宋亦有太宰，亞于司寇。楚、鄭皆有太宰，又非正卿。以此例之，則太宰不定是相矣。而魯不見太宰之名，知終未設之。表例不書官，獨翬以逆臣而反存其官曰大夫，殊失史法。

桓王九　魯桓公允元年

附案：桓公之名，世家或稱允，或稱子允，蓋「子」字羨文。索隱謂一作「兀」，亦「允」字之訛。但左傳疏依史記作「允」，而漢志及釋文皆從世本作「軌」，集解徐廣亦曰一作「軌」，豈桓公有二名歟？

鄭莊公三十三，以璧加魯，易許田。

附案：「加」字三傳春秋皆作「假」，蓋古字通寫，非誤也。但魯世家集解引服虔曰「鄭以祊不足當許田，故復加璧」，則竟作如字解，與三傳異，恐非。

桓王十　魯桓公二，宋賂以鼎。（金陵本作「宋略以鼎」。）

附案：「賂」字訛刻「略」。

華督爲相

案：此宋殤公之十年也，表即作宋莊公馮元年。夫殤公在位十年，紀于春秋，載于左傳，宋世家仍之，獨于年表止列殤公九年，何自戾耶？且古者踰年改元，降及周末，猶循斯典，不應宋莊忽違舊制，如後世當年改元之悖也。表中往往有以先君之年爲後君之元者，而此緣誤讀左傳來。莊公之元，在魯桓公三年，而左傳于桓二年連敍之曰，「華督立莊公，遂相之」，因是致誤耳。又宋莊公失書謚。

桓王十一　魯桓公三，翬迎女，齊侯送女，君子譏之。

案：春秋于迎夫人雖不盡書，而固非一書也，乃表止書迎桓夫人曷故？將以爲與弑桓乎，而莊公之夫人哀姜亦與弑閔公，何以不書？則知迎夫人爲常事，表可不書也。

晉少子元年（金陵本作「小子」。）

案：「少子」乃「小子」之誤，湖本訛刻也。「小子」又脱去「侯」字。但世家哀侯在位九年，爲曲沃武公所虜。哀侯九年，當魯桓公三年，而桓三年左傳載武公伐翼獲哀侯，世家與傳合，乃此以哀侯之九年爲小子侯元年，誤已。

桓王十三　鄭莊公三十七，伐周。

案：春秋是年王伐鄭，非鄭伐周。且臣之於君不可以言伐也，當作「拒周」。

桓王十四　曲沃武公殺小子，因伐曲沃，立晉哀侯弟湣爲晉侯。晉侯湣元年（金陵本作「周伐曲沃」。）

案：左傳、竹書及世家「湣」並作「緡」，音義同也。但攷世家，小子侯在位四年，與左傳合，乃此既誤以哀九年爲小子元年，而又以小子四年實三年也。爲侯緡元年，誤之誤矣。至伐曲沃之説，不見左傳，史公于表云伐曲沃似晉伐之，于世家云周桓王使虢仲伐曲沃武公，竹書亦云，則是王伐之。然左傳于哀侯之立書王伐曲沃，于侯緡之立但曰王命虢仲立緡于晉，無伐曲沃事，前後參校，似係一事兩書。或謂本文「因」字蓋「王」字之譌。

弟他殺太子免，代立，國亂，再赴。陳厲公他元年。（「弟他」十二字金陵本在陳桓公三十八年。）

案：「弟他」至「再赴」十二字，當移前格桓公三十八年内，訛在厲公元年也。厲公名躍不名他。再赴之説，史仍左傳，然理有難通，未可依據，皆辨見陳世家中。

鄭莊公三十八，太子忽救齊，齊將妻之。

案：此但言齊將妻忽，而不及忽辭齊婚事，殊未了。

桓王十五　陳厲公二，生敬仲完。

案：敬仲之生，未知的在何歲，表與世家俱謂生于是年，妄也。

桓王十六　楚武王三十七，伐隋。（金陵本作「伐隨」。）

附案：「隨」字訛刻「隋」。

陳厲公三，周史卜完，後世齊王。（金陵本「周史卜完」八字在陳厲公二年，作「後世王齊」。）

案：莊二十二年左傳云「陳厲公生敬仲，其少也周史有以周易見陳侯者，陳侯使筮之」。夫謂之爲少，必非生而晬之時矣，其生其卜，本無年可紀，乃史公既書生完于二年，遂書卜完于三年，妄矣。「王齊」，湖本誤倒作「齊王」。

桓王十七　秦出公元年

案：「出公」乃「出子」之誤，秦別自有出公也。

桓王十九　衞宣公十八，太子伋弟壽爭死。

案：爭死之事，左傳附見于桓十六年，不知的在何歲。此與世家皆在十八年，爲魯桓十一年，恐未確。太子伋，詩序毛傳、人表諸書俱作「伋」，獨左傳作「急子」，蓋古通借別稱。說文「急」作「㤂」，形亦近。通志氏族略引風俗通云「汲氏，衞宣公太子伋之後，居汲，因以爲氏」，妄甚。

桓王二十　陳厲公七，公淫蔡，蔡殺公。

案：是歲乃厲公卒之年，史誤以陳佗爲厲公，故謂此年佗被殺。其實蔡人殺陳佗，春秋書于桓六年，當陳厲公元年也。淫蔡從公、穀二傳，與左氏駮，其辨詳陳世家中。

桓王二十一　齊釐公三十二，毋知釐公令秩服如太子。（金陵本作「釐公令毋知秩服如太子」。）

案：史詮謂今本「毋知」二字誤在「釐公」上，當作「釐公令毋知」，是也。但寵無知之事，左傳敍于莊八年，蓋追述之，而未知其時，且亦無時之可言，表書于三十二年，何據？世家稱此年夷仲年死，故釐公愛毋知比太子。而夷仲年之死，左傳無明文，世家又何據？恐皆妄耳。

桓王二十三　秦武公元年，伐彭。

附案：秦紀「伐彭戲氏」，正義曰「戲，許宜反。戎號也」，此訛脫。

衞惠公三，朔奔齊，立黔牟。

案：「朔奔齊」六字，當移後一年。攷春秋書衞侯朔出奔齊在魯桓十六年，爲惠公朔四年，世家亦然。乃表誤以惠公四年爲黔牟元年，故朔止三年耳。

鄭厲公四，祭仲立忽，公出居櫟。

案：公出者，出奔蔡也。居櫟者，入于櫟也。當作兩句讀。但世家云「四年夏，厲公出居邊邑櫟」。攷春秋桓十五年云「五月，鄭伯突出奔蔡。九月，鄭伯突入于櫟」。而世家誤合爲一事，則知表中「公出居櫟」四字，亦是同誤，史公未必各斷爲句耳。

燕桓公元年

案：「桓公」當作「桓侯」，然亦非也，說見前。

莊王元年，生子頹。

案：此書生子頹後書生叔帶，著亂本也。若王子朝者，亦頹、帶之類，而何以不書生子朝于景王世乎？

魯桓公十六，公會晉，謀伐鄭。

案：「晉」乃「曹」字之訛，會曹者，會于曹也。春秋內兵之伐國多矣，此表止書其八，桓十六伐鄭，莊五伐衞，成二伐齊，三年伐鄭，十三年伐秦，襄九伐鄭，十八年伐齊，哀十伐齊。而誤書其一，僖九伐晉。不知史公去取何意？

鄭昭公元年

案：昭公名忽，此失書。

莊王二，有兄弟。

附案：「有兄弟」三字，解家皆略而不說，史詮但言誤書于莊王二年，當與元年「生子頽」連文，而亦不釋之。或謂「有兄弟」下缺「之難」二字。夫既書子頽不得復稱兄弟，且不聞天王之有兄也，則所云兄弟之難者誰乎？余以爲當作「有弟克」，傳寫訛倒，又誤「克」爲「兄」，蓋指莊王弟王子克也。書「生子頽」，書「有弟克」，皆爲後作亂張本，若莊王二年亦何難之有。

莊王四，周公欲殺王而立子克。王誅周公，克奔燕。

案：據桓十八年左傳，則事在莊王三年，此與本紀皆誤書於四年。又表于此書子克奔燕，于後書叔帶奔齊，皆所宜書也。王子朝者，亦克、帶之類，而敬王四年不書子朝奔楚，何歟？

鄭子嬰元年

案：「子嬰」當依左傳作「子儀」，此與世家同誤。索隱謂史公別有所見，則人表又作「鄭子嬰齊」，豈亦別有見耶？

莊王五　宋莊公十九

案：宋莊在位十八年，因表誤以宋殤十年爲宋莊元年，故云十九也。世家于殤公之年不誤，而書莊公之年亦作十九，與表並誤矣。

莊王七　齊襄公八，伐紀，去其都邑。

案：齊世家云「八年，伐紀，紀遷去其邑」。蓋齊以漸滅紀，非僅此年伐之而已。史詮謂今本「去」字上缺「紀侯」二字，然世家徐廣引年表無「紀侯」也。

楚武王五十一，王伐隋夫人心動（金陵本作「伐隨告夫人心動」。）

附案：「隋」當作「隨」。「夫人」上缺「告」字，毛本有。

莊王八　魯莊公五，與齊伐衞，納惠公。

案：春秋「公會齊人、宋人、陳人、蔡人伐衞」，此止書齊，何也？

楚文王貲元年，始都郢。

案：世家作「熊貲」，「熊」其通號，可不書也。而淮南主術注作「熊庇」，説山注作「熊庛」。古「貲」與「訾」同，考工記「車人爲耒庛」，先鄭音疵，後鄭音刺，蓋古字通借，「庇」乃「庛」之譌耳。都郢説在世家。

莊王十　魯莊公七，星隕如雨，與雨偕。

案：書星而不書恒星不見，何也？

衞黔牟十，齊立惠公，黔牟奔周。

案：「齊立惠公」八字當書於前年。攷春秋惠公以魯桓十六年奔齊，以魯莊六年復入，則黔牟以桓十七年卽位，以莊六年奔周，首尾八年。世家言八年固不誤，乃表既滅惠公前立之一年以益黔牟，又退惠公復入之一年以歸黔牟，遂謂黔牟在位十年，誤矣。且魯莊五年表云「納惠公」，而此于魯莊七年始有立惠公之言，亦自相離異也。

莊王十一　齊襄公十二，毋知殺君自立。

附案：史、漢「弑」字多作「殺」，音試，古通用。而湖本「毋知殺君」乃「弑君」之訛，他本皆作「弑」字。

衞惠公朔復入十四年

案：此九字當移在前一年，而「十四年」亦「十三年」之訛，世家固云「與前通年凡十三年」也。此年當補「十四」二字。

莊王十二　楚文王五，息夫人，陳女，過蔡，蔡不禮，惡之楚。

附案：左傳事在楚文六年，當並書于後格。伐蔡爲一條。

莊王十三　魯莊公十，齊伐我。

案：此卽長勺之戰也，但言齊伐我而不言我敗齊，于事爲未了，于義爲未備。又他國之侵伐魯者衆矣，卽齊之伐魯亦不一而足矣，乃表止書齊伐九，莊十、文十五、十七、襄十五、十六、十七、二十五、定七、哀十一，凡九。吴伐一，哀八。楚、鄭侵我一，襄十。未知史公取舍何意？

莊王十四　魯莊公十一，臧文仲弔宋水。宋湣公九，宋大水，公自罪。魯使臧文仲來弔。

案：春秋書內大水者八，宋大水一，以公使弔書。紀災也，乃表止書宋水，殊爲失倫。蓋因魯弔宋之故，然弔常事耳，既不爲紀災起見，則此可不書。又左傳云「宋大水，公使弔焉」，未詳所使何人？而史公以文仲實之，蓋誤讀左傳也，此與宋世家並妄。

釐王元年　魯莊公十三，曹沫劫桓公，反所亡地。

案：曹沫事史仍公羊之謬也，説在刺客傳。

釐王三　晉侯湣二十八，曲沃武公滅晉侯湣，以寶獻周，周命武公爲晉君，并其地。

案：湣以魯桓公八年立，莊十五年滅，共在位二十六年，不得有二十八年。蓋因此表于前誤減哀侯一年，小子侯一年，遂增侯湣之年至二十八，其實二十六年也。乃世家未嘗誤書年數，而亦云二十八何歟？又左傳王命曲沃伯爲晉侯，在魯莊十六年，爲滅湣之明年，此與世家皆并書于滅湣之歲，非也。

鄭厲公元年。厲公亡後七歲復入。（金陵本作「十七歲復入」。）

案：「元年」上失書名，亡而復入，當依衛獻公、出公之例稱「後元年」，不得直稱「元年」，與前無別，世家固云「厲公突後元年」也。又厲公亡後十七歲復入，此本脱「十」字，他本或脱「七」字，並是傳刻之訛。

釐王四　晉武公稱并晉，已立三十八年，

孫侍御曰：「武公立于哀侯之二年，歷八年，又小子四年，又湣侯二十六年，則已即位三十八年矣。是年當爲三十九年，表云『已立三十八年』，世家又云『已即位三十七年』，俱誤。後格『三十九』當作『四十』。世家謂『凡三十九年而卒』，亦誤也。」

釐王五　楚文王十三

案：表與世家皆謂楚文在位十三年，其子堵敖繼立，五年被弑，然非也。攷左傳魯莊十九年楚文王卒。魯莊十九，當楚文十五，則不止十三年。而堵敖以魯莊二十年立，二十二年見弒，不得有五年。

蓋史妄減楚文之二年以益其子也。

惠王元年　堵敖囏元年（金陵本作「楚堵敖囏」。）

案：索隱本引表作「杜敖」，又云「世家作『莊敖』，音壯。亦作『堵』」。然今本表作「堵」，世家作「杜」、與索隱説相反，各本史記中索隱皆訛。蓋後人改之。攷左傳作「堵敖」，則「杜」、「莊」二字，俱以音形相近互訛也。「堵敖」上失書「楚」字。「囏」，世家作「熊囏」，集解引史記音隱曰「囏，古『艱』字」。徐廣曰一作「勳」，必訛本也。但以表前後所書，若敖、霄敖、郟敖例之，則當去「囏」字而書之曰「楚堵敖元年」方合。

惠王二，燕、衛伐王，王奔温，立子頽。

案：左傳莊十九年，五大夫奉子頽以伐王，不克，出奔温。燕、衛復伐周，遂立子頽。明年，王處于鄭之櫟。則燕、衛其再伐也，非首伐也。奔温乃子頽也，非王也。卽王之處櫟亦在三年也，非二年也。此與本紀及衛、鄭世家言奔温同謬。以燕、衛爲首，又此所誤説。夫伐王大逆，表所必書。且表書戎伐襄王矣，則惠王之前有犬戎伐幽王，惠王之後有叔帶以狄伐襄王，有子朝伐悼王、敬王，有子朝之黨儋翩伐敬王，何以皆不書？況天子蒙塵，亂臣僭位，尤大變之宜書者，故表書襄王奔氾矣。此以王三年處櫟爲二年奔温，後以敬王十六年處姑蕕爲奔晉，雖並屬誤端，猶書之也，而敬王元年居狄泉何以獨不書？子頽之篡立既書矣，而叔帶、子朝之篡立俱不書，何歟？

宋桓公七，取衛女，文公弟。

案：桓公取文公女弟，不知何時，表書于七年，妄也。

燕莊公十六，伐王，奔王温。他本作「王奔温」。立子頹。（金陵本作「王奔温」。）

案：此年「伐王」八字，及後年「鄭執我仲父」五字，皆當削之。燕世家所書十六、十七兩年伐周及執仲父事，亦當削。蓋伐王是南燕也，仲父是南燕伯也。南燕姞姓，與召公後姬姓之北燕別，史公混而一之，李代桃僵，豈不謬乎！世家集解譙周曰「逐惠王者乃南燕姞姓，以爲北燕，失之」。路史國名紀注亦以史爲誤。索隱謂元是北燕，以杜君爲妄説，戾甚。杜君指左傳注。

惠王四，誅頹。

案：討逆大事，表所宜書，乃書誅頹而不書殺叔帶、襄王十七。殺子朝，敬王十五。何也？

惠王五，太子母早死。惠后生叔帶。

案：太子與叔帶皆惠后所生，非異母也，説在周紀。一本無「太子母」十字，蓋脱。

齊桓公十四，陳完自陳來奔。田常始此也。

案：表不言田氏始此而言田常始此者，因左氏莊二十二年陳完奔齊，傳有「成子得政」之語也。田常卽陳成子恒，史避漢文帝諱，以「常」字代之，宜已。而不曰陳常，其義安在？攷春秋經、傳從未稱陳爲田，至戰國始稱田氏。左傳疏曰「田必非敬仲所改，未知何時改耳」。余疑是篡齊時所改。大事紀云「自春秋後稱田氏」。乃史妄謂「敬仲如齊，以陳爲田」，見世家。其作世家直云田完，而凡所引經、傳盡易陳爲田以合其説。漢書地理志及王莽傳並言「陳完奔齊，更稱田氏」，世家注亦皆言敬仲所改，蓋誤仍之。風俗通皇霸篇「陳完奔齊，始食田采，姓田氏焉」，說亦無據。後書法雄傳云「秦滅齊，子孫改稱法氏」，今預號陳完、陳恒爲「法完」、「法桓」可乎？秦策稱齊宣王爲陳侯，與此先後不倫正同。而其所以改陳爲田者，世家集解應劭曰「田始食采地，由是改田氏」，即風俗通說。索隱曰「陳、田二字聲相近，遂爲田氏」。通志氏族略曰「陳氏音訛爲田氏」。三說以索隱爲勝，而義未明備。蓋篡齊之時，陳已久滅，故以本國舊號爲嫌，改稱田氏。而古人陳、田二字形近音同，或相通借。何以證之？信南山之詩曰「維禹甸之」，鄭注周禮稍人引韓詩「甸」作「敶」。周頌「有瞽曰應田縣鼓」，箋云「田」當作「朄」，是形聲相近也。釋文音胤。甫田之詩曰「倬彼甫田，歲取十千，我取其陳」，易林咸卦曰「秋粱未成，無以至陳。水深難涉，使我不前」。是讀陳爲田音也。晉語輿人誦曰「佞之見佞，讀若寧。果喪其田」。易林觀卦曰「青牛白咽，呼我俱田。歷山之下，可以多耕」。噬嗑卦曰「徑邪賊田，惡正傷民」。是讀田爲陳音也。前編云「田，齊之封邑。陳滅後，改稱田」，亦非。

晉獻公五，伐驪戎，得姬。

案：伐戎得姬，左傳附見于莊二十八年，晉獻十一。不知的在何時，而表與世家俱書于五年，未詳所據。

楚堵敖五，弟惲

案：堵敖無五年，說已見前。而所謂弟惲者，即楚成王。攷成王之名，左氏春秋作「頵」是也，公、穀訛作「髡」，而史表及世家俱作「惲」，蓋從公、穀之「髡」而誤爲「惲」字，並以音近致訛，豈成王有三名哉？互詳鄭表。

## 惠王七　曹釐公夷元年

附案：莊二十四年春秋「戎侵曹，曹羈出奔陳，赤歸于曹，郭公」。左氏無傳，杜注云「羈蓋曹世子也。先君既葬而不稱爵者，微弱不能自定，曹人以名赴。赤，僖公也，蓋爲戎所納，故曰歸。郭公，經闕誤也」。孔疏云「杜以此書曹羈出奔陳，赤歸于曹，與鄭忽出奔衞，突歸于鄭，其文相類，附彼爲之說。史記僖公名夷，三家經、傳有五而皆言赤，杜以鄭突類之，知赤是僖公。書有舛誤，何必史記是而杜說非。賈逵以爲羈是曹君，赤是戎之外孫，故戎侵曹逐羈而立赤。亦以意言之，無所據也」。然則依杜注、孔疏，曹羈已立爲君一年，春秋曹莊公以魯莊二十三年十一月卒，二十四年冬曹羈出奔。表所書曹釐元年，當魯莊二十四年。是歲應書「曹君羈元年」，移「釐公元年」于後歲方合。胡乃年表、世家俱削而不載，直云莊公卒子釐公立。赤爲釐公名，疑史作「夷」誤，抑豈釐公有二名歟？但有未敢信者，羈果莊公之世子，春秋奚獨不書？羈雖微弱，立已期年，又奚不能自定之有？史謂僖公名夷，漢書人表並名夷，似亦不得斷史爲獨誤。孔以賈言赤戎外孫無據，則杜言赤爲戎納豈遂有據耶？是當缺疑。或曰：公羊以羈爲曹賢大夫，諫曹伯勿自敵戎，不從，遂去之。以赤爲郭公，言郭公名赤，舍國而歸於曹，作一句讀。穀梁於曹羈無傳，其釋赤之歸曹與公羊同，恐左傳注、疏俱非。曰：公、穀未見全是。以羈爲曹大夫，義若可通，至以赤爲郭公，殊妄。無論出奔他國不得謂之歸，而春秋書法從未有倒敍者，奈何以赤爲郭公之名乎？公、穀注、疏未免迂曲。又莊二十六年春秋書「曹殺其大夫」，公羊傳曰「不死于曹君者」。

何休注云「曹伯爲戎所殺，諸大夫不伏節死義，獨退求生，後嗣子立而誅之」。穀梁傳曰「爲曹羈崇也」。楊疏引范答薄氏云「羈賢大夫，使出奔他國，終于受戮，君子愍之。夫曹莊公以魯莊二十三年十一月卒，至二十四年冬戎始侵曹，則安得言爲戎所殺哉？羈之出奔，其歸不歸無證，何知受戮是羈？卽以爲羈，將歸于曹而被戮耶？何以春秋書出不書入？然猶云大夫或不書入也，若謂被他國所戮而歸咎于曹耶？不應春秋書曹殺其大夫，因知公羊注所稱嗣子當指僖公。必是僖公爲戎所敗，時僖居喪，故稱嗣子，追除喪而後誅不用命之大夫也。

惠王九　晉獻公九，始城絳都之。（金陵本無「之」字。）

附案：是年城絳，非始都絳也。「之」字當衍，水經注六引表作「始成絳都」可證。成、城古通。

惠王十二　晉獻公十二，太子申生居曲沃，重耳居蒲城，夷吾居屈，驪姬故。

案：左傳三公子居鄙在魯莊二十八年，當晉獻十一年，此作十二，與世家並誤。

惠王十四　齊桓公二十三，伐山戎，爲燕也。

案：左傳及燕世家伐山戎在齊桓二十二年，此與世家並誤書于二十三年。

惠王十五　魯莊公三十二，子般

史詮曰：「慶父弒子般，缺『慶父弒』三字。」

惠王十六　魯湣公開元年

案：索隱引世本、左傳疏引杜世族譜及漢志、釋文皆作「啟方」。惟史避諱作「開」，蓋缺「方」字，當作

「開方」。

晉獻公十六，伐魏，取霍。

案：「伐」字當依秦本紀及晉世家作「滅」。「取」字又「耿」之譌。

衞懿公八，翟伐我。

案：春秋閔二年書狄入衞，爲懿公九年，世家與春秋合，此作八年誤。

曹昭公元年

案：昭公名班，此失書名。

惠王十七　魯閔公二，季友自陳立申，爲釐公。

案：春秋季友自陳來歸在閔元年，此表書季友奔陳而不書其歸，又云「自陳立申」，非也。攷左傳，「自陳」必「自邾」之誤，蓋其時季友以僖公適邾，及慶父奔莒，乃入立之耳。

國怨惠公亂，滅其後，更立黔牟弟。衞戴公元年。

案：此衞懿公九年也，不書「九」字已誤，以黔牟弟之子戴公爲黔牟弟，又誤。蓋前年表中「翟伐我公好鶴士不戰滅我國」十二字當移在此年，與「國怨惠公亂」云云并書之，再補入「九」字，爲懿公九年，「黔牟弟」下補「子申」二字，「戴公」下補「申」字，方合。至戴、文二公之立，同在此年冬，盧學士考之甚明。考曰「以詩、左傳并毛、鄭、服、杜注及孔氏正義合考之，知衞戴公實以魯閔公二年十二月立，立而旋卒，文公卽繼立，踰年改元，是年爲魯僖公之元年，皆較然無可疑者。證以史記年表，衛懿公之九年，即戴公元年，明年爲文公元年，凡在位二十五年，適相合矣。當狄之入衛也，衛之君臣皆盡，無復文告其卒其立，即告亦必不能如期，許穆夫人之賦載馳，蓋但聞戴公之立，而不聞其卒。故謂是詩作於魯僖之元年，是也。謂必作於元年之六月，以『我行其野，芃芃其麥』二語爲之證，以爲戴公是時尚在，則非也。夫麥以秋種，在周之十二月已有苗矣，芃芃之盛，苗亦可以當之，不必定指其秀其實，詩不云『芃芃黍苗』乎？然則是詩之作必在正月二月間，其去狄入衛之時不甚遠，故但聞戴公之立，不聞戴公之卒，自屬事理所有，不可即據是以爲戴公無恙之證。齊之去衛，與許之去衛更遠矣，聞戴公之在漕邑，命公子無虧帥車三百乘甲士三千人以戍漕，更非旦夕可辦之事，亦必在魯僖之元年，然亦不可據是以爲戴公尚在也。左傳云『文公爲衛之多難也，光適齊。及敗，宋桓公逆諸河，宵濟』。杜注謂『逆諸河者，迎衛敗衆』，此則杜氏之誤。逆之爲言，不可施于卑賤之徒衆，蓋此所逆者卽文公也。夫許穆夫人以一女子尚知閔宗國之顛覆，欲馳驅以歸唁，曾謂文公賢者，反安坐于齊不亟奔赴於新君之所以共紓國難乎？卽以左氏文義求之，上云『爲衛之多難』，下云『及敗』，語意正相承接。若夫石、甯二守之出也，狄入衛遂從之，又敗諸河，此時衛之敗衆能渡河者已早自渡河矣，否亦奔迸四方矣，焉有徘徊河上不畏狄人之殲，而忍死以待宋桓之逆乎？然則文公既隨戴公在漕，戴公旋沒，而國人卽推文公繼之，故左氏遂敍文公之事於魯閔二年之末。服云戴公卒在於此年，杜云衛文公以此年冬立，服、杜之注，明白如此，不可目爲無稽之說也。今人之所以致疑者，以戴公之無元年而稱元年耳。夫戴公亦欲踰年改元者，然而其身已不及待矣。其臣子憫其經營再造於艱難危苦之會，而不忍使從未成君之例，於是卽以懿公之九年爲戴公之元年。此朱子綱目之例，而不謂古之人已有行之者，正可見人情之不甚相遠也。至於戴之爲謚，雖見於周書之謚法，在當日亦必以爲國人翼戴之故而遂稱之，卽以懿公之爲懿，名亦浮其實矣。要皆無暇集衆定議，告於廟而後宣播者也。且衞之後世如輒之出奔且有孝公之謚矣，寧能盡拘常典乎？故夫十數日之君之有謚也，以前君之年爲其年也，皆變禮也，舉不足致疑。孔氏詩正義云『以衞既滅而立不繫於先君』，此論誠然。然使戴公得以踰年，亦必不奪懿公之一年爲其年，唯其旋立旋卒，而臣下又不忍没之，故不得已而與懿公共此一年耳，戴公固未嘗當年改元也。若文公之立之亦在漕也，斷然爲魯閔二年之十二月，於詩尤有明證。定之方中美衞文公作也，其次章『日升彼虚矣，以望楚矣。望楚與堂。景山與京，降觀于桑。卜云其吉，終焉允臧』。皆文公卽位後事。毛傳云『虚，漕虚也』，明文公初立亦在漕也。其自齊至漕，左氏有明文，由其立于魯閔二年之冬，故凡相地卜吉告於齊，齊爲之合諸侯，俱於魯僖元年中，得以次第爲之。春秋於僖二年之正月卽書『城楚丘』，傳以魯後往，故云『不書所會，後也』。然則諸侯之會而城也，更在二年正月之前矣。夫城必計徒庸慮財用，必非一二日而可集，若以文公立在僖元年之冬，其能神速如此乎？鄭箋云『定星昏而正，謂小雪時』。然則楚宫楚室之作，與城必同時而俱舉。有宫室始可遷，二年遷于楚丘，則所謂定之方中者，必在于元年之冬明甚。敬王時城成周，以八月告晉，十一月晉合諸侯，踰年正月始賦功，始未計歷二時。楚丘之城，約略相似。故毛、鄭、服、杜、孔氏皆當世之大儒，其於詩、左傳未有不反覆參證而始決者，後之人亦不必復置異論於其間矣」。此論爲馮山公發。

惠王十八　宋桓公三十三（金陵本作「二十三」。）

附案：此宋桓二十三也，湖本訛刻「三十三」。

惠王二十　蔡穆侯十八，以女故，齊伐我。

案：春秋事在穆侯十九年，此與世家並誤在十八年。

惠王二十三　晉獻公三十三（金陵本作「二十三」。）

附案：湖本訛刻「二十三」爲「三十三」。

惠王二十五　晉獻公二十五，伐翟，以重耳故。

案：僖八年左傳「晉敗狄于采桑，虢射曰：期年，狄必至。夏，狄伐晉，報采桑之役。復期月」。杜注以晉敗狄爲前年事。則伐翟在晉獻二十四年，春秋失書，此與世家並誤在二十五年，蓋讀左傳未審耳。

曹共公元年

案：共公名襄，此失書。

襄王元年，諸侯立王。

案：「諸侯立王」四字當移在前一年「襄王立，畏太叔」句下，即春秋僖八年盟洮之事也。

魯釐公九，齊率戎伐晉亂，至高梁還。（金陵本作「齊率我伐晉亂」。）

案：「戎」乃「我」字之訛。然攷是役也令不及魯，故春秋不書，則魯未嘗與伐晉，此與魯世家誤。

秦穆公九，夷吾使郤芮賂，求入夷吾。（金陵本「求入」下無「夷吾」二字。）

史詮曰「『求入』下衍『夷吾』二字」。

襄王三，欲誅叔帶，奔齊。（金陵本重「叔帶」二字。）

案：此事當在襄王四年，說在周紀。於文當重「叔帶」二字。

鄭文公二十四，有妾夢天與之蘭，生穆公蘭。

案：夢蘭之事，左傳在宣公三年，乃追敍之，未定在何歲，此與世家書于鄭文二十四年，非也。

襄王四　齊桓公三十八使管仲平戎子周（金陵本「子」作「于」。）

附案：湖本訛「于」爲「子」字。

襄王五　齊桓公三十九，使仲孫請王，言叔帶，王怒。

案：左傳「齊侯使仲孫湫聘周，且言王子帶。事畢，不言。歸復命曰：『王怒未怠』。若依表所說，則是因言叔帶而王怒也，殊謬。

秦穆公十三，丕豹欲無與，

案：史詮謂「丕豹」上脫「晉飢請粟」四字，是也。但豹是請伐晉，不云無與晉粟，說在秦紀。

襄王六　晉惠公五，秦飢，請粟，晉倍之。

史詮曰：「『我』作『晉』，非也。」

楚成王二十六，滅六、英。

案：春秋「楚人滅六」，在魯文公五年，當楚穆王四年，後此二十四歲，表及世家皆書之，則此誤書滅六，明矣。世家于是年單書滅英，徐廣曰一本作「黄」。夫英卽英氏，路史云「六分爲英」。其滅未知何時。然考楚成王二十六年，當魯僖公十四年，而僖十七年春秋云「齊人、徐人伐英氏」，則此誤書滅英，又明矣。反覆參詳，知此乃是滅黄之誤，原屬二十四年事，錯書于二十六年耳。至陳杞世家索隱與夏本紀、黥布傳正義，並云「英後改蓼」，則謬也。

襄王七　魯釐公十五，五月，日有食之。不書，史官失之。

案：「不書」下脱「朔與日」三字，否則竟似不書日食矣。

蔡莊公甲午元年

案：蔡本侯爵，何忽稱公？後年書「莊侯薨」，世家亦作「莊侯」，則此稱公誤，亦猶後稱文公、靈公、平公也。

襄王八　晉惠公七，重耳聞管仲死，去翟之齊。

案：重耳如齊，將以求入，非因仲之死也，説見世家。

秦穆公十六，爲河東置官司。

案：事在十五年，左傳及秦紀可證，此誤後一年。

襄王十　孝公昭元年（金陵本作「齊孝公昭」。）

附案：「孝公」上失刻「齊」字，他本有。穀梁僖二十七年釋文「昭」，或作『照』，非。

襄王十三　楚成王三十三，埶宋襄公。（金陵本作「執」。）

附案：「執」字訛刻作「埶」。

襄王十五　秦穆公二十三，迎重耳於楚。

附案：送重耳于秦，因秦召之也，見晉語四。

衞文公二十三，重耳從齊過，無禮。

案：左傳重耳先過衞，後適齊；晉語先適齊，後過衞。此表從晉語也。但衞文賢君，何以無禮重耳。晉語曰「衞文公有邢、翟之虞，不能禮焉。甯莊子言于公，弗聽」。則情尚有可說，厥後晉文怒衞伐其國而執其君，不免已甚矣。然表書重耳過衞在二十三年，爲魯僖之二十三年，雖若與左傳合，而實是舛謬，蓋左傳追敍前事耳。世家書于十六年亦誤，衞文十六年無邢、狄之難。攷春秋僖十八年，「邢人、狄人伐衞」，魯僖十八卽衞文十八，則重耳過衞當在衞文十八年也。更有一確證，韋昭晉語注云「魯僖十八年冬，邢、狄伐衞文公，故不能禮」，則重耳過衞非衞文十六與二十三等年可知。

曹共公十六，重耳過無禮，僖負羈私善。

案：重耳過曹，左傳在魯僖二十三年，此書于曹共公十六年，與傳無違。然傳實追敍前事，不定在是年。世家雖亦書于共公十六年，而加一「初」字，甚合。

襄王十六　晉文公元年

案：文公失書名。

誅子圉

史詮曰：「誅當作『殺』。」

魏武爲魏大夫，趙襄爲原大夫。（金陵本作「趙衰」。）

案：魏武即魏武子犨，蓋脱「子」字。趙衰，湖本訛刻「襄」字也。趙衰爲原大夫，在晉文二年，左傳甚明。夫原爲襄王所賜，以答勤王之勳，而納王在二年，安得元年便有原乎？此誤。

咎犯曰：「求霸莫如内王。」

案：此文公二年事，誤在元年，左傳、世家是。

宋成公王臣元年

附案：成公之名，左氏及公羊經皆作「王臣」，史記同之，而穀梁經作「壬臣」。疑「王」訛爲「壬」，釋文固曰「本或作『王臣』」也。周頃王之名，史亦訛爲「壬臣」矣。至左傳釋文謂「本或作『五臣』」，明是誤刻，不足取據。定四年釋文作「壬臣」，故知文七年「五臣」爲誤。又襄五年楚公子壬夫，匡謬正俗謂當爲「王夫」，而長洲顧氏藹吉隸辨魯峻碑陰壬端子行，即「王」字，則知以形近而訛。蓋古「壬」字寫作「壬」，而「王」字亦作「壬」，故混亂耳。

襄王十九　齊孝公十，孝公薨，弟潘因衛子開方殺孝公子，立潘。（金陵本作「衛公子開方」。）

案：此事三傳不載，史公蓋別有所本也。「衛子開方」，據世家是衛公子開方，此脱「公」字。

晉文公四，救宋，報曹、衞恥。

案：世家亦以爲是年往伐曹、衞以免宋，其實晉未嘗出師也。攷左傳文公四年當魯僖二十七年，晉但蒐軍命將，部署未發，至明年春始出兵耳。而史所以誤在四年者，因此時宋被楚圍，告急于晉，先軫有報施救患之言也。

襄王二十　齊昭公潘元年

案：潘繼孝公而立，孝公名昭，潘何以謚昭？蓋史記從左傳誤來。日知録四曰「文公十四年，齊侯潘卒，傳以爲昭公。案僖公二十七年經書『齊侯昭卒』今此昭公卽孝公之弟，不當以先君之名爲謚，疑左氏之誤。然僖十七年傳『葛嬴生昭公』，前後文同，史亦同。先儒無致疑者」。

晉文公五，周命賜公土地。

案：左傳是年王策命晉爲侯伯，賜以大輅、戎輅、弓矢、秬鬯、虎賁，非賜土地也。賜土地是文公二年納王時事。

衞成公三，公出奔，立公子瑕。會晉朝，復歸晉。

案：「公子瑕」當作「叔武」，「歸晉」當作「歸衞」，此誤也。

陳穆公十六，會晉伐楚朝周王。蔡莊公十四，會晉伐楚朝周王。

案：春秋僖二十八年書「陳侯如會，後會也」。故杜注云「陳本與楚，楚敗懼而屬晉，來不及盟」。則陳無會晉伐楚之事矣。蔡亦從楚者，左傳甚明，惕于楚敗而從晉，故春秋書「蔡侯盟踐土」也，安得言會晉伐楚乎？此並誤。

襄王二十一　衞成公四，晉以衞與宋。

案：晉分衞田畀宋，在成公三年，此誤四年。

襄王二十五　魯僖公三十三，僖公薨。

案：隱、桓、閔之薨也以弒，昭公之薨也以出，皆非正終，故表直書其事，不言公薨，宜矣。其餘七公無被弒出亡之事，乃止僖、宣、成、襄、定書薨，而莊公、文公不書，何耶？

襄王二十七　晉襄公三，秦報我殽，敗於汪。秦穆公三十五，伐晉報殽，敗我於汪。

案：文二年春秋曰「晉侯及秦師戰于彭衙，秦師敗績」，則敗于汪者，實敗于彭衙之誤也。秦紀言「戰彭衙」是。而所以誤爲汪者，因是年冬晉伐秦取汪，以報彭衙之役也。乃此于晉、秦二表並云敗于汪，已屬舛錯，與鄭世家言「從晉伐秦，敗秦兵于汪」同誤。而晉世家復云「秦伐晉，報殽之敗，取晉汪以歸」，尤謬。無論兩事不可合一，而汪爲秦土，不得言秦取晉汪，索隱辨之矣。

襄王二十八　魯文公三，公如晉。

案：春秋書公如晉二十一，此其始也。乃表于文公失書一，十三。成公失書二，三及十八。襄公失書一，三年。昭公失書四，五及十三、二十三、二十九。定公失書一，三年。莫解其故。且昭公九次如晉，及河而復者五，至晉而見止者一，辱于乾侯者二，惟五年如晉得善往返，傳所謂「自郊勞至贈賄，無失禮」者也，而表反不書，尤不可曉。

襄王三十　鄭穆公六，燕襄公三十六

附案：湖本鄭表中失刻「六」字，燕表中失刻「三十六」。

襄王三十一　秦穆公三十九，從死者百七十人。

案：秦紀作「百七十七人」，此缺「七」字。

襄王三十二　宋成公十七，公孫固殺成公

案：春秋文七年書「宋公王臣卒，宋人殺其大夫」。左傳曰「宋成公卒，昭公欲去羣公子穆、襄之族，率國人攻公，殺公孫固、公孫鄭于公宮」。然則成公無被弒之事，而公孫固死昭公難。春秋且以非其罪不稱名，奈何虛構一公孫固殺成公之逆案乎？夫弒君大惡，人所共誅，乃公孫固死宋昭公之難者也，而史誣固弒成公；鮑牧爲齊悼公所殺者也，而誣牧弒悼公；蔡平侯之父隱太子有，楚靈王殺之者也，而誣平侯弒隱太子，又非若改楚棄疾弒靈王比矣，說在秦紀。豈非史筆之巨謬哉！宋世家不言成公被弒，是已，而又云成公弟禦殺太子及大司馬公孫固，自立爲君。宋人共殺禦，立昭公。不但經、傳無禦作亂事，而成公爲桓公禦說孫，則成公之弟不應與祖同名，是并所云成公弟禦者，亦屬子虛烏有也。先儒俱未糾駁。

襄王三十三，襄王崩。

案：王崩宜書也，乃襄王以前皆不書，襄以後始書之，而又止書襄、頃、匡、簡、敬五王，何歟？或謂春秋十二王，亦有不書天王崩者，則于表何疑？曰不然。春秋之不書，王室不告也，表不可以春秋比。且春秋不書莊、釐、頃三王之崩，與表又殊，尤不可引爲例矣。史詮謂「今本缺失」，恐是以意言之。

魯文公八，王使衞來求金以葬，非禮。

案：春秋求金在九年，此誤在八年也。

晉靈公二，秦伐我，取武城，報令狐之戰。

案：此不書前年之晉敗秦令狐，而書秦之報令狐，殊疎。

宋昭公杵臼元年，襄公之子。

附案：「襄公」乃「成公」之誤，徐廣曰「一云『成公少子』」，是也。至世家正義引年表云「宋昭元年杵臼襄公之子」，乃所見本誤，不足爲據。

頃王二　曹文壽公元年（金陵本作「曹文公壽」。）

附案：「文公壽」也，湖本訛刻。

燕桓公元年

附案：索隱曰「譙周云『世家襄伯生宣伯，無桓公』。今檢史記並有桓公立十六年，是允南所見本異也」。余謂燕有三桓公，雖不免于誤，而譙允南所說必是世本，非史記世家，小司馬誤引之。

頃王三　魯文公十一，敗長翟於鹹而歸，得長翟。

案：魯敗諸侯之師多矣，而表止書敗長翟，其義安在，豈以翟種怪異故書之歟？

宋昭公四，敗長翟長丘。

案：左傳事在宋武公之世，年表、世家俱誤。世家集解不攷之左傳，但云「未詳」，太鹵莽矣。評林余有丁曰「左傳載武公世獲緣斯在春秋前，魯世家是，此云昭公，誤也。索隱牽合以昭亦謚武，曲說不通」。余說甚愜。而其所以誤在是年者，因左氏文十一年魯獲長狄僑如，傳追述宋武公時獲僑如之先緣斯，而魯文十一年，正當宋昭四年，故有此誤，攷古質疑曾辨之。

頃王四　秦康公六，伐晉，取羈馬。怒，與我大戰河曲。

案：左傳「秦伐晉取羈馬，晉禦之于河曲。秦掩晉上軍，趙穿追之不及，反，怒，以屬出」。則怒者獨穿一人，安得謂晉因秦取羈馬而怒乎？又是役也，戰交綏，亦不可言大戰，說在秦紀。

頃王五，頃王崩。（金陵本「頃王崩」三字在頃王六年。）

案：「頃王崩」三字當書于六年。

楚穆王六（金陵本「六」作「十二」。）

附案：此穆王十二年也，湖本訛刻「六」字。

頃王六　魯文公十四彗星入北斗，周史曰：十年齊君、晉君（金陵本作「七年宋齊晉君死」。）

案：「晉君」下他本有「死」字，茲訛脫耳。但左傳周內史叔服曰：「不出七年，宋、齊、晉之君皆將死亂」，表謬易其語爲「十年」，而復失數宋。又春秋三書星孛，（文十四，昭十七，哀十三。）表止書其二，（哀十三不書。）去取之意何在？抑有疑者，春秋書孛，史于此表及天官書改作「彗」，而齊世家又改「孛」作「茀」。

攷穀梁傳云「孛之爲言猶茀」，則茀卽是孛。左氏昭十七年「星孛于辰」，傳「申須謂彗所以除舊布新，今除于火」。公羊傳「三稱孛者何？彗星也」。則彗亦卽是孛。故劉向封事仍天官書，言「春秋彗星三見」。漢五行志、杜注左傳、郭釋爾雅俱以彗孛爲一。然晏子春秋載齊景公睹彗星，使伯常騫禳之，晏子曰：「孛又將出，彗星之出庸何懼。」齊世家引晏子曰「茀星將出，彗星何懼」。晉天文志序「妖星，一彗星，二孛星。偏指爲彗，芒氣四出爲孛。其災，孛甚于彗」。漢書文穎注「孛星光芒短，其光四出，蓬蓬孛孛然。彗星光芒長，參參如掃帚」。柯氏考要引革象新書「日之精變爲孛，月之精變爲彗」。則是判然兩星，特其類似而占同耳，豈可緄乎？

齊昭公二十，是爲懿（金陵本作「是爲懿公」。）

附案：是爲懿公也，湖本脫「公」字。

晉靈公八，納捷菑

史詮曰：「脫『于邾』二字。」

楚莊王侶元年

附案：莊王之名，左氏及公羊春秋作「旅」，此與世家作「侶」，音相近也。穀梁又作「吕」。說文「吕」、「膂」本一字，「旅」卽「膂」之省文。

匡王元年　齊懿公商人元年

案：懿公二年「不得民心」四字，當移在元年。

匡王二　宋昭公九，襄夫人使衛伯殺昭公。

案：左傳文十六年，夫人使帥甸攻而殺之，此與世家並云衛伯，豈帥甸之名乎？抑帥甸亦號衛伯乎？未知所出。檀弓疏引傳作「甸師」。

蔡文公申元年

案：後書「文侯薨」，世家亦稱侯，是也，此與稱莊公同誤，説見前。

匡王五　魯宣公俀元年

附案：漢志曰宣公倭。左傳疏曰名倭，或作「接」。釋文曰名倭，一名接，又作「委」。世家亦作「倭」，不見有別作「俀」者，則此譌已。或問世家宣公名凡四見，湖本盡作「俀」。他本雖多作「倭」而于「生子俀」句下皆作「俀」字，故徐廣云一作「倭」。豈世家傳寫誤歟？曰：誤也。余有二證：左傳疏引世家名「倭」，其證一；索隱本引世家「生子倭」注云「一作『俀』」，其證二。蓋此字之誤，其來已久，徐廣所據史記本是「俀」字，遂以別本作「倭」者注之；索隱所見本是「倭」字，因以別本作「俀」者注之也。倭音煨，順也，與委通。俀音妥，音腿，弱也。音義迥殊。至所謂「接」者，又「倭」之譌耳。委之與妥混寫已久，如「餧」作「餒」，「𡳞」作「𡳐」，皆是。

齊惠公元年

案：惠公失書名，當補「元」字。

秦共公和元年

案：宣四年春秋書秦伯稻卒，則此作「和」誤已。而秦紀索隱云「名猳」，未知所本。

匡王六　晉靈公十四，趙氏賜公族。

案：左傳趙爲公族乃成公卽位後事，世家書于晉成元年是。此誤在靈公十四年者，因左傳連敍于靈公末年宣二。也。

定王元年　宋文公五，贖華元，亡歸。鄭穆公二十二，華元亡歸。

案：宣二年左傳，華元之歸爲宋文四年，鄭穆二十一年，宋、鄭兩世家與左傳合，此誤後一年。毛本宋表中無「亡」字。

定王三　秦共公五

案：共公立四年而卒，無五年也，説見紀。

衞成公三十一，楚伐鄭，與我平。晉中行桓子距楚救鄭，伐我。（金陵本「楚伐鄭」十七字在陳表中。）

附案：此是下格陳表中語，各本訛刻入衞表也。

鄭襄公堅元年，靈公庶弟。楚伐，晉來救。（金陵本作「楚伐我」。）

案：公羊成四年「鄭伯臤卒」，疏云「左氏作『堅』字，穀梁作『賢』字，今本改作「堅」。今定本亦作『堅』字」。公羊釋文云「臤，本或作『堅』」。九經古義曰「公羊作『臤』，穀梁作『賢』，本一字也。説文云『臤，古文以爲「賢」字』。漢潘乾校官碑云『親臤寶智』。國三老袁良碑云『優臤之寵』。玉篇又引作『絚』，與『堅』同，『臤』亦爲古『堅』字。絚、絙、經竝同堅。『堅』又與『賢』通，東觀漢紀云後漢紀注。陰城公主名賢得，續漢書天文志作『堅得』。疑古『堅』字『賢』字皆省作『臤』，公羊從古文作『臤』，穀梁以爲『賢』，左氏以爲『堅』，師讀各異故也」。余又攷此表與世家並言襄公爲靈公庶弟，然徐廣于世家引年表云「庶兄」，其爲兄爲弟，莫由詳定。人表謂襄公乃靈公子，則誤矣。「楚伐」下似脱「我」字。（說文臤部讀若鏗鏘之鏗，集韻入耕韻，蓋本音也。）

定王四　晉成公四，與鄭侵陳。（金陵本作「與衛侵陳」。）

附案：宣六年春秋「晉與衛侵陳」，此誤。毛本作「衛」。

定王六　陳靈公十三，楚伐我。滅舒、蓼。（金陵本無「滅舒蓼」三字在楚表。）

案：楚滅舒、蓼，與陳何涉？且攷宣八年春秋，滅舒、蓼在夏六月，伐陳在冬十月以後，判然兩事，楚非一出師而及二國也。「滅舒蓼」三字，當是羨文。

定王七　晉成公七，使桓子伐楚。以諸侯師伐陳救鄭。成公薨。楚莊王十四，伐鄭，晉郤缺救鄭，敗我。鄭襄公五，楚伐我，晉來救，敗楚師。

案：宣九年春秋「九月，晉荀林父伐陳。晉侯卒。冬，楚子伐鄭，晉郤缺帥師救鄭」。則伐陳者桓子，而救鄭者郤缺也。此晉表與晉世家並以救鄭爲桓子，誤一。攷左傳陳不會晉于扈，故伐之。鄭爲楚伐，故救之，判然兩事。此晉表與晉世家合伐陳救鄭爲一役，誤二。又傳稱鄭敗楚師于柳棼，晉未嘗伐楚，亦未嘗敗楚。乃此晉、楚、鄭三表及晉世家皆言晉伐楚，與楚戰，敗楚師，虛誕不實，誤三。鄭表敗楚或屬鄭，說尚合。

定王八　齊惠公十，公卒。崔杼有寵，高、國奔衛。（金陵本作「逐之奔衛」。）

案：左宣十年「齊崔氏出奔衛」，傳曰「崔杼有寵于惠公，高、國畏其偪，公卒而逐之奔衛」。世家亦仍傳文，乃此以爲高、國奔衛，誤甚。史詮謂「高國」下今本脱「逐之」二字，非也，衛表中又書「齊高、國來奔」矣。

景公據元年，與宋伐鄭。（金陵本作「晉景公據」。）

案：「景公」上失書「晉」字。又春秋景公名獳，此與世家皆作「據」，疑史誤，或曰是二名也。又宣十年春秋晉、宋、衛、曹伐鄭，此言「與宋」，疎矣。

衛穆公遬元年，齊高、國來奔。（金陵本作「遬」。）

案：世家作「遬」，從公羊也，左、穀俱作「速」，古字同。此作「遬」訛，遬音敕，與次旁者别。又奔衛者崔杼，非高、國也，説見上。

鄭襄公六，晉、宋、楚伐我。

案：春秋是年衛、曹亦同伐鄭，此與晉表並疎脱。

定王十　晉景公三，救鄭爲楚所敗河上

附案：趙世家徐廣曰「年表救鄭及誅滅皆景公三年」。今本史表無誅趙氏事，豈傳寫脱耶？抑後人知其誤而删之耶？

燕宣公五，楚圍我，我卑辭以解。（「楚圍我」八字金陵本在鄭表。）

附案：此是上格鄭表中語，各本訛入燕表也。

定王十三　魯宣公十五，初稅畝。

案：稅畝書矣，襄十一年分三軍，哀十二年用田賦，皆書矣，而成公元年獨不書作丘甲，何也？世家止書分三軍。

晉景公六，救宋，執解楊。（金陵本作「執解揚」，下鄭表同。）

案：宣十五年傳，楚自前年九月圍宋未解，宋人告急于晉。晉侯欲救之，伯宗以爲不可，乃止。使解揚如宋，詭言晉師悉起。晉世家所謂使解揚紿爲救宋也。鄭人執解揚而獻諸楚。此表直云救宋，已非事實，又但云「執解揚」，竟似揚爲楚臣，而晉執之矣。文義欠晰，或有脱文。「執」字訛刻「執」。揚與楊古通。

楚莊王二十，圍宋五月。

案：春秋宣十四年九月楚子圍宋，十五年五月宋及楚平，故杜注云「在宋積九月」。吕氏春秋愼勢、行論兩篇述此事，亦謂莊王圍宋九月也。表與宋、楚二世家作「五月」，蓋因春秋有「五月」之文而誤耳。

鄭襄公十一，左楚伐宋執解楊（金陵本作「佐楚」。）

附案：「左」乃「佐」之訛。「執」乃「執」之訛。

定王十六　齊頃公八，晉伐敗我。

案：「敗」字衍。此卽左傳宣十八年陽穀之役也，晉受齊質子而還，未嘗交兵，安得言敗。

晉景公九，伐齊，質子彊

案：此公子彊也，脱「公」字。

定王十七　魯成公黑肱元年，春，齊取我隆。

案：世家徐廣曰「肱」一作「股」。以黑肩、黑臀命名類之，作「股」亦通，然諸書皆作「肱」字。左傳圍龍在二年，魯、晉兩世家與傳合，此誤書于元年。但魯地爲他國所取屢矣，而表止書齊取者三，（成二取龍，昭二十六取鄆，哀八取三邑。）其義何在？又「龍」字史皆作「隆」，疑古人通用。孟子龍斷亦以高爲義，故索隱引劉氏云「隆卽『龍』也」。至索隱又引鄒誕及別本作「俏」，謂卽「鄆」字，是大不然。魯有東西兩鄆，並非北境，而此年齊伐魯北鄙圍龍，則安得以爲鄆乎？龍屬泰山博縣，正當魯北，爲今泰安州西南。

楚共王審元年

附案：楚語恭王名葴，與春秋、史記作「審」者異。宋庠補音曰「作『葴』疑非是」。葴、審音相近，楚、夏語或然。

定王十八　魯成公二，齊歸我汶陽。

案：是年齊歸我汶陽，至八年我歸齊汶陽，田不終屬魯也，乃止書「歸我」而不書「歸齊」，何也？

晉景公十一，與曹敗齊。

案：成二年春秋晉與魯、衞、曹三國敗齊，而三傳及齊、晉世家皆不及曹，卽曹年表、世家亦不書，微之也。乃此偏略魯、衞而獨言曹，殊不可解，豈史家互見之法歟？抑魯、衞皆大夫，曹爲公子故耶？

定王十九　魯成公三，伐楚、鄭。（金陵本作「伐鄭」，無「楚」字。）

案：「楚」字當衍，誤增也。

齊頃公十一，頃此字當衍。公如晉，欲王晉，晉不敢受。

案：史言齊尊晉爲王，與越絶書言晉、鄭王何異索隱引王劭案張衡云，「禮，諸侯朝天子執玉，既授而反之。若諸侯自相朝，則不授玉。齊頃公戰敗朝晉而授玉，是欲尊晉爲王」。夫諸侯相朝授玉，春秋之僭禮也。成六年左傳「鄭伯如晉，授玉東楹之東」，則知是時相朝授玉，無國不然，何獨齊頃。若因授玉之故，便謂尊王，豈鄭悼公亦欲尊晉景公爲王乎？張説不可通矣。攷成三年傳「齊侯朝晉將授玉，郤克曰：此行也，寡君未之敢任」。史誤會左傳，以「玉」作「王」，以未敢任來朝爲不敢受王，蓋古字「玉」皆作「王」，此表楚靈王元年「肘王」，平王元年「抱王」，並與「玉」同。荀子王霸篇「改王改行」。竹書「夏帝發元年，諸夷賓于王門」，呂氏春秋首時篇「不忘王門之辱」吳本趙策亦作「王門」。正名、過理二篇公玉丹作「公王丹」，公玉氏，音宿，點在上。周禮九嬪「玉齍」注「故書玉爲『王』」，杜子春讀玉」。説文王部宋徐鉉引李陽冰解，「中畫近上爲王，三畫正均爲玉」，史實緣此致誤。善乎左傳疏辨之云「齊世家頃公朝晉，欲尊王晉景公，景公不敢當。晉世家齊頃公如晉，欲上尊景公爲王，景公讓不敢。然此時天子雖微，諸侯並盛，晉文不敢請隧，楚莊不敢問鼎。又齊弱于晉，所較不多，豈爲一戰而勝，便卽以王相許。準時度勢，理必不然。竊原馬遷之意所以有此說者，當讀授玉爲授王，遂飾成謬辭耳。惠棟謂「晉作六軍擬于王，故欲尊之」，亦非也。逸論語有問王篇，王伯厚漢志考證疑問王爲問玉，而不知問王即問玉也。左傳哀十二年「玉暢」，宋本作「王暢」。

晉景公十二，始置六卿。

案：晉是作六軍，而此與齊、晉二世家俱誤稱六卿。夫晉之將佐皆卿也，六軍未置以前，曾作五軍，卿有十人。三軍既復以後，尚號爲六卿。豈在斯時，卿位反僅止于六乎？

宋共公瑕元年

案：春秋共公名固，而史俱作「瑕」，豈有二名歟？抑史誤也？

蔡景侯四，伐鄭。（金陵本「伐鄭」二字在曹表。）

附案：「伐鄭」乃下格曹表中語，譌入蔡表。

定王二十　鄭襄公十八，晉欒書取我范。（金陵本「范」作「氾」。）

案：成四年左傳「取氾、祭」，杜注是一地，指成皋東氾水爲言，其實乃二邑。釋文云「氾，音凡，或音祀。祭，側界反。」此與晉世家並脫「祭」字也。索隱本作「氾」，則「范」爲今本譌刻。

定王二十一　楚共王五，伐鄭。

案：春秋伐鄭在後一年。

簡王元年　吴壽夢元年

案：春秋書「吴子乘卒」，則當作「吴子乘元年」。乃史公于吴獨不書爵，而直書名，又或舍名而書其號，與史例乖矣。顧氏炎武左傳杜解補正曰「夢，古音莫騰反。一言爲乘，二言爲壽夢，非號也」。顧説本于服虔，見襄十年左傳疏，與杜注以壽夢爲吴子之號不同，存之以備一解。索隱引世本居篇云「孰哉仲雍字。居藩籬，孰姑徙勾吴」。宋衷曰「孰姑，壽夢也。代謂祝夢乘諸也」。則乘又字孰姑，而壽之爲祝，姑之爲諸，皆以音近而異耳。

簡王二　鄭成公睔元年，悼公弟也。（金陵本作「悼公弟也」。）

附案：湖本「悼公」訛刻「倬公」。

簡王三　蔡景侯九，晉侯伐我。（金陵本作「晉伐我」。）

案：蔡表中或書「晉伐我」，或書「晉侵我」，獨此稱晉侯，必晉侯親伐之也。而成八年春秋曰「晉欒書帥師侵蔡」，則「侯」字當衍。

吴壽夢三

附案：湖本「三」字訛「二」，後年又失刻「四」字。

簡王六　晉厲公壽曼元年

附案：厲公之名，年表、世家作「壽曼」，春秋及成十年左傳作「州蒲」。應劭諱議云「周穆王名滿而有王孫滿、晉侯州滿」。釋文云「州蒲或作『洲滿』」。劉知幾以「蒲」爲誤，見史通五行志雜駁篇注，謂出王邵讀書志。則知壽曼即州滿，曼、滿音相近，壽、州字相同，觀古書「酬」作「醻」可見。而滿、蒲二字，書傳中往往又以形近相亂，如左傳襄二十七年盧蒲嫳，呂氏春秋慎行篇作「盧滿嫳」。定五年秦將子蒲，楚策作「子滿」。史記秦紀秦將到滿，（惠文時。）正義謂「滿」或作「蒲」。封禪書蒲池，顏籀謂或作「滿」。春申君傳蒲衍，新序善謀篇作「滿衍」。漢書高帝紀魏將武滿，史作「武蒲」。司馬相如傳「苞蒲」作「苞滿」。後書光武紀上蒲陽，順帝紀蒲陰，注謂或作「滿」。（蒲陽，今直隸保定府滿城縣是。）王昌傳將軍鄧滿，注引續漢書作「蒲」。列子湯問篇蒲且子，張衡傳作「滿且」。莊子天地篇有人名赤張滿稽，釋文云「滿」或作「蒲」，可以類證已。

簡王八　晉厲公三，獲其將成差。

案：成十三年左傳「晉獲秦成差及不更女父」，此與世家皆失書女父，豈以偏裨略之歟？

鄭成公七，伐秦。

史詮曰「脱『晉率我』三字」。

簡王九　秦桓公二十七

案：桓在位二十八年，非二十七而卒也，説在秦紀。

簡王十　宋共公十三，宋華元

史詮曰：「華上衍『宋』字。」

曹成公二，晉埶我公以歸。（金陵本作「晉執」。）

案：晉執曹君，討其殺太子而自立也，次年反國。表但書執而不書反，疎矣。「執」訛「埶」。

簡王十一　宋平公成元年

案：「成」一作「戍」，説在世家。

簡王十三　晉厲公八，立襄公孫爲悼公。

案：悼公爲襄公曾孫，此誤。

鄭成公十一，與楚伐朱（金陵本作「伐宋」。）

附案：「宋」譌刻「朱」。

簡王十四　魯襄公午元年，圍宋彭城。

案：魯之圍國多矣，而表止書圍宋，何也？

齊靈公十，我不救鄭，晉伐我。

案：左傳齊不會圍宋，故晉討之，非因不救鄭而見伐也。是時鄭服于楚，晉連年往伐諸侯，方欲城虎牢以偪鄭，齊不服楚，何爲救鄭，表誤書之。

晉悼公元年

案：悼公名周，此失書。

宋平公四，楚侵我，取犬丘。晉誅魚石，歸我彭城。

案：左傳侵宋呂留者楚也，侵宋取犬丘者鄭也，此云楚取犬丘，誤。晉降彭城，以魚石等五人歸，寘諸瓠丘，未嘗誅也，此與世家云誅魚石，亦誤。

鄭成公十三，晉伐取我，兵次洧上，（金陵本作「晉伐敗我」。）

案：左傳「晉伐鄭，敗其徒兵于洧上」，則「取」乃「敗」字之訛。「次」字當衍，而所以誤入「次」字者，因是役也諸侯之師次于鄫以待晉耳。

靈王元年　魯襄公二，會晉城虎牢。

案：城虎牢乃晉悼扼鄭之吭以制楚之南向，其功甚偉，表固宜書之。然僖二年城楚丘矣，十四年城緣陵矣，何以不書？猶云春秋不稱魯也，若襄二十九年城杞，昭三十二年城成周，魯皆與于會，似較城虎牢爲美，以有尊周保小之義焉，乃表皆不書，而獨書城虎牢，未免失倫。

靈王二　齊靈公十二，伐吴。

案：春秋是年無齊伐吴事，乃因楚伐吴而錯出也，當衍。

鄭釐公惲元年

案：釐公之名，左氏春秋作「髡頑」，公、穀作「髡原」，（索隱謂左傳作「髡原」，非。）當從左爲是。公、穀以「頑」爲「原」，口授之際，音近致訛。而年表、世家並作「惲」，音與「髡」亦相近，疑訛「髡」爲「惲」，又失「頑」字，未必史公别有所據，釐公有二名也。所以知者，楚成王名頵，公、穀訛爲「髡」，而年表、世家俱作「惲」，蓋史實作「髡」，誤爲「惲」字，是其例矣。（穀梁釋文云「髡」又作「郡」，或作「頵」。）

靈王三　晉悼公四，狄朝晉。

史詮曰：「『我』作『晉』，非也。」

靈王四　魯襄公五，季文子卒。

案：春秋書内大夫之卒者三十一人，而表止書季文子、季武子，豈以二子始專國政乎？季氏之先莫賢于季友，其後莫惡于季平子如意，而皆不書何也？

成公薨。陳哀公弱元年（「成公薨」三字，金陵本在陳成公三十年。）

附案：「成公薨」三字當書于前格成公三十年，此譌在哀元年。哀公之名，春秋作「溺」，釋文音乃歷反。此與世家及漢書人表作「弱」，蓋古通用。禹貢弱水，説文作「溺水」。

靈王六　陳哀公三，楚圍我，爲公亡歸。

案：襄七年左傳「楚圍陳，晉會于鄬以救之。楚僞執公子黄，陳人使告陳侯于會，哀公逃歸」。則楚圍陳者，爲陳服晉，不爲亡歸也。公亡歸者，逃晉鄬之會，非自楚亡歸也。此誤。

鄭釐公五，子駟使賊夜殺釐公，

附案：史記「弒」字多作「殺」，音試。是殺卽弒也，世家徐廣引此文直作「弒」。經典釋文於殺、弒字字皆音，辭繁不殺，由「弒」之作「殺」者多也。後人盡改作「弒」，徐氏蓋亦改而引之。

靈王七　鄭簡公喜元年

案：「喜」當作「嘉」。

靈王八　魯襄公九，問公年十一，可冠於衞。（金陵本作「年十二」，重「冠」字。）

案：「十一」當作「十二」。又史詮曰「可冠，冠於衞，脱下『冠』字」。各本皆失之。

宋平公十二，晉率我伐鄭師。（金陵本無「師」字。）

附案：「師」字衍，各本俱無。

衛獻公十三，師曹鞭公幸妾。

案：鞭妾瑣事，表可不書。且未定是此年事，表與世家俱書于十三年，妄也。

蔡景侯二十八，晉率我伐鄭。（金陵本此五字在曹表。）

附案：此乃下格曹表中語，訛入蔡表也。

鄭簡公二，誅子駟。

案：事在簡三年，此在二年，誤。春秋襄十年書「盜殺公子騑」，則「誅」字誤。

靈王九，王叔奔晉。

案：王朝卿士之出奔者衆矣，何獨書王叔，是可不書。

鄭簡公三，子孔作亂，子產攻之。

案：子孔何嘗作亂，子產何嘗攻子孔，史妄矣。攷襄十年左傳尉止等作亂，殺子駟、子國、子耳，春秋書曰「盜」，而子產攻盜北宮，盜衆盡死。此直以盜目子孔，與世家言子孔使尉止殺子駟同謬。豈因子孔知尉止之難而不言，又召楚師至純門，終于見殺，遂并目爲盜歟？而世家又言子駟、子孔欲自立爲君，此種畸說，緣未細覈左傳來。

靈王十　魯襄公十一，三桓分爲三軍，各將軍。

案：作三軍書矣，而昭五年舍中軍不書，何也？

晉悼公十一，九合諸侯，(金陵本「諸侯」下有「賜之樂」三字。)

史詮曰：「缺『賜之樂』三字。」

秦景公十五，我使庶長鮑伐晉救魏，敗之櫟。(金陵本作「救鄭」。)

案：襄十一年左傳秦使庶長鮑及武同伐晉，此不書庶長武，略也。「鄭」譌作「魏」，毛本是「鄭」字。

楚共王二十九，鄭、晉伐我。

案：春秋襄十一年無其事，此必與鄭伐宋之誤。

衛獻公十五，救鄭，敗晉師櫟。

案：伐鄭者晉也，救鄭敗晉者秦也，衛與晉伐鄭，未嘗與秦敗晉，此六字當衍。史詮云「救鄭」乃「伐鄭」之誤，衍「敗晉師櫟」四字。

靈王十一　吳壽夢二十五，壽薨卒。(金陵本作「壽夢卒」。)

附案：湖本「夢」字訛「薨」。

靈王十二　吳諸樊元年

案：左氏春秋襄二十五年書「吳子遏卒」，人表同。人表列吳遏于下上列，吳諸樊于中中，蓋誤以爲兩人而重出也。公、穀作「謁」，古字通用。諸樊是遏之號，舍名稱號非例也，當作「吳子遏元年」。

靈王十三　晉悼公十四，率諸侯大夫伐秦，敗棫林。秦景公十八，晉諸侯大夫伐我，敗棫林。

案：此襄十四年左傳所謂遷延之役也。晉但無功而還，不可以「敗」書，説在秦紀。

楚康王招元年，共王太子出奔吴。

案：康王之名，三傳春秋及國語注俱作「昭」，此與世家作「招」，古通。索隱本作「略」，誤。又共王之太子卽是康王，安得别有太子，且亦無奔吴之事。攷春秋傳，是年楚伐吴，爲吴所敗，獲楚公子宜穀。史公必因此而誤以宜穀爲太子，以見獲爲出奔也。

衛獻公十八，立定公弟狄。

案：世家「狄」作「秋」，古秋、狄二字多互訛，如襄十八年左傳「雍門之萩」，水經淄水注引作「荻」也。但三傳春秋皆作「剽」，人表又作「焱」，乃「猋」之譌，攷詩采葛章蕭與秋合韻，荀子解蔽篇引逸詩秋與簫合韻，則「秋」、「猋」與「剽」音近，或相通借，「狄」爲「秋」之誤耳。又杜注云「剽，穆公孫」，人表注云「獻公弟」，俱欠晰。剽乃穆公子黑背之子，於定公爲從子，於獻公爲從父昆弟，年表與世家俱云定公弟，謬甚。

靈王十四　衛殤公狄元年

案：杜於左傳襄二十六年「殺子叔」，注云「子叔衛侯剽。言子叔，剽無謚故」。孔疏曰「此剽，黑背之子」。成十年傳「衛子叔黑背侵鄭」，黑背字子叔，卽以子叔爲族也。元年，「衛侯使公孫剽來聘」，傳云

「子叔來聘」，是舉族而稱之。爲剽無謚故稱族，然則剽之謚殤，不知史公何據？

靈王十五　魯襄公十六，地震。

案：春秋五書地震，惟見于文、襄、昭、哀之世，乃表書其四而缺其一，文九。何也？

晉平公彪元年，伐敗楚子湛坂。（金陵本作「于湛坂」。）

附案：史詮曰「湖本『于』作『子』，誤。洞本『伐』作『我』」。

靈王十六　曹成公二十二，伐衞。

案：襄十七年春秋「衞伐曹」，則此是「衞伐我」之誤。孫侍御曰「或是報石買之伐，而春秋不盡書于策也」。

靈王十七　齊靈公二十七，晉圍臨淄。晏嬰大破之。（金陵本無「大破之」三字。）

史詮曰：「『圍』下缺『我』字，『臨淄』下衍『晏嬰』二字。」

晉平公三，率魯、宋、衞、鄭、圍齊，大破之。

案：襄十八年春秋，晉率以伐齊者十一國，内六國無表，故不書，乃不及曹，何也？

靈王十八　曹武公勝元年

案：春秋作「滕」，此與世家作「勝」，疑誤。

靈王十九　齊莊公元年

案：莊公名光，此失書。

靈王二十　魯襄公二十一，日再蝕。

案：此與二十四年俱依春秋書日再蝕，然歷法無頻交之理，說在孝文紀。

晉平公六，殺羊舌虎。

案：左傳晉殺欒盈之黨十人，而此獨書羊舌虎，豈因叔向之故耶？又豈因其母龍蛇之語耶？

靈王二十一　齊莊公三，晉欒逞來奔，晏嬰曰：「不如歸之。」

案：左傳「欒盈適齊，晏平仲諫齊侯毋納欒氏，弗聽」。史言歸之，妄也。欒盈之爲欒逞，說在晉世家。

靈王二十三　魯襄公二十四，侵齊。

案：魯之侵國多矣，表獨書是年之侵齊，何也？

齊莊公五，畏晉通楚，晏子謀。

案：左傳齊懼晉結楚，非晏子謀也。

鄭簡公十七，子産曰：

案：「子産曰」三字衍。

靈王二十四　晉平公十，伐齊至高唐。

案：晉未嘗至高唐，說在晉世家中。

秦景公二十九，公如晉，盟不結。

案：左傳在二十八年，且非公自行也，說在秦紀。

靈王二十五　晉平公十一，誅衛殤公，復入獻公。衛殤公十二，齊、晉殺殤公，復内獻公。

案：殤公之弒，獻公之復，皆甯喜爲之，與齊、晉何涉？說在衛世家。「誅」字欠安。

吳餘祭元年

案：「吳」下當增「子」字。

靈王二十七　齊景公三，鮑、高、欒氏謀慶封，

案：陳氏亦共謀之，此缺。

景王元年　楚熊郟敖元年

案：「熊」字當衍。

燕惠公元年

案：史于燕事最爲疎舛，而尤不能明者，惠、簡二公之事也。據年表、世家，惠公元年齊高止奔燕，六年惠公奔齊，其年皆與春秋合，惟春秋所書北燕伯款，左傳以爲簡公，而史作惠公，此索隱所云「與經、傳不協，未可强言」者也。余謂信史不如信經，況燕事缺失甚多，安知史不誤以後之惠公易前之簡公乎？史自惠公而下歷悼、共、平三世，然後至簡公，相隔三十餘年。史稱惠公在位九年，簡公在位十二年，然世家不說惠卒之年，惟表書九年。疑「九年」是「七年」之誤。而簡公十二年之誤，實明白無疑，亦徵之春秋，春秋昭十二年「齊高偃納北燕伯于陽」，左傳以爲北燕伯款，即是簡公。今以惠

爲簡，依年計之，魯昭十二年當燕簡十五年，此表爲燕悼六年矣。就使簡公歸燕便卒，固已十五年矣，年表、世家俱書惠公歸至燕卒，未識所據，必是齊納簡公于陽事而妄爲之説也。何云十二？則又安知史不誤以惠公七年爲九年，以簡公十五年爲十二年，而遂變亂五君簡，悼，共，平，惠。之年數乎？蓋史所紀燕君之年，大半亦不足信耳。人表列惠公于下中，列簡公于中下，而復列北燕伯款于下上，因錯認爲兩人而重出也。

吴餘祭四，守門閽殺餘祭。

案：春秋餘祭在位四年，夷末在位十七年，表與世家倒錯二君之年。吴越春秋誤仍之。而此餘祭四年有守門閽殺餘祭之文，何也？蓋後人因史誤書，遂依春秋將六字移入四年。史表元文必書于十七年，不然，既云四年殺矣，何又稱十七年乎？

景王二　鄭簡公二十三，諸公子争寵相殺，子產、子成止之。

案：「相殺」乃「欲殺」之誤，「子成」乃「子皮」之誤。攷左傳襄三十年，「駟氏伐敗良氏，子產斂葬伯有，良氏。駟氏欲攻之。子皮怒曰：『殺有禮，禍莫大焉！』乃止」。世家云「諸公子争寵相殺，又欲殺子產，公子或諫，乃止」。所謂公子或諫雖非，而事自合也。

景王三　楚郟敖三，王季父圍爲令尹。

案：左傳襄二十九年云「郟敖卽位，圍爲令尹」。是郟敖元年事，此與世家誤在三年。

景王四　魯昭公稠元年

附案：世家依左傳作「裯」，孔疏、釋文同。此表與漢書從世本作「稠」，徐廣又作「袑」，並非。穀梁疏引世家作「稠」，恐是訛耳。

秦景公三十六，秦后子來奔晉。（金陵本作「公弟后子奔晉」。）

案：本國不得言「秦」，而奔晉不得言「來」，並誤。有本作「公弟后子奔晉」，疑後人因其誤而改之。毛本無「來」字。

景王五　齊景公八，齊田無宇送女來。（金陵本作「田無宇送女」，無「來」字。）

案：此書本國事，不必言「齊」。送女者，致少姜于晉也，不可言「來」，當衍「齊」字、「來」字。

楚靈王圍元年，共王子，肘王。

案：三傳春秋皆書「君虔」，蓋靈王卽位易名熊虔，而圍其初名。經止書虔者，熊爲楚君通號，可以不書，猶平王本名棄疾，卽位名熊居，春秋亦止書楚子居也。乃表于平王改稱居，而靈王獨稱其初名，世家并不及改名之事，疎矣。「王」卽古「玉」字，李陽冰所謂「三畫正均如貫玉」也，後文「平王抱王」同，説見前。毛本並作「玉」。

景王七　魯昭公四，稱病不會楚。

案：左傳「楚子合諸侯于申，公辭以時祭，衛侯辭以疾」，表與世家皆言公稱病，蓋誤以衛爲魯也。

楚靈王三，夏，合諸侯宋地，盟。伐吳宋方，誅慶封。冬，報我，取五城。（金陵本作「朱方」，作「取三城」。）

案：此卽申之會也，申爲楚地，非宋地。又吴之伐楚取棘、櫟、麻三邑，亦不得言五城，皆史之誤，吴世家作「取三邑」，是也。「冬」下又缺「吴」字。至「朱方」之爲「宋方」，乃湖本訛刻耳。

曹武公十七，稱病不會楚。

案：左傳「曹辭以難」，此亦誤以衞之辭疾爲曹也。

鄭簡公二十八，子産曰「三國不會」。

附案：左傳子産對楚王曰，不來者魯、衞、曹、邾是四國也，史公因邾無表，改「四」爲「三」。

景王九　秦襄公元年

附案：秦伯之謚，無論春秋及秦紀並作「哀公」，而襄公爲秦開國之祖，不應子孫上同其謚，蓋以字近致訛，亦猶陳哀公之爲「襄公」，魏襄王之爲「哀王」也。秦記作「畢公」亦非，説在紀中。

景王十　齊景公十三，入燕君。晉平公二十三，入燕君。

案：魯昭六、七兩年左傳，「齊侯如晉，請伐燕，納簡公。晉許之。齊受燕賂，不克入其君而還」。乃表云入燕君，齊世家云「景公如晉見平公，欲與伐燕」。晉世家云「伐燕」。燕世家又云「齊高偃如晉請共伐燕，晉許與齊伐燕，入惠公」。皆妄説也。伐燕一役，齊侯往晉自請，不得言高偃如晉。齊受賂不克入，亦不得言入其君。而晉實未嘗同齊出師，尤不得言晉伐燕。既不同伐，則燕君之入不入無關于晉，何以書入燕君，又況不克入乎？（「惠」當作「簡」。）

楚靈王六，執芊尹（金陵本作「芋尹」。）

附案：「芋尹」乃「芋尹」之訛，以草名官，陳亦有之。釋文音于付反。世家亦訛「芋」。

燕悼公元年，惠公歸至卒。

案：「惠公」當作「簡公」，説見前。而所書歸卒之誤，甚于訛「簡」爲「惠」也。以悼立于簡未歸之先耶？而君未告薨，何以奸位？卽謂爲燕人更立，自在簡出亡時，不應書悼公元年，于簡奔四年之後矣。以悼立于簡卒之日耶？而尚未踰年，何以改元，又不得援當年改元之變禮以爲例也。況是年齊受賂還，不克入簡公，奈何妄稱「歸卒」乎？然則簡公歸于何歲？曰：春秋昭十二年「齊納北燕伯于陽」，魯昭十二年爲史表燕悼六年，實燕簡之十五年也。然則簡公卒于何歲？曰：不可考已。其卒于納陽之年歟？其非卒于納陽之年歟？春秋不書，三傳不著，未能的知。墨子明鬼篇引燕春秋謂「簡公寃殺其臣莊子儀，爲其所擊，殪于車上」。與杜伯射宣王相類，而亦不説其年。史葢因納陽一語飾成此詞，非别有所本耳。然則悼公之元在何歲？曰：古史云「以晏子之言考之，則簡公之出，燕既立悼公矣，悼公雖立而未敢改元。及齊納簡公而不入，知其決不得歸，然後卽位改元耳。至悼公六年，齊高偃又以兵納簡公于陽」。蘇氏論悼立于簡出之時，是也，謂悼改元于齊納簡不克之年則非也。葢簡卒而悼始改元也。悼之立，攝也，與他國君更立改元者異。若果簡未卒而悼已改元，則簡不得有十五年，而悼又何止七年乎？

景王十一　魯昭公八，公如楚，楚留之賀章華臺。楚靈王七，就章華臺，内亡人實之。

案：昭公如楚以及楚之就章華而内亡人，俱在前一年，此與魯、楚兩世家並誤。

衞靈公元年

案：公名元，此因與元年連文而失書也。

陳哀公三十五，襄公自殺（金陵本作「哀公自殺」。）

附案：「襄」乃「哀」之譌。

景王十三　魯昭公十，四月，日蝕。

案：春秋是年無日食，此誤增也，說見前。

晉平公二十六，十月，公薨。

附案：昭十年春秋平公卒于七月戊子，此譌作「十月」。竹書亦誤「十月」也。

景王十四　楚靈王十，醉殺蔡侯，使棄疾圍之。棄疾居之，爲蔡侯。蔡靈侯十二，使棄疾居之，爲蔡侯。

案：昭十一年左傳云「三月丙申，楚子伏甲饗蔡侯于申，醉而執之。四月丁巳殺之」。則表與蔡、楚世家言醉殺蔡侯，非也。棄疾爲蔡公，此兩稱蔡侯，誤。

景王十五　楚靈王十一，王伐舒。

附案：舒即徐也，說在齊世家。

蔡侯廬元年，景侯子。

案：廬謚平，此失書也。「廬」字，釋文本引左氏經作「盧」，蓋古通用。三傳春秋今本並作「廬」。如曹宣公之名，公、穀作「廬」，人表同。而左氏作「盧」，釋文本引左氏又作「廬」，於公羊亦云作「盧」。桓十三年左傳「盧戎」，釋文本作「廬」，卽漢地理志之中廬縣。吳世家有吳子柯盧，而吳越春秋作「廬」，可以互驗。惟徐廣謂一本蔡平侯之名作「虛」，則是誤耳。蔡以前一年滅，以後一年復立，乃表不空此一格，而卽書廬元年者，豈亦如陳惠公之探續先君卒年以爲元乎，蔡世家何以不書？又平侯爲景侯曾孫，靈侯之孫隱太子有之子，年表、世家及人表俱誤以爲景侯子也。

鄭簡公三十六，公如晉。

案：昭十二年左傳，簡公以三月卒，如晉朝嗣君者定公也。此但書公如晉，不幾以爲簡公如晉乎？

吳餘昧元年

案：「吳」下缺「子」字。夷末之兄餘祭，左傳襄二十八年稱句餘，杜注以爲夷末，索隱謂别一人，皆誤。三十一年傳又稱戴吳，蓋音近隨呼耳。左襄十年疏謂餘祭戴吳非同聲，是名字之異，不然也。若夷末之名，左、穀春秋並同，公羊「末」作「昧」，釋文云本亦作「末」。史于刺客傳作「夷昧」，從公羊也。而表與世家作「餘昧」，索隱謂公羊作「餘昧」，妄。夷、餘聲相近，古文通借。人表、吳越春秋亦仍史。

景王十六　陳惠公五，楚平王復陳。

史詮曰：「『我』作『陳』，非也。」

蔡平侯二，立景侯子廬。

案：「景侯子」當作「景侯曾孫」。

景王十七　楚平王居元年，共玉子。（金陵本作「共王」。）

附案：湖本訛「王」作「玉」。

景王十八，后太子卒。

案：「后」下似失「崩」字，說見周紀。

楚平王二，王爲太子取秦女，好，自取之。

案：事在六年，非二年也，說見秦紀。

景王十九　魯昭公十六，公如晉，晉留之葬，公恥之。（金陵本此十字在魯昭公十五年。）

案：十五年公如晉，世家與春秋同，此誤書于十六年。又公爲晉人所止，故十五年冬如晉，至十六年夏始返，並非晉留使送葬。且晉昭公以八月卒，十月葬，在公歸之後，安得謂晉留之葬，此與世家俱誤。蓋是年季平子如晉葬昭公，史因誤以爲公耳。

鄭定公四，火，欲禳之，子産曰：不如修德。（金陵本此十一字在鄭定公五年。）

案：此卽裨竈請禳火之事，所謂「不如修德」者，乃史公意測言之，非子産有是言也。又事當鄭定公五年，此書于四年，誤。

吴僚元年

案：「吴」下缺「子」字。

景王二十　魯昭公十七，正月朔，日蝕，彗星見辰。(金陵本作「五月」。)

案：「正月」乃「六月」之誤，「彗」亦作「孛」，皆說見前。又「彗」上缺「冬」字。

晉頃公棄疾元年(金陵本作「去疾」。)

案：「棄」字誤，當作「去」，世家與春秋合。

景王二十三　魯昭公二十，齊景公與晏子狩，入魯，問禮。齊景公二十六，獵魯界，因入魯。

案：齊、魯兩世家亦載此事，孔子世家并載景公與孔子問答語，而左傳無之，未知何出？疑六國時人僞造，史公妄取入史。而所以爲此說者，因是年齊侯田于沛也。

宋元公十，公毋信，詐殺公子。楚太子建來奔，見亂之鄭。

案：左傳殺公子寅等六人乃華氏、向氏，如表所說，竟似元公殺之矣。楚建黨于元公，故偕公子城等七人奔鄭，非見亂之故也，此與世家並誤。

蔡平侯九，平公薨。靈公孫東國殺平侯子而自立。(金陵本平公作「平侯」、靈公作「靈侯」。)

案：「平公」、「靈公」，乃「平侯」、「靈侯」之誤，說見前。但攷昭二十一年左傳「平侯太子朱即位，楚費無極取貨於東國，謂朱不用命，將圍蔡。蔡人懼，出朱而立東國。朱愬于楚」。則東國未嘗殺平侯子也，此與世家言「攻平侯子自立」同誤。又東國之立在後二年，此書于平侯九年表內，非。

景王二十四　蔡悼侯東國元年，奔楚。

案：是歲爲魯昭公二十一年，乃平侯太子蔡侯朱之元年，非平侯弟悼侯東國元年也。春秋書「冬，蔡侯朱出奔楚」，則在位一年固已成爲君矣，而年表、世家皆略不書，未知史公何意？又奔楚亦是朱，非東國也。此言東國奔楚者，因春秋有東國卒于楚之文，而穀梁經、傳又謬以朱之奔楚爲東國，史公遂仍其誤耳。蓋此年當云「蔡侯朱元年，奔楚」。後年當云「蔡悼侯東國元年」。

景王二十五

案：是年四月王崩，立王子猛。十一月猛卒，是爲悼王。雖未卽位，而周人奉之，春秋載之，何得沒而不書？

敬王元年　蔡悼侯三

案：悼止二年，無三年也。年表、世家並妄以蔡侯朱之一年并于悼侯耳。

鄭定公十一，楚建作亂，殺之。

案：鄭殺子建，不知何歲，表在十一年，世家在十年，皆妄耳。左傳附紀殺建事于哀十六年，因其子白公之亂而追敍之也。

敬王二　魯昭公二十四，鸜鵒來巢。

案：春秋在二十五年，此誤書于二十四年，世家是。

楚平王十一，吴卑梁人争桑，伐取我鍾離。

案：争桑之事，左傳不載，史公據呂氏春秋所說，見察微篇。並載于年表、吴、楚世家、伍子胥傳中。

攷左傳昭二十四年吴滅楚之巢及鍾離，由于楚略吴疆，邊人不備，非關争桑也。又春秋書滅巢不書鍾離，杜云「告敗略」。乃此書取鍾離而偏不書取巢，何歟？

## 蔡昭侯申元年

案：三傳春秋書昭侯之名並作「申」，然文侯已名申矣。左傳哀四年疏曰「宣十七年蔡侯申卒，是文侯也。計昭侯是文侯元孫，乃與高祖同名，周人以諱事神，二申必有誤者。俱是經文，未知孰誤」。左傳釋文亦云。而世家又作「昭侯甲」，攷文侯父莊侯名甲午，見定四年左傳，年表書之，則昭侯亦不應與同名，俟考。

## 燕平公六，公如晉，請内王。（金陵本「公如晉」六字在鄭表中。）

附案：此上格鄭表中語，即昭二十四年左傳鄭伯見范獻子事，各本訛入燕表。

## 敬王三　魯昭公二十五，公出居鄆。

案：春秋二十五年十二月，齊侯取鄆。二十六年三月，公居于鄆。而表書居鄆于二十五年，齊尚未取，公安得居之。且下年表云「齊取我鄆以處公」，順文連敘，則尤不應先言居鄆矣。疑「居鄆」二字是「奔齊」之誤也。齊、魯世家書「取鄆居公」，或在前一年，或在後一年，亦順文連敘，非屬誤條。

## 敬王四　晉頃公十，知櫟

附案：知文子之名，左氏經、傳作「躒」，公、穀昭三十一年春秋、韋昭晉語注與史表、晉世家及索隱引世本見趙世家並作「櫟」。左傳昭九年釋文亦云「本又作『櫟』」。趙世家前作「躒」後作「櫟」。昭五年左傳

「輔躒」，釋文作「櫟」。攷說文無「躒」字，其引「輔躒」作「⿺走樂。」此「荀躒」從木旁。史公多識古文，今本左傳乃杜元凱所定，文子名當依史爲是，惟公羊釋文云「又作『濼』」，非。

楚平王十三，秦太子，爲昭王。（金陵本作「秦女子立爲昭王」。）

附案：「太」字乃「女」之訛。史詮曰「立秦女子，今本缺『立』字」。（毛本作「秦女子立爲昭王」。）

宋景公頭曼元年

案：景公之名，說在宋世家。

敬王五　楚昭王珍元年，誅無忌，

案：三傳春秋及子胥傳謂昭王名軫，則此與世家作「珍」，誤矣。但昭二十六年傳云「太子壬弱」，杜注「壬，昭王也」。豈有二名歟？費無極之爲無忌，蓋以北音相近而異。（楚世家、伍子胥傳及呂覽愼行、淮南人閒、吳越春秋並作「忌」。）

敬王六　晉頃公十二，六卿誅公族，分其邑，各使其子爲大夫。

案：此卽昭二十八年左傳晉滅祁氏、羊舌氏事也，故晉、趙、魏世家並言之。然二氏雖皆公族，爲大夫者不皆六卿之族子，說在晉世家中。

曹襄公元年

案：此公七世祖共公名襄，則豈有以先君名爲謚之理，當依世家及人表作「聲公」，徐廣固云一作「聲」也。又失書名野。但所疑者，世家載悼公九年朝于宋爲宋所囚，曹人立其弟聲公野。悼公死于宋。聲公五年，平公弟通弒之代立，是爲隱公。隱公四年，聲公弟露復弒之代立，（人表以靖公爲聲公子。）是爲靖公。而攷春秋昭二十七年書曹伯午卒，（悼公。）定八年書曹伯露卒，無聲、隱二世，然則悼公卒便接靖公，凡在位十三年，無悼公朝宋囚死之事，並無世代相殺也。乃表與世家增聲公五年，隱公四年，而以靖公爲四年，又謂隱公弒聲，靖公弒隱，史豈別有所據歟？與春秋違，恐不可信。索隱引世本亦同于春秋，而曰彼文自疏，背經信史，何其戾哉！

吴闔閭元年

案：春秋定十四年書「吴子光卒」，闔閭是其號，舍名稱號，與史例乖，當云「吴子光元年」。史于壽夢、諸樊、闔閭獨不依春秋書名，殊不可曉，又未得以楚之稱敖比矣。（昭十三年杜注無號謚者，楚皆謂之敖。）

敬王十，晉使諸侯爲我築城。

案：築城宜書也，乃靈王二十三年齊人爲王城郟，何以不書？

敬王十一　楚昭王七，囊瓦伐吴，敗我豫章。

案：事在定二年左傳，當楚昭八年，吴闔閭七年，此與吴表及吴、楚世家、伍子胥傳並誤在前一年。

蔡昭侯十，朝楚，以喪故留。（金陵本作「以裘故留」。）

附案：「喪」當作「裘」，訛刻也。

曹隱公元年

案：依史例當作「隱公通」，此失書名。然春秋無隱公也，說見前。

吳闔閭六，楚伐我，迎擊，敗之，取楚之居巢。

案：事在七年，說見楚表。

敬王十四　蔡昭侯十三，衞侵我，吳與我伐楚郢。

案：是年無衞侵蔡事，必楚侵蔡之誤。史詮曰「入郢，脱『入』字」。

敬王十五　魯定公五，楊虎

附案：陽虎之「陽」，獨此處作「楊」，毛本改從陽。蓋古字通用，非訛誤也。何以徵之？如春秋昭二十五年陽州，公羊作「楊州」。左傳僖十五年「步揚」，成二年疏引世本作「步楊」，而史晉世家作「步陽」。襄十二年揚梁，水經汝水注作「楊梁」，而郡國志作「陽梁」。宣元年「解揚」，史作「楊」，而人表作「陽」。孟子陽虎曰爲仁不富，鹽鐵論地廣篇引作「楊子」。楊朱，莊子山木篇作「陽子」，呂子不二篇「陽生」注引孟子亦作「陽子」。爾雅秦有楊陓，呂覽有始篇作「陽華」。史記秦將楊熊，高祖功臣表東武侯敍功作「陽熊」。惠景侯表有楊虛侯，倉公傳作「陽虛」。貨殖傳秦、陽蓋一州，漢書作「秦楊」。漢書諸侯王表真定王陽，十三王傳作「陽」外戚恩澤表朱博封楊鄉侯，傳作「陽鄉」。地理志有丹陽、陽邱、陽阿，而史、漢兩王子表作「丹楊」，晉、宋志亦並作「丹楊」，隸續丹楊太守郭旻碑及劉寬碑陰故吏名跋謂「西都以丹楊名郡，東都改『陽』字」，恐非。漢書王子表以陽邱爲「楊邱」，張守節高祖侯表序正義以陽阿爲「楊阿」。後書順帝紀中常侍楊定，續天文志中作「陽定」。晉書有楊駿，水經注卷五作「陽駿」。隋志太原陽曲縣，文帝自以姓楊，惡陽曲之號，改爲「陽直」。廣宏明集十一卷破邪論引齊祕書楊玠史目，其後又作「陽玠」。予所見如此，尚當有之，前人未嘗言陽、楊通用者，故綜舉以備考，無嫌辭費。

曹靖公路元年

附案：世家作「露」，與春秋同。此與人表作「路」，亦古通。左傳「箄路」，史記作「華露」。魯語「露堵父」，左傳昭二十七年疏引作「路堵父」。

敬王十六，王子朝之徒作亂故，王奔晉。

案：表于王子朝之篡不書，子朝之奔不書，子朝之殺亦不書，而突書子朝之徒作亂，無首無尾，似失書法。敬王處于姑蕕，亦未嘗奔晉，說在周紀。

楚昭王十二，吳伐我番，

案：定六年左傳「吳敗楚舟師，獲潘子臣、小惟子及大夫七人」，而無伐番事，蓋史公以獲潘子臣爲伐番也，此與吳表及吳、楚世家、伍子胥傳書「取番」同誤。索隱彌縫其說，以子臣爲番邑大夫，妄甚。或云卽指繁陽之敗也，子期所將陵師。番與繁音婆。

楚恐，徙鄀。

史詮曰：「『我』作『楚』，非也」。

吳闔閭十一，伐楚取番。

案：取番之誤見前。

敬王十七，劉子迎王。

案：定七年左傳單武公、劉桓公同迎王，表不及單，何也？

敬王十八　楚昭王十四，子西爲民泣，民亦泣，蔡昭侯恐。

案：此事左傳不載。蔡世家書于前一年。

衞靈公三十三，晉、魯侵伐我。

案：「伐」字衍。

陳懷公四，公如吳，吳留之，因死吳。闔閭十三，陳懷公來，留之，死於吳。

案：懷公無如吳事，吳亦無留懷公事，說在陳世家。

敬王十九　秦哀公三十六，襄公薨。（金陵本作「哀公薨」。）

附案：「哀」訛「襄」字，說見前。

敬王二十　秦惠公元年，彗星見。

案：本紀不載彗星見，或史公所見秦記有之歟？然何以獨書於秦表。且始皇紀後秦記未見此文，疑當衍。

敬王二十一　秦惠公二，生躁公、懷公、簡公。

案：秦紀惠公之孫厲共公生躁公、懷公，則躁、懷者惠公之曾孫也。懷公生簡公，則簡公者惠公之玄孫也，此皆以爲惠公所生誤甚。

曹伯陽三，國人有慶衆君子立社宫，謀亡曹，振鐸止之請待公孫請彊，許之。（金陵本「慶」作「夢」，無「止之」二字，「公孫」下無「請」字。）

案：事不知何歲，左傳在哀七年，乃是追敍，故曰「初」。此與世家書夢于陽三年，書彊爲司城于陽六年，未確也。又「慶」字當作「夢」。「公孫」下重「請」字，當衍，湖本訛刻。

敬王二十二　衞靈公三十七（金陵本有「伐曹」二字。）

附案：衞表是年各本有「伐魯」二字，此失刻也。但魯定十二年無衞伐魯事，乃「伐曹」之譌，春秋所云「衞公孟彄帥師伐曹」也。史詮亦言之。

敬王二十三　晉定公十五，趙鞅伐范、中行。

案：定十三年左傳鞅爲范、中行所伐，奔晉陽，故春秋書「晉趙鞅入于晉陽以叛」，未嘗與伐范、中行之事也。或謂「鞅」下疑脱「奔晉陽」三字。

敬王二十四　衞靈公二十九（金陵本作「三十九」。）

附案：「三十九」湖本訛刻「二十九」。

陳湣公六，孔子來。

案：孔子世家是時孔子尚在衞，適陳在七年，此與陳世家皆誤書前一年。

曹伯陽六，公孫彊好射，獻雁，君使爲司城，夢者之子亡去。（金陵本作「夢者子行」。）

案：此事不定在六年，説見前。

鄭聲公五，子産卒。

案：左傳子産卒于魯昭公二十年，當鄭定公八年。乃年表、世家並繫于鄭聲五年，上距定公八年，凡二十六歲，豈不謬哉！子産自魯襄八年始見于傳，至昭二十年卒，其行事可見者四十四年，歷鄭簡、定二世云。

敬王二十五　吴王夫差元年

案：「吴王」當作「吴子」，吴僭王號，非史法所宜書。或問吴、楚皆僭王，史于楚王尚書之，則書吴王自不爲過，亦春秋據實直書，善惡自見之義也。曰：表于楚書王，元非史法。卽以爲直書其實，又何以闔閭之前，書名書號，俱不書王，而獨于亡國之夫差特書吴王耶？

敬王二十六　魯哀公將元年

附案：世本、見索隱。漢志、釋文並作「蔣」，惟史作「將」，皇王大紀從史。疑二字古通，莊子天地篇「將閭菟」，音義曰「一本作『蔣』」也。

晉定公十八，齊伐我。（金陵本作「齊衛伐我」。）

案：「齊」下缺「衛」字。

吴夫差二，伐趙。（金陵本作「伐越」。）

附案：史詮曰「湖本『越』作『趙』，誤」。

敬王二十七　齊景公五十五，輸范、中行氏粟。

案：左傳云「齊輸范氏粟，范吉射逆之」。此與齊及田完世家皆增入中行氏，非也。

晉定公十九，鄭來救我。

案：「我」字衍。

鄭聲公八，敗范、中行氏（「敗」，金陵本作「救」。）

附案：「敗」乃「救」字之譌。

敬王二十八　宋景公二十五，孔子過宋，桓魋惡之。

案：此爲魯哀三年，孔子在陳，左傳及世家可證。微服過宋，乃景公二十二年，魯定十五年也，正是去衞適陳時事。此與宋世家同誤。

燕獻公元年

案：索隱稱「王劭據紀年，簡公後次孝公，無獻公。然紀年之書，多是僞謬，聊記異耳」。余謂燕世家最疎舛，莫知年表、世家與紀年孰誤？而紀年出于汲冢，雖不免乖亂，爲後人所羼，其真確之處，頗足取徵，杜元凱嘗言有益于左傳，自當分別觀之，安得概斥爲僞謬耶！閻氏疏證卷四云「汲冢紀年不傳，今傳者贋本」，恐不盡然。

敬王二十九　晉定公二十，趙鞅救邯鄲、柏人有之。（金陵本作「拔邯鄲」。）

案：「救」乃「拔」之譌。鞅有柏人在次年，此與趙世家誤前一年。

秦惠公十

案：惠止九年，無十年，史誤以悼公元年爲惠十年也，説在紀。

蔡昭侯二十八，大夫共誅昭侯。

案：以臣戕君而謂之誅，可乎？史表中凡弑君者多用「誅」字。

敬王三十　晉定公二十二，中行奔齊。

案：「中行」上缺「范」字。

敬王三十一　齊晏孺子元年

案：晏孺子名荼，此失書。晏與安古通。公羊荼作「舍」，亦通。説在建元侯表散侯下。

敬王三十二　魯哀公七，公會吴王于繒。徵百牢，季康子使子貢謝之。（金陵本作「吴徵百牢」。）

案：左傳徵牢之對是子服景伯，若子貢乃對召康子也，史誤書之，説在吴世家。

宋景公二十九，侵鄭、衛、魯。（金陵本作「侵鄭圍曹」。）

案：史詮謂今本誤「曹」爲「魯」，是也。蓋表中「曹」字有誤作「晉」者，魯桓十六年「會曹伐鄭」作「會晉」也。有誤作「魯」者，魯定十二年「衛伐曹」作「伐魯」，及此年「侵曹」作「侵魯」也。但攷春秋哀七年無宋侵衛事，則「衛」字當衍。或曰晉魏曼多侵衛，宋必以師從，故表書之，然無據。

敬王三十三　魯哀公八，齊取我三邑。齊悼公二，伐魯取三邑。

案：春秋「齊人取讙及闡」，齊世家同，而此與魯世家作「三邑」，誤矣。又此魯表書取邑而不書歸邑何耶？取在夏，歸在冬。

楚惠王二，子西召建子勝於吳，爲白公。

案：白公之召，左傳追敍于哀十六年，莫知的在何時，乃表書于惠王二年，世家及伍子胥傳亦然，恐是意揣耳。

曹伯陽十五，虜伯陽

案：伯者，曹伯；陽者，其名。曹本伯爵，史自繆公而下已改稱公矣，陽猶仍稱伯，豈以亡國示貶歟？然年表、世家皆謂之伯陽，蓋史公誤認「伯」亦是名，故連「陽」字呼之，此與公羊傳解伯于陽之謬何異？公羊昭十二。

敬王三十五　齊悼公四，齊鮑子殺悼公，齊人立其子任爲簡公。（「任」，金陵本作「壬」。）

案：悼公之弑，左傳但云「齊人」，史公于秦紀依左傳齊人弑悼公。齊人者，陳恆也。晏子春秋諫上篇明云「田氏殺陽生」，乃表與吳、齊、衞世家、伍子胥傳或云鮑子，或云鮑氏，而田完世家直曰鮑牧。夫弑君大逆，何可輕誣，況牧已于前二年爲悼公所殺，安得起九京而加以弑逆之惡名乎？任、壬古通。齊世家徐廣引表云「簡公壬者，景公之子也」。而表無此語，是徐說誤。

楚惠王四，伐鄭。（金陵本作「伐陳」。）

案：「鄭」乃「陳」字之誤。

衞出公八，孔子自陳來。

案：孔子居衞已五年矣，孔子世家甚明。此與世家言孔子是年自陳至衞，妄也。

吳夫差十一，誅伍員。

案：誅員在魯哀十一年，爲夫差十二年。此與吳世家、子胥傳並誤。

敬王三十六　齊簡公元年

案：簡公失書名。

敬王三十七　楚惠王六，白公勝數請子西伐鄭，以父怨故。

案：此事左傳在哀十六年，爲楚惠十年，蓋追敍也。年表、世家在惠王六年，不知何見？

衞出公十，公如晉，與吳會橐皋。

案：是時衞不服晉，安有如晉之事，當是如吳耳。又哀十二年左傳與吳會橐皋者魯也，與吳會鄖者衞也，皆吳地。此與吳世家並誤。

敬王三十八　燕獻公十一，敗宋師。（金陵本「敗宋師」三字在上格鄭表。）

附案：此是上格鄭表中語，即哀十三年春秋鄭罕達帥師取宋師于嵒之事，各本訛入燕表。

敬王三十九　魯哀公十四，衞出公來奔。

案：出公奔魯，春秋書于哀十六年正月，從告也，當依左傳在十五年爲是。事在閏月。此與衞表及衞世家俱誤在是年。

衞出公十二，父蒯聵入，輒出亡。

案：衞侯父子一入一出在後年閏月，蓋出公在位十三年而亡也。此與衞世家誤作十二年，故以出公之十三年爲莊公元年矣。

敬王四十　魯哀公十五，齊歸我侵地。

案：左傳公孫宿以成叛，因子貢言，齊歸成，非侵地也。此與世家同誤。

齊平公驁元年，景公子也。齊自是稱田氏。

案：呂氏雖微，豈有君從臣姓之理，「稱」字疑當爲「歸」也。然各本俱作「稱」，而徐廣于齊世家引表亦同，似實有改姓之事，真不可解。史詮謂「齊」當作「常」，非也。「景公子」當作「景公孫」，或作「悼公子」，此亦誤。

宋景公三十七，熒惑守心，子韋曰「善」。

案：熒惑守心，何善之有，於義未明。此事左傳不載，出于諸子，如呂氏春秋、制樂篇。淮南子、道應訓。新序雜事四。皆稱之，然不定在是年。若依延年二十一歲之説，亦當在二十七年，景公四十八年卒。而又誕不足據也。論衡變虚篇辨之矣。

衞莊公蒯聵元年

案：莊公紀元，當移後一年。

敬王四十一　陳湣公二十三，楚滅陳，殺湣公。

案：滅陳在後一年。

敬王四十二　衞莊公三，莊公辱戎州人，戎州人與趙簡子攻莊公，出奔。

案：莊公在位止二年，表誤減出公之十三年爲十二年以益莊公，故莊公有三年，世家同誤。攷哀十七年左傳，趙簡子伐衛，由莊公背晉也。衛人遂出莊公，晉師還，莊公復入先。是莊公翦戎州，又髡戎州己氏妻髮以爲夫人呂姜髢。及復入，莊公使匠久，更欲逐石圃，石圃因匠氏攻莊公。莊公踰于北方，隊而傷股，戎州人攻之，入于己氏，爲己氏所殺。則簡子之伐衛，原與戎州無涉，而戎州之攻公，不與伐衛同時。乃表言「戎州人與簡子攻莊公出奔」，世家言「戎州告簡子，簡子圍衛，莊公出奔」，俱并二事爲一科，謬已。再左傳言莊公之出，晉立襄公之孫般師。莊公入，般師出，至莊公被殺，衛復立般師。而齊人伐衛立公子起，執般師歸，表俱不書，世家亦不言晉先立般師一節，殊失事情，索隱亦譏史公疎略也。

吳夫差十八，楚敗我。（金陵本作「越敗我」。）

案：「楚」乃「越」之誤，所謂笠澤之軍也。

敬王四十三，敬王崩。

案：敬王在位四十四年，此缺一年，說在周紀。

晉定公二十五，三十七卒。（金陵本作「三十五」。）

附案：「二十五」乃「三十五」之誤，亦猶他本以「三十七卒」爲「三十六卒」，皆傳刻訛耳。

秦悼公十四，卒，子厲公立。

案：悼公享國十五年，史誤以悼元年上增惠公作十年，故悼少一年耳，說在秦紀。又悼公之子爲厲共公，蓋兩字謚，此脱。

宋景公四十，六十四卒。

案：左傳宋景卒于哀二十六年，是四十八年卒也。此表與世家作「六十四」，六國表又作「六十六」，並誤。

衞君起元年，石傅逐起出，

附案：索隱本引年表云「石傅逐君起」，與今本異。石傅他本均作「石專」，蓋「尃」字之譌，與「敷」同。索隱云「傅音補，亦作『尃』」，是也。左傳作「石圃」，傅、尃皆與圃音相近，故假借用之。世家稱石曼專，「曼」字衍，索隱云「諸本無『曼』字」可證。「專」當爲「尃」。然索隱于世家云「塼音圃，（索隱本引世家作「石專曼」，必傳刻之誤，當是「石曼塼」，與今世家本異。）又音徒和反。塼或作『尃』」。各本世家載索隱云「專音圃，或音姑」。所説不同。集韻及司馬光類篇「塼」字注云「衞有石塼，彼五切」。塼與圃亦音近，各本譌「塼」爲「塼」，猶譌「尃」爲「專」耳。而所以作「石曼專」及「音姑」者，必誤以石圃與石曼姑爲一人。（曼姑，見哀三年經。）又「音徒和反」者，必「徒官」之誤，他本史記蓋有譌「塼」作「磚」者，故出此音，而集韻、類篇遂于「磚」字注引石磚以實之，可笑。

吴夫差十九，二十二卒。

案：「二十二」當作「二十三」。（金陵本作「二十三卒」。）而身亡國滅，亦不得但言卒，當依索隱言滅。

# 史記志疑卷九

## 六國年表第三

而史記獨藏周室，以故滅。

案：史公言秦盡滅史記，固也。然攷漢書律歷志引六國春秋，藝文志載世本十五篇、青史子五十七篇。又天官書云「余觀史記考行事」。自序傳云「紬史記石室金匱之書」。其餘歷諜尚多，史公嘗讀而著之，則諸侯之史，當時猶有存者，安得以爲盡滅不見耶！

表六國時事

案：表實列七國，所謂「七雄」也。天官書亦言「七國相王」，正義以漢七王當之，非也。而乃曰六國，蓋與十三侯，表稱十二侯同誤已。

秦、魏、韓、趙、楚、燕、齊。

案：世表及十二侯表以齊、晉、秦、楚、燕爲次，世家以齊、燕、晉、楚、趙、魏、韓、田爲次，而此又不同。攷魏表附衛，韓表附鄭，楚表附魯、蔡，齊表附宋，以五國爲魏、韓、楚、齊所削滅也。晉爲三家共滅，魏分晉都有之，故載晉於魏表。而晉滅於周安王二十六年，此表起於元王，則晉傳六世，歷百年，君臣之義未改也，乃驟奪其君而予其臣，褒篡獎逆，豈春秋存陳之道乎？成王在幼，曾未傳周旦改元，卽昭公出奔，亦不聞季孫更號，而不附三家於晉，反附晉於魏，未免倒置。況田齊同一盜國之臣也，然必俟康公已薨，呂祀已絶，始以田氏紀年，史公未嘗不見及之，何三家偏標名於晉存百年之前哉？三家紀年，必在周威烈王二十三年初命爲侯之時，當魏文侯二十二年，韓景侯六年，趙烈侯六年，竹書於未命爲侯之前稱景子、烈子。若依史法，方應貶削不書，遲至晉滅以後。今之書文、景、烈三侯元年，蓋從其國史追紀之詞，雖與十二侯表書晉武公之例有異，猶之可也。乃韓之紀年始武子，而趙之紀年先於魏、韓，表始簡子，世家始襄子，殊難意解。且其誣趙氏更甚。知者，世家謂趙烈侯追尊獻子爲獻侯，竹書稱趙獻子，通鑑書獻子，是已。胡注因表獻侯，遂曰「獻子卽獻侯，蓋分晉之後，三晉僭侯久矣」。謬甚，是時未分晉也。是獻未稱侯矣。獻未稱侯，將溯而上之，若桓、襄、簡三子，均不稱侯無疑矣。既不稱侯，其不得紀年審矣。趙不得紀年，則韓武子之不得紀年益明矣。史公胡以大書特書，增加其不臣之跡乎？燕策張儀說昭王曰「趙王以其姊爲代王妻」，魏策安陵君曰「受詔襄王」，皆謂襄子也，史公豈亦猶是哉。莊子齊物論稱晉獻公爲王，齊策蘇子說閔王稱魏武侯爲魏王，秦孝公爲秦王，墨子魯問篇稱田和爲齊太王，同妄。又秦策黄歇上書昭王稱秦文王、武王爲先帝，趙策魏牟說孝成王稱王之先帝，尤妄。此與王莽自以姚、嬀、田、陳、王五姓是同族，追王陳胡公、陳敬仲何異。然則七國宜何以書？曰：周表之下晉爲首，燕次之，楚次之，齊次之，秦次之，晉、齊之滅，然後次韓，晉公族，故先之。次趙、次魏於秦之下，次田氏於三晉之下，庶幾得之。

魏獻子、韓宣子

附案：魏、韓表首書獻子、宣子，蓋後人因趙表書簡子、襄子而妄增，所當衍也。然有不可解者，魏獻子舒卒於魯定元年，韓宣子起卒於魯昭二十八年，此時久無其人，又何以書哉？

元王元年

案：此乃周敬王四十四年，非元王元年也。敬王之年，本紀既誤爲四十二，而十二侯表復誤爲四十三，遂以敬王末年爲元王之元，其所列七國事俱各差一歲矣。又周諸王皆不書名，與十二侯表同，然以世表例之，是疎也。

厲共公元年（金陵本作「秦厲共公」。）

案：「厲共公」上失書「秦」字。

趙簡子四十二

案：簡、襄紀年之謬，前已言之。而簡子鞅代爲大夫，未知的在何歲。攷春秋魯昭公二十五年黄父之會，趙鞅始見於經，至此時是四十二年也。但明年爲魯哀公二十年，乃越圍吳之歲，左傳越圍吳，趙襄子降於喪食，時居簡子喪，故遣楚隆問吳王於軍中，稱先主、先臣，則簡子於此年卒明矣。乃表列簡子至六十年，世家亦云晉出公十七年簡子卒，豈非大誤。

楚惠王章十三年，吳代我。（金陵本作「吳伐我」。）

案：「代」乃「伐」之訛。然攷左傳哀十九年止有越侵楚以誤吳事，是時吳將滅矣，尚能出師伐國乎？此與楚世家並誤。蓋終夫差之世，未嘗與楚交兵也。盧學士云疑「越伐我」之誤。

燕獻公十七年

案：紀年無獻公，說在十二侯表。

元王三 魏表 晉出公錯元年

案：晉世家出公名鑿，與索隱所引世本同，則此「錯」字誤。而其在位之年，此作「十八」，世家稱「十七」，徐廣曰或云「二十年」，皆非，當依紀年「二十三年薨」也，薨於周定王十七年。古史依世家，前編依年表，大紀又作「十六年」，並誤。

齊平公七，越人始來。

案：平公七年，爲魯哀二十一年。左傳書「越人始來」，謂遣使至魯也，豈亦兼聘於齊乎？

元王五 楚惠王十七，蔡景侯卒。

索隱曰「『景』字誤，合作『成侯』」。徐廣不辨，卽言『或作「成」』。按景侯卽成侯之高祖父」。世家徐云「或作『景』」，尤謬。

燕獻公廿一

附案：此當作「二十一」。

元王六 秦厲共公六，繇諸乞援。

附案：史詮謂「繇諸」乃「緜諸」之訛，是也。後此二十年「與緜諸戰」，又匈奴傳「隴西有緜諸」，蓋戎國，卽漢志天水郡緜諸道。

楚惠王十八，蔡聲侯元年

案：聲侯名產，此失書。

元王七　秦厲共公七，彗星見。

案：秦紀無之。始皇紀末秦記云「其十年，彗星見」，與表合，疑因十年彗見而誤重也。

趙簡子四十八，衛莊公飲大夫，不解履。（金陵本「衛莊公」十七字在魏表。）

案：衛事附魏，此十七字當書於上二格魏表中，錯在趙表也。而「莊公」乃「出公」之誤。「不解履」乃「不解襪」之誤。

元王八

案：元年爲敬王末年，故元王有八年，其實止七年也。

定王元年

附案：「定」當作「貞定」，說在周紀。

定王二　秦厲共公十，庶長將兵拔魏城。

附案：魏城秦地，不可言拔，集解各本訛刻「音義」。「拔」一作「捕」，亦誤。當爲「補」，若後年「補龐戲城」、「補龐」矣。

楚惠王二十二，魯哀公卒。

案：哀公卒於楚惠二十一年，此誤後一歲。

定王三　楚惠王二十三，魯悼公元年

案：悼公之元當書於楚惠二十二年。又悼公失書名。

定王五　韓表知伯伐鄭，駟桓子如齊求救。

案：左傳事在魯哀公二十七年，當周定王元年，晉出公七年，鄭聲公三十三年，齊平公十三年也，此與齊表並誤。而鄭世家書於聲公二十六年，尤誤。桓子蓋駟宏之謚，左傳不見，史公應別有所據。

趙簡子五十四，知伯謂簡子，欲廢太子襄子，襄子怨知伯。

案：代爲大夫耳，安得妄稱太子。且是時簡子死已十三年矣，知伯何從與語。而襄子之怨知伯，左傳末篇所載甚明，曷嘗有謂簡子使廢襄子之事，此及世家俱誤。

燕孝公元年

附案：燕諸君之名皆佚。而人表作「考公桓」，不獨謚與史異，而又有名，不知何出，恐亦如十二侯表之書燕釐侯莊，索隱引紀年稱成侯載也。毛本人表無「桓」字。

齊平公十七，救鄭，晉師去。中行文子謂田常：「乃令知以亡。」（金陵本作「乃今知所以亡」。）

案：事在十三年也。史詮曰「湖本『今』作『令』，誤。又缺『所』字」。「乃今知所以亡」。

定王七　韓表鄭哀公元年

案：世家哀公名易，此失書。大紀作「錫」。

定王八　秦厲共公十六，塹阿旁。（金陵本作「塹河旁」。）

附案：「阿」乃「河」之訛，秦紀作「河旁」。

定王十二　襄子元年，未除服，登夏屋，誘代王，

案：襄子不應紀元，前已言之。即如所書，亦失「趙」字。且自當在越圍吳之歲，趙世家云「襄子元年，越圍吳，襄子降喪食」。滅代亦此年事，而表書襄子元年於晉出公十七年之後者，因妄稱簡子六十年卒，增多十八年，故襄子立年減退，其寔襄子立於晉定公三十七年也。餘説在趙世家。

定王十三　魏表晉哀公忌元年

案：繼出公而立者。晉世家謂昭公曾孫哀公驕，趙世家謂昭公曾孫懿公驕，竹書紀年謂昭公孫敬公，無哀、懿二公，此又作哀公忌，其不同一也。晉世家謂哀公十八年，紀年謂敬公二十二年，此又作哀公二年，懿公十七年，其不同二也。且表以爲哀公忌，而晉世家言忌早死，立忌子驕爲君，何牴牾若是乎？攷索隱、正義引世本云昭公生桓子雍，雍生忌，忌生懿公驕，與晉、趙兩世家稱驕爲哀公曾孫合，則忌是哀公，驕是懿公，忌與驕乃父子，晉世家誤以懿爲哀耳。紀年謂立昭公孫敬公，蓋懿又謚敬，特誤以曾孫爲孫也。余疑忌既早死，未嘗爲君，哀公之稱當是其子追謚之。繼出公者必懿公驕，非哀公忌矣。至其立年之多少，依紀年爲確，表與世家俱非。宜衍「晉哀公忌元年」六字，而補書「晉懿公驕元年」於周定王十八年方合。出公二十三年卒，當定王十七年。或問杜元凱於左傳篇末注引史記謂「圍晉陽，殺知伯，在晉懿公之四年，魯悼公十四年，春秋後二十七年」，何歟？曰：杜皆誤也。晉陽之事，當周定王十六年，乃晉出公二十二年，魯悼公十五年。杜所稱魯年誤仍六國表，而晉年又誤合表與世

家言之。表書晉事於懿公二年，世家書於哀公四年，均屬訛舛，杜既不審，卽或依表亦宜作二年，若依世家則宜作哀公，安得牽合爲一哉。而所謂在春秋後二十七年者，應作二十八，獲麟絶筆之後，至定王十六年凡二十八歲也。

定王十四　魏表衞悼公黚元年

案：悼公之名，表同世家，索隱引世本作「虔」，杜注左傳作「黚」，未知孰是。而左傳哀二十六年悼公立，當周元王七年，卽表八年。此書於定王十四年，誤矣。但表於元王七年其實六年。書出公奔宋，自應書悼公在元王八年，乃後十四歲而始書者，史公妄以出公復入七年爲二十一年耳。蓋出公以魯哀三年立，至哀十五年亡，在位十三年。亡三年復入，爲哀十九年。在位七年復亡，爲哀二十五年。明年悼公立，出公後卒於越，左氏甚明。出公前後在位二十年，悼公之立，出公未卒，其卒不知何歲，乃衞世家云出公立十二年亡，四年復入，立二十一年卒，其誤正與表同，索隱亦誤。又索隱引紀年悼公四年卒，此與世家並作五年，無從攷定。古史定悼公爲十八年。

定王十五　魏

案：史魏表原文是年有「晉懿公驕元年」六字，索隱、正義引年表可據，各本皆脱。然懿之立，寔在定王十八年。

趙襄子四，與智伯分范、中行地。

案：晉世家事在晉出公十七年，是也，此與趙世家並誤。又分地是智伯與三晉，非衹趙與智伯分之，此亦脱「韓魏」字。

定王十八　秦厲共公二十六，左庶長城南鄭。

案：秦此時何以有南鄭？説見紀中。「左庶長」下似缺人姓名。

齊宣公五，宋景公卒。

案：景公卒於齊平公十二年，非宣五年也，説在十二侯表。

定王十九　魏表衛敬公元年

案：敬公之元，依悼公在位五年數之，當在周定王五年，此誤書於十九也。又敬公名費，失書。

齊宣公六，宋昭公元年

案：昭公之元，當書於齊平公十三年，此誤。又失書昭公名。昭公在位四十七年，表與世家同。世家集解引表作「四十九年」，誤。大紀作「四十六」，亦非。

定王二十　燕成公元年

附案：索隱引紀年成侯名載，恐未可據。

定王二十一　秦厲共公二十九，晉大夫知伯寬率其邑人來奔。（金陵本作「知寬」，無「伯」字。）

案：知伯滅矣，何以寬又稱知伯？當衍「伯」字。前編曰「知伯既滅六年，而寬始奔秦，或者守別邑而未下，若燕將守聊城之類歟？」杭氏疏證曰「本紀不載，疑是前二十五年知開事重出」。二説並通。

考王元年

案：紀定王崩，長子去疾立，是爲哀王。立三月，弟叔襲弒之，自立，是爲思王。立五月，少弟嵬弒思王自立，是爲考王。故廣宏明集十一引楊玠史目「陶公年紀云，三王共立一年，表疎甚」。

考王四　魏表晉幽公柳元年，服韓、魏。

案：三晉不當獨舉韓、魏，蓋脱一「趙」字。幽公之元，當書於周考王十二年，竹書是也。又竹書幽公在位十年，此與世家皆誤作十八年。

考王八　燕湣公元年

附案：世家索隱引紀年以湣公爲文公，非，前後已有兩文公。

考王十　魏表衛昭公元年

案：昭公名糾，此失書。索隱曰「世本敬公生檖公舟，非也」。昭公之元，當在周定王二十四年。

考王十一　秦躁公十三，義渠伐秦。

案：此秦表也，當書「伐我」。

考王十二　楚簡王三，魯悼公卒。

案：悼公在位三十七年，漢志依世家是也。其卒當楚簡之元，此書於三年，誤。至徐廣云一本悼公三十年，皇甫謐云四十年，並非。大紀又作二十七年，亦非。

考王十三　秦懷公元年，生靈公。

案：靈乃懷之孫，此仍秦記之誤，説在始皇紀中。

楚簡王四，魯元公元年

案：元公名嘉，此失書。其元當在簡二年。

威烈王元年　魏表衞悼公亹元年

案：世家作「懷公」，與此駁。亹前三世爲悼公，後六世爲懷君，不應重謚，此必有誤。亹元年，當在考王二年，非威烈之元也。

趙襄子三十三，襄子卒。

案：襄子五十一年卒，此與世家作三十三者，誤以十八年益簡子也。

威烈王二　魏文侯斯元年

案：十二侯表書晉武公之并晉爲侯也，仍其立年書之，不追改元，最爲允當。魏斯於二十二年爲侯，宜依晉武之例，乃因其爲侯而追書元年，毋乃非乎？然較之以趙簡、襄、桓、獻及韓武紀元，則有間矣。竹書謂文侯立於考王元年，非。國策吴注謂文侯名斟，蓋「斯」之譌。索隱引世本稱孺子瘨，瘨、斯音近，或後改斯名。

韓武子元年，趙桓子元年

案：韓武、趙桓不應紀元，説見前。

威烈王三　韓武子二，鄭幽公元年

案：鄭世家幽公名己，此失書。但幽之前爲共公丑，丑嗣哀公而立，在位三十一年卒，立於周定王十五年，卒於威烈王二年。表失書共公，直以幽繼哀，疎甚。而世家集解引表作哀公三十八年，尤誤。哀公止八年，卽以幽繼哀，則哀公當有三十九年，蓋集解誤數之。

趙獻侯元年

案：獻侯是追尊，亦不當紀元，説見前。

威烈王四　秦靈公三，作上下時。

附案：此所作時，本紀不載，封禪書有。

韓武子三，鄭立幽公子，爲繻公，元年。

附案：繻公名駘，此失不書。但世家集解兩引年表皆云「立幽公子駘」，則是今本脱耳。至謂「繻」或作「繚」，恐非，蓋謚法無「繚」，人表作「繚公」，妄也。然謚亦不聞有「繻」，疑是「繆」字之訛。

威烈王六　魏文侯五，魏誅晉幽公，立其弟止。

案：大事記云「表書魏誅晉幽公，蓋有脱字。皇極經世作『魏文侯殺晉幽公』因年表之誤」。余攷世家言「盜殺幽公，魏文侯以兵誅晉亂」。紀年謂「晉大夫索隱引作「夫人」，是。秦嬴賊公於高寢之上」。則所稱盜者，秦嬴也，而魏所誅者，盜也，此表脱誤無疑。又世家、紀年及索隱引世本並以烈公止爲幽公子，世本作「烈成公」。此作幽公弟，亦誤。

威烈王九　秦靈公八，城塹河瀕。（金陵本作「河瀕」。）

附案：「頻」乃「瀕」之省，有本作「瀨」者非。

威烈王十一　補龐城

附案：「城」字衍，索隱本無。

威烈王十二　秦簡公元年

案：紀簡公名悼子，此失書。

魏文侯十一，衞愼公元年

案：此失書愼公名。其元當在考王十三年。

趙獻侯十，中山武公初立。

附案：中山卽鮮虞，其種乃白狄，續志謂子姓國。左傳定四年已有中山之稱，哀三年又見於傳，其來舊矣，而年表、世家皆書「武公初立」，乃至是始稱公，立號諡。索隱引世本武公之後有桓公。蓋先見滅於魏，其後復立，且僭稱王，爲趙武靈所滅，故附於趙表也。乃徐廣謂「武公，西周桓公之子」，殊妄。中山此時方强，安得見滅於周，以其地封宗室，而周衰已甚，又安能使子弟據中山乎？況西周武公當王赧時也。大事記謂武公西周桓公之子，或者徐廣徒聞中山姬姓，遂傅會其世系歟？鄭語韋注及水經滱水注謂「與周同姓姬」，非。

威烈王十三　齊宣公四十三，伐晉毁黄城。（金陵本作「毁黄城」。）

附案：「敗」字誤，當依田完世家作「毁」。

威烈王十四　魏文侯十三，出其民人。

案：「人」字衍。

齊宣公四十四，伐魯、莒及安陽。

案：世家作「伐葛及安陵」。夫安陽、安陵皆非魯地，疑有誤。而「葛」乃「莒」字之譌，猶王子表莒魁之爲葛魁也。

威烈王十五　趙獻侯十三，城平邑

案：竹書在威烈王八年，當趙獻六年，未知孰實。

齊宣公四十五，伐魯取都。

附案：世家云「取一城」，蓋都卽城也。左傳凡邑有宗廟先君之主曰都，無曰邑，都曰城。(莊二十八。)但不知所取何都耳。他本「都」字或譌作「郕」。

威烈王十八　秦簡公七，塹洛，城重泉。

案：秦紀在簡公六年。

魏文侯十七，擊宋中山。伐秦至鄭，還築洛陽。(金陵本作「還築洛陰合陽」。)

附案：魏、趙世家云「伐中山，使子擊守之」，則「宋」乃「守」字之訛。又世家云「築雒陰、合陽」，則「洛」下脱「陰郃」二字。洛陰、郃陽其地皆在同州。世家「郃」省爲「合」。紀年作「汾陰郃陽」，水經注四作「汾陰郃縣」，「汾」字皆誤。徐廣曰「一云『擊宋中山置合陽』」，尤非。(徐引世家作「合陽洛陽，」譌也。)

（金陵本集解徐廣引世家作「雒陰合陽」。）

韓景侯虔元年

案：索隱引紀年及世本云名處，而史作「虔」，未知孰是。呂子任數注亦作「處」。

威烈王十九　魏文侯十八，文侯受經子夏，過段干木之閭常式。

案：受經式閭之事，世家書於二十五年，此在十八年，不同，蓋元不可以年定也。而文侯之師子夏，容齋續筆及宋永亨搜采異聞録俱疑子夏不及文侯之世，則大不然。攷弟子傳子夏少孔子四十四歲，孔子卒時子夏年二十九，爲周敬王四十一年，至是蓋年一百一歲矣。以有道之士而享上壽，亦理之常，何足爲疑。且又安知文侯之師子夏，不在初即位時乎？梁釋僧祐宏明集載宗炳謂「七十二子雖復升堂入室，年五十者曾無數人」，乃無稽之談耳。見炳答何衡陽難釋白黑論。子夏與文侯問答，載於禮經，受經爲師，著於史傳，即諸子亦皆述之，豈盡不可爲典據哉！

韓景侯二，鄭敗韓於負黍。

史詮曰「『我』作『韓』，非也」。

楚聲王當元年，魯穆公元年

案：穆公失名。其元當在楚簡王二十三年，此誤。

齊宣公四十九，伐衞取丹陽。（「丹陽」，金陵本作「毌」。）

附案：丹陽乃楚地，非衞所有，齊何從取之。他本多作「毋丘」，與世家同，亦譌。索隱本作「取毌」

者是。毌卽古「貫」字，衞之邑。索隱謂字殘缺，妄也。

威烈王二十一　魏文侯二十，卜相，李克、翟璜争。

案：世家載卜相事於二十五年，未知孰是。說苑臣術篇翟黄自稱曰觸，豈有二名歟？

齊宣公五十一，田會丘反。（金陵本作「田會以廩丘反」。）

附案：紀年云「公孫孫當音去聲。以廩丘叛於趙」，乃今本之訛，紀年已於上云田布殺公孫孫矣。年表及齊與田完世家皆作「田會」，索隱引紀年作「公孫會」，是一人也。紀年書於前五年，疑是錯簡。但左傳哀公二十四年魯臧石會晉師伐齊取廩丘，不知何時復歸於齊，今無從考。水經注二十四亦作「公孫會」。

威烈王二十三　齊康公二宋，悼公元年。（金陵本作「宋悼公元年」。）

案：悼公之元，當在齊宣公三十五年，此書於康公二年，誤也。悼公又失書名。悼公在位八年，索隱引紀年爲十八年，與史駁。大紀作二十八年，尤非。

威烈王二十四　趙列侯七，列侯好音，欲賜歌者田，徐越侍以仁義，乃止。

案：世家以節儉侍者徐越也，以仁義侍者牛畜也，此撮舉互異，而又失荀欣。大事記據番吾君謂公仲相趙四年之語，載此事於威烈王二十一年，是也，此與世家同誤在是歲。

燕釐公元年

附案：索隱引紀年以釐公爲簡公，非也。索隱亦以爲妄。

安王元年　魏文侯二十四，伐秦至陽狐。（金陵本作「秦伐我至陽狐」。）

案：「伐秦」乃「秦伐我」之誤，蓋以報十七年伐秦之役也。

楚悼王類元年

附案：世家作「熊」，疑蓋悼王有二名。通鑑從表，大紀從世家。

安王二　魏文侯二十五，太子罃生。

附案：莊子則陽篇作「瑩」，釋文云「郭本作『瑩』，今本多作『罃』」。則疑「罃」是誤。又史詮曰「罃，太子擊之子也，今本缺下『子』字」。

韓景侯九，鄭圍陽翟。

史詮曰「『圍』下缺『我』字」。

楚悼王二，三晉來伐我，至桑丘。

附案：桑丘乃燕地，楚肅王元年齊伐燕取桑丘可證，楚安得有桑丘之地乎？當依世家作「乘丘」，通鑑注亦從之。蓋楚取之於魯耳。「乘」與「桑」形近致訛。但世家正義曰「年表云『三晉公子伐我至乘邱』誤也，已解在年表中」。今本年表無正義，當是傳寫脱失。然所引年表與今本不同，而反以「乘邱」爲誤，亦不可解，得毋訛「桑」作「乘」耶？

安王三　秦惠公元年

案：紀年惠公前有敬公，未知孰是，説在紀。

韓列侯元年

案：列侯名取，此失書。但索隱謂世本作「武侯」，無列侯，豈有二謚歟？

趙武公元年

案：武公名缺，史先失也。而武公之前爲列侯，武公之後爲敬侯，不應武獨稱公，此與世家並非。人表仍史誤，大紀作「武侯」是也。

安王四　韓列侯二，鄭殺其相駟子陽。

附案：子陽之殺，繻公殺之以説於楚也，故世家書鄭君。而呂子首時、適威及淮南氾論謂其舍人因猘狗之驚以殺子陽，與史異説，疑不然也。

安王五　韓列侯三，鄭人殺君。

案：「鄭人殺君」是羨文，即後年弒繻公事誤重於前一年。

安王六　韓列侯四，鄭相子陽之徒殺其君繻公。（金陵本「徒」作「徙」。）

附案：「徒」字湖本訛作「徙」。

安王七　秦惠公五，伐諸緜。

附案：此亦「緜諸」之譌也。

韓列侯五，鄭康公元年。

附案：康公名乙，此失書。但世家集解引表有「乙」字，則今本失之。至謂名乙陽，又謂名陽，並非。

齊康公十，宋休公元年。

案：休公之元，當在齊宣公四十三年，此誤。又失書名。「休」亦謚法所無。

安王十　魏文侯三十三，晉孝公傾元年

案：晉此公之謚史作「孝公」，紀年作「桓公」，索隱曰「故韓子有晉桓侯」。是有二謚也。而其名，表與世本、紀年作「傾」，世家作「頎」，豈亦有二名歟？通鑑從表，大紀從世家。至表作在位十五年，世家作十七年，並史之誤，當依竹書作「二十三年遷屯留」爲是。竹書於遷屯留後更無晉事矣，說見後。

安王十二　秦惠公十，與晉戰武城。縣陝。

案：秦惠文王後元年使張儀取陝，則此言縣陝誤矣，抑豈中間仍歸於晉，而秦復取之歟？秦紀言孝公初立有東圍陝城之語，若陝歸晉疑在是時。

魏文侯三十五，齊伐取襄陽。（金陵本作「襄陵」。）

案：世家作「襄陵」，是也，此誤作「襄陽」。

安王十三　秦惠公十一，太子生。

案：紀言太子生在十二年。

魏文侯三十六，秦侵晉。（金陵本作「秦侵陰晉」。）

附案：魏世家作「秦侵我陰晉」，史詮謂今本年表缺「我陰」二字，是也。至索隱於世家引表作「齊侵陰晉」，誤，而所引世家文作「三十五年秦復侵我陰晉」，亦誤。

齊康公十六，與晉、衞會濁澤。

案：此會當依世家在康公十八年，此誤，索隱於世家辨之矣。

安王十六　魏武侯，韓文侯，趙敬侯，

案：武侯名擊，敬侯名章，此俱失書。韓文、哀二侯之名，國史先缺，故不著。而索隱謂紀年無文侯，豈哀侯卽繼列侯而立乎？紀年於安王二十一年當文侯六年，書「韓滅鄭，哀侯入於鄭」，是哀侯繼列侯矣，然所書滅鄭之年誤。

齊康公十九，田常曾孫田和始列爲諸侯。遷康公海上，食一城。

案：康公以十四年遷，當安王十一年，不與田和爲侯同歲，田完世家是也。此與齊世家並誤以遷海上爲十九年。

安王十七　秦出公二，誅出公。

案：「誅」字當作「弑」。

魏武侯二，城安邑、王垣。

附案：此與世家並作「王垣」，注以爲垣縣有王屋山，故曰「王垣」。紀年及括地志亦皆稱王垣，水經注四引史記「魏武侯二年城安邑至垣」，似誤。紀年書於安王二十六年，誤。

齊康公二十，田和卒。

附案：索隱所引紀年以和卒於齊康公二十一年，而大紀又以和卒於十九年，一前一後，並與史殊，恐非也。

安王十八　秦獻公元年

案：此公本謚元獻，說在紀。

齊康公二十一，田和子桓公午立。

附案：索隱引紀年及春秋後語康公二十二年田侯剡立，後十年田午弒其君及孺子喜而兼齊，是爲桓公。又稱桓公十九年卒，不止在位六年。皆與史不合。魏世家引紀年稱桓公爲幽公，與田完世家異，恐誤。

安王二十三　秦獻公六，初縣蒲、藍田、善明氏。

附案：善明氏未詳，俟考。

安王二十四　齊威王因齊元年，自田常至威王，威王始以齊彊天下。

案：威王之名，年表、世家及魯仲連傳並作「因齊」。國策作「嬰齊」，必誤，蓋時有田嬰，決無君臣同名之理。而身爲齊君，不當以「齊」爲名。攷莊子則陽篇有田侯牟，釋文曰「司馬云齊威王也，名牟，桓公子。案史記威王名因不名牟」。據釋文，則史原無「齊」字。穰苴傳「因爲齊威王」，尤可互證。疑威有二名，一名因，一名牟，古不避嫌名，故薛公名嬰也。後威王三十三年，「殺其夫人牟辛」，蓋以夫人之姓不避。至「威王」下必有脫文，或曰衍「威王」二字，或曰當補「六世」二字。

安王二十五　魏武侯十，晉靜公俱酒元年。

案：索隱引世本無「酒」字，當是。「酒」似不可爲名，人表名任伯也。又考竹書於烈王二年書「晉桓公邑哀侯於鄭」。韓哀侯也。於六年書「韓共侯、趙成侯遷晉桓公於屯留」。桓公即孝公，雖遷屯留，孝公未卒也，其卒不知在何時。竹書於顯王十年有「鄭取屯留」之語，而静公在位二年遷爲家人，則計其年數，疑孝公在位三十二年，當卒於顯王八年，静公當立於顯王九年。大事記以桓公爲靖公，大誤。

楚肅王四，蜀伐我茲芳。（金陵本作「茲方」。）

附案：「方」字湖本訛「芳」。

安王二十六　魏武侯十一，魏、韓、趙滅晉，絶無後。

案：史於晉君之年多舛，故是年書滅晉，年表及諸世家皆然，惟韓世家但云分地。而不知其誤也。攷趙世家云「與韓、魏分晉，封晉君以端氏」。又云「奪晉君端氏，徙處屯留」。竹書云「晉桓公邑哀侯於鄭」。又云「韓共侯、趙成侯遷晉桓公於屯留」。乃後此六七年中之事，安得謂晉已滅絶乎？蓋是年爲晉孝公十七年，晉雖分而未絶，封晉孝公於端氏必在此時，故韓徙都於鄭，尚假晉公之命也。大事記曰「周安王二十六年所分者絳與曲沃之地也，史記之書誤矣」。

十一，韓哀侯元年。（金陵本無「十一」二字。）

案：「十一」兩字衍文。哀侯名失傳。

楚肅王五，魯共公元年。

案：共公名奮，此失書。

齊威王三，三晉滅其君。

案：分地，非滅君也，說在前。

烈王元年　韓哀侯二，滅鄭。康公二十年滅，無後。

案：康公二十一年滅，此缺「一」字。

烈王二　秦獻公十一，縣櫟陽。

案：獻公徙都櫟陽，不應以爲縣，疑「縣」字乃「徙」之誤。蓋二年城之，至是始徙居耳。魏世家同誤。

趙成侯元年

案：成侯失書名。而其名世家作「種」，紀年作「偃」，蓋有二名。

烈王三　燕釐公三十，敗齊林孤營。（金陵本作「林孤」。）

附案：此句各本所書不同，或作「林營」，與世家合。或作「林孤」，與通鑑書「林狐」又別。孤、狐形近易訛，魏有陽狐，通鑒亦作「孤」也。湖本作「林孤營」，未知孰是。

齊威王六，晉伐到鱄陵。

案：「鱄陵」誤，當依世家作「博陵」。表與世家皆云「晉伐」，亦混，晉孝公僅食端氏一城，其國已分，豈三晉同伐齊乎？通鑑作「魏伐」也。

烈王四　魏武侯十五，衛聲公元年。

案：聲公失書名。其元當書於安王十六年，爲魏武元年，此誤。

趙成侯三，伐衛，取都鄙七十三。

胡氏通鑑注曰：「周制四縣爲都，方四十里，一千六百井，積一萬四千四百夫。五都爲鄙，鄙五百家也。此時衛國褊小，若都鄙七十三，以成周之制率之，其地廣矣，盡衛之提封未必能及此數，更俟博考。」大事記曰「蓋都鄙之邑也。邑地小，故數多，如宋向戌邑六十之類」。

齊威王七，宋辟公元年。

案：辟公之元，當書於康公十五年，此在威王七年，誤。但索隱引紀年作「桓侯璧兵」辟與璧古通用。又徐廣云名兵，王劭引紀年名璧，呼之有單複耳。又引莊子「桓侯出，前驅呼辟，蒙人以爲狂」。則辟兵謚桓，年表、世家並誤以名爲謚。蓋謚法無「辟」，亦斷無名「辟兵」而謚「辟」之理。乃索隱於世家引紀年、莊子言「辟兵謚桓」，於年表言「宋後微弱，君薨未必有謚，猶剔成然」，殊爲矛盾。夫宋亡於偃，尚傳其謚，況前於偃者。剔成之無謚，史偶失之，烏得以槩辟兵耶？且剔成亦非名也，王劭引紀年云「宋易城盰三字各本訛爲「剔成肝」。廢其君璧而自立」，然則「剔成」者「易城」之誤，而「盰」是其名，盰封於易城之地，因以爲號焉。竹書顯王十二年書宋桓侯，大事記云「以年攷之，卽剔成」，故吳氏國策注以桓爲剔成，恐非也。

烈王五　韓哀侯六，韓嚴殺其君。

附案：此疑卽莊侯韓山堅，一言爲嚴，二言爲山堅也。或云是名字之異。

烈王六　惠王元年

案：「惠王」上失「魏」字，又失書名。紀年作「惠成王」，莊子養生主作「文惠君」。

懿侯元年（金陵本作「莊侯」。）

案：「懿侯」上失「韓」字。此侯名若，見紀年。索隱引紀年名若山，誤。表與世家並失書。此處索隱云「系家作『估懿侯』」。「估」字豈「莊」之誤歟？（金陵本索隱無「估」字。）而索隱本引表作「莊侯」，於世家引表亦作「莊侯」，他本史記多有作「莊」者，則此稱「懿侯」，必是後人依世家改之。但攷紀年書韓山堅賊其君哀侯後，紀年書於烈王二年，誤。序韓共侯及懿侯於一年之內。而史無共侯，注家俱缺不言。余疑共侯即莊侯韓山堅，史所云韓嚴也。山堅弒哀自立，未及一年便卒，懿侯嗣位，憫先君之被害，恨簒臣之未誅，遂削其年而不數，以爲已改元之年，斯固情理之至正，豈得議其非乎！特未知韓山堅於哀、懿輩行親疎若何耳。史既不載韓事始末，而或爲莊侯，或爲懿侯，未免疎舛矣。

烈王七　趙成侯六，魏敗涿澤。（金陵本作「敗魏涿澤」。）

案：此及趙世家俱書涿澤之戰於成侯六年，而魏世家在前一年，當以魏世家爲定。史詮曰「湖本『敗魏』作『魏敗』，誤」。

楚宣王良夫元年

附案：世家作「熊良夫」。

齊威王十，宋剔成元年。

案：「剔成」當作「易城」，説見前。史於此君不書謚，不書爵，不書名，而書其號，殊不可解。其元當書于齊康公十八年，此在威王十年，亦誤。

顯王元年　秦獻公十七，櫟陽雨金，四月至八月。

案：本紀在十八年，據漢郊祀志太史儋見後七年雨金之文，十一年見。則十八年爲是。又缺書作畦時。

魏惠王三，齊伐我觀津。（金陵本無「津」字。）

案：「津」字誤，當衍。齊表云「伐魏取觀」，魏世家云「齊敗我觀」，田完世家云「獻觀以和」，言獻，妄也。紀年云「齊田壽帥師圍觀，觀降」，俱不言觀津，是也。觀音館，魏州觀城縣，古之觀國。若觀津，在冀州棗陽縣東南，趙氏之邑，與魏無干，其後趙以觀津封樂毅，秦相魏冉取趙觀津，予趙觀津，皆可證。紀年書此事在前一年，非。

齊威王十一，伐魏，取觀津。（金陵本無「津」字。）

附案：魏世家徐廣引此表無「津」字，各本亦無，是湖本譌刻也，當衍之。

趙取我長城。

附案：表言取，世家言歸，史詮從表。余謂此互見法也。蓋是年取之，即於是年歸之耳。

顯王三　秦獻公十九，敗韓、魏洛陽。（金陵本作「洛陰」。）

附案：魏世家徐廣引表作「洛陰」，是也，傳訛爲「陽」耳。洛陰在雍州上洛。

魏惠王五，城武都

案：世家作「武堵」。

顯王四　魏惠王六，伐宋，取儀臺。

附案：世家徐廣作「義臺」，索隱云表亦作「義臺」，見莊子。然今本年表皆作「儀」，古通。

顯王五　秦獻公二十一，章蟜徐廣曰一云「車騎」，非也。與晉戰石門。天子賀。徐廣曰一作「阿」，非也。此注當在石門下。斬首六萬。（金陵本作「斬首六萬天子賀」。）

附案：史詮曰「今本『天子』誤在『斬首』上」。此言「晉」，乃「魏」也。

顯王七　秦獻公二十三，與魏戰少梁，虜其太子。　魏惠王九，虜我太子。

案：秦虜魏將公孫痤，非太子也，說在秦紀。

顯王八　魏惠王十，取趙皮牢。

案：取皮牢與敗韓、趙於澮本屬一事，當在惠王九年，趙世家可證，此及魏世家在十年，誤也。

衛成侯元年

案：成侯失書名。其元在武侯十二年，非惠王十年也。

燕文公元年

附案：世家索隱引世本以文公爲閔公，非也。不但前已有湣公，而國策、人表並是文公，與史不殊。

顯王十一　韓昭侯元年

案：昭侯與宣王桓惠王皆無名，史先失也。紀年有釐侯無昭侯，其年與史不合。韓世家索隱及魏策吳注云釐卽昭侯。蓋兩字謚，故莊子讓王篇、呂子任數、審爲、處方並稱昭釐侯，各處皆單舉之耳。大事記始以釐爲懿，後以釐爲昭，誤也。又索隱引紀年稱昭侯武，似昭侯有名可攷，然今本紀年無之，疑索隱誤，或世本有之歟？

顯王十二　趙成侯十八，趙孟如齊。

案：此成侯也，而書曰趙孟，何以貶也？大事記謂「當時國人所記，年表襲用其語」，恐未確，不見成侯如齊事，疑趙孟是別一人。

楚宣王十三，君尹黑迎女秦。

案：楚官無名君尹者，疑是「右尹」之誤。

顯王十三　趙成侯十九，與燕會河。

附案：「河」乃「阿」字之訛，世家作「阿」是。括地志所謂西阿城，卽竹書云「邯鄲成侯會燕成侯「成」當作「文」。於安邑」是也。

顯王十四　秦孝公七，與魏王會杜平。

案：「魏」下「王」字衍，說在秦紀。

魏惠王十六，徐廣曰與秦孝公會杜平。（金陵本無「徐廣曰」三字。）

附案：「與秦孝公云云」是史表正文，各本皆誤增「徐廣曰」三字，當削。

顯王十六　魏惠王十八，邯鄲降。

案：趙表亦云「魏拔邯鄲，」後二年於魏、趙表云「歸邯鄲」，卽趙、魏、田完世家、穰侯傳並載無異，似真有其事者然。邯鄲爲趙之都，其君在焉，魏安得拔其都乎？若果拔之，則未歸邯鄲之前首尾幾及二年，此二年中趙侯徙居何地？揆諸情勢，深所難信，蓋與史言秦孝公降魏安邑同爲妄矣。而其誤實自齊策來。孫臏傳言「齊據大梁之衝，而魏去邯鄲，」則此時不降、不拔、不歸明矣。

韓昭侯六，伐東周取陵觀廩丘。

案：世家作「陵觀邢丘」。陵觀無攷，若廩邱是齊地，時屬於趙；邢邱是魏地，後入於秦。紀年有鄭城邢邱之文亦誤。俱非東周之地，韓安得取之，東周止有鞏耳，疑所書誤。胡三省又云陵觀廩邱皆邑聚名，史無所考。

趙成侯二十二，魏拔邯鄲。

案：言拔者妄也，說見前。

顯王十七　秦孝公十，伐安邑，降之。

案：「安邑」字誤，卽後年降固陽事也。「降之」二字衍。說在秦紀。

魏惠王十九，諸侯圍我襄陵。

案：國策圍襄陵者止有一齊，卽據竹書，會齊者止宋、衞二小國，不得統言諸侯也。襄陵之役，因趙爲魏所攻，求救於齊，故齊圍魏襄陵，在齊敗魏桂陵（紀年作「桂陽」，非。）前數月，皆魏惠王十八年事，田完世家與國策合，紀年亦同在一年中。（只誤在十五年。）此與魏世家書敗桂陵於十八年，書圍襄陵於十九年，誤矣。又攷魏文侯三十五年，齊取襄陵，中間不聞復歸於魏，何以策、史、紀年俱言齊圍襄陵，至惠王改元十二年又有楚敗魏襄陵之事，或者魏仍取於齊，史缺而不書歟？孫臏傳言「據大梁之衝」，不明言也。

楚宣王十八，魯康公元年。

案：康公失書名。其元在十六年。

顯王十八　魏惠王二十，歸趙邯鄲。趙成侯二十四，魏歸邯鄲。

案：言歸亦妄也，見前。

顯王二十　韓昭侯十，韓姬弒其君悼公。（索隱言「姬」一作「跽」，亦作「玘」，以爲「玘」者誤。）

案：世家均有此語，徐氏測議以爲史誤，蓋韓昭時申子爲相，政治修明，豈容亂臣恣横。而昭侯在位，又寧有一國二君之理。韓先稱侯，後稱王，無所謂公，更無謚悼者，則悼公之非韓君明甚。索隱疑悼公爲鄭之嗣君，而鄭滅於韓已三十年，尚何嗣君哉！若以韓姬即李斯傳之韓玘，而玘爲韓安之相，自昭侯十年至王安滅，幾一百二十年，此時烏得有韓玘？況玘相安而安亡，實未嘗弒安，并不可以安當悼公也。史詮及經史問答亦謂此句是誤文，宜芟之。余謂韓姬乃別一韓大夫，非韓玘也。悼公非韓君也。攷三晉遷晉静公於屯留，後之十二年鄭取屯留，（鄭卽韓。）静公遷爲家人，又歷十一年爲昭侯十年，疑悼公即静公，至是被弒也。各國之君有二謚者甚多，静公之父謚孝，又謚桓。静公在位二年而遷，故又謚悼。

趙肅侯元年

案：史失書名，索隱於年表、世家作名語，謂出世本，而蘇秦傳又引世本作「言」。

顯王二十三　齊威王三十三，殺其大夫牟辛。

附案：田完世家徐廣謂一作「夫人」，索隱曰「年表亦作『夫人』。王劭案紀年云『齊桓公十一年弒其君母，宣王八年殺王后』。然則夫人之字，或如紀年之説」。據此，則「大夫」是「夫人」之訛。牟辛其姓字也。但各本年表皆作「大夫」，與世家同。

顯王二十五　魏惠王二十七，丹封名會。丹，魏大臣。

附案：「丹封名會」四字奥澀難曉，注家皆缺。余疑「名會」乃「於澮」之譌，澮爲魏地，丹封於澮，猶齊封田嬰於薛耳。

齊威王三十五，田忌襲齊不勝

案：忌無襲齊事，史妄也，説在田完世家。

顯王二十六，致伯秦。

案：史詮謂「秦」上缺「於」字。

秦孝公十九，城武城。

案：武城本晉地，左傳魯文公八年「秦伐晉，取武城」，自後地屬於秦。迨秦厲共公二十一年晉取武城，則地仍屬晉。事見秦紀。而此云城武城，豈中間秦復取之，而史失載歟？

楚宣王二十七，魯景公偃元年。

案：景公之元，當書於楚宣二十五年也。

顯王二十七　秦孝公二十，會諸侯于澤。

案：秦紀及紀年皆云逢澤，此失「逢」字。

魏惠王二十九，中山君爲相。

案：中山復立，不知的在何時。國策述常莊談謂趙桓子中山復立之故，殊不可信。中山滅於魏文侯十七年，當趙列侯元年，安得在桓子之世。樂毅傳有中山復國之語，亦不言在何時也。經史問答謂中山復立，在魏惠王二十八年後，亦非。趙世家書「與中山戰於房子」在敬侯十年，即魏武侯十年，明年趙又伐中山戰於中人，安得以復立在惠之二十八年後，蓋不可攷矣。又魏世家相魏在二十八年，與此駁。

顯王二十八　齊宣王二，敗魏馬陵。田忌、田嬰、田盼將，孫子爲師。（金陵本作「田朌」。）

案：馬陵之役，孫臏爲師，田忌爲將，田嬰、田盼特其副耳，故世家以及孫臏、孟嘗傳無不書田忌者，而於嬰或及或不及，至盼則皆不言之，惟此表一見。世家田嬰將，徐廣曰「嬰一作『盼』」。魏策有田盼宿將之語，然據楚世家張丑之言，則田盼此時恐未必爲將，而紀年單書田盼，無乃誤歟？「盼」當作

「盼」，卽世家盼子，國策、紀年亦多譌作「盼」。索隱於魏、田完兩世家引紀年作「盼」。

顯王二十九　齊宣王三，與趙會，伐魏。

附案：徐廣於田完世家引表云「與趙會博望，伐魏」，則今本脱「博望」二字。

顯王三十　秦孝公二十三，與晉戰岸門。

案：岸門之戰，紀在後一年。

顯王三十一　秦孝公二十四，秦大荔圍合陽。

史詮曰：「『大荔』上有『秦』字，『圍』下缺『我』字，皆誤也。」

商君反，死肜地。

附案：史詮謂「肜」當作「彤」。然攷商君傳言「殺之於鄭黽池」，徐廣曰「黽」或作「彭」。索隱引鹽鐵論「商君困於彭池」爲證。水經穀水注云黽池亦或謂之彭池也。乃此又言鞅死肜地，必是「彭池」之誤，亦猶惠文後五年誤書「戎地」爲「戎池」耳。魏惠王嘗與秦孝公會於彤，索隱但云地名，它無可攷，未知於秦、魏何屬。且鞅果死彤，亦不須加「地」字，其誤無疑。

魏惠王三十三，衞鞅亡歸我，我恐，弗內。

附案：盧學士曰「『恐』乃『怒』字之誤」。

顯王三十三　秦惠文王二，宋太丘社亡。

案：漢郊祀志言顯王四十二年社亡，未知何據？且表附宋於齊則此是宋事，何以不書於齊表，而附於秦乎？

魏惠王三十五，孟子來，王問利國，對曰：「君不可言利。」

案：年表、世家並言惠王三十五年孟子至魏，後儒皆從之，其實誤也。觀孟子本書，當是晚始游魏，故惠王尊之爲叟。居魏亦甚暫，故書中梁事無多。然則孟子至魏，必在惠王改元之十五六年間，爲周慎靚王元、二兩年。孟子見魏襄王有「不似人君」之語，蓋襄王初立，而遂去魏游齊也。其證有三：自惠三十五至襄之元歷十九年，而以惠之不仁，襄之庸劣，斷不能用孟子，何以久淹於魏哉，證一；魏稱王於改元之年，爲顯王三十五年，所以孟子呼爲王。此時尚未，豈得預呼之乎？史公亦知其難通，遂改曰「君」，世家同。而固已自納敗闕矣，證二；孟子書惠王自言「西喪地於秦七百里，南辱於楚」。所謂喪地即惠王後五年予秦河西地，後七年魏盡入上郡於秦事。所謂辱楚，即惠王後十二年楚昭陽敗魏襄陵事。若孟子三十五年至魏，則此皆後事，何以惠王歷述之乎？證三。而凡誤以惠王三十五年孟子至魏者，總因史以惠之改元爲襄元年故也。

齊宣王七，與魏會平河南。（金陵本作「平阿南」。）

附案：「河」當作「阿」，沛郡平阿縣也，二字每以形近互訛。

顯王三十四　秦惠文王三，王冠。拔韓宜陽。韓昭侯二十四，秦拔我宜陽。

案：秦尚未王，而冠不定在是年，已説在秦紀。又考甘茂拔宜陽在秦武王四年，此時安得先拔之？疑「拔」乃「攻」字之誤，韓表及世家亦皆誤書，秦紀不載也。通鑑問答謂是年拔而未取，殊非事情。

顯王三十五　魏襄王元年，與諸侯會徐州以相王。

案：襄王之名，年表、世家俱失書，索隱引世本名嗣，而惠王三十二年立公子赫爲太子，則又名赫，豈襄王有二名乎？又魏策有太子鳴，豈卽襄王乎？不然，何得有兩太子也。而惠王三世之年，所書各異，實一大疑案，有不可不辨者。史記言惠王在位三十六年，襄王在位十六年，哀王在位二十三年。竹書以襄王十六年上繫，於惠王，爲其改元後之年，而自癸卯以下記二十年事謂之「今王」，杜預以爲哀王。在位二十三年，作書時未卒，故曰「今王」。晉書束皙傳以爲安釐王，甚謬。史記有襄、哀二王，竹書有哀無襄，而索隱引世本襄王生昭王，無哀王。從史記者皇極經世及閻氏若璩孟子生卒年月考。從竹書者杜氏左傳後序及集解，索隱從史。而通鑑因之，困學紀聞因之，日知録因之。通鑑又不從杜所稱之哀王，而從世本、所稱之襄王，其説備載於考異，蓋通鑑是也。春秋以來，國君之改元者凡五見，一曰鄭厲公，二曰衞獻公，三曰衞出公，然猶云出亡復反耳，若秦惠文王之改十四年爲元年，與魏惠改元同，其改元由於稱王，亦同竹書，乃魏史必得其真。若以魏惠改元年數爲後王之年，將以秦惠改元後之十四年爲秦武王年乎？魏世家言襄王追尊父惠爲王，將以秦惠稱王爲武王追尊之乎？更以孟子徵之，孟子書其對惠王無不稱之爲王者，則非追尊之詞明甚。而惠王自言「西喪地於秦七百里，南辱於楚」，攷惠王後五年予秦河西地，後七年魏盡入上郡於秦，後十二年楚敗魏襄陵，惠之言指此，倘以爲在襄王之世，烏容出自惠王口哉。惠以周安王二年生，愼靚王二年卒，在位五十二年，壽八十二歲，竹書之今王即是襄王，無所謂哀王，杜誤從史作哀，觀世本襄王生昭王語可見。高誘注呂子審應篇亦曰昭王襄王之子。以魏襄爲哀，猶十二侯表以秦哀公陳哀公爲襄公也。日知録七云「襄、哀字相近，史記誤分爲二人」，極是明劃，故趙世家於肅侯十五年書惠王卒，田完世家、孟嘗君傳於宣王八年書惠王卒，張儀傳稱魏哀王，皆乖錯不足據也。至徐州之會，惠王因改元稱王會諸侯，豈因相王而會乎？竹書云「魏惠成王改元稱一年，王與諸侯會於徐州」可爲的證。是歲無諸侯相王事，此及齊表魏、田完兩世家、孟嘗君傳並誤。西京雜記下載廣川王去疾發魏襄王哀王冢，恐不可信。

韓昭侯二十五，屈宜臼曰：「昭侯不出此門。」

案：「昭侯」當作「君侯」，此與世家並誤稱謚。

齊宣王九，與魏會徐州，諸侯相王。

案：時無相王之事，説見前。而會者不止一魏，此與田完世家、孟嘗君傳同疎也。

顯王三十六　魏襄王二，秦敗我彫陰。

案：彫陰之戰，當依世家在五年，説在秦紀。

顯王三十七　魏襄王三，衛平侯元年。

案：平侯已下，四代無名，史失之也。其元當書於魏惠二十五年，此在襄王三年，實惠王後三年，誤。

韓宣惠王元年

案：紀年、人表稱宣王，是一字謚，而史作「宣惠」，蓋誤多「惠」字也。又紀年宣王之前爲威侯，而史無之，或疑卽宣王，未審。索隱謂「韓微小，國史失代系，故此文及系本不同，殆亦不可考」。韓子說林、外儲、說右、難一凡四見，皆作韓宣王也。

顯王三十九　秦惠文王八，魏入少梁河西地于秦。魏襄王五，與秦河西地少梁。

案：秦紀曰「魏納河西地」。魏世家曰「予秦河西地」。蓋孝公取河西地之時，尚有未得者，至是乃盡有之耳。而並不言少梁，前二十五年孝公已取少梁矣，何待是時乎？秦、魏兩表誤增，當衍「少梁」二字。又秦表應書「入於我」。

顯王四十　秦惠文王九，圍焦，降之。

案：惠文八年圍魏焦、曲沃，九年降之，此失書曲沃，說在紀。

魏襄王六，與秦會雍。秦取汾陰、皮氏。

案：秦紀、表及魏世家皆作「會應」，是也，此言「雍」，非。又史詮云「取」下缺「我」字。

顯王四十一　秦惠文王十，張儀相。公子桑圍蒲陽，降之。魏納上郡。

案：張儀傳秦既取蒲陽而復歸之，故魏以上郡爲謝也。乃此及世家皆不書歸蒲陽，世家又倒其文曰「魏盡入上郡於秦」。秦降蒲陽，則所書之事不全，且似秦既得上郡又降蒲陽也。夫魏豈無故而獻地哉！大事記曰「世家書盡入上郡於秦，豈上郡所統不止十五縣，前此有爲秦所取者歟」？「公子桑」，儀傳作「公子華」，未知孰是。徐廣作「革」，恐誤。

楚懷王槐元年

附案：世家作「熊槐」，表省「熊」字。但考秦詛楚文有「熊相」，宋姚寬西溪叢語及宋方勺泊宅編謂是懷王名，史誤爲槐。然詛楚文出於宋世，而叢語本通志略五，言熊相芊姓，以左傳宣十二年熊相宜僚爲証，又云有熊相祈爲懷王將，廣川書跋又引熊相禖，見左傳昭二十五年。據此則懷王不應取姓作名，進退參詳，疑莫能定，寧得遽斷爲史公之誤。楚君之連「熊」於名者，自鬻熊已下，前後凡三十，而獨無熊相之名，烏知非詛文誤「槐」爲「相」。意者，槐之爲言懷也，懷王死秦，國人懷之，遂因名之義以作謚耶？歐陽修六一題跋、董逌廣川書跋皆謂熊相是頃襄，史記傳寫誤「横」，其説尤非。頃襄王横在位三十六年，前十餘年與秦和親爲好會，後十餘年屢見困於秦，兵弱地削，救亡不暇，秦何所畏而詛之。若以「横」近於「相」，則楚君别有熊狂、熊霜、熊楊、熊商，形聲俱近，豈盡可指擬乎？歐、董之所以爲是説者，緣詛文稱「我先君穆公及楚成王，戮力同心，袗以齊盟，曰：葉萬子孫，毋相爲不利。今楚王熊相，倍十八世之詛盟」。歐、董數楚成王至頃襄十八世，故以熊相爲頃襄王横。余據史校之，楚成至懷王實十八世，歐、董自誤耳，蓋不數初王比。且安見十八世必爲楚之世也。明都穆金薤琳琅引王順伯云「秦自穆公十八世至惠文王，與楚懷王同時，從横争霸，此詛正爲懷王。姚氏叢語同。秦人之文，不應數楚之世」。斯論甚確。而詛文所稱「率諸侯之兵以臨加我」者，卽懷王十一年六國攻秦，楚爲從長之事也，在秦惠文改元之七年所。所稱「今又悉興其衆以偪我邊境」

者，卽懷王十七年憤張儀之詐，發兵攻秦，敗於丹陽之事也。所稱「克劑楚師復略我邊城」者，卽懷王憤丹陽之敗，悉兵襲秦，再敗於藍田之事也。並在秦惠文改元之十三年，詛文必作於是時。然所稱多妄，六國攻秦之役，楚不戰而歸，乃稱「取我新郢及郱長親」。夫取楚漢中地六百里，則沒而不書，反誣楚取秦地，其誰信之。人所不信，而欲求信於久湫巫咸、亞駝之神，何其矯哉！因辨懷王名附著焉。更攷新郢，集韻以爲縣名，在會稽，似其地屬楚不屬秦。廣川書跋以郱字書無此字。爲商於，是張儀所詐懷王者，楚奚從得之。

齊宣王十五，宋君偃元年。

案：偃之元，當書於威王三十三年，此誤也。偃身死國亡，未必有謚，然國策、墨子、呂覽、新序諸書，俱以偃謚康王，而荀子王霸篇稱爲宋獻，楊倞注曰「國滅之後，其臣子各私爲謚，故不同，」則此與世家皆失書偃謚矣。至高誘注呂覽順説篇，謂康王名棱，一本作「侵」，或作「祲」，疑皆偃之訛。順説篇以康王爲康成公，乃今呂氏春秋本訛刻，觀列子黃帝篇、淮南道應訓可證。文選謝惠連詠牛女詩注引呂是宋康王。

顯王四十二　秦惠文王十一，歸魏焦、曲沃。　魏襄王八，秦歸我焦、曲沃。

案：歸皮氏不書，似脱也，説在秦紀。

顯王四十四　秦惠文王十三，魏君爲王。

案：是年惠文稱王，「魏」字誤文，當衍，表中例書「君爲王」也，説在周、秦二紀中。

韓宣惠王八，魏敗我韓舉。

附案：趙世家肅侯二十三年，韓舉與齊、魏戰死桑丘，爲韓宣王六年，則趙之韓舉已先二年死矣，疑此别一韓將，而趙將適與同姓名耳。索隱既云是韓將不疑，而又引紀年趙將韓舉之文，謂舉先爲趙將，後入韓，非也。紀年所載多舛，當擇而取之，即如韓舉，紀年於威烈王十六年書齊獲邯鄲韓舉，於隱王四年書魏敗趙將韓舉。若是一人，無論既爲齊獲，不應仍爲趙將，又忽爲韓將，而其爲魏敗時逆數至爲齊獲之年，已百歲矣，韓舉若是之壽耶？其誤甚明。

趙武靈王元年

案：史失名，索隱云名雍。

顯王四十五　魏襄王十一，衞嗣君元年。

案：嗣君不應無謚，索隱云樂資據紀年以嗣君即孝襄侯也。其元在魏惠王三十三年，此在襄王十一，實惠王之後十一年，乃誤耳。

趙武靈王二，城鄗。

案：世家城鄗在三年。

顯王四十六　秦惠文王更元二，與齊、楚會齧桑。

案：魏亦在會，此脱，説見秦紀。

楚懷王六，敗魏襄陵。

附案：紀年在前一年，恐非。

齊湣王地元年

案：史記書齊威王在位三十六年，以周顯王二十六年卒。宣王在位十九年，以顯王四十五年卒。湣王在位四十年，以赧王三十一年卒。通鑑上增威王十年，下減湣王十年，而移後宣王十年。大事記不增威王之年，但減湣王之年以益宣王，謂宣王在位二十九年。三説各異，當依大事記爲是。蓋史載諸國年數多參錯不同，安知齊年之不誤，但不必增威王爲四十六年耳。淳于髠傳言「威王威行三十六年」，則固無四十六年也。而孟子至齊，當慎靚王三年以後，必是宣王二十五六年間，凡燕王讓國，齊人取燕等事，俱在宣王之世，與孟子書合，無可疑者，故通鑑、大事記書湣王元年於周赧王二年，甚確。年表世家及孟嘗君傳以宣爲十九年，湣爲四十年，並非。黃氏日抄載蔣曉之説，以齊兩次伐燕分繫宣、湣，强以求合於孟子、史記，殊非情事。類篇引史記湣王或作「睧」，是所見本異也。淮南氾論「威王三十二歲，道不拾遺」，蓋不數其初即位之數年耳。

顯王四十七　魏襄王十三，秦取曲沃、平周。

附案：紀年在後二年恐非。

顯王四十八　齊湣王三，封田嬰於薛。

案：嬰之封薛，此與世家、孟嘗傳並在湣王三年，國策亦在閔王時，實則宣王二十二年。索隱引紀年梁惠後十三年四月封嬰，較史先一歲，未知孰是。而國策吳注謂嬰封薛在威王之世，當梁惠前十三年，疑紀年誤書，殊不然。國策於宣王前十餘年時尚稱嬰子，安得言威王封之，而所云「受薛於先王」者，乃宣王也。

慎靚王元年　秦惠文王更元五，王北遊戎池。（金陵本作「戎地」。）

附案：「池」乃「地」字之訛刻，他本作「地」。

燕王噲元年

案：孟子稱子噲，此與世家皆單稱噲。而昭王是噲之子，何以不追爲噲謚，徐孚遠嘗疑之矣。

魏哀王元年

案：「哀」當作「襄」，說在前。

慎靚王三　秦惠文王更元七，五國共擊秦。

案：擊秦者六國，非五國也，說在秦紀中。而此是秦表，例不稱「秦」，當云「六國共擊我」。

齊湣王六，宋自立爲王。

案：宋世家謂宋偃十一年僭稱王，而偃之十一年，當齊宣七年，此誤在湣六年也。又是年六國攻秦，故魏、韓、趙、楚、燕表中並有「擊秦不勝」四字，而齊獨無之，世家亦不書，蓋缺失耳。

慎靚王四　魏哀王二，齊敗我觀津。（金陵本此與趙表、齊表均作「觀澤」。）

附案：此與趙、齊表及魏世家、張儀、樂毅傳並作「觀津」，韓世家又作「濁澤」，皆誤。當依趙、齊兩世家作「觀澤」。正義引括地志云觀澤在魏州頓丘縣東，觀津在冀州棗陽縣東南，濁澤亦作「涿澤」。在蒲州解縣東北，三地不同也。韓世家正義引年表雖脱失不全，而實作「觀澤」，取以證「濁澤」之誤，不言是觀津，則今本年表作「觀津」，乃傳刻之訛矣。

韓宣惠王十六，秦敗我脩魚，得韓將軍申差。

案：此不書主帥太子奐，又不書同被虜之鯫，而止書申差，已屬失倫。申差特韓之一將耳，亦非將軍，俱説在秦紀中。又「得」下「韓」字衍，世家正義引表無「韓」字，是也。

趙武靈王九，與韓、魏擊秦。齊敗我觀津。齊湣王七，敗魏、趙觀津。

案：擊秦是上年事，已書之矣，此爲重出，當衍「與韓魏擊秦」五字。「觀津」並「觀澤」之誤。

愼靚王五　秦惠文王更元九，擊蜀，滅之。取趙中都、西陽、安邑。趙武靈王十，秦取我中都、西陽、安邑。

案：滅蜀之事，張儀傳中索隱、正義引此表俱有「十月」二字，疑今本傳寫失之。「中都西陽」乃「西都中陽」之誤，説在秦紀。而安邑是魏非趙地也，秦紀、趙世家皆無之，此與趙表「安邑」二字並衍文。秦紀正義引趙表作「中都安陽」，亦非。

燕王噲五，顧爲臣。

附案：世家作「顧爲臣」，索隱云「顧，猶反也。有本作『願』者非」。則此「願」字誤矣。

愼靚王六　趙武靈王十一，秦敗我將軍英。

案：「英」一作「泥」，説見秦紀。

周赧王元年

案：「赧」非謚，紀年作「隱王」是也，說在紀中。又表於周諸王皆不書國號，而赧王獨冠以「周」字，何耶？

秦惠文王更元十一，侵義渠。

案：紀在十年。

魏哀王五，秦拔我曲沃，歸其人。

案：秦紀云「樗里疾攻魏焦降之」，然則是年所拔者焦也，非曲沃也。曲沃已於前八年爲秦取之矣，尚安得曲沃乎？此與魏世家、樗里傳並誤。

楚懷王十五，魯平公元年

案：平公失書名，其元在楚懷十三年也。

燕王噲七，君噲及相子之皆死。（金陵本作「及太子相子之皆死」。）

附案：世家集解、索隱均引年表云「君噲及太子相子之皆死」，則今本年表脱「太子」二字明矣。今本或有「太子」無「子之」，亦非。而所謂太子者，世家以爲太子平，即昭王，余深疑之。世家稱太子平，年表、紀年稱公子平，冢庶不明，疑一。先是太子與子之爭權，舉兵攻子之，不克，百姓反攻太子，則其不爲國人所戴可知。賢如昭王，不應有此，疑二。齊并燕二年，燕人共立平。夫既攻之，而又立之，於理頗乖，且何以遲至二年復立平？二年之中，太子安在？疑三。昭王語郭隗曰「齊因孤之國亂而襲破燕」。齊之入燕，實藉太子爲內應，今觀昭王之言，殊不合事情，疑四。攷趙世家「武靈王召公子職於韓，立爲燕王，使樂池送之」，諸處俱不書，集解索隱引紀年同，今世所傳紀年無之。集解疑「趙聞燕亂，遥立職爲燕王，雖使樂池送之，竟不能就」。斯乃虚揣之譚，未見確證，而索隱遽譽裴駰得其旨，豈不惑哉！竊意職爲王時在噲死之後，昭王未立之先。職立二年卒，始立昭王。而昭王並非太子，太子已同君噲及相子之死於齊難矣。徐孚遠亦云「太子平與昭王當是二人，或昭王名平，太子不名平」。徐說甚覈，世家誤仍國策來耳。孫侍御疑昭王即公子職。

赧王二　秦惠文王更元十二，公子繇通封蜀。

案：封蜀在惠文後十一年，秦紀及華陽國志可證，此誤後一歲。繇通，說在紀。

趙武靈王十三，虜將趙莊。

案：「趙莊」一作「莊豹」，說在秦紀。

燕八，九，

案：王噲以七年死，安得有八年、九年。或稱燕兩年無君，當空此二格，余又不謂然，蓋八、九兩年必燕王職之元年、二年，其謚缺。史脱誤不書耳。

赧王三　魏哀王七，擊齊，虜聲子於濮。

附案：魏世家徐廣引表作「贅子」，似誤。

韓宣惠王二十一，秦助我攻楚，圍景座。

案：「座」當作「痤」，亦猶商鞅傳公叔痤爲公叔座也。但攷此即丹陽之戰，楚將乃屈匄，不知景痤何人？楚世家言「秦虜大將軍屈匄，裨將軍逢侯丑等七十餘人」，或痤在數中。然諸處皆書屈匄，何斯表獨舉景痤，且斷無舍大將而稱偏裨之理，必誤無疑。韓策吴注疑爲「景翠」之訛，亦非，蓋因韓世家徐廣引紀年有「楚景翠圍雍氏」之語而爲是説也。「秦助我」亦「我助秦」之誤。

赧王四　韓襄王元年

案：襄王名倉，此失書。

燕昭王元年

案：昭王失書名。

赧王五　秦武王元年，張儀、魏章皆死於魏。

案：武王之謚多不同，説在紀。又史詮曰「『出之』作『死于』，誤」。

赧王六　魏哀王十，張儀死。

附案：紀年謂儀以魏今王七年五月卒，恐非也。

赧王九　秦昭王元年

案：秦本紀及秦記並作「昭襄」，此失「襄」字。史中凡稱昭王，單呼之耳。又昭王名稷，亦失書。

赧王十　秦昭王二，桑君爲亂，誅。

附案：本紀言「庶長壯與大臣諸侯公子爲逆，皆誅」。則亂者甚衆，莫識誰爲桑君，惟穰侯傳稱冉誅季君之亂，徐廣引表亦是「季君」，乃知桑君者季君也，今本訛作「桑」耳。季君必秦之公子，索隱據本紀釋之曰「季君卽公子壯，僭立而號季君」，恐不可信。蓋庶長壯未定是公子，謀逆未必便僭號，豈小司馬因壯與桑音近而妄意之歟？又按前此二十四年惠文十。書公子桑，疑季君卽公子桑，若樗里子號嚴君之比，則訛稱桑君亦有自來矣。

赧王十三　魏哀王十七，復我蒲坂。

案：史詮謂「復」下缺「歸」字，是也。

赧王十四　秦昭王六，蜀反，司馬錯往誅蜀守煇。

案：蜀以被讒賜死，非反也。「煇」當作「惲」。並説見秦紀。又惲封蜀侯，此言守，誤。蜀之置守，據華陽國志在赧王三十年，當秦昭二十二年。志屢稱孝文王，謬也。

趙武靈王二十五，趙攻中山。

盧學士曰：「『趙』字不當有。」

楚懷王二十八，敗我將軍唐昧於重丘。（金陵本作「唐眛」。）

案：重邱誤，説在秦紀中。「眛」訛作「昧」。

齊湣王二十三，與秦擊楚，公子將，大有功。（金陵本作「使公子將」。）

附案：世家徐廣引表「公子」上有「使」字，是也，湖本失之。

赧王十五　秦昭王七，擊楚，斬首三萬。魏冉爲相。

案：楚世家云「楚軍死者二萬」，秦紀正義引世家亦作「二萬」，則此言「三萬」誤也。至魏冉之相，在昭王十二年，紀、表甚明。此必薛文爲相之誤，當在昭王八年，錯書於此耳。

楚懷王二十九，秦取我襄城。

附案：秦紀作「新城」，是也，此言「襄城」，必後人所改也。正義曰「括地志許州襄城縣，即古新城縣。」年表『新』字誤作『襄』」。

赧王十七　趙惠文王元年，楚頃襄王元年

案：趙、楚二王皆失書名。

赧王十九　秦昭王十一，復與魏封陵。

案：封陵之歸，當在昭王九年，各處皆誤，説在秦紀。

韓襄王十六，與齊、魏擊秦，秦與我武遂和。

案：與武遂在襄王十四年，各處皆誤，説見秦紀。「與齊魏擊秦」五字是衍文，蓋已書於十四年，此爲重出也。

楚頃襄王三，懷王卒於秦。

案：國策謂懷王卒，頃襄乃立，與史駮，説在世家。

赧王二十　魏昭王元年

案：昭王之名，年表、世家皆失書，索隱引世本名遬，而南唐徐鍇説文繫傳「遬」字注云「史記有魏遫」。其名如此，必是今本脱失耳。但唐書世系表、通志氏族略並稱昭王名彤，見王氏下。而魏世家哀王六年秦來立公子政爲太子，十二年太子朝秦，秦紀魏表俱有不知太子政卽昭王遫否？攷魏策樓梧約秦、魏，欲以太子質秦，既而留於酸棗不行，有昭衍說梁王之語，與史言朝秦異。策又載秦、楚攻魏，魏内太子於楚，未幾出之，乃次年事。然則昭王遫卽太子政也，魏畏秦如虎，何敢留子不行，蓋昭衍說後便遣至秦矣。朝秦而歸，遂爲楚質，楚出之後，因得返國，固情勢之無可疑者。往楚、往秦，實惟一子，曰遫、曰政，當有二名，不然，魏豈並時立兩太子哉，而又何敢易秦所置之太子别立王耶？若彤之名，恐不足信。

趙惠文王四，圍殺主父。

案：殺主父，趙世家在惠文二年，此與田完世家並誤在四年。

與齊、燕共滅中山。

案：中山之滅，趙世家在惠文三年，田完、年表及世家在湣王二十九年，爲惠文四年，大事記取趙世家。所書年數，已不合矣，而謂共齊、燕滅之，更不足據。夫中山前滅於魏文侯十七年，卽樂毅傳所稱樂羊伐取中山，鄒陽傳所稱白圭戰亡六城，爲魏取中山者，蓋白圭是樂羊之副。年表、世家俱書之，不知何時復國，其間曾爲魏相，歷百餘年而再見滅於趙。顧自趙武靈王十九年以後，攻城略地，無歲不用師於中山，何待至惠文之世始合齊、燕以滅之耶？且齊、燕亦非與中山爲難者也，齊策蘇子說閔王云「中山北克燕軍，殺其將而國遂亡」，似燕非中山與國。然燕世家及年表俱不書燕共趙滅中山，而燕昭王當新敗之餘，方弔死問生，思報齊讎，何暇黷武，則燕未嘗加兵於中山明矣。年表及田完世家、樂毅傳俱書齊佐趙滅中山，似齊非中山與國。然魏策云「中山恃齊、魏以輕趙」，齊策云「中山國亡，君臣於齊」，朱子通鑑綱目因書「中山君奔齊」。而趙世家不書共齊滅中山，則齊未必集矢於中山又明矣。更以策證之，燕策云「秦伐韓故中山亡」，魏策云「齊、魏伐楚，而趙亡中山」，趙策云「楚人久伐而中山亡」，趙世家有。齊策云「齊、燕戰而趙氏兼中山」，是助中山者韓、魏、燕、齊也，欲吞中山者趙也，而誰與共乎？況趙之虎視中山，匪朝伊夕，連年攻略，力能滅之，奚假隣助。設借力於齊、燕，而議分其地以酬功，趙何利之有哉。趙滅中山之歲，吴師道斷其在武靈二十五年，自不可易，正與樂毅傳所云武靈王時復滅中山者合也。攷趙世家，武靈十九年，略中山地，至房子。二十年，略地至寧葭。二十一年，攻取丹丘等地，中山獻四邑和。二十三年，復攻中山。二十六年，又攻之，攘地北至燕、代，西至雲中、九原。嗣是武靈遂傳位惠文，不説中山之事，迨惠文三年乃書「滅中山，遷其王於膚施」。年表概不之及，獨於武靈二十五年一書攻中山，此雖史家互見之法，而獨書於表者，必有異於凡爲攻者矣。是年秦伐韓取穰，韓、魏、齊與秦伐楚，敗楚將唐眛，而趙不在其列，得間以滅中山，與國策合。燕方新敗，不能共趙攻中山，詎能共秦伐楚，則齊策有齊、燕戰之語，必「燕」字訛耳。蓋斯時齊、燕無交戰事，若指齊入燕之役乃在先十餘年，指燕報齊之役又在後十餘年，皆不相合。秦本紀昭王八年書「趙破中山，其君亡，竟死齊」，亦誤破中山在秦昭六年，當武靈二十五。而「死齊」應作「奔齊」，如果死齊，尚何遷於膚施乎？或問趙滅中山，既斷其在武靈二十五年，則史書於惠文三、四年爲誤，而趙世家於武靈二十六年尚言攻中山攘地，何歟？曰：史之誤在妄牽入齊、燕，在以三年爲四年。而所書惠文三年滅中山，未可概指爲誤。蓋以武靈二十五年滅者，以得其國爲滅，言其實也。以惠文三年滅者，以得其君爲滅，重在君也。至若武靈二十六年之攻攘，不過拓并餘地，申畫其疆界耳。吳師道曰「攘地之時，中山已定，而未廢其君，後四年始遷其君，如西周既滅，次年遷其君于㥏狐之類」。通鑑綱目武靈二十五年書「中山君奔齊」，是其國已亡，特其君未得，後乃得之。

楚頃襄四，魯文侯元年

案：「侯」乃「公」之誤，魯時雖弱，不貶其號，其子尚稱傾公，何以文公獨降稱侯？世家及漢律歷志固稱公也。惟漢志作「緍公」，讀爲愍，與徐廣及索隱引世本作「湣公」同，蓋有二謚。墨子魯問篇屢稱魯陽文君，豈即此文公歟？又文公失書名。其元當書於頃襄三年，此誤在四年耳。知者，文公父爲平公，表列平公十九年，世家二十二年，而漢志是二十年。通鑑考異以歷推之，謂漢志最爲得實，與魯世家注皇甫謐所紀歲次皆合。史記差謬，難可盡據。見周安王二十五年，今從之。

齊湣王二十九，佐趙滅中山。

案：佐趙，妄也，且當書於前一年，說見上。

赧王二十一　魏昭王二與秦戰，解不利。

史詮曰：「解地名，在河東。案世家，『解』當作『我』。」

赧王二十二　韓釐王三，秦敗我伊闕二十四萬，

案：秦紀及穰侯傳並言「秦敗韓、魏伊闕，斬首二十四萬」。秦表「伊闕」上似脱「韓魏」二字，乃合韓、魏兩國之兵言也，此表與楚、魏、韓三世家各言「二十四萬」，失其實矣。又史詮云缺「斬首」二字。

赧王二十三　趙惠文王七，迎婦秦。（金陵本「迎婦秦」三字在楚表。）

附案：趙不聞迎婦於秦，乃下格楚表中事，訛刻入趙表也。

赧王二十四　韓釐王五，秦拔我宛城。

案：宛乃楚邑，非韓所有也，秦取於楚，非取於韓也，秦紀及穰侯傳甚明。此與韓世家並誤，當書於楚表、楚世家中。又其事在前一年。

赧王二十五　齊湣王二十四（金陵本齊表作「三十四」。）

附案：「三十四」，湖本訛「二十四」。

赧王二十六　秦昭王十八，客卿錯擊魏，至軹，取城大小六十一。魏昭王七，秦擊我，取城大小六十一。

案：是年所書之事，此表與白起傳皆有乖錯。余細校之，白起以十四年自左更遷國尉，以十五年遷大良造，遂以司馬錯爲左更，本紀秦昭王十六年書左更錯可證，此與起傳稱客卿錯，非也。至十八年攻魏，起、錯偕行，蓋起是主將而錯爲之副，起攻取城大小六十一，錯别取垣、河雍。紀但書錯不書

起，此及魏世家、穰侯傳但書取六十一城，而不書取垣河雍，乃史家互見之法，所誤者，此處秦表以起爲錯耳。而起傳之誤，甚於此表，語在傳中。

赧王二十七　趙惠文王十一，秦拔我桂陽。

附案：徐廣桂作「梗」，是，趙世家作「梗陽」。蓋桂陽屬扶風，非趙地。有本作「杜」亦非，杜陽並屬扶風。皆因「桂」「杜」字形近「梗」而訛。

赧王二十九　秦昭王二十一，魏納安邑及河内。

案：魏未嘗并納河内也，説在穰侯傳。

齊湣王三十八，齊滅宋。

案：宋偃在位之年，所書各異。表作四十三，世家四十七，吕子順説篇注云四十五，而皇王大紀獨以爲六十一。大紀是也，蓋偃以威王三十三年立，至此適得六十一年，其餘所書皆誤。

赧王三十　秦昭王二十二，蒙武擊齊。

案：「蒙武」必「蒙驁」之誤，説在秦紀。

赧王三十一　秦昭王二十三，尉斯離與韓魏燕趙共擊齊，破之。魏昭王十二，與秦擊齊濟西。韓釐王十二，與秦擊齊濟西。燕昭王二十八，與秦、三晉擊齊。齊湣王四十，五國共擊湣王，王走莒。史詮云「莒」下缺「死」字。余謂「擊」下「湣王」二字當作「我」。

案：擊齊之役，實秦、魏、韓、趙、楚、燕六國也。秦、燕二表失書楚，魏、韓二表誤書獨與秦，齊表誤書五國，俱說在秦紀。

趙惠文王十五，取齊昔陽。

附案：此及趙世家並作「昔陽」。昔陽是鼓地，春秋末屬晉，三國分晉屬趙，皆非齊地。而廉頗傳又作「晉陽」。晉陽在太原，亦爲趙地，豈於齊乎取之？俱史之誤。索隱謂當作「陽晉」，乃衛地，後屬齊，今爲趙所取。斯言若有足據，然其時齊湣國亡走莒，旋爲淖齒所殺，齊僅守莒與即墨兩城，安得尚有餘地爲趙取哉。蓋一本作「取齊淮北」者是也。田完世家「齊南割楚之淮北」。荀子王霸篇「齊閔南足以破楚」，注「閔王割楚淮北」，是齊割取於楚也。又國策言「宋康王取淮北之地」，則楚之淮北先爲宋割取之，齊既滅宋，其地復併於齊。而六國擊齊，惟楚、趙分取其地，所以楚表、楚世家亦書「取齊淮北」。而此後楚頃襄封春申君淮北十二縣，春申復請以淮北爲郡，可以互證。蓋楚爲復故，趙爲新得也。或問蘇秦傳載蘇代遺燕昭王書云殘楚淮北，歸楚淮北，何歟？曰：淮北本非齊地，故仍繫以楚，而見爲齊所有，故年表雖繫以齊，而不并數於齊城之中，齊方救亡不暇，寧能争新有之淮北乎？

赧王三十二　趙惠文王十六，與秦王會穰。（「與秦王會穰」五字，金陵本在楚表。）

附案：會穰乃下格楚表中事，訛刻入趙表也。

赧王三十三　魏昭王十四，衛懷君元年。

案：衛懷之元，當在魏哀王襄王。二十三年。

赧王三十四　趙惠文王十八，秦拔我石城

案：石城疑有誤，説在趙世家。

赧王三十五　秦昭王二十七，擊趙，斬首三萬。趙惠文王十九，秦敗我軍，斬首三萬。

案：廉頗藺相如傳言殺二萬人。

赧王三十六　楚頃襄王二十，秦拔鄢、西陵。

案：此失書拔鄧，説在秦紀。

赧王三十七　秦昭王二十九，更東攻竟陵，（金陵本「攻」作「至」。）

附案：史詮曰「湖本『至』作『攻』，誤」。

赧王三十八　秦昭王三十，白起封爲武安君。

案：武安之封，在秦昭二十九年，秦紀及穰侯、白起傳可據。

燕惠王二，秦拔我巫黔中。（金陵本此句在楚表。）

附案：此楚表中事，湖本訛刻入燕表也。

赧王三十九　魏安釐王元年，秦拔我南城。（金陵本作「兩城」。）

案：安釐之名，年表、世家並失書，索隱引世本名圉也。「南城」乃「兩城」之訛，秦本紀、魏世家言「拔兩城」可證。

赧王四十二　秦昭王三十四，白起擊魏華陽軍，芒卯走，得三晉將，斬首十五萬。

案：華陽之役，將兵者穰侯、白起、胡陽，非止白起也。所擊者是趙、魏，非獨魏也。所得者魏將芒卯，趙將賈偃，不得言三晉也。所斬者魏卒十三萬，趙卒二萬沉於河，非斬魏軍十五萬也。此皆誤，已說在秦紀中。

赧王四十三　楚頃襄王二十七，擊燕。魯頃公元年。

案：秦紀言佐韓、魏、楚，伐燕，在昭王三十五年。燕世家言韓、魏、楚共伐燕，在惠王七年。楚世家言助三晉伐燕，在頃襄王二十七，此表亦云擊燕。韓世家書伐燕於桓惠王元年，韓表當有「擊燕」二字，各本俱脫。魏則不書於世家而書於表，趙則表與世家皆無之，各處不同。攷國策齊、韓、魏共伐燕，燕使太子請救於楚，楚王使景陽救之。夫楚方救燕，不聞伐燕。卽秦亦無擊燕之事。而趙未出師，又何云三晉？然則伐燕者齊、韓、魏三國也，秦、趙不與也，楚乃救燕者也。宋鮑彪國策注引燕世家謂「楚」當是「齊」。余仲弟履繩曰「此楚表也，而書曰擊燕，必是末格齊襄王十二年表中語，誤入於楚表，田完世家不書，故於表書之，亦猶魏世家不書擊燕，而書於表，互見之耳」。又魯頃公失名。其元當在頃襄二十六年。

赧王四十五　趙惠文王二十九，秦拔我閼與。

案：趙世家及趙奢傳乃秦圍韓閼與，而奢救之，大破秦軍也。「拔」當作「攻」，「我」當作「韓」。

齊襄王十四，秦、楚擊我剛壽。

案：「楚」字衍，秦紀、田完世家、穰侯、范睢傳無楚也。

赧王四十六　趙惠文王三十，秦擊我閼與城，不拔。

案：此即上年秦圍閼與之事，誤重出也。

赧王四十九　魏安釐王十一，秦拔我廩丘。

案：「廩丘」當作「郪丘」，説在秦紀。

赧王五十　趙孝成王元年

案：世家孝成名丹，此失書。但莊子説劍篇有趙文王（即惠文。）太子悝，若太子即孝成，則有二名矣。

燕武成王七，齊田單拔中陽。

案：中陽是趙地而歸於秦，趙武靈王十年秦惠王伐取之，燕安得有中陽哉。趙世家徐廣曰「陽」一作「人」，正義曰「燕無中陽，括地志云中山故城一名中人亭，在定州唐縣東北四十一里。春秋時鮮虞國之中人邑，爾時屬燕國」。（左傳昭十三年「晉荀吳侵鮮虞及中人」。趙世家「敬侯十一年，伐中山，戰於中人」。後燕取之。）據此，則當作「中人」，表與燕、趙兩世家並誤作「中陽」。

赧王五十一　韓桓惠王九，秦拔我城汾旁。（金陵本作「秦拔我陘」。）

案：「我」字下失「陘」字，説在秦紀。

赧王五十二　秦昭王四十四，秦攻韓。

盧學士曰：「『秦攻韓』，『秦』字不當有。下一年同。」

赧王五十三　楚考烈王元年

案：考烈失書名。

赧王五十四　趙孝成王五，使廉頗拒秦於長平。

案：拒秦當并書於孝成六年，誤在五年也。

赧王五十八　秦昭王五十，圍邯鄲。趙孝成王九，秦圍我邯鄲。

案：秦圍邯鄲，自昭王四十八年至五十年始解，秦與趙表並以爲是年圍之，非也。

拔新中秦昭王五十。

案：秦紀作「寧新中」。而秦、魏、楚三表及楚世家皆作「新中」。索隱云「趙地無其名，字誤。鉅鹿有新市，『中』當爲『市』也」。正義引括地志云「寧新中，七國時魏邑，秦昭襄王拔之，更名安陽，今相州外城是也」。二説不同，而正義爲確，故凡言「新中」者並脱「寧」字。是乃魏地，而表誤認爲趙，蓋楚、魏救趙，秦還軍而拔魏地也。

赧王五十九，徐廣曰乙巳赧王卒。

案：「赧王卒」三字是史正文，因集解有「徐廣曰乙巳」五字，湖本連刻，誤以爲徐廣語矣。至書卒之非，已説在周紀。自此歲至始皇二十六年并天下，海内無主三十五年，然東周之滅尚後七歲，史公何不取以繫王統乎？大事記直以秦昭王五十二年繼周，余深以爲不然。

魏安釐王二十一，韓魏楚救趙新中，秦兵罷。楚考烈王七，救趙新中。

案：「新」上失「寧」字，説見上。趙世家集解、正義皆引魏此表作「新中軍」，今無「軍」字。而韓未嘗救魏，不應攙入，當書曰「趙楚救我寧新中軍，秦兵罷」，此所書誤矣。又考秦紀、表拔寧新中在前一年，乃秦還軍邯鄲所拔，昭王五十年二月以後事，而二國救兵亦卽救邯鄲之兵也，魏、楚二表及楚世家皆誤後一歲。是役也，救趙邯鄲者魏、楚，救魏寧新中者趙、楚，轉相救耳。他本是年韓表中有「秦擊我陽城，救趙新中」九字，湖、毛、王本皆無，疑。（金陵本韓表有此九字。）

秦昭王五十二，取西周王。

案：「王」字羨文也。史詮謂「王」當作「君」。又取西周在昭王五十一年，爲赧王五十九年，周、秦二紀甚明，此誤在後一年。

楚考烈王八，魯君封於莒。

附案：春申傳索隱引表云「封魯君於莒」，則今本「封」字誤倒。

楚考烈王十，徙於鉅陽。

案：是時楚都於陳，無徙鉅陽之事。其後十二年遷壽春，故漢地理志於九江壽春下注云「楚考烈王自陳徙此」，不云自鉅陽也。其地亦未聞。方輿紀要以爲卽汝南之細陽。

魏安釐王二十五，衞元君元年。

案：元君元年，當書於安釐十二年。又世家元君立二十五年卒，是也，此誤作二十三年。

秦孝文王元年，文王后曰華陽后，生莊襄王子楚，母曰夏太后。（金陵本此十八字爲集解徐廣語，

「文王后」上有「辛亥」二字。）

案：「文王」上失「孝」字。書此者爲後書夏太后薨、華陽太后薨張本也。孝文失書名。

燕王喜五

附案：魯連傳徐廣曰「案年表，田單攻聊城在長平後十餘年」。則攻聊雖未知的在何歲，而魯連遺守聊燕將書中引栗腹之敗，事在燕王喜四年，去長平恰十載，故徐云然，通鑑、大事記皆書於五年也。至聊城之役，國策錯合於齊殺騎刼爲一章，鮑注云「好事者聞約矢之説，惜其書不存，擬之以補亡」。文章正宗遂據鮑爲斷，以仲連之論不可訓，未免疎舛，吴師道已糾其妄矣。但吴氏辨田單相趙不復反齊，疑因歲餘不下之言，聊、莒、卽墨之混，誤指爲單，則又不然。單相趙到攻聊，相距十六年，未必留趙如斯之久，故古史云「趙求單爲將，擊燕有功，留相趙，已而歸齊，復事王建」。自注云「單攻聊城，王建之世也」。則豈得謂單無反齊之事耶？惟辨燕將不自殺，田單不屠聊一節，實確不可易。

秦莊襄王楚元年，蒙驁取成皋、滎陽。元年初置三川郡。吕不韋相。取東、西周。（金陵本無「元年」二字及「西」字。）

案：莊襄名子楚，此失「子」字。「滎陽」下有「元年」二字，「東周」中有「西」字，皆衍文也。或謂「西」字因「東周」而連及之，恐非。

楚考烈王十四，楚滅魯，頃公遷下邑。（金陵本作「頃公遷卞」。）

案：滅魯在前一年辛亥，誤書於此。又「下邑」乃「卞邑」之訛，徐廣云「一作『卞』」，是也，此與世家同誤。而索隱以國外小邑解之，謂「卞」爲非，殊不然。通鑑胡注云「春秋夫人姜氏會齊侯於卞，卽其地，班志卞縣，屬魯郡」。後書魯恭傳誤仍作「下邑」，水經注二十三卷以爲梁國下邑，並非。

蒙驁擊趙。（金陵本秦表有「二」字，下年有「三」字。）

附案：此乃秦莊襄王二年也，莊襄二年、三年，表内皆不書「二」字「三」字，各本皆然，蓋失刻耳。

王齮擊上黨。韓桓惠王二十六，秦拔我上黨。

案：秦表内失刻「三」字。而「齮」乃「齕」之誤，説在始皇紀。又所書擊上黨、拔上黨，皆不甚分明，蓋前十二年秦已盡有韓上黨也，説在秦紀。

始皇帝元年，擊取晉陽。趙孝成王二十，秦拔我晉陽。

案：「始皇」上失書「秦」字，「帝」下失書名，「擊」下失「趙」字。秦取晉陽，始置太原郡，而置郡在莊襄三年，則取晉陽亦莊襄時事，此與趙表、趙世家並誤在後一年。

秦始皇帝三，蒙驁擊韓，取十二城。王齮死。韓桓惠王二十九，秦拔我十二城。（金陵本兩「十二城」並作「十三城」。）

案：始皇紀、韓世家、蒙恬傳皆是「十三城」，此誤作「十二」。「齮」亦「齕」之誤。

秦始皇帝四，七月，蝗蔽天下。百姓納粟千石，拜爵一級。

案：蝗蔽天下，當有脱字，本紀云「蝗蟲從東方來蔽天，天下疫」。或解此表曰「蝗蟲蔽天而下也」。又「百姓」上缺「令」字。

趙悼襄王二，太子從質秦歸。

案：世家載秦遣春平君事，本於國策，徐廣引此表爲證，正義遂云太子即春平君。然攷列女傳悼襄之太子名嘉，即趙亡後自立爲代王者，倡后譖而廢之，故不得嗣王於趙，未聞其有質秦之事，是從秦歸之春平君，非太子也。列女傳又稱倡后通於春平君，多受秦賂，則其非太子尤明甚，但不知春平爲誰之子，或曰惠文王子也。而太子又爲何人，不可詳已。

秦始皇帝五，蒙驁取魏酸棗二十城。

案：「酸棗」二字當衍，説在始皇紀。

魏景湣王元年

案：此失書名。但世家名增，而索隱引世本名午，蓋有二名也。

趙悼襄王三，趙相魏相會魯柯盟。

案：柯即阿也，阿有西東之别，屬趙者爲西阿，趙成侯十九年與燕會阿是已。屬齊者爲東阿，即春秋之柯，見莊十三。趙成侯九年與齊戰阿下，齊威王烹阿大夫，魯傾公卒於柯，皆是已。魯地無名柯者，又此時魯滅已七年，尚安得稱魯柯，而趙、魏會盟亦不得至魯地，疑有誤。或曰柯者西阿也，「魯」字衍。

秦始皇帝六，五國共擊秦。

史詮曰：「『我』作『秦』，非也」。

魏景湣王二，衛徙濮陽徙野王。（金陵本作「從濮陽」。）

附案：上「徙」字乃「從」之訛。衛自成公徙濮陽至是爲秦所迫，徙於野王也。

秦始皇帝九，嫪毐爲亂，遷其舍人于蜀。

案：此但書爲亂，而不書車裂嫪毐，於情事未全。不書嫪毐車裂，而反書遷其舍人，於史法亦失輕重之倫。

魏景湣王五，秦拔我垣、蒲陽、衍。

案：「垣衍」二字羨文，説在紀。

秦始皇帝十，太后入咸陽。大索十日。（金陵本無「十日」二字。）

案：不書遷太后，但言太后入咸陽，疎甚。「咸陽」下缺「南宮」二字，説在紀。又「十日」二字湖本誤增，他本皆無之。

楚幽王悼元年

案：幽王之名，世家及國策吴注引史作「悍」，此與列女傳作「悼」，索隱作「捍」，高祖紀索隱又作「擇」，未知孰是。漢書王商傳載張匡對曰「春申君獻有身妻而産懷王」，劉攽疑匡誤，日知録亦云。

秦始皇帝十一，王翦擊鄴、閼與，取九城。趙悼襄王九，秦拔我閼與、鄴，取九城。

案：此所書秦擊取趙地之事，缺失不全，說在紀。

趙王遷元年

案：遷謚不書，失之也。越絶外傳記地作「趙王尚」，蓋二名。

秦始皇帝十三，桓齮擊平陽。趙王遷二，秦拔我平陽。

案：言平陽而不及武城，略也，說在紀。

秦始皇帝十四，桓齮定平陽、武城、宜安。趙王遷三，秦拔我宜安。

案：秦表「宜安」二字衍，趙表「拔」字當作「攻」，說在紀。

秦始皇帝十五，興軍至鄴。軍至太原。取狼孟。趙王遷四，秦拔我狼孟、鄱吾，軍鄴。

案：紀云「一軍至鄴，一軍至太原」，則此皆有脱誤。而狼孟已於前十六年爲秦所取。又是年李牧敗秦於番吾，此所書俱妄，說在紀中。

秦始皇帝十七，内史勝

附案：紀兩稱内史騰，非勝也，形聲相近故譌。

魏景湣王十四，衛君角元年。

案：角之元，當書於景湣三年。

秦始皇帝十九，王翦拔趙，虜王遷之邯鄲。帝太后薨。（金陵本無「之」字。）

案：「遷」下「之」字衍。「帝太后」當作「王太后」，説在紀。

楚幽王十，弟郝立，爲哀王。

案：世家「郝」作「猶」，列女傳亦作「猶」，豈有二名歟？史與策稱哀王，而呂氏春秋至忠篇有莊哀王，高誘注謂考烈王之子，乃誘之誤也。莊哀王，説苑立節篇作「楚莊王」。御覽四百十七卷引呂作「莊襄王」，亦誤。八百九十卷固作「楚莊王」。

楚王負芻元年，負芻，哀王庶兄。

案：列女傳以負芻爲考烈王弟，未知孰是。越絶記地作「楚王成」，蓋二名。

燕王喜二十九，徙王遼東

附案：史詮曰：「王徙，今本作『徙王』，誤。」

魏王假三，秦虜王假。

案：集解引列女傳云「秦殺假」，今本列女傳假作瑕恐非與史言虜異矣。越絶「假」作「歇」，蓋二名。又表内後格失書「秦滅魏」三字，各表皆有之，不應魏獨缺也。大事記謂「魏地即定，故獨不書」，妄耳。明陳仁錫本有，疑是增入也。

代王嘉六，趙表。秦滅趙。

附案：表例皆於滅諸國之明年書滅，以悉定其地爲滅也，何獨書秦滅趙於虜代王之年，必傳刻訛，當移後一格。

秦始皇帝二十六，初并天下，立爲皇帝。

附案：以秦繼周，當始於是年。

二十七，更命河爲「德水」。爲金人十二。命民曰「黔首」。同天下書。分爲三十六郡。

案：所書之事，本紀皆在二十六年，此誤書於二十七年也。

二十八，爲阿房宮。之衡山。治馳道。帝之琅邪，道南郡入。爲太極廟。賜户三十爵一級。

案：史詮謂「秦表在第二横行，湖本自二十八年以後用從行直書，與古本不合也」。而此年所書事甚舛，並有錯亂，依文説之，當云「帝之琅邪，之衡山，道南郡入。爲極廟，治馳道。賜户爵一級」。但既書游琅邪，巡衡山，何以不書上鄒嶧，封泰山乎？爲阿房宮在三十五年，不得預書於此。而爲極廟，治馳道及賜爵，據本紀俱在二十七年，誤書於是歲。又極廟象天極，不名太極廟，史詮云今本「天」作「太」誤，余謂「太」字衍文。「三十」兩字亦衍文，本紀無之，賜爵不比賜牛酒，可以總計户口爲率也。

二十九，帝之琅邪，

案：是年登之罘刻石，順道至琅邪耳。乃不書登之罘而反書之琅邪，疎矣。

三十三，西北取戎爲四十四縣。築長城河上，蒙恬將三十萬。

案：「蒙恬」句當在「築長城」上，傳寫誤刻倒也。而恬之將兵於北，實始於三十二年。

三十四，適治獄吏不直者築長城。及南方越地。覆獄故失。

案：「覆獄故失」四字當在「不直者」下，誤倒耳。史詮謂此四字是「治獄不直者」注文，恐非。「及」字當作「取」。燒詩、書亦當見於表。

三十五，爲直道，

附案：爲直道書矣，何以不書爲阿房宮，蓋錯簡在二十八年也。

三十六，徙民於北河、榆中，耐徙三處，拜爵一級。石晝下東郡，

案：「耐徙三處」乃「三萬家」之誤。「下」字亦「隕」之訛，本紀徐廣引表云「石晝隕」也。

三十七，殺蒙恬。道九原入。復行錢。

案：紀謂以書賜扶蘇、蒙恬死耳，恬時在北，何從殺之。且書恬而不書扶蘇，何也？至行錢一事，本紀不書，表於惠文王二年書「天子賀行錢」，與秦記「惠文二年初行錢」合，乃行錢之始。自惠文以來，中間不聞廢錢，何云復行？或疑史脱略不書，然攷始皇九年攻嫪毐，令國中有生得毐者賜錢百萬，殺之五十萬，又實未嘗廢錢矣。大事記曰秦行半兩錢，意者始皇末年嘗不用錢，而二世復之也。

二世元年，十月戊寅，大赦罪人。十一月，爲兔園。十二月，就阿房宮。其九月，郡縣皆反。楚兵至戲，章邯擊卻之。出衞君角爲庶人。

案：「二世」上失書「秦」字，「二世」下失書「皇帝胡亥」四字。赦罪人，爲兔園二事，本紀不載。而紀言復作阿房宮，始於四月，非十二月。阿房終秦之世未成，不可言就也。楚兵至戲爲章邯所敗，乃二

世二年冬十月事，始皇、高祖二紀可據，此與月表書於元年九月，並誤。漢書高紀從史表，非。「出衛君」亦「廢衛君」之誤。

二，誅丞相斯、去疾、將軍馮劫。

案：趙高殺李斯在三年，是年但囚之而具五刑耳。去疾、馮劫自殺，非誅也。

# 史記志疑卷十

## 秦楚之際月表第四

太史公讀秦、楚之際，

案：「讀」字未安，豈讀受命譜乎？見漢書年表序中。然文義未全，與高祖功臣表序云「余讀高祖侯功臣」同一語病。至秦、楚之稱，錢宫詹云「史公意主尊漢黜秦，以漢繼三代，不以漢繼秦，故六國表附秦而不别列秦表，月表夷秦於楚項，不稱秦、漢之際也」。

五年之間，號令三嬗，

案：自陳涉稱王，至高祖五年即帝位，凡八年，故序傳云「征伐八年之間，天下三嬗」。此言「五年」，非也。

不期而會孟津八百諸侯，猶以爲未可，

案：還師再舉，説在殷紀。

其後乃放弑

案：「弑」字當依漢表作「殺」爲是。

秦、楚、項、趙、齊、漢、燕、魏、韓

案：史公惡秦，故夷秦於列國。而漢王之封實出於項，故項先於漢。但諸國以所起先後爲序，趙武臣爲王先齊一月，應在齊上。而漢不當在此例，況漢與項、齊、燕、魏同起一月中，既無先後，宜辨尊卑，乃何以趙、齊反處於漢之上也。此表易姓徙封，皆書於一格之内，如楚表中陳涉、襄彊、景駒、懷王、項羽、韓信凡五，趙表中武臣、趙歇、張耳凡三，齊表中田儋、韓信凡二，燕表中韓廣、臧荼、盧綰凡三，韓表中韓成、鄭昌、韓信凡三。而魏與梁共一表，河南、長沙共一表。復有亡而更立者，若九江王英布爲淮南王，常山王張耳爲趙王亦共在一表，何以楚、項別爲二表哉？

二世元年九月，楚兵至戲，

案：此卽周文至戲之兵也，當在二年冬十月，說在六國表。

楚隱王陳涉三，周文兵至戲，敗。而陳嬰聞涉王，卽殺彊。

案：文至戲在二年十月。又史詮謂湖本「走」作「而」，「葛」作「陳」，皆誤。

齊王田儋始。從弟榮，弟横。（金陵本作「從弟榮，榮弟横」。）

案：「榮」下缺一「榮」字，田横是榮之弟也。

漢，沛公初起。

案：高祖功臣表屢稱前元年、前二年、前三年，師古謂初起之年。沛公初起，當秦二世元年九月，前之云者，別於漢至霸上之元年耳。夫初起已改元紀年，何以此表不書，而獨見於功臣表中，殊不可曉。且既書至霸上元年之後，何以尚數漢至二十九月乎？蓋表雖以月數，仍不妨以年紀也。

二世三年十月　齊王田儋三，儋之起，殺狄令自王。（金陵本爲田儋二月。）

案：儋自王事在二世元年九月，此誤後一月。

十一月　漢沛公三，殺泗水守。徐廣曰「泗水屬東海」。拔薛西。周市東略地豐、沛間。

附案：「拔薛西」以下皆表正文，湖本因「泗水守」下有徐注，遂誤將「拔薛西」十一字刻作小注，而加圈以隔之也。

十二月　趙王武臣五（金陵本無此五字。）

案：武臣已於前月被殺，不得有月數，五字當衍。

魏王咎四，陳涉死。（金陵本無「陳涉死」三字。）

附案：史詮曰「湖本誤刻『陳涉死』三字，今削之」。

端月

案：始皇名正，秦人諱之，故改正月爲端月。琅邪頌曰「端平法度」，曰「端直敦忠」，盧生曰「不敢端言其過」，皆避諱也。然秦臣秉筆，容或畏於當時，後代所稱，理宜刊革，乃史公亦因仍書之，是漢避秦諱矣。

趙王歇始立（金陵本「始」下無「立」字。）

案：「立」字衍。

齊王田儋五，讓景駒以擅自王，不請我。

案：後月又書云「景駒使公孫慶讓齊，誅慶」。考陳涉世家，景駒使公孫慶至齊，欲與俱擊秦。而齊讓景駒擅王不請，慶讓齊，齊怒，誅慶。本一時事，不得分爲兩月。此所書微有誤，「誅慶」上當脱一「齊」字。

漢沛公五，與擊秦軍碭西。

附案：徐廣謂「碭」一作「蕭」，是也，高紀云「與戰蕭西」。

二月　楚王景駒二，嘉爲上將軍

附案：陳涉世家徐廣云「正月，嘉爲上將軍」，則今本誤在二月。

四月　楚王景駒四，梁擊救景駒、秦嘉。（救，金陵本作「殺」。）

附案：「救」字當作「殺」，湖本訛刻。

五月　楚五（金陵本無「五」字。）

案：景駒已於前一月見殺，安得有五月，「五」字衍。

漢沛公九，雍齒奔魏（金陵本「雍齒奔魏」在八月。）

案：事在八月，此誤在後一月。

六月　韓王成韓始（金陵本作「韓王成始」。）

史詮曰「『始』上衍『韓』字」。

七月　齊王田儋十一（金陵本無「十一」二字。）

案：齊表書儋十一月，而儋已於前月死矣，安得有月數，宜衍「十一」兩字。

魏王咎十一，咎弟豹走東阿（金陵本無「十一」二字。）

案：咎於前月見殺，不得有月數，表書「十一、十二」兩月何也？當衍之。又考豹傳，走東阿乃走楚之誤。徐廣於「走楚」下注云「二年六月」，則今本誤在後一月矣，應書「咎弟豹走楚」五字於咎之十月。

九月　韓王成四

史詮曰「缺韓成奔懷王」。

後九月　趙王歇十，陳餘出救兵

案：此有脱誤，疑是「不出救兵」，缺一「不」字。或曰非也，「救」乃「收」字之誤。

齊王市三，齊救假乃出兵，項羽怒田榮。（金陵本書于二月，作「楚殺假乃出兵」。）

案：「齊救假」，毛本作「楚殺假」，是也。項羽乃項梁之誤，其事當在前一月，錯書於此月耳。

二世三年十月　趙王歇十一，章邯失邯鄲（金陵本作「破邯鄲」。）

附案：「失」乃「入」字之訛。

漢沛公十五，攻破東郡尉及王離軍於武城南。（金陵本作「成武南」。）

附案：高紀徐廣引表此文作「成武南」，是今本訛「武城」也。

韓王成六，從項羽略入關（金陵本無「從項羽略入關」六字。）

附案：史詮曰「六字今本誤刻，削之」。

十二月　漢沛公十七救趙至栗得皇訢、武蒲軍

案：「救趙」二字誤。救趙者，羽也。沛公是時攻秦略地至栗耳「武蒲」當作「武滿」，説在高紀及十二侯表中。

韓王成八，分魏爲殷國（金陵本無「分魏爲殷國」五字。）

附案：史詮曰「五字湖本誤刻，削之」。

端月　項羽五，虜秦將王離

案：虜王離當移前一月，誤在此月也。

齊王市七，項羽、田榮分齊爲二國（金陵本無此九字。）

附案：史詮曰「今本誤刻九字，削之」。

三月　魏王豹八，分韓爲河南國（金陵本無此六字。）

附案：史詮曰「湖本誤刻六字，削之」。

五月　楚懷王二年一月

案：此既稱月表，皆當紀月，而忽紀以年，是自亂其例矣。表始二世元年七月，終漢五年後九月，即欲標年，亦惟漢耳，而獨先書楚懷王二年，殊不可解。且所謂二年一月者，是楚爲王之十三月，當秦

之五月，而乃實計月數爲一年，隨時改年易月，從古未聞。宜更之曰「十三月」，以後月數，依次更之。

六月　趙王歇十九，張耳從楚西入秦。（金陵本無此七字。）

附案：史詮曰「今本誤刻七字，删之」。

八月　趙王歇二十一，趙王歇留國，陳餘亡居南皮。

附案：大事記曰「邯鄲圍解，在十二月。陳餘與張耳初相見，卽棄將印亡去。月表所以八月書『趙王歇留國，陳餘亡居南皮』，特欲見二人俱不從楚入關，故并書耳，非餘至八月始亡也」。

九月　漢沛公二十六，攻下嶢

史詮曰「缺『關』字」。

十月

案：此漢元年十月也，時秦已亡矣，爲誰之十月乎？此與下「十一月、十二月」皆當衍之。

楚懷王八（金陵本有「分楚爲四」句。）

案：後一月衡山王表有「分楚爲四」句，當書於楚八月，今本誤在後一月也。但分楚句亦有誤，續古今考曰「當書『分楚爲五』，蓋義帝之長沙郴亦楚地也」。

齊王市十八，項羽怨榮，殺之，

案：榮故在齊，羽安得殺之，史詮謂「殺之」二字削。或曰「殺之」當作「不封」。又有本作「怒榮叛之」。

漢沛公二十九，講解

附案：毛本作「謝解」，王本作「購解」，並非，項羽紀是「講」字也。

燕王韓廣二十九，臧荼從入

案：表有缺字，當作「臧荼從楚入關」。但此應書於燕二十七月，誤在是月也。

韓王成二十，分韓爲河南國

案：河南周之舊，非韓所分，豈韓成初封兼有河南乎？全氏祖望評史記疏證曰「秦滅韓置潁川郡，先已置三川郡矣，然二周之地亦入三川，不得專指韓分爲河南。卽韓成之起，亦未嘗以兵下河南也，此語微誤」。

楚、西楚、衡山、臨江、九江、常山、代、臨菑、濟北、膠東、漢、雍、塞、翟、燕、遼東、西魏、殷、韓、河南

案：漢在十二格者，仍前列國之次以爲分國也。大事記依史表以義帝紀元，義帝死，劉、項分書，項滅方書漢。綱目祖之。竊所未安，而方回深加歎服，不免阿好。漢表升漢爲第一格，削義帝不書。但漢四年十月以後，立常山王張耳爲趙王，九江王英布爲淮南王，韓信爲齊王、楚王，勢不得不以漢之所立而列於漢之上，未免失倫。楚與西楚及十八王受封之始，同時改稱一月，以非元正，故云一月耳。乃表於趙之更代仍書二十七月，齊之更膠東仍書二十月，燕之更遼東仍書三十一月，魏之更西魏仍書十九月，韓仍書二十二月，

五國依舊月數之，何歟？西楚及十八王之封，在義帝元年二月，楚之帝先一月也。表於漢二十九月之後，即漢元年十二月。獨改書正月、二月，豈微示別於諸王乎？而楚義帝何以一月與九月並書？建立諸王，是一時事，表於漢正月書分更國名，於二月書諸王姓名，於三月書所都地名，以一月中之事離而爲三，殊不可曉。表雖以月數，原可兼紀以年，乃表中除早滅無年各國外，惟西楚、衡山、九江、漢、雍、燕及趙王張耳、韓王信兼紀年月，其餘俱有月無年，竟有積至四十八月、三十八月者。衡山王已紀年矣，而又於其五年一月忽書十三月，毋乃戾耶？年月兼紀，只漢之紀年在十月爲是，餘皆以受封之月數起，實計十二月爲一年，與前所書「楚懷王二年一月」同屬乖紛，誠班氏所謂「甚多疏略，或有抵梧」，史通所謂「先後雙載，矛盾兩傷」者也。

**義帝元年，楚九，諸侯尊懷王爲義帝。項羽十七**

案：「元年」下各本有「一月」兩字，湖本失刻。表中分界橫行凡二十一格，第一格宜空之，秦滅也。第二是楚義帝，第三是西楚項羽，故二格「九」字，楚之九月，三格「十七」字，羽之十七月，今本訛刻義帝居第一格，西楚居第二格，反空第三格，而所書「九」字「十七」字却仍在第二、第三格內，遂使義帝越限兼二橫行。二月以後始升西楚第二。此乃傳刻訛失，非史公之咎也。史之咎在以一月、九月並書，蓋楚之爲帝一月，即爲王之九月，「九」字是羨文。又「諸侯尊懷王爲義帝」八字當移前一月，書於「分楚爲四」句下，此亦誤。

**楚義帝二，徙都江南郴**

案：羽徙義帝在四月，此誤書於二月也。

西楚主伯，項籍始，

附案：史詮曰「湖本『霸王』作『主伯』，誤」。

常山王張耳始，故楚將。

索隱曰「故趙相」。

塞王司馬欣始，故秦將。

索隱曰「故秦長史」。

翟王董翳始，故秦將。

索隱曰「故秦都尉」。

韓王韓成始，故韓將。

索隱曰「故韓王」。

河南王申陽始，故楚將。

案：申陽，故趙將也。

楚義帝三

附案：湖本失刻「三」字，它本皆有。

二，都江都。

案：此乃第三空格也，四字誤，當衍。

遼東王韓廣二十三（金陵本作「三十二」。）

附案：史詮曰「『三十一』，湖本作『二十三』，誤」。

塞王司馬欣二

附案：史詮曰「塞『三』，湖本作『二』，誤」。

臨菑王田都五，齊王田榮始，故齊相。

案：田都已於前月降楚，此乃榮之一月也，「五」字衍。

韓王成二十七，項羽誅成。

案：成未嘗就國，羽與俱至彭城殺之。不知見殺的在何月？徐廣於韓信傳云漢元年十一月誅成；安也。余謂成之見殺必在漢八月，蓋羽怨成曾爲高祖守陽翟，其司徒張良又從漢，久欲殺之，豈但因入關無功耶。及聞高祖東伐，遂殺成而立鄭昌。攷漢以八月從故道出襲三秦，則韓成不應先期見殺，史、漢表俱誤前一月。

濟北王田安七（金陵本無「七」字，有「屬齊」二字。）

案：田安已於前月被殺，安得有七月，「七」字衍。

韓王成二十八，韓王鄭昌始，（金陵本無「二十八」三字。）

案：此乃鄭昌之一月也，當衍「二十八」三字。

屬漢，爲河南、上郡。（金陵本作「渭南河上郡」。）

案：此塞國也，屬漢置渭南、河上二郡，誤爲「河南上郡」耳。河南是時未失國，而上郡乃翟降所置。

楚義帝十，項羽滅義帝

案：義帝被弑之月，此與羽紀、高紀及黥布傳異，説在羽紀。

漢王十月

史詮曰「缺『二年』」。

韓王鄭昌三

案：是月當有「漢擊昌破之」五字，史缺也。

河南王申陽九

案：此當有「申陽降漢」四字，史缺。

趙王歇三十六，代王歇還王趙（金陵本無此六字。）

案：前月書「歇復王趙」是也，此六字爲重出，宜衍。又歇既還王趙，乃以常山爲趙矣，應移在常山表内，此仍居代表，誤也，當互易之。

雍王章邯十，漢拔我隴西。

案：高紀隴西北地已於漢元年八月先拔之矣，當雍之七月。乃表於雍之十月書漢拔隴西，於雍之十二月書漢拔北地，俱誤也。

歇以陳餘爲代王，號成安君。

案：餘爲代王與歇復王趙同時，在漢二年十月，此誤書於後兩月也。且餘繼歇王代，當移下格代表內，乃僭居趙表，亦誤。「號」字乃「故」字之誤。

雍王章邯十二，漢拔我北城。（金陵本作「北地」。）

案：拔北地在邯之七月，説見前。湖本訛「地」爲「城」字。

西魏王魏豹三十二，降漢，爲廢王。

案：「降漢」上缺「豹」字，但豹降漢未嘗爲廢王，疑衍「爲廢王」三字。

齊王假三，齊王田廣始。（金陵本無「三」字。）

案：假於前月被殺，安得以廣之一月爲假三月。「三」字衍。

漢四月，王伐楚至彭城，懷定。（金陵本作「至彭城壞走」。）

附案：史詮曰「今本『敗走』作『懷定』，誤」。

爲河内郡，屬漢。

附案：此殷國也。史詮曰「今本『屬漢』二字誤在『郡』下」。

屬漢，爲隴西、北屯、戎地郡。（金陵本作「隴西北地中地郡」。）

案：此雍國也。史詮謂「湖本『地』作『屯』，『中』作『戎』，俱誤」。但隴西、北地已於漢元年八月先入於漢，是時所置祇中地郡耳。此表誤說，在高紀。

臨江王共敖二十二，九江王英布十，代王陳餘十二，趙王歇四十八，齊王廣八

附案：湖本各訛刻下格，當遞升上一格。

趙王歇四十八，漢滅歇，立張耳，屬漢爲郡。（金陵本無「立張耳」三字。「屬漢爲郡」四字在後格。）

案：「立張耳」三字衍，耳之立在漢四年十一月也。郡上失「代」字。表例凡書屬郡皆在後月空格中，此在本月，乃湖本訛刻。

代王陳餘十三（金陵本無「十三」二字。）

附案：餘於前月已爲韓信所斬，安得有月數，當衍「十三」兩字。毛本無。

屬漢，爲太原郡。（此六字金陵本在漢三年十一月。）

案：趙歇滅於漢三年十月，此書屬郡在漢十二月，誤，宜移前一月也。但陳餘之所王者代，屬漢則爲代郡。趙歇之所王者趙，屬漢則爲太原郡，表誤列陳餘居趙表，趙歇居代表，遂若餘滅置太原，歇滅置代矣，舛甚。

王出滎陽（金陵本有「七月」二字。）

案：此漢三年七月也，湖本失刻「七月」二字。但攷漢紀王出滎陽在五月，表書於七月，誤已。無論楚以四月圍滎陽甚急，不能遲至七月，而六月漢王且出成皋矣，尚何有滎陽哉？

臨江王驩始

案：「驩」當作「尉」，説在高紀。

漢八月，周苛、樅公殺魏豹。

案：漢紀豹之見殺在五月，與項羽殺紀信並時，此誤書於八月也。

西楚霸王項籍十一，破殺龍且。

附案：史詮曰「湖本『擊』作『破』」。

齊王廣二十一，漢將韓信擊殺廣。屬漢爲郡。（金陵本「屬漢爲郡」四字在後格。）

案：「屬漢爲郡」四字當衍。後月有「屬漢爲郡」四字，湖本誤刻上格空表中，當移在本表也。然田廣死，田橫自立爲王，迨韓信使灌嬰擊走田橫，而韓信遂爲齊王。非但橫之爲王表不應没之，而橫滅信立，齊實未嘗爲郡也，并有誤。

漢十二月，燕王臧荼十二，韓王信三

附案：史詮曰「湖本遞升上横行，誤也」。

西楚霸王項籍三，漢御史周苛入楚。漢三月，周苛入楚。

案：苛駡楚而死，漢忠義之臣也，乃表不書其死節，而曰入楚，若降項氏者然，豈史筆哉。且何以不書偕死之樅公也。高紀徐廣引表作「周苛死」，與今本異。但苛死在漢三年六月，而楚、漢兩表書於四年三月，張丞相傳亦作四年，並誤。孫侍御云「當是今本『入楚』下脱『死』字」。

漢四月，王出滎陽。豹死。

案：事在三年五月，且表已書之，此六字爲誤重，當衍。

衡山王吳芮十三

案：衡山表已紀年，當書「五年一月」。

齊王韓信十二，徙王楚，屬漢，南四郡。（金陵本作「爲四郡」。）

附案：史詮謂「四郡，齊東萊、平原、千乘。湖本『爲』作『南』，誤也」。此與曹相國世家言信徙楚，齊屬漢爲郡，而胡三省云「韓信兼王齊，蓋漢初諸侯王國亦領郡也」。漢書表、傳無齊爲漢郡之文，然觀田肎賀高帝以秦、齊並言，可見信兼領齊郡。使信卽以齊還漢，則高帝必早立齊王，不待信禽之後矣。

漢正月，殺項籍，

案：「殺項籍」三字當書於十二月。

韓王信四，韓王信徙王代，都馬邑。

案：是時無代國，韓王信並未嘗徙代，此與漢諸侯王表及匈奴傳皆言徙王代，誤也，特國於太原，而都於馬邑耳。然是時信尚都潁川陽翟，未徙太原，至漢六年正月詔信徙王太原，都晉陽，而信始請徙治馬邑，許之。此云「都馬邑」亦非。而史所以誤者，蓋有故焉。漢書紀表載信封拜年月日郡名縣數頗詳，信徙王太原時馬邑屬太原，至高祖十一年封文帝爲代王，乃割以屬代，詔所云「取山南太原之地以益代」是也，故地理志以馬邑屬代郡。史公但記馬邑爲代地，又因信都馬邑，遂誤改

「韓」爲「代」，而漢諸侯王表且并韓、代在一格。依表例，此處但當云「韓國」，餘皆衍文。

一月，梁王彭越始。（金陵本無「一月」二字。）

案：「一月」當衍，表凡諸王之始例不書「一月」也。又考越之王在漢正月，漢書高紀可據，此誤後一月。

衡山王吳芮爲長沙王。

案：芮乃改封，依表例，「爲長沙王」上當有「徙」字。而前月空格中所書「分臨江爲長沙國」，「臨江」又「臨湘」之誤，蓋是時擊滅臨江王共尉以臨江之江陵等處爲南郡，屬漢，分臨湘等處爲長沙國封吳芮，而以衡山王之地屬淮南國也。但長沙由臨江分，當書第五格臨江表內，乃書於河南格中，非。

趙王張耳九，耳薨。長沙王吳芮六，薨，

案：史詮謂「耳薨」上缺「王」字，「薨上」缺「王芮」二字。

趙王張敖立

史詮曰：「『始』作『立』誤。」

漢八月，帝自將誅燕。

案：「誅」字乃「擊」之誤。而擊燕是七月，蓋臧荼以七月反，即以七月擊之，盧綰傳及漢書高紀可證。此書於八月，與燕表書反漢於九月同誤。高紀作「十月」，尤誤。

楚王韓信九，王得故項羽將鍾離眛以聞。（金陵本作「斬之以聞」。）

案：眛下一本有「斬之」二字，或作「殺之」，疑後人妄增。蓋「眛」下缺「詔」字耳。

燕王臧荼九反漢虜荼

案：荼反在七月，說在前，此誤書於虜荼之月也。漢書異姓表在漢四年九月書「反漢誅荼」，尤誤。

## 漢諸侯王年表第五

周封五等，公、侯、伯、子、男。然封伯禽、康叔於魯、衞，地各四百里，親親之義，褒有德也。太公於齊，兼五侯地，尊勤勞也。武王、成、康所封數百，而同姓五十五，地上不過百里，下三十里，以輔衞王室。管、蔡、康叔、曹、鄭，或過或損。

案：周封國里數，當依孟子、王制百里爲確，安得魯、衞四百里，齊兼五侯地哉。卽并附庸及山林川澤計之，亦無其數，苟據後之侵小所得，則已非受封之始矣。且史公自言「地上不過百里」，而乃曰「四百」，曰「五侯」，豈不自相矛盾乎？蓋與禮明堂位稱「魯方七百里」，項羽紀正義稱「太公封方五百里」同謬也。周禮大司徒載諸公之地五百里，諸侯之地四百里，諸伯三百里，諸子二百里，諸男百里，此似相合，然周禮非公旦全書，多漢人僞撰竄入，不足取徵。而所謂齊兼五侯地者，又因誤讀左傳「命征五侯九伯」語耳。管仲對楚述賜履四至，尚夸大失實，更何論漢人耶？若夫周封國之數，左傳富辰言周公封建親戚凡二十六國。成鱄言武王有天下，兄弟之國十有五人，姬姓之國四十人。富辰首舉國名皆文王子、武王弟，明十六人，則十五者非。荀子儒效、君道篇言周立七十一國，姬姓獨居五十三人。韓詩外傳四言立國七十二，姬姓五十二。漢書諸侯王表言周封國八百，同姓五十有餘。後書光武紀言周封八百，同姓諸姬並爲建國。阜陵王延傳言周之爵封千有八百，姬姓居半。皇甫謐言武王封諸侯四百人，兄弟十五人，同姓四十人。謐言見困學紀聞六。其言各殊。此云周封數百，同姓五十五，與成鱄及謐言合。數百者，八百也，故高祖功臣表序云「周封八百」。補三王世家亦云八百。但時遥説異，今不可詳矣。鄭後封者，此與管、蔡、曹、衞並舉，亦非。

度河、濟、阿、甄以東

附案：義門讀書記曰「『甄』疑作『鄄』」。

皆外接於胡、越，而内地北距山以東，

附案：方氏補正曰「北當作『比』，其外接胡、越，而内地比次距山以東也，與下『漢郡八九十，形錯諸侯間，犬牙相臨』對」。

怵邪臣計（金陵本作「忕」，注索隱同。）

附案：史記攷異曰「索隱怵音誓，訓習。『怵』當作『忕』，傳寫之譌」。

楚、齊、荆、淮南、燕、趙、梁、淮陽、代、長沙案：諸王之國，自當以分封先後爲次，乃表不序先後，隨意編列，而後之增封諸國，亦遂錯雜不明。

楚都彭城

案：楚王韓信都下邳，紀、傳甚明，此言彭城，誤。蓋信廢改封劉交，始都彭城耳。

荆都吴

附案：荆王劉賈都東陽，卽廣陵也，水經注三十「廣陵城，楚、漢之間爲東陽郡」是已。此表云都吴，與徐廣於景紀云都江都，亦卽廣陵，漢志可證。乃廣於吴王濞傳云賈都吴，濞移廣陵，則誤也。

淮南都壽春

案：英布初爲九江王，繼爲淮南王，皆都於六，紀、傳甚明，而此獨言都壽春，誤。蓋以後之王淮南者都壽春，而没其始都之地也。

梁都淮陽

案：梁王彭越都定陶，此云淮陽，誤。而史詮謂當作「睢陽」，亦誤。蓋至孝文子梁孝王武始徙都睢陽耳。

代都馬邑

案：韓王信未嘗更封代王，此表失列韓國，與代共在一格，故妄以韓爲代耳。當改「代」作「韓」。又信都陽翟，後乃徙馬邑，已辨其誤於月表中。

長沙

案：長沙表中失書「都臨湘」三字。

高祖二　代，十一月，初韓王信元年。（金陵本作「初王韓信」。）

附案：當作「初王韓信」，訛倒也。

高祖四　齊，初王信元年。

案：表例初封皆具月日，若日無考則著其月，此缺書也。「初王」上當有「二月」兩字，而「初王」下亦失「韓」字。

淮南，十月乙丑，初王武王英布元年。

案：「十月」乃「七月」之誤，「武王」二字衍。武王之號，説在高紀。

趙，初王張耳元年，薨。在四年（金陵本無「在四年」三字。）

案：「初王」上缺書「十一月」，漢異姓表書於三年誤。「初王」下缺書「景王」。「在四年」三字衍，他本無。

高祖五　齊王信徙爲楚王，反，廢。

案：漢書高紀漢六年十月，人告信反，十二月執信廢之。史本紀以告反亦書於十二月，已屬誤端，而此又書反廢於五年，尤誤。

燕，九月壬子，初王盧綰元年

案：封綰在後九月，非九月也，月表、將相表、漢異姓表甚明。此及漢書高紀言九月，與綰傳言八月，同誤。

趙，王元年。（金陵本作「王敖元年敖耳子」。）

史詮曰：「王敖，缺『敖』字。」

梁，初王彭越元年。

案：「初王」上缺「正月」二字。

代，四，降匈奴，國除，爲郡。

案：信降匈奴在五年，漢之六年九月也，此誤書於信之四年。說見高紀。

高祖六　楚，正月丙午，初王交元年。交是高祖弟也。（金陵本無「是」字「也」字。）

案：史詮謂「初王」下缺「元王」二字，又當衍「是」「也」二字。

齊，正月甲子，初王悼惠王肥元年。肥，高祖子。

案：漢書紀、表作「正月壬子」，是也，此作「甲子」，誤。又齊表在第五格，湖本以是年升第四格，誤。

淮南王英布三

附案：湖本缺「三」字。

代，初王喜元年　案喜，高祖兄。

案：漢書高紀韓王信所封者太原郡，代王劉喜所封者雲中、雁門、代三郡，其地兩不相涉。表中失列韓國，謬與代共一格，故是年以喜繼信，竟若信降匈奴，喜因王其地者，而不知喜封代之時，信尚爲韓王如故也。欲救其誤，當改前所書「代」字作「韓」，此處補「初置代國」四字，庶爲得之。又「初王」上缺書「正月壬子」，「元年」下一圈及「案」字當衍，「喜高祖兄」四字乃史表原文。

高祖八　趙，王敖四，廢。

案：張敖以高祖九年廢，史、漢紀、表、功臣傳甚明，此與異姓表誤在八年。

高祖九　趙，初王隱王如意元年。（金陵本有「如意高祖子」五字。）

案：「初王」上缺「正月」二字，漢書高紀云「正月」，是也，表在四月，非。「元年」下缺「如意高祖子」五字。然攷漢書高紀，高祖七年十二月，代王喜棄國自歸，即於是月辛丣立如意爲代王，至九年正月趙王張敖廢，乃徙代王如意爲趙王。此表於代王格内既不書如意王代，而如意之王趙亦不言自代徙，豈非疏乎？辛丣，各本漢書訛「辛卯」，攷通鑑目録，是年十二月辛亥朔，有辛酉，無辛卯也，故知「卯」爲「丣」之訛。

代，王喜四，匈奴攻代，代王棄其國亡歸漢。後置代，都中都。（金陵本高祖九年代表空格，無此二十一字，十年書「復置代都中都」。）

案：代王之棄國自歸，在高祖七年，說見紀。當喜之二年，此書於高祖九年，遂列代王至四年。不知代王喜二年十二月以後至四年正月，乃高祖子如意爲代王之歲月，表缺不具也。「後置代都中都」六字，各本皆在後空格，湖本訛刻於此。而「後置代」當作「復置代國」，史詮謂今本誤缺耳。若夫都中都、晉陽之異，則高紀辨之。

高祖十　淮南王英布七，反誅。梁王彭越六，反誅。

案：布、越之反在高祖十一年，此誤書於十年也。漢異姓表亦誤書越反在是年。

高祖十一　荆王劉賈六，爲英布殺。（金陵本「殺」上有「所」字。）

附案：「布」下有「所」字，湖本缺。

淮南十二月庚午，厲王長元年。

案：「十二月」當作「七月」，英布以七月反，厲王即以七月封，史、漢高紀甚明，通鑑從之是已。此作「十二月」，與史淮南王傳、漢書諸侯王表作「十月」並誤。又「厲王」上缺「初王」二字。

燕王盧綰七

附案：徐廣曰「一云『十月亡入於匈奴』」。史詮謂今本缺「反降匈奴」四字。攷史、漢紀、傳，綰亡匈奴在高祖十二年四月，當綰爲王八年，安得謂在是年十月乎？宜補書於後年耳。

梁三月丙午，初王恢元年。（金陵本作「二月丙午」。）

案：此與漢表並作「三月丙午」，而通鑑考異云「漢書諸侯王表作『三月丙午』，劉羲叟長歷三月丙辰朔，無丙午，合從史記年表『二月丙午』」。但今本史表亦作「三月」，未見有作「二月」者，豈温公所見本異耶？余攷誅彭越及封梁王恢、淮陽王友同在一月中，彭越以三月反，安得二月已封恢、友爲王。且考異雖言從史表，而通鑑仍書於三月也。蓋表之誤不在三月，而在丙午，恢、友同封，友以三月丙寅日封，則恢之封亦必是丙寅日矣。「初王」下又缺「共王」二字。

淮陽，初王友元年。徙趙。

案：「徙趙」二字衍。

代，三月丙子，初王恒元年。恒，高祖子。

案：「三月」乃「正月」之誤，漢書紀、表可證。「恒」字當諱作某，俱說在高紀。依此表書武帝封膠東王之例，宜書曰「初王某元年，是爲孝文皇帝」。

高祖十二　燕，三月甲午

案：「三月」當作「二月」，說在高紀。

趙王如意四，死。

案：「死」當作「薨」。其薨在孝惠元年，史、漢表並誤在高祖十二年也。

孝惠元年　淮陽王徙於趙，名友，元年。是爲幽王。

附案：史詮曰「淮陽王友徙趙元年，今本『徙於趙，名友』，蓋後人妄改之者」。

淮陽爲郡

史詮曰：「缺『國除』二字。」

長沙成王八

案：表中脫「薨」字。但此後諸王之薨或書或不書，當是表之缺失，不及偏說，舉例於此。

孝惠二　長沙，哀王回元年。

附案：史、漢表、傳皆作「回」，惟黥布傳晉灼注作「固」，疑譌。

孝惠七　齊，哀王薨元年。（金陵本作「哀王襄」。）

附案：史詮曰「湖本『襄』作『薨』，誤」。

初置呂國

史詮曰「呂國由齊之濟南郡分，當書於第八横行濟南國之前，史表書呂國事在第廿四横行汝南國之前，非也」。

高后元年　魯，四月，元王張偃元年。

案：「元王」乃「初王」之誤。

常山，四月辛卯，哀王不疑元年。　薨。

案：「哀王」上缺「初王」二字，「元年」下缺「不疑惠帝子」五字。又不疑以二年薨，其薨必正月，故弟義以正月立。史呂后紀及漢表可證，此在元年誤。

呂，四月辛卯，呂王台元年。　薨。

案：此既缺書「初王」，又缺書謚，而「呂」字復訛在「王」上，當云「初王肅王呂台元年」。但呂台之薨，呂后紀在二年十一月，將相表在二年十二月，十二月誤。漢表亦在二年，此誤書於元年也。

高后二　常山，七月癸巳，初王義元年。　皇子，哀王弟。義，孝惠子故襄城侯，立爲帝。

案：漢表義以十月癸丑立，與史呂后紀合，紀書義爲王在十一月前也，此「七月」乃「十月」之誤。但攷通鑑目録是年十月辛酉朔，無癸巳、癸丑，若七月則兼有之，未知孰是。或云「癸亥」之誤。「皇子」二字衍。「哀王弟」三字宜置「義孝惠子」下，「立爲帝」上缺「後」字。

呂，十一月癸亥，王呂嘉元年。嘉，肅王子。

案：呂台以十一月薨，嘉卽以十一月嗣，猶常山王不疑以十月薨，其弟義卽以十月封也。當年改元，削父兄之末年以爲元年，此牝朝之亂政，無責耳矣。是年十一月庚寅朔，無癸亥日，十二月乃有之，疑「癸亥」乃「癸巳」之誤。

長沙，恭王若元年。（金陵本作「恭王右」。）

附案：此與漢表皆作「若」，而漢書吴芮傳作「右」，疑「右」字誤。

高后四　齊，哀王五

附案：史詮曰「湖本誤書上横行」。

常山，五月丙午，初王朝元年。（金陵本作「丙辰」。）

附案：毛本作「丙辰」，與漢表同，湖本訛刻。

高后六　呂，嘉廢。七月丙辰，呂産元年。産，肅王弟，故洨侯。

案：呂表在廿四格，湖本誤書上横行。産爲呂王，呂后紀在十月是也，此與惠景表作「七月」同誤。漢表作「十一月」，亦誤。又「丙辰」，惠景表訛作「壬辰」，十月丁酉朔，無壬辰日。又「呂産」上缺書「初王」。

淮陽，初王武元年。武，孝惠帝子，故壺關侯。

案：淮陽王强以五年八月薨，無嗣，其弟武以是月續封淮陽，踰年改元，故表不著月日也。史詮曰「『子故壺關侯』五字，湖本誤書上横行」。

高后七　琅邪，王澤元年。

案：「王」上缺「二月初」三字。

趙，幽王十四，楚呂産徙梁元年。

附案：史詮曰「湖本缺『幽死』二字，誤刻『楚呂産徙梁元年』七字，削之。」

梁，共王十六，徙王趙，自殺。王呂産元年。

案：呂后紀呂王産徙爲梁王，更名梁曰呂，則表内當書「更名呂國」四字。

呂二，呂産徙王梁。七月丁卯，王太元年。惠帝子。（金陵本作「七月丁巳」。）

案：紀作「二月」是，此言「七月」，與漢表言「十一月」同誤。「丁卯」，它本並作「丁巳」，與漢表合，湖本訛「巳」爲「卯」。史詮謂「王」上缺「初」字，「年」下缺「太」字，「子」下缺「故平昌侯」四字。余謂呂后紀太爲呂王更名呂曰濟川則，表内當書「更名濟川國」五字。而「太」字當作「大」，説在紀。

淮陽王武二

附案：湖本缺「二」字。

高后八　楚元王廿二

附案：表中凡「二十」「三十」字多作「廿」「卅」，雖是古稱，然非史原文，他本不并，宜改之，後倣此。

燕，十月辛丑，初王呂通元年。肅王子，故東平侯。九月誅。

案：漢表作「七月癸丑王，八月誅」，誤也。而東平侯又錘侯之誤，說在呂后紀中。

趙，初王呂祿元年。呂后兄子，胡陵侯。誅，國除。

案：呂后紀及漢書紀、表皆書呂祿爲趙王於呂后七年，此與史、漢功臣表書於八年，殊誤。趙王恢以七年六月自殺，祿之王趙必在七月，此不書月亦疏。又「胡陵侯」上缺「故」字，下缺「九月」二字。然表當於前年書曰「六月，初王呂祿元年。呂后兄子，故胡陵侯」。於此年先書「二」字，繼書曰「九月誅，國除」。

梁王呂產二，當曰呂王。有罪，誅，爲郡。

史詮曰：「缺『國除』二字。」

呂王大三當曰濟川王。（金陵本「三」作「二」。）

案：史詮謂今本「二」作「三」誤，是也。但表内失書「非子，誅，國除爲郡」。

淮陽王武二

附案：史詮曰今本「三」作「二」，誤。

孝文前元年　魯王張偃九，廢爲侯。

案：偃無九年，已於前年九月廢矣，呂后紀及漢表可據。此宜移「廢爲侯」三字於前年，而衍去

「九」字。

初置成陽郡

附案：「國」訛作「郡」。又齊悼惠王世家正義引表云「都莒」，而今本無之，蓋傳寫脱耳。

初置濟北

案：史詮謂缺「國」字，是也。表於此年所置之國，皆書都地，而濟北獨缺。攷漢地理志濟北都於盧，見泰山郡盧縣注。可補史表之缺。正義謂都濟州同。漢書濟北王勃傳云「國除，爲北安縣，屬泰山郡」，恐誤。

十月庚戌，琅邪王澤徙燕元年。是爲敬王。

案：澤徙燕在十二月，此誤，説在文紀。又「是爲敬王」四字，今本誤刻在後格。（按「今本」蓋指湖本，他本不誤。）

十月庚戌，趙王遂元年。

案：遂爲王在十二月，説見紀。

分爲河間，都洛城。（金陵本作「都樂成」。）

史詮曰：「河間國，缺『國』字。『樂成』作『洛城』，誤。」

初置太原。

史詮曰：「缺『國』字。」

淮陽三，武誅，國除。（金陵本書此在高后八年。）

案：淮陽王武於三年被誅，無此年始誅之事，表誤以前歲武之三年爲二年，故以此年爲三年。其實此是空格，當衍「三」字。「武誅國除」當移在前歲，而書之曰「非子，誅，國除爲郡」，依表例也。

代十八，爲文帝。

案：代王十八，卽文帝元年，衍「十八」二字。「爲文帝」宜作「爲皇帝」，而移於上年。

孝文前二　楚，夷王郢元年。

案：夷王名郢客，此與文紀、元王世家及史、漢儒林傳並誤脱「客」字，餘俱作「郢客」。

城陽，景王章元年。

史詮曰：「缺『初王』二字。」

濟北，王興居元年。

案：「王」上缺「初」字。

梁，初王懷王勝元年。

案：懷王名揖，史文紀及漢紀、表可據，此與將相表、孝王世家及漢賈誼傳作「勝」，誤也。景帝子中山靖王名勝，而懷王爲景帝親弟，豈有叔姪同名之理乎？

長沙恭王

案：恭王九年也，湖本缺「九」字。但漢表共王以八年薨，子靖王嗣，較史表差一年，未知孰是。

孝文前三　城陽景王二，章，悼惠子，故朱虚侯。（「章悼惠王子故朱虚侯」九字，金陵本在前年。）

附案：史詮曰：「湖本誤刻八字，削之。」

濟北王二，興居，故東牟侯。

附案：六字湖本誤刻也，當書曰「反，誅，國除爲郡」，各本缺「反誅國除」，而訛刻「爲郡」二字於後空格中。

長沙，靖王著元年。

案：「著」，漢表作「産」，吴芮傳作「羌」，而史詮引漢書作「差」，字形俱近，疑。

孝文前四　長沙靖王二，太原王參更號爲代王三年，實居太原，是爲孝王。

附案：此是上格代表中事，湖本訛刻在長沙横行。

孝文前六　淮南厲王廿三，王無道，遷蜀，死雍，爲郡。

案：「王」下缺「長」字，厲王名也。「雍」下缺「國除」二字。

孝文前十一　城陽共王八，徙淮南，爲郡，屬齊。淮陽王武十，徙梁，爲郡。

案：「爲郡」上皆缺「國除」二字。

代孝王十，來朝。

案：文三王傳參五年一朝，凡三朝薨，表止書其二，蓋此後脱書一「來朝」也。

孝文前十二　燕康王十

附案：湖本燕表缺「十」字。

淮陽王武徙梁年，是爲孝王。

附案：「年」上缺「元」字，他本有。

孝文前十五　初置衡山。

史詮曰：「缺『國』字。衡山、廬江二國由淮南分，史表當於淮南之下預空二横行，分出衡山、廬江事，今衡山事屬第四横行泗水國之前，廬江事屬第十九横行清河國之前，非也。」

分爲菑川，分爲膠西，分爲膠東。

史詮曰：「缺『國』字。」

分爲膠西，都宛。

附案：齊悼惠王世家正義引表云「都高宛」。攷水經注二十四卷「時水又西逕東高苑城中，史記漢文帝十五年分齊爲膠西王國，都高苑，徐廣音義曰樂安有高苑城，俗謂之東苑也」。據此，則史表舊文是「高苑」，傳刻脱一「高」字耳。宛與苑同。郡國志作「菀」。漢志高宛屬千乘。悼惠世家正義引括地志謂膠西所都是西苑，誤。高宛有東西之別，故水經注又云「時水又西逕西高苑縣故城南，漢高帝六年封丙倩爲侯國」。仁和沈進士景熊據地理志以膠西都高密，自訛「密」爲「宛」，而於是混入千乘郡之高宛。余未敢以爲然。宣帝改膠西爲高密，安知不徙都。且膠西之都高宛，水經注鑿鑿言之，而漢志據最後平帝元始爲説，統西漢二百年，其間郡縣之割隸移屬，不可指數，安得據宣帝時之高密以概文帝時之膠西。況膠西嘗爲郡矣，班志只擧大畧，不能盡載，而遽謂卬都高密可乎？

孝文前十六　衡山，王勃元年。

案：「王勃」上缺「初」字。

菑川，初王賢元年。故武城侯。

案：當作「南城」，説在惠景表。

廬江，王賜元年。

案：「王」上缺「初」字。

孝文後二　梁孝王十七

案：世家孝王於十七年、十八年比年入朝，此缺書「來朝」二字。

孝景前元年　初置廣川。

案：「廣川」下缺「國」字。

初置臨都江都（金陵本作「初置臨江都江都」。）

史詮曰「『初置臨江國，都江陵』，此缺誤」。

初置汝南。

史詮曰「缺『國』字」。

初置淮陽國。

史詮曰「『復』作『初』，誤」。

孝景前二　廣川，王彭祖元年

案：「王彭祖」上缺「初」字。

初置中山。

臨江，初王閼元年。（金陵本作「初王閼于元年」。）

史詮曰「缺『國』字」。

史詮曰「缺『哀王』二字」。

淮陽，初王餘元年。徙魯。

案：「徙魯」二字，當移書於後年。

長沙，定王發元年。

史詮曰：「缺『初王』二字。」

孝景前三　菑川十一，賢反，誅。（金陵本無「賢」字。）

案：表例當衍「賢」字，各表皆不書名也。

膠西，六月乙亥，子王端元年。（金陵本作「于王端」。）

案：當云「初王于王端元年」，此有缺誤。索隱引廣周書謚法云「能優其德曰于」，見五宗世家。師古曰「于遠也，言所行不善，遠乖道德，故以爲謚」。此誤「子」，荀紀又訛「端」爲「瑞」。又「乙亥」，漢表作「乙巳」，非，是年六月辛亥朔，無乙巳也。

趙王遂廿六

案：此缺「反誅」二字。

中山，六月乙亥，靖王勝元年。

案：漢表作「乙巳」，非。又「靖」上缺書「初王」。

孝景前四，四月乙巳，立太子。（金陵本作「己巳」。）

案：漢紀作「己巳」，是年四月丙午朔，只有己巳，此作「乙巳」誤。

廬江王賜徙衡山王元年。（金陵本作「徙衡山元年」。）

案：「元年」上「王」字，依表例當衍。

衡山王勃徙濟北十二年。（金陵本「年」下有「是爲貞王」四字。）

附案：「年」字下有「是爲貞王」四字，各本誤刻在後格。

濟南，爲郡。趙，爲郡。淮陽，爲郡。（金陵本均書「反誅爲郡」，在孝景三年。）

案：三國皆缺書「國除」。

膠東，四月乙巳，初王元年，是爲孝武帝。

案：「乙巳」當作「己巳」。「孝武」二字乃後人妄改，當書曰「初王某元年。是爲今皇帝」。

初置江都。六月乙亥，淮南王非爲江都王元年。

案：此文有缺誤，當云「初置江都國。六月乙亥，汝南王非徙江都元年」。但據景紀是三年事，六月乙亥，正與封魯王菑川王月日同，則此置四年非也。以後皆當移前一格。

汝南王三，徙江都。

案：漢表二年徙，此亦誤在後一年。當衍「三」字，又缺「國除爲郡」四字。

孝景前五　廣川王彭祖徙趙四年。是爲敬肅王。

附案：漢表彭祖徙趙六十三年薨，當太始四年。史訖於太初，作史記時彭祖未卒，相隔尚八年。安得稱謚乎？「是爲敬肅王」五字乃後人妄加，當削之。

孝景前六　楚文王三，來朝。薨。

案：漢書元王傳作「四年薨」，說在景紀。

濟北，武王胡元年。

附案：漢表胡在位五十四年，天漢三年始薨，漢書本傳作「五十三年」，誤。不應稱謚，此後人妄改「今王」爲「武王」也。「武」漢表作「成」，並誤也，當依漢王子表及傳作「式」。表例，凡諸王未卒稱今王，諸侯稱今侯，猶稱天子今上矣。

復置臨江國

附案：五字在第廿三横行，湖本訛刻上格。

孝景前七，十一月乙丑，太子廢。

案：「十一月」當作「三月」，說在景紀。

膠東四，復置膠東國。（金陵本無此五字，下年有「復置膠東國」五字。）

附案：史詮曰「今本誤刻五字，削之」。

臨江，十一月乙丑，初王閔王榮元年。景帝子，太子。（金陵本作「景帝太子廢」。）

案：「十一月」是「三月」之誤，說在景紀。「帝」下「子」字衍。

孝景中元

附案：中元年也，湖本缺。

膠西于王六

附案：各本有「來朝」二字，此缺。

膠東五

史詮曰：「膠東橫行無年數，誤書五年，削之。」

孝景中二　廣川，四月乙巳，惠王越元年。

史詮曰：「缺『初王』二字。」

初置清河，都濟陽。

案：「清河」下缺「國」字。濟陽亦清陽之誤，漢志清河郡清陽縣注云「王都」可證，若濟陽屬陳留郡矣。

孝景中三　清河，三月丁巳，哀王乘元年。

案：「三月」當作「二月」，說在景紀，又缺「初王」二字。

臨江四，坐寢侵各本訛寢。廟壖垣爲宮，自殺。國除爲南郡。（金陵本作「侵廟壖垣爲宮」。）

案：臨江王榮無四年，表與五宗世家謂榮以四年自殺，誤也。知者，史景紀曰「中二年三月召臨江王來，卽死中尉府中」。漢書景紀曰「二年三月，臨江王榮坐侵太宗廟地，徵詣中尉，自殺」。諸侯王表曰「榮立三年自殺」。景十三王傳曰「爲臨江王三歲，自殺」。地理志曰「南郡，景帝中二年復故」。此當衍「四」字，而移「坐侵」十四字在前一格。

孝景中五　常山，三月丁巳，

案：是年三月無丁巳，此與漢表同誤，當作「四月」，故史、漢本紀書曰夏。

孝景中六　山陽，初王定元年。濟陰，初王不識元年。

案：「初王」下俱缺書「哀王」，二王並謚哀也。

孝景後元元年（金陵本不重「元」字。）

案：多一「元」字，衍之。

梁，恭王買元年。

附案：西京雜記下作「貫」，恐訛。

濟陰二，國除。

史詮曰：「缺『爲郡』二字。」

孝景後二　齊懿王十二

附案：各本齊表有「來朝」二字，此失之。

孝武建元元年

附案：「孝武」當作「今上」，後人妄改也。

建元三　濟川七，坐射殺中傅，（金陵本「坐」作「明」。）

案：漢表亦作「中傅」，後書清河孝王慶傳中傅凡二見，注云「官名，蓋猶少傅也」。應劭漢書武紀注以中傅爲宦者，未知何據？果如劭説，王雖殘暴，不過殺一宦豎，何至廢遷乎？攷梁孝王世家云「濟川王明七歲，坐射殺其中尉」。疑「尉」乃「傅」之誤。但漢書武紀云「殺太傅中傅」，徐廣此處言一作「太傅」，史似有缺。師傅之尊，選自帝廷，而王擅殺之，其罪宜誅，廢遷房陵，猶從末減也。

建元四　濟川八，爲郡。（金陵本無「八」字。）

案：「八」字衍，又缺「國除」二字。

建元五　廣川繆王元年。

附案：漢表廣川王齊在位四十五年，十三王傳作「四十四年」，非。以征和元年薨，史不應稱其謚，而反缺其名，必後人妄改，當云「今王齊元年」。

梁，平王襄元年。

附案：漢表梁王襄在位四十年，以天漢四年薨，史不得稱謚，必後人因增改梁孝王世家而并改年表也，當云「今王襄」。索隱謂「襄」漢書作「讓」，非。

元光三　齊懿王廿二，卒。

案：諸王皆書薨，此獨言卒，何也？表中亦有不書薨者，略也。

代，王義元年。

案：「王」上缺「今」字。

元光六　衡山王賜廿五

案：本傳元光六年入朝，則此缺書「來朝」二字。

河間，恭王不害元年

附案：恭王之名，漢表獨作「不周」，疑誤。

元朔元年　楚，襄王注元年。

附案：注，元王世家獨作「經」，疑誤。

魯，安王光元年

附案：光在位四十年，以征和四年薨，史當稱「今王光」，後人改之。

江都易王廿六

附案：當作「二十七」，說見前。

長沙，康王庸元年。

案：王謚，史作「康」，漢書作「戴」，既已不同，而史以康王父定王在位二十七年，康王在位二十八年，漢以定王在位二十八年，戴王在位二十七年，未知孰是。

元朔四　河間，剛王堪元年。

案：此與漢十三王傳作「堪」，而五宗世家與漢表又作「基」，豈剛王有二名乎？

元朔五　常山，憲王廿二

附案：各本有「來朝」二字，此脫。

元狩二　置六安國，以故陳爲都。七月丙子，初王恭王慶元年。膠東王子。

案：六安卽衡山故地，則置六安事應在衡山國除之後，不應在淮南格中。今當於淮南補書曰「國除爲九江郡」，於衡山更書云「初置六安國，都陳。七月丙子，初王慶元年。膠東康王子」。此表舊文之舛漏，與後人之增改，兼有之也。七月己巳朔，有丙子而無壬子，徐廣謂一作「壬子」，與漢表作「壬子」並誤。漢紀在三年五月，非。慶薨於昭帝始元三年，在位三十八年，故不稱謚。

元狩六　齊，初王懷王閎元年。閎，武帝子。廣陵，初王胥元年。武帝子。燕，初王剌元年。武帝子。（金陵本「武帝子」上無「閎」字。）

附案：齊表第二「閎」字當衍，以胥、旦二王不重書名也。毛本無。燕表「剌王」二字亦當衍，以旦至昭帝元鳳元年謀反自殺，在位三十八年。史不應稱謚也。三「武帝」當作「今上」，皆後人妄改也。

元鼎元年　濟東王彭離廿九，國爲太河郡。

案：「國」下缺「除」字。「太」當作「大」，大河郡即東平國。

詳知。

元鼎三　楚，節王純元年

案：純在位十六年，徐廣云十七，誤。以元鼎三年立，天漢二年薨，則宜稱今王，元王世家云「王純代立」可證。然純父襄王以元鼎二年薨，在位十四年，史年表、世家、漢書元王傳如是，漢表獨以襄王爲十二年，薨於元狩六年，純以元鼎元年嗣，歷十六年，至太初四年薨，則史又宜稱謚矣，疑莫能定，不可詳知。

初置泗水，都郯。

案：「水」下缺「國」字。郯爲東海郡治，何以爲王都？疑當作「淩」。

常山憲王卅二，薨，子爲王。

史詮曰：「子勃爲王，以罪廢。缺『勃以罪廢』四字。」

代王義十九，徙清河，爲太原郡。

案：「爲」上失書「國除」。

元鼎四　泗水，思王商元年。商，恒山憲王子。（金陵本作「常山憲王」。）

案：泗水、真定之封，失其月日，故不書，漢書武紀但云「秋」而已。「思王」上缺「初王」二字。徐廣謂一云「勤王」，未知何據也。又恒山之改常山久矣，獨此犯諱稱「恒」，殊不可曉。

河間，頃王授元年。

附案：授薨於天漢四年，當稱「今王」。漢表「授」作「綬」，一本作「緌」，皆傳寫訛耳。

代王義徙清河二十年。是爲剛王。

附案：義薨於太始二年，則「是爲剛王」四字當衍。

更爲真定國。頃王平元年。常山憲王子。

附案：「更爲真定國」五字，當書於前年，與泗水同置也。平薨於征和四年，在位二十五年，宜稱「今王」也。依泗水之例，則「元年」下缺「平」字。

元鼎五　中山靖王四十三，哀王昌元年。卽年薨。（金陵本無「四十三」三字。）

案：靖王四十二年薨，此誤。十三王傳作「四十三」，亦誤。且是年既爲哀王元年，便不得爲靖之四十三。況哀在位僅一年，漢表作二年，誤。若并入靖王，則哀王竟無年矣，當衍去「四十三」。

元鼎六　中山，康王昆侈元年。

附案：昆侈薨於征和時，當作「今王」。而康王之「康」，亦後人妄改，與十三王傳同誤，漢表是「糠」也。師古曰「糠，惡謚也，好樂怠政曰糠」。攷周書謚法解作「凶年無穀曰糠」。

元封二　菑川，頃王遺元年。

附案：遺薨於昭帝元鳳六年，當作「今王」。

元封三　城陽，慧王武元年。

附案：武在位之年，齊悼惠世家作「十一年」。世家雖後人所續，然與漢書高五王傳合，爲得其實。漢表言武元封三年嗣，其子荒王天漢四年嗣，則武薨於天漢三年，正是十一年，故史表言武七年薨，與漢表言十二年薨，皆誤也。武既薨於天漢三年，此便不應稱謚，蓋後人因妄續悼惠世家，遂並改「今王」爲「慧王」耳。慧與惠古通。

膠西于王四十七，國除。

案：缺「爲郡」二字。

元封五　膠東，戴王通平元年。

附案：通平以昭帝始元四年薨，當稱「今王」。

太初二　泗水，薨。子哀王安世元年。卽戴王賀元年。安世子。（金陵本「薨」字在太初元年。「哀王安世」上無「子」字。）

案：思王薨於太初元年，薨字當移在前格，而衍去「子」字，諸表凡嗣王嗣侯例不言子也。賀薨於昭帝時，當作「今王」，亦後人誤改之。而賀是安世之弟，五宗世家及十三王傳甚明，此云「安世子」，誤已。且思王以太初元年薨，太初二年哀王安世嗣位，一年薨，無後，武帝以戴王賀紹封在太初三年，漢表可據，此並書於太初二年，謂二王改元同在一年之內，不更誤耶？至索隱謂賀是廣川惠王子，以泗水而嫁於廣川，以從祖孫而指爲父子，尤舛。

太初三　城陽慧王七，薨。

附案：「薨」字衍，慧王在位十一年也。

太初四　城陽，荒王賀元年。

附案：「荒王賀元年」五字衍，乃慧王之八年也，格内當補書「八」字，此必爲妄人竄易，史公記同時人事，決不乖謬如是。獨怪荒王以天漢四年始嗣位，何忽減父之年以益其子。而荒王名順，亦不名賀，誤之中又有誤矣。

長沙康王廿八

附案：各本有「來朝」二字，湖本失刻。